丝绸之路沿线区域合作研究

SICHOUZHILU
YANXIANQUYUHEZUOYANJIU

范少言　主编

陕西新华出版传媒集团
陕西科学技术出版社

图书在版编目（CIP）数据

丝绸之路沿线区域合作研究 / 范少言主编. -- 西安：陕西科学技术出版社，2017.12

ISBN 978-7-5369-7121-9

Ⅰ. ①丝… Ⅱ. ①范… Ⅲ. ①区域经济合作—国际合作—研究—中国 Ⅳ. ① F125.5

中国版本图书馆 CIP 数据核字（2017）第 287830 号

丝绸之路沿线区域合作研究

范少言 主编

责任编辑 屈马珑 都亚琳
封面设计 白 剑

出 版 者 陕西新华出版传媒集团 陕西科学技术出版社
西安北大街 131 号 邮编 710003
电话（029）87211894 传真（029）87218236
http://www.snstp.com
发 行 者 陕西新华出版传媒集团 陕西科学技术出版社
电话（029）87212206 87260001
印 刷 陕西天地印刷有限公司
规 格 787mm × 1092mm 16 开本
印 张 28
字 数 472 千字
版 次 2017 年 12 月第 1 版
2017 年 12 月第 1 次印刷
书 号 ISBN 978-7-5369-7121-9
定 价 180.00 元

前言

历史上，丝绸之路的畅通不仅促进了东西方文明与文化的相互交融，而且深刻地影响着丝绸之路沿线区域与城市社会经济的持续稳定发展。21 世纪，全球在社会经济、文化技术、生态环境等方面进入全面关联、系统影响、深入交融的新时代，立足新时代世界社会经济发展格局的大势，国家主席习近平于 2013 年提出共同建设“丝绸之路经济带”和“21 世纪海上丝绸之路”的战略倡议，构筑起世界合作发展和人类命运共同体的基本价值观念、合作准则和实施路径。在“一带一路”建设从理念到行动、从愿景到成果的过程中，城市区域作为现代社会经济活动的载体，理所当然是丝绸之路经济带发展建设的核心。从而，在国家全力推进新型城镇化建设过程中，丝绸之路沿线城市区域合作与发展将是丝绸之路经济带建设的重要内容，需要理性探寻丝绸之路经济带沿线区域合作发展的基本规律，基于沿线区域基本特征上的差异分析，构建国家合作准则框架下的城市区域交流合作机制与实施路径，强化丝绸之路沿线区域发展建设是构

建人类命运共同体的重要任务。

2000年，中央部署西部大开发战略，时任陕西省副省长陈宗兴教授、中国工程院张锦秋院士和西安市城市规划委员会总规划师韩骥教授，敏锐地意识到丝绸之路沿线区域的未来区位作用和潜在价值，要求我们组建西安丝路城市发展研究院，独立开展丝绸之路沿线区域的文化与城市发展的理论研究。2002年建院后，我们先后承担建设部、陕西省、青海省、新疆维吾尔自治区、西安市等地数十项有关丝绸之路的课题研究和区域发展规划，参与了2010年、2011年西安至罗马、西安至鹿特丹的丝绸之路文化之旅、新筑欧亚大陆桥的考察活动，以及西安市丝绸之路申遗工作，编辑出版了《汉唐两京及丝绸之路历史地理论集》《丝绸之路沿线城镇的兴衰》等专著和研究报告。近年来，面对国家"一带一路"的发展建设成效，我们期望立足"西安与丝绸之路沿线城市合作研究"等相关课题成果，归纳总结丝绸之路沿线区域间的经济文化、交通通道、生态环境等领域的合作机理和未来合作方向，在陕西科学技术出版社的推动和鼎力支持下编写了本书。

本书系统梳理了相关国家和国际组织对于"一带一路"的响应和愿景，以及丝绸之路沿线城市对于国家目标响应的行动策略，拟探寻丝绸之路沿线国家间城市区域的合作重点领域。全书分为基础背景、合作机制、经济合作、文化交流、通道建设、生态建设、城市群合作、行动策略等八章。由于该书编写时间长，书稿提纲几经调整，前后几稿的章节结构变化大，已经较难厘清初期和中间所有参与者的准确任务分工。因此，只能说该书是所有参与相关课题研究的专家和该书编写人员的集体共同成果。前期，西安与丝绸之路沿线城市合作研究课题主要由王晓燕博士、刘方博士、范少言博士负责完成。在书稿最终成稿过程中，提纲几经集体讨论而定，各章编写分工如下：第一章王晓燕，第二章刘诗芳、李巧君，第三章王联虎、孙晓红，第四章王联虎、范少言、屈婷，第五章王晓燕、赵玉龙、张玉尊，第六章段勇、范少言、屈婷，第七章王巍、王美玲，第八章王晓燕、周丹，最后由范少言、王巍进行了统稿。在成稿过程中，西北大学城市规划系的刘喆、王泽、张帅兵3位研究生参与了丝绸之路沿线区域部分资料的初步整理，马奔同志承担了初稿、终稿中图件和表格的绘制。

在课题研究和本书编写过程中，西安市人民政府副市长强晓安博士、国家发改委城市与小城镇改革发展中心沈迟副主任、陕西科学技术出版社屈马珑编审等专家对本书的编写给予全力支持。对于参与本书编写、审查专家及为此付出努力的各位女士和先生一并表示衷心的感谢。

由于编者水平欠缺，难免存在文字数据资料的错漏和观点看法的错误，敬请相关专家和读者指出，并批评指正。

范少言

2017年10月27日于西北大学图书馆

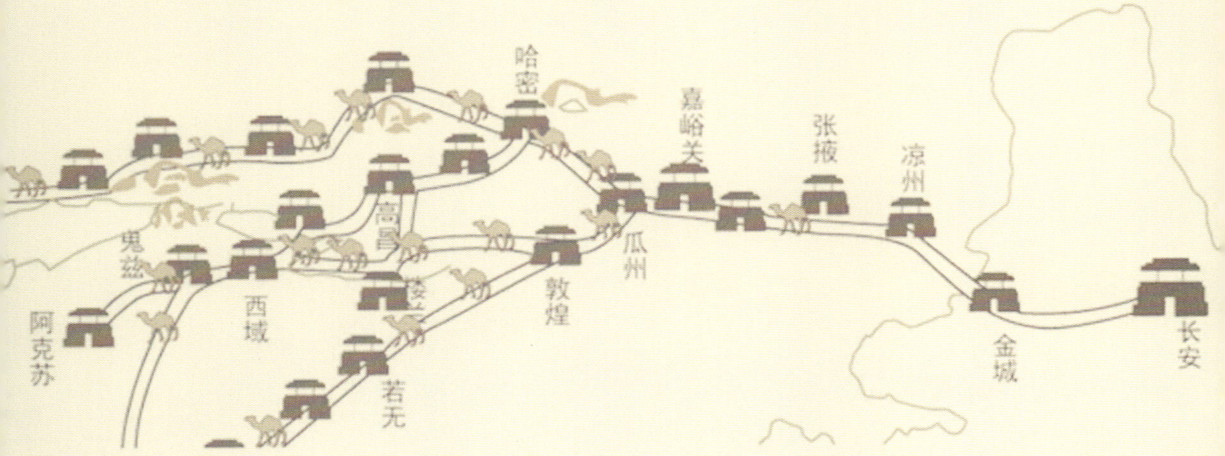

丝绸之路

沿线区域合作研究

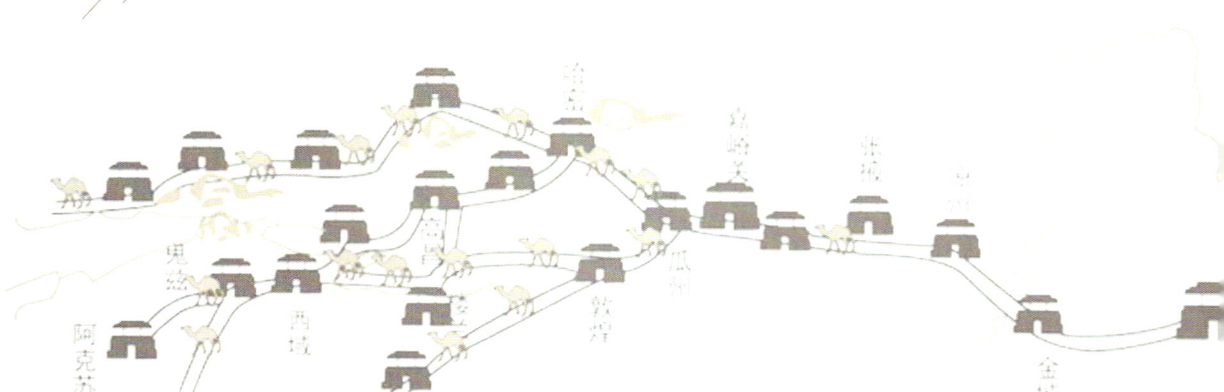

目录

CONTENTS

01

第一章　基础背景

丝绸之路是源自东西方物质技术文明差异而产生的以物质贸易和文化交流为主的亚欧陆地交通通道。丝绸之路沿线地区对世界发展起到极大的促进作用，是欧亚交通运输通道国际商贸文化走廊和地缘政治经济关系的载体。

第一节　沿线范围

一、丝绸之路

1. 丝绸之路

历史时期，东西方文明发展水平不同，中国与中亚间的商贸文化交流，逐渐形成连接中国与罗马及地中海地区的交通大道。公元前 139 年，张骞受汉武帝派遣出使西域，联合地处伊犁河畔的乌孙国同抗匈奴。从而，汉朝逐渐统一并控制河西和西域地区，保障了中原与中亚、西亚以及欧洲国家间商贸和文化交流。中原的物品和文化技术向西传播，越过帕米尔高原，穿过两河流域，直达地中海沿线地区的国家和城市，而西亚、南亚和西方国家丰富的物产也逐步传播到中原地区。此后，自汉至唐历经八百余年，这条横贯亚欧两洲的文化经济交流路线，促进了四大发明、五大宗教在全球范围传播，无论是战争还是王朝更替，中国与中亚、西南亚乃至欧洲和非洲诸国使节往来、商贾贸易、文化交流从未中断，特别到隋唐时期达到鼎盛状态。但是，技术进步带来交通运输方式的变更和罗马帝国的衰落，沿线国家和区域城市的动荡局面，以及中原政治经济中心的东移，这条连通西北诸多少数民族和中西文化贸易的路线逐渐走向衰落。

丝绸之路的概念最早出现于1877年，德国地理学家李希霍芬在他所写的《中国》一书中，首次把从公元前127年到公元前114年间，汉代中国和中亚南部、西部以及印度之间以丝绸贸易为主的这条亚欧文化经济交通路线，称作“丝绸之路”。其后，德国历史学家赫尔曼在1910年出版的《中国和叙利亚之间的古代丝绸之路》一书中，根据新发现的文物考古资料，进一步把丝绸之路延伸到地中海西岸和小亚细亚，确定了丝绸之路的基本内涵，即它是中国古代经由中亚通往南亚、西亚以及欧洲、北非的陆上贸易交通通道，因为大量的中国丝和丝织品经由此路西输，故称作“丝绸之路”，简称“丝路”。学界对丝绸之路的研究由来已久，除了陆上沿着西北干旱内陆地区的绿洲丝绸之路（也有人称作沙漠丝绸之路）外，还把经过河套平原直通伊犁地区的草原地区贸易路线称为草原丝绸之路；把宋代以后从广州、泉州、杭州等地出发经过东南亚、印度，抵达阿拉伯海和非洲东海岸的海上贸易航线称为海上丝绸之路；把经四川、贵州、云南、西藏、广西到印度、东南亚以远的通道称为西南丝绸之路。

从丝绸之路的内涵和外延可以看出，历史上的丝绸之路既是中国古代治理西部边境地区的军事交通通道，也是亚、欧、非三大陆地区域的文明交流和商贸通道，是古代中国与域外政治、经济、社会、文化相互交流的通道。因此，历史上，丝绸之路是历史时期亚非欧区域经济、文化沟通交流的国际通道，它不仅促进了世界三大宗教、四大文明和商品文化的交流与交融，同时也保障了边疆区域的统一安全和有效治理。

2. 丝绸之路线路的演变

丝绸之路线路的时空在不同历史时期有所不同。公元前2世纪至公元16世纪间，丝绸之路是亚欧大陆间长距离以丝绸为主的贸易与文化交流的大动脉，丝路线路分布在东西长约10000千米、南北宽约3000千米的地理空间，他把中国隋唐、萨珊波斯、印度、阿拉伯、拜占庭等帝国连接在一起，构筑起东亚文明中心的中国“中原地区”和中亚区域文明中心的“七河地区”间的直接交流联系网络。在地理格局上，丝绸之路位于青藏高原与蒙古高原之间，从黄河中游地区沿秦岭、祁连山、天山向西，贯通中原地区（黄土高原）、河西走廊、天山南北、七河地区等地理区域。丝绸之路的陆上通道有西北和南方两条。西北丝绸之路自长安出发，从新疆出境经过中亚到达欧洲的线路分为三条。北线沿咸海、里海、黑海的北岸，经过碎叶、怛罗斯、阿斯特拉罕等地到伊斯坦布尔；中线自喀什起，经费尔干纳盆地、撒马尔罕、布哈拉等到伊朗的马什哈德；南线自帕米尔山，由克什米尔进入巴基斯坦和印度，或从白沙瓦、喀布尔、马什哈德、巴格达、大马士革等前往欧洲。南方丝绸之路从成都出发，从云南腾冲出境经缅甸至印度。但自 19 世纪中期开始，随着俄罗斯对中亚的吞并，“丝绸之路”逐渐没落直至消失。在随后的百余年里，亚欧之间的贸易主要通过海路实现。

中国境内丝绸之路线路的基本干道是从长安出发，沿着泾、渭河谷、河西走廊、塔里木盆地南北缘和天山北部通向域外，受沿线地理环境和人类聚落空间分布，丝绸之路走向呈现出“莲藕状”空间形态。从长安出发，在关中平原上一条沿着渭河，经凤翔、天水到达陇东高原的临洮、临夏，从炳灵寺附近渡过黄河，经民和、西宁等青藏高原城镇，北越祁连山，经张掖、酒泉、敦煌，直达塔里木盆地南缘的鄯善、若羌、且末等城镇，然后通过民丰（精绝尼雅）、和田（于阗）、皮山、莎车等地到达喀什噶尔（疏勒），越帕米尔高原（葱岭）出境至费尔干纳（大宛），再西行至阿富汗 （大夏、罽宾）、巴基斯坦的达丽尔（悬渡）、乌兹别克斯坦（粟特）、伊朗（安息）、锡斯坦（乌弋山离），波斯湾（条支）、罗马帝国东部（大秦）和埃及的亚历山大城（犁靬又作黎轩），称为丝路南道；另一条从长安出发后沿着泾河经彬县、泾川、固原、于乌兰关渡黄河，经景泰、武威、张掖、酒泉、敦煌等地，然后又分成两线：一条出玉门关越白龙堆，沿着天山南部经鄯善（楼兰）、焉耆、库尔勒（渠犁）、尉犁、轮台、库车（龟兹）、新和、阿克苏（姑墨）后与丝路南道在喀什（疏勒）汇合，翻越葱岭通向地中海沿岸，称为北线；另一条出玉门关到达吐哈盆地，从哈密翻阅天山到达伊吾，经巴里坤、木垒、吉木萨尔、奇台、呼图壁、玛纳斯、伊宁等城镇，从霍尔果斯山口出境，直达欧洲诸国，称为新北道。这些路线是汉以后千年来丝绸之路线路的基本干道。

丝绸之路线路也非亘古不变。线路走向随地理环境变迁和政治、宗教形势的演变而不断地调整，不断有新道路开通，也有道路线路走向有所变化，甚至废弃。西汉张骞通西域，所走的路线主要从长安出发，途经平凉、固原、六盘山，从靖远祖厉河一带渡黄河越乌鞘岭，至河西走廊后被匈奴扣留，逃出后经过楼兰北上吐哈盆地，沿着天山南麓绿洲诸国到达大宛（费尔干那）、乌孙、康居（以今塔什干为中心）、大夏（古代巴克特里亚）、大月氏等阿姆河流域，再沿着阿姆河流域进入塔里木盆地，沿着昆仑山麓北道返回长安。张骞的第二次西行沿着渭河北岸经陇县、天水、通渭、渭源，越鸟鼠山至陇西（今临洮）度洮河经临夏在炳灵寺渡黄河至西宁和河西走廊，最后远达帕米尔高原西南的安息（古代波斯帕提亚王国）。张骞西行促使汉朝打败匈奴，打破了游牧民族对丝路贸易的垄断，使中国和中亚、南亚、西亚诸王国之间建立了直接的贸易往来，在河西走廊建立了武威、张掖、酒泉、敦煌四个郡，在乌垒设立了西域都护，在轮台、伊循屯田，沿线路设亭，控制了塔里木盆地，使得各个绿洲国家和西亚国家与中原王朝间的交流顺畅无阻，使者相望于道，往来不绝。

东汉初年，开通了由敦煌北上伊吾的“北新道”。魏晋南北朝时期，南北对峙阻断河西段的畅通，商贸交流促使丝绸之路溯长江，经益州（今成都）北上龙涸（今松潘），跨湟水至青海湖畔的吐谷浑都城，西经柴达木盆地到敦煌与丝路中道会合，或向西越过阿尔金山口进入西域的鄯善地区与丝路南道会合，俗称“青海道”、“吐谷浑道”或“河南道”。青海道逐渐拓展成三条，一是由伏俟城经白兰（今青海都兰、巴隆一带）、小柴旦、大柴旦，到甘肃敦煌；二是由伏俟城经白兰至格尔木，再向西北经朵斯库勒湖，越阿尔金山至西域鄯善；三是由伏俟城经白兰、格尔木，再经西南之布伦台，溯楚拉克阿干河谷入新疆，西越阿尔金山，顺阿牙克库木湖至且末，再与上述两条线路相合。

隋朝（公元 581 年）结束了分裂割据局面，隋炀帝重开丝绸之路。丝绸之路以长安为起点，沿渭水西行，过黄土高原，经甘肃河西走廊，到达当时中西交通枢纽敦煌，在此分成南北两路。南道出阳关至鄯善（今若羌），经于阗（今和田）、朱俱波（今叶城）、度葱岭（帕米尔高原），登羯盘陀（今塔什库尔干），又经护密（今阿富汗东北之瓦罕）、吐火罗（阿姆河南，兴都库什山北）、帆延（今阿富汗东北之巴米扬）、漕国（今阿富汗之加兹尼），至北婆罗门（印度北部），达到西海（今印度洋）；中道出敦煌至高昌（今吐鲁番），经焉耆、龟兹（今库车）、姑墨（今阿克苏）、温肃（今乌什）、疏勒（今喀什），度葱岭（今帕米尔），又经钹汗纳（今费尔干纳盆地）、苏对沙纳（今乌腊提尤别）、曹国（今伊什特汗）、安国（今布哈拉）、穆国（今查尔朱），至波斯（今伊朗），达于西海（今波斯湾）；北道出敦煌至伊吾（今哈密），经蒲类海（今巴里坤湖）、铁勒部到突厥可汗庭，度北流河水（今锡尔河）至拂林（今土耳其伊斯坦布尔），到达西海（今地中海）。南中北 3 路过伊朗后，又经伊拉克、叙利亚、黎巴嫩，过地中海，到达意大利的罗马、威尼斯。

唐代，唐朝势力到达中亚，成为天山以北、葱岭以西区域各王国的宗主国，在西域建立与内地一致的州县制，把西域大部分纳入唐朝的统治范围。唐太宗贞观元年（627年），玄奘从长安西行天竺求法，经兰州越乌鞘岭，过河西走廊、唐玉门关、伊吾、至高昌国，经库车、乌什、别迭里山口、热海等地南下印度，丝绸之路畅通无阻。公元658年，安西都护府晋级为大都护府，由西州移治龟兹，唐王朝创置龟兹、焉耆、于阗、疏勒的安西4镇，派军驻守，控制丝路战略要地，丝路商贸达于鼎盛。丝绸之路线路除传统的北、中、南3条主要通道畅通外，还开辟由现西藏经尼泊尔到达印度的通道，这条道路常被称做“吐蕃道”，该道由河州（今甘肃临夏）北渡黄河，到达今青海乐都，然后沿湟水西行，至现在的青海湖以西，再转而西南行，经都兰、格尔木、越昆仑山口、唐古拉山口进入西藏，经安多、那曲进抵拉萨，再由拉萨西南行，经日喀则，由聂拉木进入尼泊尔。

宋代，宋王朝先后与北辽、西夏、金处于敌对状态，丝绸贸易之路不能通畅，加之中国经济文化重心南移，海上丝绸之路繁盛，陆上丝绸之路衰落。但北方少数民族政权与西方的贸易日益频繁，北方草原民族逐渐进入统一局势，中西丝绸等商品和文化的陆上交流逐渐转向走北方蒙古高原西行，沿着天山北麓，越伊犁河至碎叶（今吉尔吉斯坦托克马克附近），进入中亚地区的“北新道”或通过宁夏进入河西走廊，或经敦煌进入南道的且末、和田地区。

元代，蒙古汗国建立地跨欧亚的帝国，中西陆路交通达到极盛，丝路贸易路线分北、中、南3道。北路出阿尔泰山以西的叶密里地区（今塔城、额敏一带），然后西南经哈萨克斯坦、吉尔吉斯坦，从里海以北到达伏尔加河畔的萨莱城。中路经过河西地区及阿力麻里（今霍城县境内），到达塔垃斯（今江布尔），再经讹答剌城到达玉龙杰赤（今乌尔根奇），再向西到达了萨莱城或向西南到达帖比力思（今大不里士）。南路从喀什噶尔出境，或经巴达哈伤、塔里寒沿阿姆河诸城到达玉龙杰赤，或从喀什噶尔经阿富汗北部到忽里模子，或经塔里寒、巴里黑以及尼沙不儿城后到达帖比力思。

明代，丝路贸易在经过元末明初短暂的阻断后又得以恢复和发展。但世界经济格局的变化，欧洲帝国的瓦解，中亚动乱和海上交通路线的开辟，国际性陆路贸易萎缩，丝绸之路渐渐衰落。

清代，前期国家统一， 西域稳定，亚洲内陆民族区域贸易复兴，尤其是清王朝平定准噶尔部后，以伊犁、塔城、乌鲁木齐为中心的哈萨克各部以及在丝路南道上浩罕、布哈拉商人为主的绢马贸易、边境贸易和北方蒙古各部贸易重新点燃丝绸之路的曙光，但清后期的闭关锁国政策和国内政局的不稳定，使丝绸之路陷入沉寂。

当代，丝绸之路是连接东亚、南亚、中亚和西亚以及欧洲的贸易和交通网。现代丝绸之路线路虽与历史上丝绸之路的通道在地理空间上有很大程度的吻合，但线路网络并不完全相同，其覆盖面更大、更广，既包括中国至中亚西亚的路线，以及中国经哈萨克斯坦、俄罗斯至欧洲的新亚欧大陆桥；同时，也包括从中国云南出境至新加坡的路线。而且，当代“丝绸之路”的交通方式由公路、铁路、管道和航空等多种陆路交通方式构成。

3. 丝绸之路线路的本质

总体来看，自西汉时期为维护中原王朝的安定团结和中西贸易的稳定，丝绸之路的开辟既要满足军队的供给补充，又要考虑最有利于驱逐匈奴获取战争的胜利，还要考虑当时技术条件下交通的可达性。因而，沿着天山南麓的诸多绿洲地带成为丝绸之路重点开发和屯管区域。但是历史上分分合合的民族和区域战争，又促使不同时空中丝路的衰落或新通道开拓。丝绸之路的演变并不是说某段路在某个朝代兴起和产生，而是这些道路在人类社会诞生早期就已经产生，不过因不同朝代的政局态势，丝绸之路线路通道在这个朝代兴盛，在另一个朝代沉寂，反之亦然。

丝绸之路的主要干线也不是相互独立，而是许多分支线路与主干线路通道相连，呈现主干加局地网络状形态。历史上丝绸之路线路通道虽然变动频繁，主干线路通道相对稳定，主要路线有北、中、南 3 条。

北线（回中道、萧关道、乌兰关路、会宁关路）：西安—乾县（汉好畤县）—彬县（唐邠州）—泾川（汉安定、唐泾州）—平凉—固原（汉安定郡、唐原州）—海原—靖远（唐会州）—北城滩（唐会宁关）—五佛寺黄河渡口（唐乌兰关）—景泰（唐新泉军）—武威（汉武威郡、唐凉州）—山丹（汉删丹）—张掖（汉张掖郡、唐甘州）—酒泉（汉酒泉郡、唐肃州）—安西（唐瓜州，故址在今县之东南）—星星峡（唐莫贺延碛）—哈密（伊吾）—巴里坤（唐蒲类海）—吉木萨尔（唐庭州）—伊犁—伊塞克湖（热海）—碎叶。这条线路是由汉唐长安去西域路程最短的交通线，也是汉武帝出巡路线中的长安至祖历河段。

南线（羌中道、吐谷浑路、河南道、于阗道）：西安—凤翔（汉唐雍县）—千阳（唐千阳）—陇县（唐陇州）—陇关（大震关）—天水（汉上硅县、唐秦州）—陇西（唐渭州）—渭源—临洮（汉唐狄道县）—渡洮河—临夏（唐河州）—渡黄河、炳灵寺—民和—乐都（唐陇右节度使鄯州）—西宁（唐鄯城县）—大通（唐白水军）—过祁连山扁都口（大斗拔谷）—张掖—酒泉—敦煌—阳关—若羌（抒泥、鄯善）—且末—于田（抒弥）—和田（于阗）—皮山—叶城（朱俱波）—莎车—塔什库尔干（唐葱岭守捉）—帕米尔（葱岭）。这条南线的自然环境与后勤补给条件优于北线，是历史上使用频率最高的线路。

中线（金城关道、兰州路）：西安—乾县（汉好畤县）—彬县（唐州）—泾川（汉安定、唐泾州）—平凉—隆德—静宁—会宁—定西—榆中—兰州—永登县—乌鞘岭—古浪—武威—张掖—酒泉—敦煌（汉敦煌郡、唐沙州）—玉门关—莫延渍—伊吾（哈密）—吐鲁番（汉车师、唐高昌）—焉耆（汉尉犁）—库车（龟兹）—阿克苏（姑墨）—喀什（疏勒）—费尔干纳盆地（大宛）。该道开辟较晚，玄奘法师西行部分路线即此。

除上述线路外，丝绸之路沿线在不同的历史时期由于行政军事分布管理范围不同，还有灵州道、夏州道、居延道等。

二、丝路经济带

21 世纪，世界经济一体化、交通通信技术发展、生态环境问题全球化和世界地缘政治经济格局的演变，现代经济需要从全球层面组织生产和消费过程，导致亚、欧、非大陆间经济文化和人员交流规模和强度日益增大，城市社会经济活动超越了城市地域空间。从而，全球各国、地区或国际组织等都非常重视跨国的合作和发展。丝绸之路沿线地区因其在全球地理空间、政治经济格局中的独特地位和作用，其发展受到多方的关注和聚焦，不同组织先后提出诸多与沿线区域相关的区域发展计划或愿景策略。

1. 丝绸之路复兴计划

世界上，丝绸之路复兴创意始于 20 世纪 60 年代，联合国、国际道路联盟等政府间组织都积极推动复兴“丝绸之路”。1994 年，世界旅游组织在联合国教科文组织的支持下，召开了大丝绸之路国际会议，发布《丝绸之路旅游——撒马尔罕宣言》。1998 年，国际道路联盟提出 “复兴丝绸之路”计划，并分别于 1998 年、1999 年和 2004 年在土库曼斯坦、乌兹别克斯坦和西安举行了三届"国际丝绸之路大会"。联合国也力图重建"丝绸之路",大力推动复兴丝绸之路项目。1998 年,联合国教科文组织设立了诸多文化论坛,开始大丝绸之路研究的项目,探索了丝绸之路沿线文化交流关系;2000 年、2005 年联合国启动"丝绸之路区域合作计划"第一期、第二期项目。此外,在联合国亚太经社理事会的支持下,亚洲各国分别在 2004 年、2006 年签订了亚洲高速公路和铁路的政府间协定,两个协定分别于 2005 年、2009 年被批准生效。与此同时,欧洲也大力支持丝绸之路复兴计划。1995 年,欧盟委员会就提出了塔奇卡计划,构想欧洲—高加索—亚洲交通走廊方案,建设欧洲—黑海—高加索—里海—中亚的交通运输走廊。

丝绸之路复兴计划。2008 年 2 月 19 日,来自俄罗斯、伊朗、土耳其、中国在内 19 国的交通部长等高级官员在瑞士日内瓦签署一个意向书,决定在今后数年投入 430 亿美元,用于改善历史时期丝绸之路通道的公路、铁路、港口、入关等软、硬件条件,以期激活古丝绸之路和其他一些欧亚大陆通道,希望建设中国至欧洲、俄罗斯至南亚等 6 条交通走廊,以及中东铁路和公路体系建设,重现2000年前丝绸之路的辉煌。在全球自然资源,尤其能源越来越短缺的时代,亚欧国家复兴丝绸之路的陆路经济脉络,联手建设现代丝绸之路,不仅能增进欧亚国家经济文化的交流和发展,而且,将促进世界各国的安定团结。尤其对中亚地区资源进入国际市场,促进贸易渠道和出口线路多元化具有重大的价值,对促进各国发展友好关系、维护地区的和平和稳定发挥着十分重要的作用。

此外,在联合国开发计划署支持下,中国和中亚四国发起推进丝绸之路区域发展项目,建立丝绸之路区域项目实施的战略对话机制,旨在复兴丝绸之路沿线区域在贸易、投资、旅游三个重点领域的经济合作。在各国政府支持下,要充分发挥丝绸之路沿线上各城市的优势,丝绸之路沿线各城市市长通过论坛展开协作,各国政府和国际组织的精诚合作,通过城市间的商品交换和思想观念交流,沿途各国城市通过在交通运输网络、信息服务、管理制度、政策法规等方面的相互学习,通过丝绸之路市长论坛、丝绸之路多次出入境签证、颁发"联合国丝绸之路城市"荣誉等策略,开放旅游,实现游客、货物和服务的自由流动,不断提升地区内、地区间的经济合作能力,增强地区内及地区间合作,促进世界和平与发展,重现丝绸之路的辉煌。

2007 年 11 月 8 日至 9 日,欧亚国家共聚西安,隆重召开了"2007 欧亚经济论坛”，把“现代丝绸之路建设计划”建设提上日程。中国与哈萨克斯坦、阿富汗、阿塞拜疆、吉尔吉斯斯坦、蒙古、塔吉克斯坦、乌兹别克斯坦等7国达成协议，自2008年起，投资192亿美元，通过一系列的公路和铁路的建设，在中国与欧洲之间建设一条“现代丝绸之路”。该建设计划得到了亚洲开发银行、欧洲复兴开发银行、伊斯兰开发银行、国际货币基金组织、联合国开发计划署和世界银行的一致支持。丝绸之路贸易通道的复兴，对于世界经济、丝绸之路沿线国家经济发展和社会进步具有重大的现实意义。

2. 新丝绸之路计划

美国从国家全球战略出发，也非常关注丝绸之路沿线区域的复兴与发展，美国也提出新丝绸之路计划。2011年7月，时任美国国务卿希拉里·克林顿在印度举行的第二次美印战略对话会上提出“新丝绸之路计划”，该计划旨在统筹美国的中亚、南亚战略政策。希拉里定义“新丝绸之路”为“一张能将这个长久以来因纷争和政治隔离而被撕裂的地区重新整合在一起的经济运输网”。美国新丝绸之路计划重点：一是兴建基础设施，将阿富汗打造成连接中亚、南亚资源与市场的枢纽，促进区域经济一体化。二是吸引外资参与阿富汗国内建设，帮助阿富汗建立独立的经济体系；三是在美国领导下实现多国参与，国际社会共同分享“过渡红利”。

3. 欧亚经济联盟

俄罗斯也十分注重丝绸之路沿线区域的发展与建设。1994年，哈萨克斯坦总统纳扎尔巴耶夫在莫斯科大学演讲时提出欧亚经济联盟的概念。2011年10月，得到时任俄罗斯总理普京的关注和呼应。欧亚经济联盟是一个由白俄罗斯、哈萨克斯坦、俄罗斯、亚美尼亚、塔吉克斯坦、吉尔吉斯6个前苏联国家为加深经济、政治合作与融入而计划组建的一个超国家联盟，欧亚联盟核心为经济联盟。2014年5月29日，负责俄罗斯、白俄罗斯、哈萨克斯坦3国一体化进程的欧亚经济委员会最高理事会会议在哈萨克斯坦首都阿斯塔纳举行，俄罗斯总统普京、白俄罗斯总统卢卡申科、哈萨克斯坦总统纳扎尔巴耶夫共同签署了《欧亚经济联盟条约》。条约商定欧亚经济联盟将于2015年1月1日正式启动，到2025年联盟实现商品、服务、资金和劳动力的自由流动，终极目标是建立类似于欧盟的经济联盟，形成一个拥有1.7亿人口的统一市场。

4. 丝绸之路经济带

2013年9月7日上午，习近平主席在哈萨克斯坦纳扎尔巴耶夫大学作重要演讲，提出共同建设“丝绸之路经济带”的倡议，力图通过政策沟通、道路联通、贸易畅通、货币流通、民心相通的五通，使欧亚各国经济联系更加紧密、相互合作更加深入、发展空间更加广阔，可以用创新的合作模式，共同建设“丝绸之路经济带”。2013年11月，中共十八届三中全会明确推进丝绸之路经济带、海上丝绸之路建设，以形成全方位开放新格局。国家“十三五”规划也把丝绸之路经济带建设列入国家重要空间发展战略之列。国家部委和丝绸之路沿线各省区也响应国家宏观战略部署，研究出台了一系列政策和措施。丝路经济带倡议发表以来，丝绸之路沿线国家也纷纷呼应中国的愿景，积极参与共同建设丝绸之路经济带的过程，推进丝路经济带顺利建设，成果丰硕，受到国际社会的高度评价。截止到2017年8月，先后有65个国家和地区与我国签署共建“一带一路”协议，合作协议内容覆盖“五通”各领域。尤其，2017年5月14日至15日，在北京主办“一带一路”国际合作高峰论坛成为各方共商、共建“一带一路”，共享互利合作成果、加强国际合作、对接发展战略的重要合作平台，高峰论坛达成共76大项、270多项具体成果。

表1–1　国家部委出台相关政策文件

时间	国家部委	名称
2015年3月28日	发改革委等	《推动共建丝绸之路经济带和21世纪海上丝绸之路的愿景与行动》
2016年8月19日	教育部	《推进“一带一路”教育行动》
2016年9月22日	司法部	《关于司法行政工作服务“一带一路”建设的意见》
2016年10月9日	科技部等	《推进“一带一路”建设科技创新合作专项规划》
2016年11月25日	发改委等	《关于加快推进“一带一路”空间信息走廊建设与应用的指导意见》
2016年12月7日	交通部等	《关于贯彻落实“一带一路”倡议加快推进国际道路运输便利化的意见》，
2017年1月5日	文化部	《文化部“一带一路”文化发展行动计划（2016－2020年）》
2017年1月19日	发改委	《关于加强“网上丝绸之路”建设合作促进信息互联互通的谅解备忘录》

续表

时间	国家部委	名称
2017 年 5 月 9 日	环保部	《关于推进绿色“一带一路”建设的指导意见》
2017 年 5 月 14 日	环保部	《“一带一路”生态环境保护合作规划》
2017 年 5 月 15 日	商务部	《推进“一带一路”贸易畅通合作倡议》
2017 年 5 月 15 日	财政部	《关于加强在“一带一路”倡议下相关领域合作的谅解备忘录》
2017 年 5 月 22 日	质检总局	《服务“丝绸之路经济带”建设检验检疫工作方案》
2017 年 7 月 14 日	工信部	《中小企业“一带一路”同行计划》
2017 年 7 月 19 日	国土资源部	《国土资源部推进“一带—路”建设行动方案》
2017 年 9 月 12 日	国家发改委	《关于共同推进丝绸之路经济带与 21 世纪海上丝绸之路建设的谅解备忘录》
2017 年 9 月 23 日	外交部	《中华人民共和国外交部和联合国经济和社会事务部关于“一带一路”倡议的谅解备忘录》
2017 年 11 月 10 日	发改委	《关于协同推进“一带一路”产能合作框架协议》
2017 年 12 月 7 日	商务部	《中国—乌克兰投资合作规划》
2017 年 12 月 22 日	国家标准委	《标准联通共建“一带一路”行动计划（2018—2020 年）》

表 1–2 丝绸之路沿线省（自治区、市）出台的政策内容

省份	政策文件
新疆	2014 年《关于在喀什、霍尔果斯经济开发区试行特别机制和特殊政策的意见》 2016《关于加快推进丝绸之路经济带核心区文化科教中心（文化体育部分）建设的实施意见》 2017 年，《新疆丝绸之路经济带核心区建设优先推进项目清单》
甘肃	2015 年《甘肃省参与丝绸之路经济带建设的实施方案》
青海	2015 年《金融支持青海融入“丝绸之路经济带”建设指导意见》 2015 年《青海省参与建设丝绸之路经济带实施方案》
宁夏	2015 年《关于贯彻落实国家〈丝绸之路经济带建设战略规划〉重要政策举措的分工方案》
陕西	2015 年《陕西省“一带一路”建设 2015 年行动计划》 2017 年《陕西省“十三五”建设内陆改革开放新高地规划》
重庆	2015 年《贯彻落实国家“一带一路”战略和建设长江经济带的实施意见》 2016 年《关于印发重庆市内陆开放高地建设“十三五”规划的通知》

续表

省份	政策文件
内蒙古	2014 年《内蒙古自治区参与“丝绸之路经济带”建设实施方案》 2016 年《关于加强中蒙草原科技务实合作 助推草原丝绸之路发展的提案》
黑龙江	2014 年《推进东部陆海丝绸之路经济带建设工作方案》 2015 年《“中蒙俄经济走廊”黑龙江陆海丝绸之路经济带建设规划》
吉林	2015 年《吉林省参与建设丝绸之路经济带和 21 世纪海上丝绸之路实施方案》
广西	2016 年《广西参与建设丝绸之路经济带和 21 世纪海上丝绸之路实施方案》 2017 年《广西参与建设丝绸之路经济带和 21 世纪海上丝绸之路的思路与行动》
云南	2015 年《云南丝绸之路经济带规划》 2016 年 4 月 21 日《推动共建丝绸之路经济带和 21 世纪海上丝绸之路的愿景与行动》

三、丝路沿线区域

1. 狭义范围

历史上丝绸之路指从长安出发，经甘肃、宁夏、青海、新疆，翻越葱岭，足涉埃及、波斯，远达雅典、罗马和君士坦丁堡的亚欧陆地商贸交通走廊，全线长约 7000 多千米，范围广及亚欧大陆中部的中国西北、中亚、西亚、地中海沿线、黑海沿岸、巴尔喀什湖南部地区和印度洋沿岸地区。

20 世纪 80 年代以来，重建欧亚大陆交通体系，发展亚欧商贸带动我国内陆地区发展，成为我国和亚欧内陆国家的共同诉求，恢复重建丝绸之路，被赋予更多的时代使命。1992 年 12 月 1 日，“东方 1080”国际集装箱专列首次从连云港发出，经哈萨克斯坦的德鲁日巴站、阿拉木图开往莫斯科、圣彼得堡等地，终抵荷兰鹿特丹和比利时安特卫普港口，拉开了新亚欧大陆桥运输的序幕，并逐渐形成了横贯亚欧大陆，由陆地铁路、公路运输大动脉共同组成的第二条亚欧交通干线。这条纵贯我国东西的铁路、公路交通干线，以陇海兰新铁路线为主干、连霍高速公路为干支网，与古丝绸之路沿线大部分重合，而称为新丝绸之路。现代建立在新型交通工具和国际地缘政治经济关系上的丝绸之路分为三类：一是陆地海铁联运的丝绸之路，东起太平洋西岸连云港、天津港等中国东部沿海港口，连通东亚和东南亚诸国，西行铁路干线从中国境内东西穿越，直至新疆阿拉山口和霍尔果斯口岸出境，进入中亚与哈萨克斯坦铁路相接，进而分北中南三线连接欧洲铁路网，可达大西洋东岸荷兰鹿特丹等欧洲诸城市，全长10900千米；二是以各国主干公路（含高速公路）干支线构成的陆地丝绸之路，也是在历史丝绸之路线路基础上的拓展和延伸，横贯亚欧两大洲中部地带，以我国高速公路G7、G30、G216、G217、G219、G312、G314、G3012、G3013、G3014、G3015、G3016等国道为基础，通过都拉塔、吉木乃、巴克图、吐尔尕特、伊尔克什坦、乌拉斯台、红其拉甫、卡拉苏、老爷庙、红山嘴、塔克什肯、阿黑土别克、木札尔特等跨境公路口岸出境，越过中亚、西亚和欧洲中部地区，可达比利时的安特卫普等港口和意大利的罗马古城，全长约15000千米；三是空中丝绸之路，以北京、西安、乌鲁木齐等国际机场和喀什口岸机场为基础，架构起我国向西开放的空中丝路。

丝绸之路地跨亚欧两大板块，连接太平洋和大西洋，不仅是我国的东西“大动脉”，而且是连接世界的国际联运大通道“新亚欧大陆桥”的重要组成部分，直接连接着中国、哈萨克斯坦、吉尔吉斯斯坦、塔吉克斯坦、乌兹别克斯坦、土库曼斯坦、吉尔吉斯斯坦、阿富汗、伊朗、叙利亚、土耳其、乌克兰、波兰、德国、法国、荷兰、意大利和俄罗斯等18个国家，影响范围广及东亚、中亚、中东、西亚、东欧、中欧、南欧、西欧等43个国家，占世界国家数22%，世界陆域面积26.6%；居住人口22亿，占世界人口36%。其中，中国境内东起太平洋沿岸的港口城市连云港，经徐州、商丘、开封、郑州、洛阳、渭南、西安、咸阳、宝鸡、天水、兰州、西宁、格尔木、武威、张掖、酒泉、嘉峪关、玉门、敦煌、哈密、吐鲁番、乌鲁木齐、昌吉、石河子、奎屯、乌苏、库尔勒、阿克苏阿图什、喀什等32个城市，全长约4313千米，贯穿中国东、中、西部的江苏、河南、陕西、甘肃、青海、新疆6省（自治区），直接途经区域达154.6万千米^2，约占国土面积的16%，直接影响人口1亿人；辐射山东、安徽、山西、宁夏、内蒙、西藏、四川等省（自治区）40多个城市，影响地区人口约4.35亿，占中国人口的34.93%；贯穿辐射地域面积360万千米^2，占中国陆地国土总面积的37%。

因此，从狭义角度来理解，丝绸之路经济带沿线区域范围为现代丝绸之路陆路通道直接通过的国家和地区，主要包括东亚的蒙古、东盟10国、西亚18国、南亚8国、中亚5国、独联体7国和中东欧16国共65国。在我国境内主要包括西北5省（自治区）陕西、甘肃、青海、宁夏、新疆。西南4省（自治区、市）重庆、四川、云南、广西。

表 1–3　丝绸之路经济带沿线范围

区域	国家数量	国家名称
东亚	1	蒙古
东盟	10	新加坡 马来西亚 印度尼西亚 缅甸 泰国 老挝 柬埔寨 越南 文莱 菲律宾
西亚	18	伊朗 伊拉克 土耳其 叙利亚约旦 黎巴嫩 以色列 巴勒斯坦 沙特阿拉伯 也门 阿曼 阿联酋 卡塔尔 科威特 巴林 希腊 塞浦路斯 埃及
南亚	8	印度 巴基斯坦 孟加拉 阿富汗 斯里兰卡 马尔代夫 尼泊尔 不丹
中亚	5	哈萨克斯坦 乌兹别克斯坦 土库曼斯坦 塔吉克斯坦和吉尔吉斯斯坦
独联体	7	俄罗斯 乌克兰 白俄罗斯 格鲁吉亚 阿塞拜疆、亚美尼亚 摩尔多瓦
中东欧	16	波兰 立陶宛 爱沙尼亚 拉脱维亚 捷克 斯洛伐克 匈牙利 斯洛文尼亚 克罗地亚 波黑 黑山 塞尔维亚 阿尔巴尼亚 罗马尼亚 保加利亚 马其顿

2. 广义范围

广义的丝绸之路指从上古开始陆续形成的、遍及欧亚大陆甚至包括北非和东非在内的长途商业贸易和文化交流线路的总称。因此，在全球经济社会发展快速一体化的今天，丝绸之路经济带的经济、贸易和文化交流将直接通达接亚、欧、非大陆区域。从而，丝绸之路经济带沿线区域范围应包括亚、欧、非大陆全域。未来，随着经济技术的进一步发展，水域对人类活动阻隔程度将会极大地削弱，亚洲与美洲大陆可通过在白令海峡架设海上大桥，将亚洲、非洲、欧洲、北美洲和南美洲统统连接起来，从而美洲大陆将成丝绸之路经济带直接影响范围，为丝路沿线的潜在区域。

第二节　基础条件

丝绸之路沿线途经中国境内的关中平原、黄土高原、走廊绿洲、沙漠绿洲和帕米尔高原 5 大地貌区域，穿越中亚内陆温带旱漠草原地貌区、卡帕多奇亚火山熔岩地貌区和地中海平原后，抵达欧洲大陆，除了地中海以西的欧洲大陆区域，沿线大多属于内陆干旱半干旱地区。

一、中国沿线区域

沿线中国段大多处于内陆干旱半干旱地理条件区，自然资源条件相对较差，但矿产资源较为丰富。

1. 陕西

陕西省位于中国西部内陆腹地，为中国西北、西南、华北、华中间的交通枢纽，具有承东启西的战略区位，以陇海和连霍高速组成的新亚欧大陆桥横贯省区中部的关中平原，省会西安为丝绸之路起点。在丝路经济带建设中，陕西具有地理环境、区位条件、科教文化等方面的独特优势，为引领丝路经济带发展建设的重要支撑和节点。2016 年，全域总面积 20.58 万千米 ^{2}，总人口 3812.62 万人，国内生产总值 19165.39 亿元，辖 13 市 78 县。

（1）自然资源

陕西中部为中国南北分界线秦岭山脉，全域地跨黄河、长江两大流域，自北至南分为黄土高原、关中平原、秦巴山地 3 大自然地理区，相应气候类别为温带、暖温带和北亚热带气候。

陕西资源矿产种类多，资源总量丰富，潜在价值巨大。全域已发现 138 种各类矿产，64 种矿产保有资源储量位列全国前 10，能源优势尤其突出。煤炭资源位居世界 7 大煤田之列，煤炭远景储量 2348 亿吨，保有储量 1618 亿吨，探明储量 1400 亿吨；天然气田是中国陆上最大整装气田，远景储量是 3.69 万亿米 ^{3}，探明储量达 2058 亿米 ^{3}；石油资源位居全国前列，石油探明储量为 8 亿吨。陕西能源资源主要集中分布于陕北和渭北地区。

陕西也有较丰富的金属和非金属矿产资源，主要集中于陕南和关中。金属资源中除钼分布集中且储量较大外，其他金属资源如金、铜、铁、铅、锌、汞等分布较散，单个矿点储量较少，开发条件较差。

陕西水资源紧缺，水资源总量为 442 亿米 ^{3}，人均水资源仅相当于全国平均水平的 40%，是全国的贫水地区之一。全省除陕南外，水资源的贮存条件差，时空分布严重不均，流域间调水难度很大。

（2）经济社会

2016 年陕西国内生产总值 19165.39 亿元，拥有陕西西咸新区、西安国际港务区、中国（陕西）自由贸易试验区等外向型经济区域。陕西省外向农业生产以果业竞争力最强。陕西是全球苹果集中连片种植最大区域，苹果产量占世界 1/6，猕猴桃产量占世界 1/3，樱桃、葡萄、梨、红枣种植面积和产量均位居全国前列。工业方面，是全国最重要的航天技术研发和生产制造基地，能源化工产业的规模和技术水平全球领先，拥有大柳塔煤矿、中煤陕西、延长煤油气资源综合转化项目为代表的一批具有世界先进水平的项目，电子信息、新能源汽车、航空航天、新材料等新支柱产业亮点纷呈，天然气重卡和混合动力轿车销量位居全国第一，新能源汽车技术达到国际先进水平，拥有全国最大的飞机制造企业。

（3）城市发展

陕西是中国都城发源地。汉唐长安为世界同期最大的都市和经济文化中心，宋清以来城镇衰退。1840 年鸦片战争后，中国沦为半殖民地半封建社会，陕西地处西北内陆，区域经济发展缓慢，城镇规模小。1937 年，陇海铁路修筑并贯通陕西，咸铜铁路、川陕公路、西宝公路等相继修通，极大改善了陕西内外交通条件，社会经济发展加快。加之抗日战争爆发，东部许多工厂和学校内迁，大量人口涌入，加速了陕西城镇的发展。在此阶段，首先是位于铁路沿线一些古老城镇发展较快，如西安、临潼、潼关、华阴等。其次，出现铜川、蔡家坡等新城镇，抗战结束后，由于城镇工业与人口的大量东迁，陕西城市重新陷入了衰退境地。

1950 年后，陕西作为国家重点建设地区，城市步入快速稳定的发展，“一五”期间城市化年平均递增速度均在 12% 以上。1958 — 1965 年的 3 年困难及其后调整时期，国民经济波动很大，城市化发展大起大落。1966 — 1977 年的文革期间，一方面经济增长缓慢，大批干部和城镇知识青年上山下乡，导致了城市发展停滞甚至萎缩。1978 年后的改革开放，城市发展迅速。1978 — 1990 年城市发展速度呈现慢—快—慢的特点，城市速度与同期农业发展一致。1991 年以后，城市发展的速度加快，重要城市有西安国际化大都市、宝鸡市和渭南市。

2. 甘肃

甘肃省位于中国西部地区，地处黄河中上游，东通陕西，南瞰巴蜀、青海，西达新疆，北扼内蒙古、宁夏；西北接蒙古国。其河西走廊历来是向西的咽喉，陆上联通欧非的必经之地，兰州是我国西部的交通枢纽。古丝绸之路在甘肃境内有 1600 多千米，平凉、天水、兰州、张掖、敦煌等城市为丝路重镇。2016 年，甘肃全域面积 45.44 万千米 ^{2}，居全国第 7 位，总人口 2609.95 万人，国内生产总值 7152.04 亿元，辖 12 市，2 个自治州。

（1）自然资源

甘肃地处黄土高原、青藏高原和蒙古高原 3 大高原的交汇地带。境内山脉纵横交错，海拔相差悬殊，高山、盆地、平川、沙漠和戈壁等兼而有之，是山地型高原地貌。由于深居西北内陆，海洋温湿气流不易到达，成雨机会少，大部分地区气候干燥，属大陆性很强的温带季风气候。

甘肃境内成矿地质条件优越，矿产资源较为丰富。矿业开发为其重要经济支柱。截至 2016 年底已发现各类矿产 173 种（含亚矿种），占全国已发现矿种数的 74%，其中，10 种矿产保有量位列全国第 1，25 种矿产保有量位列全国前 5，49 种矿产保有量位列全国前 10；煤炭资源预测存储量约为 1428 亿吨，位居全国第 6；风能资源总储量为 2.37 亿千瓦，风力资源居全国第 5 位，可利用和季节可利用区的面积为 17.66 万千米^2；甘肃石油天然气资源比较丰富，素有“全国工业的摇篮”之称，预计石油保有储量为 6 亿吨，天然气探明存储量 31.57 亿米^3，集中分布在河西玉门和陇东长庆两地区。

甘肃水资源主要分属黄河、长江、内陆河 3 个流域的 9 个水系。全省自产水资源总量约 294.9 亿米^3，人均水资源仅相当于全国平均水平的 50%，是全国的贫水地区之一。

（2）经济社会

2016 年全省实现国内生产总值 7152.04 亿元，三次产业结构为 13.61∶34.84∶51.55。全域人口和经济活动长期高度集中于陇海兰新铁路沿线，6 个重点开发区所依托的兰州、白银、天水、庆阳、平凉、河西等城市集聚了增长较快的主导产业和创新企业，主导产业有石油化工及合成材料产业、新型化工材料产业、有色金属新材料产业、冶金新材料产业、稀土功能材料和电池材料产业、煤炭高效清洁利用产业、装备制造产业以及绿色生态农产品加工产业等 8 大产业。兰州–白银地区工业产业门类比较齐全，形成了以石油化工、有色冶金、机械电子、煤炭电力为主的重工业，以轻工轻纺、生物医药等具有地方特色的轻工业，是我国西部重要的工业基地。天水–陇南地区优势产业主要有电子、电器、机械制造等装备制造业，食品、烟草、建材和轻纺工业，特别是光机电一体、集成电路、高精尖数控机床和电子信息制造业具有较强优势；平凉–庆阳地区煤炭资源与油气资源丰富，是我国 13 个重点产煤基地、西北三大产煤矿区之一，同时被称为中国石油地质勘探的四大发现之一。河西地区是甘肃省矿产最多、品种最全、能源资源相对丰富的地区，优势产业集中在采掘工业、冶金、石化等原材料加工和以农产品为原材料的加工工业。

（3）城市发展

新中国成立以来甘肃省城镇发展过程大体分为5个阶段。一是1949－1957年稳步发展阶段。在国家“一五”和“三线”建设的推动下，在兰州、天水、白银等地布点建设的省大中型骨干企业，奠定了甘肃现代工业的基础，城市发展获得了强大的物质基础和推动力，设市城市由一座增加到9座。二是1958－1965年大起大落阶段。1958年开始大量农村人口进城，城镇人口迅速增加，城镇化水平快速提高。1961－1964年受自然灾害影响，经历了新中国成立以来前所未有的困难，根据“调整、充实、巩固、提高”的八字方针，从1961年开始，甘肃城市由9座减为7座。三是1966－1982年停滞发展阶段。1966－1976年，甘肃省国民经济、工业化、城镇化停滞不前，甚至出现下滑。1978－1982年，城镇化水平一直徘徊在13%左右。四是1982－2011年较快发展阶段。改革开放加快工业化进程，一些城市恢复设市，1985年全省城市由5座骤增到13座。五是2002年以来急速发展阶段。全省城市化水平不断提高，步伐明显加快。

（4）重点城市

历史上甘肃城市对古丝绸之路的畅通、安全通行以及发展繁荣做出过重大贡献，如今甘肃丝绸之路经济带上的城市具有更好的作用。

兰州市是甘肃省的省会，位于中国陆域版图的几何中心，在大西北处于“座中四连”的独特位置，自古以来一直是丝绸之路上的重要节点，在“丝绸之路经济带”建设中非常重要。

嘉峪关市东距西安1540多千米，西离霍尔果斯口岸1780千米，正处于古丝绸之路中国段的中间，是甘肃向东承接产业转移、向西加快对外开放步伐的重要节点和桥头堡，在丝绸之路上具有无法取代的作用。

平凉市位于甘肃省东部，六盘山东麓，泾河上游，为陕甘宁交汇的“金三角”几何中心， 素有“陇上旱码头”之称，是古丝绸之路必经重镇，史称“西出长安第一城” 。平凉自古为屏障三秦、控驭五原的重镇，是兵家必争之地和陇东传统的商品集散地。

张掖市以“张国臂掖，以通西域”而得名，位于甘肃省西北部，河西走廊中段，是古丝绸之路重镇，是新亚欧大陆桥的要道。

敦煌市位于河西走廊的最西端，是丝绸之路的节点城市，以“敦煌石窟”、“敦煌壁画”闻名天下，是世界遗产莫高窟和汉长城边陲玉门关、阳关所在地。

3. 青海

青海省地处“世界屋脊”青藏高原东缘，其北部和东部同甘肃省相接，西北部与新疆维吾尔自治区接壤；南部和西南部与西藏自治区为邻，东南部与四川相连。青海省是中巴经济走廊和丝绸之路经济带的十字要冲，古丝绸之路和唐蕃古道的必经之地，中原地区通往西域和南亚地区的主要通道，也是丝绸之路的重要枢纽地区。全域总面积 72.10 万千米^2，总人口 593.46 万人，国内生产总值 2572.49 亿元，辖 2 个地级市，6 个民族自治州，27 个县，7 个民族自治县，3 个县级市，6 个市辖区。

（1）自然资源

青海省域地跨青藏和黄土两大高原。全省地形分为北、中、南三大区域。北部为高海拔的祁连山—阿尔金山山地；中部为较低海拔的柴达木盆地及黄河、湟水河流域谷地；南部是高海拔的青南高原。青海位居高原内陆，具有鲜明的高原大陆性气候特征。

青海省资源富集，特别是盐湖、石油天然气、有色金属等资源储量大、类型全、分布集中。现已发现各类矿产 125 种，产地 2500 余处，已探明储量的矿产 105 种。同时，清洁能源约占全省能源的 85%，青海水电资源得天独厚，太阳能、风能、可燃冰、盐湖锂多元丰富，储量可观，这些都为青海融入丝绸之路经济带、加快与周边省区和中亚国家的产业合作提供了重要的产业基础。

截止到 2016 年末，全省有 270 多条较大的河流，水能储量在 1 万千瓦以上的河流就有 108 条。自然保护区 11 个，面积 2177 万公顷，其中国家级自然保护区 7 个，面积 2074 万公顷。陆栖脊椎动物达 270 多种，各种鸟类 294 种。野生植物约有 2000 余种，其中经济植物 1000 余种，药用植物 680 余种，名贵药材 50 多种。

（2）经济社会

青海省社会经济发展相对滞后，区域社会经济发展差异大，东部为农业城市经济区，西部为矿业经济区，南部为牧业经济区，中部为环青海湖农牧经济区。2016 年工业完成增加值 562.79 亿元，全域地区生产总值 2572.49 亿元。农业主要分布在湟水河河谷地带，畜牧业分布在环青海湖和三江源地区，绿洲农业分布在柴达木地区。工业布局集中分布在以西宁为中心的东部地区和柴达木地区。特色优势产业为新能源、新型材料、盐化、有色金属、油气化工、煤化工、装备制造、特种钢、特色纺织和生物医药 10 大产业。

2016 年末全省常住人口 593.46 万人。全域人口集中分布在东部农业区，东部地区以不到全域 5% 的面积，居住着全省 75% 的人口。青海的世居少数民族主要有藏族、回族、土族、撒拉族和蒙古族，其中土族和撒拉族为青海所独有。藏族在青海省少数民族中人数最多，遍布全省各地。

（3）城市发展

新中国成立以来，青海省城市发展大致经历 6 个阶段。一是 1949 — 1953 年，柴达木盆地的开发建设，有力地带动了青海城镇的建设。在此期间，修建了甘青公路、青藏公路和宁张公路，并全面修筑了西宁市区道路的桥梁。西宁市的城市总体规划于 1954 年、1956 年、1957 年 3 次编制和修改完善，到第一个五年计划完成时，市区面积已发展到 17 千米^2，为 1949 年的 5 倍。二是 1958 — 1962 年第二个五年计划期间，青海城镇曲折发展。大办工业、大炼钢铁，大批农业人口涌入城市，外省人口进入青海，增加了不少新的城镇和工矿点。三是 1963 — 1965 年的调整时期，城镇建设退缩，城镇建设资金下降到建国初期水平。有的牧区因城镇选址不当，出现举城搬迁的情况。经过调整，青海城镇由 45 个压缩到 40 个，全省县级行政区中，设置了 4 个市、39 个县，3 个县级区和 4 个市辖区。1965 年撤销了格尔木、大柴旦、冷湖 3 个市的建制，改市为县或建制镇。四是 1966 — 1976 年“文化大革命”时期，国家从上海、山东、黑龙江迁来了机电、铝制品、服装等各类工厂。大量人员落户青海，带动了城镇建设，西宁市、格尔木市等城市，为了适应工业发展的需要，市政基础设施建设力度加大，同时通讯线路、输油管线等开始建设。五是 1978 年十一届三中全会召开后，随着社会主义建设的发展，城镇建设揭开了新的篇章。城市的商业功能日益加强，城镇建设投资也转向多元。到 1985 年，已完成全省 34 个城镇总体规划编制工作。六是 1986 年以后，城市发展速度加快。然而，与全国平均水平相比，其城镇化的发展仍较缓慢，与沿海地区差距不断扩大。

（4）重点城市

青海省东部地区为全域核心，是兰西经济区和丝绸之路经济带的重要城市群；柴达木地区是省域重点扶持地区；环青海湖地区是省域特色地区；三江源地区为国家生态屏障核心地带，是省域保护地区；兰青、青藏铁路沿线城镇发展带是全省资源、人口、城镇、产业的核心集聚带；黄河干流沿岸城镇带为全省水电开发走廊、生态旅游走廊和特色农牧业走廊。

西宁市是青海省省会，西北地区中心城市之一。西宁曹家堡机场是青海省唯一的二级机场，也是青藏高原重要的空中交通枢纽。海东市是青海省副中心城市，兰西经济区重要支点。德令哈市是柴达木盆地资源开发基地，丝绸之路经济带上的交通枢纽城市。格尔木市是青藏、青新、敦格3条公路干线交汇地，青海省次中心城市，我国重要的综合交通枢纽、信息通信枢纽、电力枢纽、资源加工转化中心和物流集散中心，全国重要新型工业化基地、循环经济试验区。德令哈市是青藏交通干线上的综合交通节点和物流集散地，青海省区域中心城市之一。玉树市是青海、四川、西藏交界处的民间贸易集散地，青海省区域中心城市之一。

4. 新疆

新疆维吾尔自治区，位于中国西北边陲，地处亚欧大陆腹地，陆地边境线5600多千米，周边与俄罗斯、哈萨克斯坦、吉尔吉斯斯坦、塔吉克斯坦、巴基斯坦、蒙古、印度、阿富汗等8国接壤，在历史上是古丝绸之路的重要通道，现在是亚欧大陆桥的必经之地，战略位置十分重要。新疆全域总面积为166万千米^2，占中国国土总面积1/6，是中国陆地面积最大的省级行政区，首府为乌鲁木齐。

（1）自然资源

新疆维吾尔自治区地处山脉与盆地之间，素有“三山夹二盆”之称。其北部是阿尔泰山，南部为昆仑山系，天山横亘于新疆中部，把新疆分为南北两半，南部是塔里木盆地，北部是准噶尔盆地，属于北温带典型大陆干旱气候。

新疆矿产种类多、储量大，开发前景广阔。目前发现的矿产有138种，探明储量的有99种，保有储量居全国首位的有10种，居前10位的有58种。石油、天然气、煤、铁、铜、金、镍、稀有金属、盐类等蕴藏丰富。据全国第二次油气资源评价，新疆石油预测资源量209.2亿吨，占全国陆上石油资源量的30%；天然气预测资源量10.4万亿米^3，占全国陆上天然气资源量的34%；煤炭预测存储量2.19万亿吨，占全国预测储量的40%；铁矿石上表矿区93处，探明资源储量8.63亿吨，预测资源总量77.8亿吨；铜、铅、锌、镍、镁等矿床193处，探明资源储量679.8万吨，远景储量16515万吨；黄金探明可采储量108吨，保有储量130吨。

新疆水资源总量为970亿米^3。若以人均占有的水资源量，与全国各省（区）对比，新疆排名在前。但极端干旱气候，大面积沙漠、戈壁和荒漠的存在，则说明新疆水资源的不足，而且新疆西北半壁与东南半壁水量相差十分悬殊，水资源地域分布极不平衡。

（2）经济社会

改革开放以来，新疆从一个以农为主、经济落后的地区变成拥有一定物质基础，具有一定经济实力和生产规模的经济区。2016 年全年实现地区生产总值 9617.23 亿元，比上年增长 7.6%，年末人口 2398.08 万人，城市化率达到了 48.35%。2016 年货物进出口总额 179.63 亿美元，其中，出口 159.12 亿美元；进口 20.51 亿美元。旅游业蓬勃发展，2016 年接待旅游总人数 8102 万人次，增长 24.3%。其中，接待入境旅游 201 万人次，增长 19.6%；国内旅游 7901 万人次，增长 24.5%。实现旅游总消费 1401 亿元，增长 24.6%。

新疆已经形成了以农牧业及其农产品加工为主的轻纺工业与石油化工两大产业为特征的产业体系，产业结构向合理化方向演进，以农业为基础，工业为主导，第三产业为纽带的国民经济体系基本形成。石油天然气生产主要集中于准噶尔盆地、塔里木盆地和吐哈盆地以及克拉玛依、乌鲁木齐、库尔勒等中心城市；煤炭煤电煤化工产业形成以乌鲁木齐、东疆的哈密、南疆的库车俄霍布拉克为主的煤炭生产格局；以农产品加工及轻纺工业为主则集中分布于乌鲁木齐、昌吉、石河子、奎屯、库尔勒、阿克苏和喀什等城市。

（3）城镇发展

新中国成立以来的新疆维吾尔自治区城市发展大致经历了两个阶段。一是从新中国成立以后到改革开放之前的 1978 年，共设市 7 个，包括 50 年代的乌鲁木齐、伊宁、喀什和石油城克拉玛依，70 年代军垦城市奎屯、石河子和东疆的哈密市，这一阶段城市发展较慢。二是从 1979 年至今，共设立 12 市，其中库尔勒、和田、昌吉、阿克苏、塔城、阿勒泰、吐鲁番、博乐、阿图什市于 1979 — 1986 年间，为民政部关于“地、州、盟所在地原则上都要设市”精神出台后设立的地州所在地县级市，阜康、乌苏和米泉为撤县设市，其中乌苏和米泉为县级市，这一阶段政策性设市速度较快、数量较多，而通过整县设市模式新设市的数量较少。

（4）重点城市

新疆重点城市有乌鲁木齐、伊宁、喀什、库尔勒等区域中心城市。

乌鲁木齐位居新疆和亚洲大陆中心，有“亚心之都”的称呼，自古以来是沟通东西商贸的重要枢纽。如今是世界上最内陆、距离海洋和海岸线最远的大型城市，是丝绸之路经济带的重要枢纽和西部门户，是古丝绸之路新北道上的重镇，东西方经济文化的交汇处，中原与西域经济文化的融合地。

伊宁是国家历史文化名城，位于新疆西北部，是伊犁河谷内重要的物资集散地和工业中心，因其气候宜人，物产丰富，自然禀赋得天独厚，素有“花城”、“苹果城”、“塞外江南”之美誉。

库尔勒是新疆巴音郭楞蒙古自治州的首府，地处欧亚大陆和新疆腹心地带，是古今丝绸之路的咽喉之地和西域文化的发源地之一，是南北疆重要的交通枢纽和物资集散地，是西北 5 省（自治区）首座“全国文明城市”。

喀什是我国最西部的一座边陲城市，古称疏勒，历史上是著名的“安西四镇”之一，是具有二千多年历史的古老城市，民族特色浓厚，享有“不到喀什，就不算到新疆”的美誉。喀什市与周边 8 国接壤或毗邻，是我国向西开放的重要门户，战略地位十分突出，为未来丝绸之路经济带上最具发展潜力的国际都市。

5. 宁夏

宁夏回族自治区地处中国西部的黄河上游，接近中国版图几何中心，欧亚大陆桥国内段中间位置。东邻陕西省，南部与甘肃省相连，西北连内蒙，与通往中亚、西亚的丝绸之路大通道相衔接。2016 年，全域总面积 6.64 万千米 ^{2}，总人口 674.9 万人，国内生产总值 3150.06 亿元，辖 5 个地级市，2 个县级市，11 个县。宁夏在丝路经济带建设中，以连接中国东西部与对外通往中亚、西亚的特殊陆空优势，成为我国向西开放的空中门户。

（1）自然资源

宁夏回族自治区地处黄土高原和内蒙古高原过渡地带，中国地质、地貌“南北中轴”的北段，在华北台地、阿拉善台地与祁连山褶皱之间。地形南北狭长，地势南高北低，西部高差较大，东部起伏较缓。宁夏按地形大体可分为：黄土高原，鄂尔多斯台地，洪积冲积平原和六盘山、罗山、贺兰山南北中三段山地。宁夏回族自治区深居西北内陆，属典型的大陆性半湿润半干旱气候，具有冬寒长，夏暑短，雨雪稀少，气候干燥，风大沙多，南寒北暖等特点。

宁夏资源丰富，以煤和非金属为主，已经发现各类矿产资源近 50 种。D 级以上储量的矿产地 110 余处，已获探明储量的矿产种类达 34 种。煤炭探明储量 300 多亿吨，预测储量 2020 多亿吨，储量位居全国第 6 位，含煤地层分布面积约占宁夏面积的 1/3。石膏矿藏量居中国第 1，探明储量 45 亿吨以上，一级品占储量的一半以上。石油、天然气有相当储量，具备发展大型石油天然气化工的良好条件。石英砂岩（硅石）已探明储量在 1700 万吨以上。地跨宁夏的陕甘宁盆地的长庆油气田，已探明储量达 7000 多亿米 ^{3}，是世界级大气田。水资源有黄河干流过境流量 325 亿米 ^{3}，可供宁夏利用 40 亿米 ^{3}，水能理论蕴量 195.5 万千瓦。

（2）经济社会

2016 年宁夏全区实现国内生产总值 3150.06 亿元。宁夏高端服务业与战略性新兴产业以银川为核心，清真产业与现代制造业产业、能源化工与新材料产业、装备制造和能源化工产业、电子信息、新能源和旅游产业主要分布在吴忠、宁东、石嘴山、中卫、固原。农业形成引黄灌区现代农业、中部干旱带特色农业和南部山区生态农业“三大区域”产业体系。其内陆开放型经济试验区、银川综合保税区、中阿博览会等成为宁夏对外开放的重要平台，是建设“一带一路”战略支点的重要载体。

宁夏人口主要分布在北部，南部次之，中部最少。常住人口中汉族占 63.11%，回族占 36.05%，其他少数民族占 0.84%。回族主要分布在固原市和吴忠市，满族聚集在银川市区，散居青铜峡市、吴忠市利通区，蒙古族在银川市区，石嘴山市、中卫市，东乡族全部集中在固原市的海原县。宁夏作为全国最大的回族聚居区，与“一带一路”沿线诸多国家有相近的民族风俗习惯，这为丝绸之路经济带建设奠定了同源的人文基础。

（3）城市发展

宁夏城市发展历经 3 个阶段。一是 1949 — 1958 年。建省设市，1949 年 10 月 29 日宁夏立省，辖银川市、吴忠市两市。二是 1958 年 10 月 25 日成立宁夏回族自治区，仍然下辖 2 市。三是改革开放后全域城市发展呈现“一主三副”的空间布局。一主为大银川都市区，由银川市、吴忠市利通区、青铜峡市、宁东能源化工基地和盐池高沙窝镇构成；三副为石嘴山、固原、中卫三个副中心城市。

银川市是宁夏回族自治区的首府，国家历史文化名城，西北地区重要的中心城市。吴忠市是宁夏沿黄河城市带核心区域，北方游牧民族与汉族文化的交汇点。青铜峡市是重要工业城市，国家首批农业可持续发展试验示范区。石嘴山市是西北重要的工业城市。固原市是西北特色农产品集散中心，丝绸之路经济带产品基地示范区，三副中心之一。中卫市是西北地区重要的商品粮、水产品和设施蔬菜生产基地。

6. 西藏

西藏自治区位于中国青藏高原西南部，北邻新疆，东连四川，东北接青海，东南连云南，南与缅甸、印度、不丹、尼泊尔等国毗邻，西与克什米尔地区接壤，为中国边陲的重要门户。在丝路经济带建设中，西藏具有地理环境、区位条件、自然资源等方面的独特优势，是促进丝路经济带发展建设的重要区域。西藏全域总面积 122.84 万千米^2，常住人口约 317.55 万人，辖 6 个地级市、1 个地区。

（1）自然资源

西藏是青藏高原的主体区域，地理环境可分为喜马拉雅山区、藏南谷地、藏北高原和藏东高山峡谷区。西藏湖泊总面积约 2.38 万千米^2，约占全国湖泊总面积的 30%。气候类型有热带、亚热带、高原温带、高原亚寒带、高原寒带等各种类型。

西藏矿产资源种类多，资源总量丰富，潜在价值巨大。全域已发现 101 种矿产，查明矿产储量的有 41 种，其中，12 种矿产保有资源储量位列全国前 5，能源矿产优势十分突出。水能资源理论蕴藏量为 2 亿千瓦，约占全国的 30%，居全国首位；西藏是中国地热活动最强烈的地区，地热能资源储量丰富；太阳能资源居全国首位，是世界上太阳能最丰富的地区之一；风能储量 930 亿千瓦，居全国第 7 位；石油资源具有很强优势，地质勘探部门在藏北西部探明远景资源量为 1 亿 ~1.5 亿吨。西藏自治区土地资源丰富，天然草地面积超过内蒙古和新疆，位居全国第一，是中国主要的牧区之一。西藏动物种类众多，构成其动物资源优势。

（2）经济社会

2016 年，全区实现国民生产总值（GDP）1148 亿元。素有“西藏粮仓”之称的雅鲁藏布江中游干、支流河谷地带，包括拉萨、山南、日喀则三个地、市的 22 个县和 5 个国营农场，不仅是西藏重要的农业区和商品粮基地，也是自治区的政治、经济、文化、交通中心。西藏自治区的经济建设步伐不断加快，不仅建立了现代工业、交通通讯业，原有的农牧业、商业也有了长足的发展。

西藏自治区常住人口中，藏族人口占 90.48%，其他少数民族人口占 1.35%，汉族人口占 8.17%。藏族人口主要分布在日喀则地区和昌都地区；汉族人口主要分布在拉萨地区和昌都地区；门巴族人口主要分布在拉萨地区的墨脱县。

（3）城市发展

西藏城市的建设历史久远，拉萨是吐蕃王朝的都城。昌都地处川康滇青的交通要冲。历史上，西藏一直处于自然经济状态，城镇不仅数量小，规模也很少，解放前拉萨仅有1万多人，日喀则有9000余人，昌都有4000余人，城镇总人口约六七万人。

解放后，西藏城市发展建设历经3个阶段。一是1951 — 1959年。国家修通了川藏、青藏、拉萨—日喀则—亚东、那曲—狮泉河、拉萨—泽当、新藏等公路，在公路沿线城镇进行了小规模建设，重点修建了学校、医院、运输站、影剧院等公共服务设施。同时，在公路沿线扩建了一批原有的居民村落，出现了江达镇、札木镇、八一镇、当雄镇、羊八井镇等一批新兴城镇。二是1959 — 1978年。经国务院批准，西藏自治区设置了7个地市，国家投资建设使西藏城镇的基础设施、公共服务设施和住宅等都有不同程度的发展，形成了72个小镇。在此期间，还修通了中尼、滇藏等公路干线，开放和修建了樟木口岸。三是十一届三中全会以来，西藏实行了一系列搞活经济、发展生产力的政策，促进了商品经济的发展，大力推动了西藏城市化进程。

（4）重点城市

西藏自治区重点发展城镇有拉萨、日喀则、昌都、八一、那曲、泽当、狮泉河。

拉萨市是西藏自治区的首府，国家西部重要的区域中心城市，西藏自治区政治、经济和文化中心；国家历史文化名城，世界精品旅游城市，国家西部重要交通枢纽和丝路经济带上的重要节点。

日喀则市位于我国西南边陲，国家级历史文化名城，区域性的交通枢纽中心，区域性的政治、经济和文化中心，以商业贸易、加工业、旅游服务为主体功能的园林城市，是连接南亚的重要通道，丝路经济带发展建设的重要支撑。

昌都市是藏东地区门户重镇，藏东地区政治、经济和文化中心；国家西部地区公路交通枢纽，是川藏公路和滇藏公路的必经之地，也是“茶马古道”的要地，是西藏区域丝绸之路经济带建设的重要枢纽。

八一是西藏东南地区重要旅游城市，林芝地区政治、经济和文化中心。

那曲是藏北地区交通枢纽，政治、经济和文化中心，青藏铁路沿线重要的物流基地。

泽当是西藏中部地区重要旅游城市，历史文化名城，山南地区政治、经济和文化中心。

狮泉河是阿里地区政治、经济和文化中心，西藏西部地区重要的旅游和对外贸易城市。

二、国外沿线区域

1. 中亚区域

中亚区域是指亚洲中部内陆地区，地处亚欧大陆“丝绸之路经济带”中部，是亚欧之间咽喉。该区域包括土库曼斯坦、吉尔吉斯斯坦、乌兹别克斯坦、塔吉克斯坦、哈萨克斯坦 5 国，总面积约 400 万千米^2，中亚与我国之间已形成由铁路、公路、航空和管道等多种交通运输方式构成的综合运输体系。

（1）自然条件

中亚区域地貌南北差异明显。总体上呈现东南高、西北低，南部是荒漠、绿洲和山区，北部为草原、平原和丘陵。塔吉克斯坦帕米尔地区和吉尔吉斯斯坦西部天山地区，山势陡峭，在东西之间广阔地区，荒漠、绿洲在海拔 200~400 米之间，丘陵、草原在海拔 300~500 米之间，而东部山区在海拔 1000 米左右。中亚地区绵亘着温带最壮观的山地，冰川超过 4000 条，总面积达 11000 千米^2。中亚为典型大陆性气候，从哈萨克斯坦最北端到土库曼斯坦最南端，表现为寒温带经温带向亚热带的过渡气候特征。

中亚 5 国矿产资源丰富，油气、石油、煤炭、铁、锰、铬、铜、钼、金、锑、锌、铝土等矿种的储量和产量均位于世界前列。石油、天然气主要分布在哈萨克斯坦、土库曼斯坦和乌兹别克斯坦，石油储量为 42.8 亿吨，占世界总量的 2.1%；天然气储量为 11.8 万亿米^3，占世界总量的 6.2%。铀矿主要分布在哈萨克斯坦和乌兹别克斯坦，可靠铀资源量为 41.22 万吨，占全球总量的 11.7%。煤矿主要分布在哈萨克斯坦，探明储量为 336 亿吨，居全球第 8。中亚的黑色金属矿产以铁、锰、铬为优势矿产，铁矿主要分布在哈萨克斯坦，储量为 83 亿吨，居世界第 5 位。锰矿石主要分布在哈萨克斯坦中哈地区，储量为 4.29 亿吨，居世界第 3 位。铬铁矿是中亚地区最具优势的矿产之一，探明商品级矿石储量超过 1.8 亿吨，居世界第 1 位。铜和钼主要分布在哈萨克斯坦、吉尔吉斯斯坦和乌兹别克斯坦，储量均位列世界前 10 位。金矿在中亚地区广泛、成群带分布，探明金矿储量达 4333 吨，占全球总量的 8.5%。其中乌兹别克斯坦的探明储量最大，其次是哈萨克斯坦、塔吉克斯坦和吉尔吉斯斯坦。

（2）经济社会

近年，中亚地区经济增长较快。2016 年区域 GDP 总量达 2505.6 亿美元，区域经济发展的主要推动力为二三产业，能源工业的快速发展使中亚地区日益成为世界能源供给的重要地带和经济发展的新兴力量。地区对外贸易持续增长，2016 年进出口贸易总额达 2454.42 亿美元，占国民经济的 80.76%。

中亚区域 2016 年总人口约 7011.7 万。这一地区的地形、地貌和经济发展等因素决定了该区域与人口分布及构成的特点：人口密度小，人口分布极不均匀，主要民族是哈萨克人、土克曼人、乌兹别克人、吉尔吉斯人、塔吉克人、普什图人等世居民族。

表 1–4　中亚区域概况

国家	面积 / 万千米 ^{2}	人口 / 万人	GDP / 亿美元	人均 GDP / 美元
哈萨克斯坦	272.49	1779.7	1336.57	7510
乌兹别克斯坦	44.74	3185	672.20	2111
吉尔吉斯斯坦	19.99	608	65.51	1077
土库曼斯坦	49.12	566	361.80	6389
塔吉克斯坦	14.31	873	69.52	796
合　计	400.65	7011.7	2505.6	17883

（3）区域发展

1996 年由亚洲开发银行发起成立 CAREC，中亚区域经济合作（AREC）是中亚区域重要的经济合作机制之一，现有成员包括中国、阿富汗、阿塞拜疆、哈萨克斯坦、吉尔吉斯斯坦、蒙古、巴基斯坦、塔吉克斯坦、土库曼斯坦和乌兹别克斯坦 10 国。

1991—1995 年，中亚各国经济发展骤然失去依靠和联系，为制止经济形势恶化，中亚各国逐步建立健全经济管理机构，进行经济体制改革。此期，地区经济发展总体下滑，三次产业均有所衰退，其中，一、二产业产值下降比较明显，从 1993 年到 1995 年，分别从 179.50 亿美元、373.32 亿美元下降到 67.65 亿美元、126.21 亿美元。

1996—2000年，中亚国家的市场经济体制得到进一步的巩固与发展，各国相继制定了经济或工业发展战略，建立了较为健全的市场经济体系。1999年以后国民经济发展重新回升，到2000年，三次产业产值分别达到72.82亿美元，156.09亿美元、160.24亿美元，三次产业结构为18.71∶40.11∶41.18。

2001年以后，中亚国家开始积极参与国际合作，注重经济区内合作和经济一体化发展，能源战略地位促使其对外经济获得较快发展，与国际接轨的程度越来越高。各国依托丰富的资源，以资源贸易、资源开发为导向，经济发展进入稳定增长阶段，产业结构日趋合理，以能源矿产和轻工食品为主的对外贸易成为中亚地区经济发展的重要驱动力之一。

（4）重要城市

塔什干。乌兹别克斯坦首都，中亚最大城市，中亚的金融中心，总面积260千米^2，人口215万，丝绸之路上重要的商贸枢纽。塔什干是乌兹别克斯坦主要的经济和贸易集中城市，也是与中国贸易与物流运输的主要城市。

阿拉木图。哈萨克斯坦第一大城市，也是整个中亚的金融、教育等中心、公路枢纽、航空要站，总面积324千米^2，人口160万。阿拉木图国际机场是哈萨克斯坦最大的国际机场，铁路通西伯利亚、乌拉尔、中亚和中国新疆，为重要公路运输中心和国内国际航空港。

阿斯塔纳。哈萨克斯坦首都，第二大金融中心，铁路交通枢纽。面积722千米^2，人口100万。阿斯塔纳纳扎尔巴耶夫国际机场是欧亚大陆最现代化的机场之一。

阿什哈巴德。土库曼斯坦首都，土库曼斯坦是中亚地区的重要交通枢纽。面积300千米^2，人口68万。

2. 南亚区域

南亚指位于亚洲南部的喜马拉雅山脉中、西段以南及印度洋之间的广大地区，东濒孟加拉湾，西濒阿拉伯海，包括印度、巴基斯坦、孟加拉国、尼泊尔、不丹、斯里兰卡、马尔代夫7国。该区域人口占世界总人口的比重超过20%，是世界上人口最多和最密集的地域，同时也是全球最贫穷地区之一。由于政治、宗教上的原由，区域政局都不太稳定。

（1）自然资源

南亚地形分为喜马拉雅山地、大平原和海岸平原三部分。北部是喜马拉雅山地，平均海拔超过6000米，气候、土壤和植被的垂直变化显著。中部为印度河、恒河和布拉马普特拉河冲积而成的大平原，区域河网密布，灌溉渠众多，农业发达。南部为德干高原和东西两侧的海岸平原，高原与海岸平原之间为东高止山脉和西高止山脉。南亚气候以热带气候为主，马尔代夫、斯里兰卡岛的南部是热带雨林气候；印度西北部、巴基斯坦南部是热带沙漠气候；印度半岛、恒河平原、喜马拉雅山脉南麓是热带季风气候。南亚有印度河、恒河、布拉马普特拉河三大河流。

南亚是芒果、蓖麻、茄子、香蕉、甘蔗、莲藕等栽培植物的原产地。该区域黄麻、茶叶产量约占世界总量的50%。稻米、花生、芝麻、油菜籽、甘蔗、棉花、橡胶、小麦、椰干等产量也占世界重要地位。同时，该区域自然矿产丰富，矿种主要为铁、煤、锰、云母、金等。

（2）经济社会

南亚各国和中国之间自古以来就通过南方丝绸之路和茶马古道有着密切的贸易往来。2005 年中国纳入南亚区域合作联盟，成为其观察员，中国与南亚各国之间的关系更加密切。2015 年，南亚 GDP 为 26123 亿美元，占世界经济总量的 0.36%，人均 GDP 为 3868 美元，对外贸易持续增长，能源工业的快速发展使南亚地区日益成为世界能源供给的重要地带和全球经济发展的新兴力量。

表 1–5　南亚区域概况

国家	面积 / 万千米 ^{2}	人口 / 亿人	GDP/ 亿美元
印度	298	13.24	20669
巴基斯坦	8.80	1.93	2468
孟加拉国	14.75	1.63	1738
斯里兰卡	6.56	0.21	749
尼泊尔	1.55	0.23	196
不丹	3.84	0.0079	18
马尔代夫	0.03	0.0042	30

（3）区域发展

南亚区域合作发展始于二战之后的 20 世纪 80 年代，至今已有半个多世纪的历程，其发展历经了 4 个阶段。

第一阶段：萌芽期（1947—1980 年）。印巴分治后不久，两国就因克什米尔地区的归属陷入了严重对抗，并引发了三次全面战争。在地区大国陷入严重对抗的情况下，不存在区域整体合作的前提。印度为了确立自身的区域与领导地位，对周边小国进行了一定程度的控制。印度与内陆 3 国合作密切，但又出现了合作边界模糊、侵犯小国主权的现象。而其他国家间以对抗为主，此中孟加拉国的独立创造了区域合作发展的前提。

第二阶段：起步阶段（1980—1998 年）。1957 年《罗马条约》签订和欧洲经济共同体的成立，世界范围掀起区域合作的热潮，极大地触动南亚各国的政策制定者，开始思考南亚区域合作的前景问题。到 20 世纪 70 年代末，南亚已成为世界上极少数没有建立区域合作组织的地区之一。1983 年 8 月，南亚 7 国外长第一次会议通过了《南亚区域合作宣言》与《联合行动纲领》。同年 12 月，南亚各国领导人在南亚第一届首脑峰会上签署了《达卡宣言》，标志着南亚区域合作联盟的诞生，后南亚的区域合作进入到机制化发展阶段。考虑到该地区的特殊情况，在成立之初，南盟回避了敏感的政治、经济、安全议题，而从农业、交通等技术领域入手，循序渐进地扩大合作范围，并最终成功将合作议题扩展至非传统安全与经济领域 。1993 年《南盟优惠贸易协定》的签署是南盟区域合作最为重要的成就之一。不过，南亚各国在政治与传统安全领域合作机制的缺失也为未来区域合作的停滞埋下了伏笔。

第三阶段：停滞阶段（1998—2001 年）。印巴两国的核军备竞赛在加剧南亚地区紧张形势，这不仅对南亚地区的地缘政治格局造成巨大影响，也破坏了区域合作的脆弱基础。在印巴核试验之前，印度通过三次印巴战争已在常规军力上超过了巴基斯坦。这使得巴基斯坦虽然在克什米尔等问题上与印度存在着尖锐分歧，但在第三次印巴战争后却不得不放弃一直以来奉行的对抗战略，转而通过合作与对话解决两国矛盾。正是在此背景下，南亚局势的缓和使得区域合作成为可能。不过，在印巴相继进行核试验后，巴基斯坦的“低成本平衡战略”取得成功，使两国在有核条件下取得了新的势力均衡。

第四阶段：发展阶段（2001 年至今）。随着印巴关系的缓和，地区安全局势明显改善，南亚原已停滞的区域合作得以重启，并全方位展开。2004 年南盟第十二届首脑峰会是南亚区域合作历史上重要的里程碑。峰会上签署了多个重要文件，对南亚区域合作产生了重大影响。21 世纪以来南亚的区域合作呈现出多层次、宽领域的良好发展态势。一方面，南亚区域、次区域的合作都建构起了相应的合作机制，并以此为依托，实现了合作的常态化发展；另一方面，南亚各国合作的领域日益宽广，从基础设施、贸易、农业、科技、教育、卫生到非传统安全领域，并取得了阶段性成果。

（4）重点国家

印度。南亚次大陆最大国家，其东北部同孟加拉国、尼泊尔、不丹和中国接壤，东部与缅甸为邻，东南部与斯里兰卡隔海相望，西北部与巴基斯坦交界，面积约 298 万千米^2（不包括中印边境印占区和克什米尔印度实际控制区等），居世界第 7 位。印度是世界第 2 人口大国，人口约为 13.24 亿，也是金砖国家之一。印度经济产业多元化，涵盖农业、手工艺、纺织以及服务业。印度 2/3 人口仍然直接或间接依靠农业维生，近年来服务业增长迅速，已成为全球软件、金融等服务业最重要出口国。

巴基斯坦。位于南亚次大陆西北部，南濒阿拉伯海，东接印度，东北与我国相邻，西北与阿富汗交界，西邻伊朗。国土面积为 79.6 万千米^2（不含巴控克什米尔的 1.3 万千米^2），人口约为 1.93 亿人，全境 3/5 为山区和丘陵地形，源自中国的印度河从北流入巴境后，向南蜿蜒 2300 千米，注入阿拉伯海。巴基斯坦产业以工艺品加工业与农业为主，但工业落后，最大的工业部门为棉纺织业，其他还有毛纺织、制糖、造纸、烟草、机器制造、天然气、石油等。

斯里兰卡。南亚次大陆以南印度洋上的岛国，西北隔保克海峡与印度相望。国土面积 65610 千米^2，人口 75.3 万人。由于其接近赤道，终年如夏，年平均气温 28℃，受印度洋季风影响，西南部沿海地区湿度大，年平均降水量 1687 毫米，风景秀丽，素有“印度洋上的明珠”之称。

3. 中东区域

中东地处地中海东部与南部区域，是欧、亚、非三大洲结合部，位于“五海三洲之地”，具有独特的地缘战略价值。中东地区不仅是全球地缘政治的重要交通枢纽，而且也是陆上和海上连接欧亚大陆腹地的重要路径。中东地区包括巴林、埃及、伊朗、伊拉克、以色列、约旦、科威特、黎巴嫩、阿曼、卡塔尔、沙特、叙利亚、巴勒斯坦、阿联酋、也门、土耳其和塞浦路斯 17 个国家和地区。

（1）自然条件

中东地区大部分是高原，高原边缘有较高的山岭耸立。平原面积狭小，主要分布在埃及的尼罗河谷地和河口三角洲、伊拉克境内的两河流域（又称美索不达米亚平原，“两河”指的是底格里斯河与幼发拉底河），它们分别是古代埃及文化和古巴比伦文化的摇篮。此外，地中海沿岸也有狭窄平原。中东地区气温高，气候干燥，主要有地中海气候、温带大陆性气候、亚热带和热带沙漠气候。

中东地区是世界油气资源最丰富的地区，但天然气资源分布极不平衡，国家间差异显著。巴林天然气资源总量最低，伊朗、卡塔尔、沙特、阿联酋天然气储量分别排名世界第 2 位至第 5 位。中东是世界上石油储量最大、生产和输出石油最多的地区，中东石油主要分布在波斯湾及沿岸地区，所产石油 90% 以上由波斯湾沿岸港口运往西欧、美国、日本等国家和地区，对世界经济发展具有重要影响。中东是世界上水资源最贫乏的地区，中东地区的水资源主要来自尼罗河、幼发拉底河—底格里斯河、约旦河 3 大水系以及约旦河谷区。

（2）经济社会

20 世纪 90 年代以后，中国经济在改革开放的带动下迅速发展，开始从外国进口原油，中东国家与中国的贸易关系也就此正式拉开了序幕。随着中东政治局势的日趋稳定，中东国家与中国的贸易关系也逐渐加强。

表 1–6 中东区域概况

国家	面积 / 万千米 ^{2}	人口 / 万人	人均 GPD/ 万美元
沙特	225	2370	1.55
阿联酋	8.36	508	4.9
阿曼	30.95	274	2.49
科威特	1.78	345	4.08
也门	55.50	2310	0.12
埃及	100.15	9169	0.23
伊拉克	44.18	3070	0.24
约旦	8.9	598	0.38
土耳其	78.36	7256	0.86
伊朗	164.5	7260	0.48
巴林	0.077	143	2.23
以色列	2.57	855	3.79
黎巴嫩	1.05	601	0.79
卡塔尔	1.15	257	5.93
叙利亚	18.5	1843	0.15
巴基斯坦	88.01	19300	0.14
塞浦路斯	0.92	117	2.33

（3）重点国家

卡塔尔，位于波斯湾西南岸的卡塔尔半岛上，国土面积 11521 千米^2，总人口约 212 万人，阿拉伯人占 40%。首都多哈是卡塔尔第一大城市，初始为一渔港，现集政治、经济、交通和文化中心于一身。2016 年的国内生产总值为 1524.7 亿美元，经济增长率为 2.2%，进出口总额 891.9 亿美元。卡塔尔属热带沙漠气候，夏季炎热漫长，最高气温可达 50℃；冬季凉爽干燥，最低气温 7℃。年平均降水量仅 75.2 毫米。卡塔尔的产业以能源产业、通讯及信息技术产业以及旅游产业为主。

阿拉伯联合酋长国，简称阿联酋。位于阿拉伯半岛东部，北濒波斯湾，西北与卡塔尔为邻，西和南与沙特阿拉伯交界，东和东北与阿曼毗连，海岸线长 734 千米，总面积 83600 千米^2，首都阿布扎比。2016 年的国内生产总值为 3750 亿美元，进出口总额为 5539 亿美元。阿联酋石油天然气资源非常丰富，已探明的石油储量为 130 亿吨，占世界石油总储量的 9.5%，居世界第 5 位。天然气储量为 6.06 万亿米^3，居世界第 5 位；工业以石油化工工业为主，此外还有天然气液化、炼铝、塑料制品、建筑材料、服装和食品加工等工业。阿联酋农业、畜牧业和林业的产值占国内生产总值的 2.4%。全国可耕地面积 32 万公顷，已耕地面积 27 万公顷，主要农产品有椰枣、玉米、蔬菜、柠檬等，粮食依赖进口。

沙特阿拉伯王国，简称沙特。位于亚洲西南部的阿拉伯半岛，东濒波斯湾，西临红海，同约旦、伊拉克、科威特、阿拉伯联合酋长国、阿曼、也门等国接壤。国土面积 225 万千米^2，人口 3228 万人。沙特是名副其实的“石油王国”，石油储量和产量均居世界首位，使其成为世界上最富裕的国家之一，同时也是世界上最大的淡化海水生产国，其海水淡化量占世界总量的 21% 左右。

埃及。全称阿拉伯埃及共和国，地跨亚、非两洲，大部分位于非洲东北部，只有苏伊士运河以东的西奈半岛位于亚洲西南角。北濒地中海，东临红海，地处亚、非、欧三洲交通要冲，海岸线长约 2700 千米。该国主要为阿拉伯人，信奉伊斯兰教，官方语言为阿拉伯语，首都开罗。埃及人口和农业主要分布在尼罗河沿岸和河口三角洲地区。埃及是人类文明的发源地，旅游资源丰富，文化古迹众多。经济方面主要依赖于农业、石油出口、旅游业以及劳务出口。埃及是世界重要的棉花产地和出口国。尼罗河三角洲和北部沿海地区属地中海型气候，其余大部分地区属热带沙漠气候，炎热、干燥、少雨，沙漠地区最高气温可达 40℃。

伊朗。全称伊朗伊斯兰共和国，位于亚洲西南部，同土库曼斯坦、阿塞拜疆、亚美尼亚、土耳其、伊拉克、巴基斯坦和阿富汗相邻，南濒波斯湾和阿曼湾，北隔里海与俄罗斯和哈萨克斯坦相望，素有“欧亚陆桥”和“东西方空中走廊”之称。海岸线长 2700 千米，境内多高原，东部为盆地和沙漠，属大陆性气候，冬冷夏热，大部分地区干燥少雨。国土面积 164.8 万千米 ^{2}，人口为 7260 万人，伊朗是世界石油储藏大国，石油资源十分丰富。截至 2015 年底，已探明原油储量 1584 亿桶，占世界总储量的 10.6%，主要分布在与伊拉克接壤的西南部省份胡齐斯坦的大型陆上油田及波斯湾地区。工业以石油开采业为主，另外还有炼油、钢铁、电力、纺织、汽车制造、机械制造、食品加工、建材、地毯、家用电器、化工、冶金、造纸、水泥和制糖等，但基础相对薄弱，大部分工业原材料和零配件依赖进口。

4. 北非区域

北非即非洲大陆北部地区，撒哈拉沙漠以北、地中海以南广大区域，总面积约 862 万千米 ^{2}。北非处于地中海的黄金地段，其中西北非的摩洛哥与阿尔及利亚扼守通往大西洋的直布罗陀海峡，东北非的埃及和苏丹控制着极具战略价值的苏伊士运河。北非地处丝绸之路经济带地中海沿岸，是丝绸之路经济带重要的石油等资源的节点区域。北非包括苏丹、南苏丹、埃及、利比亚、突尼斯、阿尔及利亚、摩洛哥 7 国及大西洋中的葡属马德拉群岛、亚速尔群岛。

（1）自然资源

北非的地理位置正好与撒哈拉以南非洲相对，地形单一，地势平坦，起伏不大，气候单一，形成大面积的沙漠地区。地形以高原为主，地势较平坦，由于气候干旱，沙漠广布。地中海沿岸有狭小的沿岸冲积平原，西北分布有阿特拉斯山脉。北非为典型的热带沙漠气候和地中海气候。除地中海沿岸为地中海气候外，其余地区基本上为高温干燥的热带沙漠气候。

北非地区矿藏种类丰富、储量大，主要有石油、磷酸盐、天然气等，其中阿尔及尔铁矿石和磷灰石资源丰富，初步探明储量：石油 60 亿桶，天然气 3284 亿米 ^{3}，磷酸盐约 12 亿吨，铁矿 1.82 亿吨，此外还有锰、煤、金、锌、铬、银、钼、铜、滑石等；利比亚除石油外，天然气储量也较多，其他资源有铁、钾、锰、磷酸盐、铜等；突尼斯主要有磷酸盐、石油、天然气、铁、铝、锌等，已探明储量：磷酸盐 20 亿吨，石油 7000 万吨，天然气 615 亿米 ^{3}，铁矿石 2500 万吨；摩洛哥磷酸盐为主要资源，储量 1100 亿吨，占世界储量的 75 %，其他矿产资源有铁、铅、锌、钴、锰、钡、铜、盐、磁铁矿、无烟煤、油页岩等。其中油页岩储量 1000 亿吨以上，含原油 60 亿吨。西撒哈拉磷酸盐矿藏量丰富，建有现代化磷酸盐开采场，此外还有钾、铜、石油、铁、锌等资源。

（2）经济社会

北非地区深受自然条件限制，大部分国家经济水平较低。埃及是该区域经济水平较高的国家，开罗为本区规模最大的城市。北非主要支柱产业为农业和矿业等初级产业。农业主要分布在有水源供给的地中海沿岸、尼罗河沿岸及河口三角洲地区，以种植棉花、小麦等作物为主。北非地区国民生产总值占全非洲 1/3 以上，遥居各区之首。其中采矿业产值占全洲的 47% 以上。石油、天然气、磷酸盐分别占全洲总产量的 60%~90%。制造业规模、产值仅次于南部非洲。北非地区 2016 年 GDP 总量达 3039.06 亿美元，占世界经济比重为 1.06%。

北非的自然和人文特征与西亚地区相似度高，大部分是阿拉伯人，主要语言为阿拉伯语，宗教为伊斯兰教，此外还有北非土著柏柏尔人。

表 1–7　地中海区域概况

国家	面积 / 万千米 ^{2}	人口 / 万人	GDP/ 亿美元	人均 GDP/ 美元
苏丹	188.61	3958	955.84	2415
南苏丹	61.97	1190	90.15	759
埃及	100.14	9169	3362.97	3514
利比亚	176	629	291.53	4643
突尼斯	16.36	1140	420.63	3689
阿尔及利亚	238.17	4061	1560.80	3844
摩洛哥	44.66	3528	1014.45	2832
马德拉群岛	0.079	30	——	——
亚速尔群岛	0.23	15	——	——
合计	862.159	23720	7696.37	21696

（3）北非区域发展

第一阶段：初创阶段（20 世纪 60 年代）。此阶段致力于改变非洲经济落后状况，实现非洲经济合作和一体化。非洲各国家在经济领域内加强了经贸合作关系，区域性的经济合作团体和一体化组织相继建立起来。包括地区多边合作组织和区域一体化组织。

第二阶段：发展阶段（20 世纪 70 年代）。70 年代以来，非洲经济形势受西方 1975 年和 1979 年两次经济危机的严重影响，每况愈下。1976 年非统组织提出建立非洲共同体的建议和在 15~25 年内分阶段实现非洲经济一体化的设想，强调以“集体自力更生和自强自立”的精神来发展非洲的社会和经济。此阶段，非洲经济一体化组织日益增多，非洲现有的这类组织大多数在此期间建立。

第三阶段：经济一体化发展的新阶段（20 世纪 80 年代以后）。1980 — 1990 年以次区域经济一体化为主，逐步建立非洲中部、东部、南部和北部的地区一体化组织；加强在粮食、农业、工业、人力、能源、交通运输和通讯等方面的一体化，为建立非洲经济共同体作准备。1990 年以后，主要协调战略、政策和计划，促进合作项目，协调财政、货币和贸易政策，逐渐走向大陆经济一体化。北非此阶段成立了两个区域合作组织：埃及和苏丹经济合作组织和阿拉伯马格里布联盟，有力地促进了地区经济贸易合作。

（4）重要城市

达尔贝达。摩洛哥历史名城，全国最大的港口城市、经济中心和交通枢纽，人口 290 万。达尔贝达是非洲最大人工港之一。

的黎波里。利比亚首都，是利比亚最大的国际化大都市。面积 2616 千米^2，人口 1775 万。拥有利比亚最大的黎波里港和最大机场的黎波里国际机场。

亚历山大。埃及最大海港和全国第 2 大城市，人口 400 万。位于尼罗河口以西，距首都开罗 200 多千米，城市东西长 30 多千米，南北最窄处不足 2 千米。

开罗。埃及首都及最大的城市，也是非洲及阿拉伯区域最大城市，是整个中东地区的政治、经济、文化和交通中心，面积 3085 千米^2，人口 1877 万。开罗国际机场是埃及航空基地，是非洲第二繁忙的机场。

阿尔及尔。阿尔及利亚首都，港口城市，人口 300 万，布迈丁国际机场是北非较繁忙的航空港之一。

突尼斯。突尼斯首都，国内最大的港口城市，面积 163 千米^2，人口 225 万。

5. 东欧区域

东欧是欧洲东部、亚欧大陆桥的连接区域，欧亚大陆的“心脏”地带，是丝绸之路经济带重要枢纽区域。东欧区域一般指德国 — 奥地利 — 意大利以东至亚欧洲际分界线的区域，即乌拉尔山及乌拉尔河、里海、高加索山脉一线以西部分，包括爱沙尼亚、拉脱维亚、立陶宛、白俄罗斯、俄罗斯、乌克兰、摩尔多瓦 7 个国家。

（1）自然资源

东欧地貌比较单一，以东欧平原为主，以喀尔巴阡山为分界线，分成南北两部分。南部地形较为复杂，山地平原交错，高大的山地散布，本区是喀斯特地形的分布区。俄罗斯的乌拉尔山及乌拉尔河以西是俄罗斯平原。平原中部为瓦耳代丘陵，是河流的分水岭。位于里海和黑海之间的高加索山，是欧亚的界山之一，山势高大，地形崎岖复杂，夹杂着高原、平原和低地。东欧绝大部分属于温带大陆性气候，高加索地区由于纬度较低，气候上已带有浓厚副热带色彩。

东欧自然资源丰富，主要集中分布在东欧平原上，有着丰富的煤、铁、石油、锰等矿藏资源。俄罗斯是世界资源最丰富的国家，天然气储量 48 万亿米^3，占世界探明总量的 1/3，居世界第 1 位；石油储量 65 亿吨，占世界探明储量的 13%；煤炭储量 2000 亿吨，居世界第 2 位；铁、铝、铀、黄金的储量也居世界前列。森林面积 8 亿公顷，占国土面积的 42.7%，占世界林木总蓄积量的 1/4。是世界木材和木制品的主要出口国。

（2）经济社会

东欧平原有世界著名的顿巴斯煤田、库尔斯克和克里沃罗格铁矿区、尼科波尔锰矿区、第二巴库油田。东欧人口稠密，工农业和水陆交通发达。东欧区域盛产小麦、马铃薯、甜菜、向日葵，养畜业发达。东欧经济最发达的地区是俄罗斯，这里人口众多，城市密布、交通网发达，分布有许多著名工业区，如莫斯科、库兹巴斯工业区、圣彼得堡（列宁格勒）工业区、顿巴斯工业区、乌拉尔工业区等。俄罗斯工业基础雄厚，军工、航天等尖端领域在世界处于领先地位。

表 1–8　东欧各国概况（2016 年）

国家	面积 / 万千米^2	人口 / 万人	GDP/ 亿美元
爱沙尼亚	4.53	132	231.37
拉脱维亚	6.46	196	276.77
立陶宛	6.53	287	427.39
白俄罗斯	20.76	951	474.33
俄罗斯	1709.82	14330	12830.00

续表

国家	面积 / 万千米 ^{2}	人口 / 万人	GDP/ 亿美元
乌克兰	60.37	4500	932.70
摩尔多瓦	3.38	355	67.50

（3）重点国家

俄罗斯。工业、科技基础雄厚，主要工业部门有机械、冶金、石油、天然气、煤炭及化工等，轻纺、食品、木材加工业较落后，航空航天、核工业具有世界先进水平。

爱沙尼亚。欧元区第 17 个国家。主要工业部门有机械制造、木材加工、建材、电子、纺织和食品加工业。农业以畜牧业为主，主要饲养奶牛、肉牛和猪。

拉脱维亚。欧元区第 18 个成员国。主要工业门类有电子产品、机器制造、食品、轻工、纺织、建材、化工、木材加工等。支柱产业有采矿、加工制造及水电气供应等。拉脱维亚农业包括种植业、畜牧业、渔业等。

立陶宛。国内有考纳斯、克莱佩达和希奥利艾 3 个自由经济区。有欧洲标准的公路网，4 个国际机场，不冻港（东波罗的海岸）和该地区第一个卫星通讯系统。工业是立陶宛的支柱产业。立陶宛电子、纺织和食品加工业较发达，糖、奶、肉制品出口有一定优势。

白俄罗斯。白俄罗斯工业基础较好。机械制造业、冶金加工业、机床、电子及激光技术比较发达和先进。2017 年 12 月 19 日，亚洲基础设施投资银行已经批准白俄罗斯加入亚投行。

乌克兰。乌克兰经济保持恢复性增长，宏观经济整体稳定。工业、农业和交通运输业等主导产业成为经济增长主要引擎。

摩尔多瓦。自独立以来，始终把发展信息产业作为国民经济发展的重点，21 世纪初，在电信和信息传送领域取得了显著成绩。

（4）重点城市

莫斯科。面积 2511 千米 ^{2}，人口 1415 万，地处俄罗斯欧洲部分中部、东欧平原中部，跨莫斯科河及支流亚乌扎河两岸，是俄罗斯联邦首都、莫斯科州首府。莫斯科是俄罗斯的政治、经济、文化、金融、交通中心以及最大的综合性城市。莫斯科和伏尔加流域的上游入口和江河口处相通，是俄罗斯乃至欧亚大陆上极其重要的交通枢纽，也是俄罗斯重要的工业制造业中心，科技、教育中心。

萨马拉。拥有120万人口，是俄罗斯的主要工业功能性城市之一，最重要的交通枢纽之一，也是俄罗斯国内石油河运的重要中心。

维尔纽斯。面积401千米^2，人口61088人，立陶宛的首都和最大城市，立陶宛的工业中心，全市工业产值占立陶宛工业总产值的2/3以上。

6. 西欧区域

西欧位于亚欧大陆西部、大西洋东岸。狭义指欧洲西部濒临大西洋的地区和附近岛屿，包括英国、爱尔兰、荷兰、比利时、卢森堡、法国和摩纳哥7个国家。广义则包括德国、意大利、奥地利、瑞士、西班牙、葡萄牙、瑞典、丹麦、挪威、冰岛、芬兰、希腊等欧洲发达国家，面积约500万千米^2，约30多个国家，占欧洲的一半左右。作为丝绸之路经济带的重要组成区域，西欧具有地理区位、经济实力、高度发达等区域特征，为丝路经济带建设的重要区域。

（1）自然资源

欧洲最高大的阿尔卑斯山脉横亘区域南部，北部有纳维亚山脉，中部主要分布平原，勃朗峰本域最高，南部和冰岛多火山地震。河流众多，河网稠密，河流水量充沛。

西欧地区煤储量丰富，主要矿产有煤、石油、天然气、铁、钾盐等。世界著名的大煤田集中在德国的鲁尔和萨尔、法国的洛林和北部、英国的英格兰中部等地；石油主要分布在喀尔巴千山脉山麓地区、北海及沿岸地区；法国和奥地利还有欧洲少有的铀矿。该区域森林面积广阔，渔业资源丰富，沿海渔场面积占世界沿海渔场面积的32%。

（2）经济社会

西欧是近代科学技术发展最早的地区，也是世界经济最发达的地区之一，有发达的工业、农业和对外贸易。主要国家有法国、英国、德国和意大利等，人种以白色人种为主，人口稠密区沿着煤矿和工业地带分布，略呈“十字型”，人口自然增长率较低。

西欧各国工业较为发达，工业生产规模大，部门较为齐全，综合实力雄厚。法国是区域面积最大的国家，工业和农业都较为发达；德国是欧洲西部人口最多、经济实力最强、邻国最多的国家，其现代化工业高度发达。重要海港有伦敦、利物浦（英）、马赛（法）、布鲁塞尔（比）、鹿特丹、阿姆斯特丹（荷）等。

（3）主要国家

英国。英国作为一个重要的贸易实体、经济强国以及金融中心，是世界第5大经济体，也是全球最富裕、经济最发达和生活水准最高的国家之一。英国主要工业有采矿、冶金、化工、机械、电子、电子仪器、汽车、航空、食品、饮料、烟草、轻纺、造纸、印刷、出版、建筑等。生物制药、航空和国防是英国工业研发的重点，也是最具创新力和竞争力的行业。同许多发达国家一样，随着服务业的不断发展，英国制造业自20世纪80年代开始萎缩，80年代和90年代初的两次经济衰退加剧了这一态势。英国制造业中纺织业最不景气，但电子和光学设备、人造纤维和化工产品，特别是制药行业仍保持雄厚实力。服务业包括金融保险、零售、旅游和商业服务等，是其经济的支柱产业。农牧渔业主要包括畜牧、粮食、园艺、渔业，可满足国内食品需求总量的近2/3。

爱尔兰。爱尔兰是一个以农牧业为主、经济发达的国家。工业主要有电子、电信、化工、制药、机械制造、采矿、纺织、制衣、皮革、造纸、印刷、食品加工、烟草、木材加工等，化工、电子工程、计算机软件产业等突飞猛进。农业曾是爱尔兰最重要的部分，但已经逐渐被工业和服务行业所取代。

荷兰。荷兰自然资源相对贫乏，但天然气储量丰富，自给有余。荷兰工业发达，主要工业部门有半成品加工、石油化工、冶金、机械制造、电子、钢铁、造船、印刷、钻石加工等，原料和销售市场主要依靠国外。荷兰重视发展空间、微电子、生物工程等高技术产业，传统工业主要是造船、冶金等，鹿特丹是欧洲最大的炼油中心，荷兰是世界主要造船国家之一。荷兰的农业也很发达，是世界第二大农产品出口国（仅次于美国）。农业生产实现现代化，是世界主要蛋、乳出口国之一。

比利时。比利时是经济发达的资本主义工业国家，经济高度对外依赖，80%的原料靠进口，50%以上的工业产品供出口。比利时是世界上工业最发达的地区之一，是19世纪初欧洲大陆最早进行工业革命的国家之一。主要工业部门有钢铁、机械、有色金属、化工、纺织、玻璃、煤炭等。外贸为比利时经济命脉。主要贸易伙伴为欧共体成员国，其次为其他欧洲国家及北美、亚洲和非洲国家。对外投资主要在远东地区，其次是刚果（金）、布隆迪、卢旺达、欧洲、拉美和北美，主要投资部门为冶金、建筑材料和服务业。

卢森堡。自然资源贫乏，市场狭小，经济对外依赖性大，钢铁工业、金融业和卫星通讯业是卢经济的三大支柱产业。农业以畜牧业为主，粮食不能自给。

工业以钢铁为主，化工、机械制造、橡胶、食品工业也有较大发展。

法国。是世界主要发达国家之一，国内生产总值位居世界第5。法国在核电、航空、航天和铁路方面居世界领先地位。主要工业部门有矿业、冶金、汽车制造、造船、机械制造、纺织、化学、电器、动力、日用消费品、食品加工和建筑业等。核电设备能力、石油和石油加工技术仅次于美国居世界第2位；航空和宇航工业仅次于美国和独联体，居世界第3位。钢铁工业、纺织业占世界第6位。但工业中占主导地位的仍是传统的工业部门，其中钢铁、汽车、建筑为法国工业三大支柱。法国农业极度发达，是世界主要农业大国，主要农副产品出口国。法国商业十分发达，创收最多的是食品销售，在种类繁多的商店中，超级市场和连锁店最具活力，几乎占全部商业活动的一半。

摩纳哥王国。摩纳哥主要的收入来源之一是旅游业，经济发达，以博彩、旅游和银行业为主，该国在服务业和小型的、高附加值的、无污染的工业的多种经营上取得了较大的成功。

表 1–9　西欧各国概况（2016 年）

国家	面积 / 万千米^2	人口 / 万人	GDP/ 万亿美元
英国	24.41	6564	2.619
爱尔兰	7.0273	447	0.294
荷兰	4.1528	1702	0.771
比利时	3.0528	1135	0.466
卢森堡	0.25864	58	0.060
法国	67.2834	6690	2.465
摩纳哥	0.000202	3.8499	0.007
合计	93	14100	

（4）重点城市

伦敦。位于英格兰东南部的平原上，跨泰晤士河，面积1577.3千米^2，人口800万。16世纪后，伦敦的规模高速扩大。大不列颠及北爱尔兰联合王国的首都，欧洲第一大城市和最大经济金融中心，欧洲第一大航空港。

巴黎。位于法国北部巴黎盆地的中央，横跨塞纳河两岸，面积105.4千米^2，人口224.4万。巴黎不仅是法国，也是西欧的一个政治、经济和文化中心。巴黎是历史之城、美食之都和创作重镇，同时又是著名的世界艺术之都和文化之都，欧洲第二大航空港。

慕尼黑。面积 310.43 千米^2，人口 130 万，位于德国南部阿尔卑斯山北麓的伊萨尔河畔。慕尼黑是德国主要的经济、文化、科技和交通中心。同时也是生物工程、软件及服务业的中心。

利物浦。面积 111.84 千米^2，人口 46.6 万，是英格兰西北部的一个港口城市，英国第 4 大城市，默西塞德郡的首府。英国著名商业中心，也是第二大商港，利物浦腹地宽广，对外贸易占全国 1/4，输出居英国首位，输入仅次于伦敦。

马赛。面积 240.62 千米^2，人口 162 万，是市区人口仅次于巴黎的法国第 2 大城市和最大海港，西部有罗纳河及平坦河谷与北欧联系，地理位置得天独厚。全港由马赛、拉韦拉、福斯和罗纳圣路易 4 大港区组成，年货运量 1 亿吨，为法国对外贸易最大门户。

布鲁塞尔。面积 162 千米^2，人口 110 万，位于塞纳河畔，北部是低平的弗兰德平原，是比利时的首都和最大的城市，也是欧洲联盟（欧盟，EU）主要行政机构所在地，北大西洋公约组织（北约，NATO）总部驻地，有欧洲的首都之称。

法兰克福。面积 248.31 千米^2，人口 67 万，位于德国西部的黑森州境内，处在莱茵河中部支流美茵河的下游。法兰克福是德国乃至欧洲重要的工商业、金融服务业和交通中心，拥有德国最大的航空枢纽、铁路枢纽，法兰克福国际机场是全球最重要的国际机场和航空运输枢纽之一。

鹿特丹。面积 319.4 千米^2，人口 62.37 万，是荷兰第 2 大城市，欧洲第 1 大港口，亚欧大陆桥的西桥头堡，位于欧洲莱茵河与马斯河汇合处。

阿姆斯特丹。面积 219.3 千米^2，人口 110 万，荷兰首都及最大城市，世界著名的国际化大都市。荷兰金融商贸之都，欧洲乃至世界上最好的国际贸易都市之一，现为欧洲第 4 大航空港。

第三节 合作趋势

一、合作意义

丝绸之路经济带，东边牵着亚太经济圈，西边系着发达的欧洲经济圈，是世界上最长、最具有发展潜力的经济大走廊，他的发展建设决定着未来世界的发展格局。城市作为社会经济发展的载体，推进丝绸之路沿线的城市区域合作意义重大。目前，沿线国家已经开展了大量合作活动，如加入泛亚公路协定、泛亚铁路协定以及积极谋划跨境高铁等，由于丝路沿线国家之间交通不便，贸易成本较高，如果交通得到改善，贸易成本即会相应下降。同时，一体化发展也要重视经济一体化与文化认同的趋同。因此，既要关注降低关税、统一货币政策和财政政策，又要从文化认同方面培育地区认同感。丝绸之路畅通会大大增加相关国家贸易发展，促进区域和世界经济的均衡发展，推进全球一体化、区域一体化的进程。

丝绸之路对于沿线国家的重大现实意义是实现能源产销的安全。随着世界经济发展对能源的需求越来越大，但是世界能源运输路线太过于依赖海运，使能源产销存在着不确定的风险。丝绸之路的重建对于能源进口通道的多元化、提升能源安全具有重要现实意义。同时，历史上丝绸之路有力地促进了东西方的经济文化交流，推动了东亚地区的文明进步。新丝绸之路的建成将大大加强中国与中亚、西亚、欧洲甚至北非地区的文化交流。新丝绸之路全线贯通，将会有越来越多的亚洲人乘坐铁路进行跨境旅游。据世界旅游组织评估，丝绸之路旅游是世界上最具潜力的旅游线路，未来百年，丝绸之路将是世界旅游业的顶端旅游产品、品牌旅游项目和亚欧尖端线路。随着往来的增多和交流频率的增加，各国人民之间的文化理解将越来越深厚，从而大大减少相互之间的文化歧见。

二、合作特点

随着全球经济一体化进程的加快，丝绸之路沿线城市开始了新的合作。自我国改革开放以来，沿线合作在国际、国内、区域等多个层面上推进，经历了3个发展阶段。第一个发展阶段是20世纪90年代以推进新亚欧大陆桥建设为主的国际组织与政府倡导自发发展阶段。第二个发展阶段是自2001年以来协调机制为主线的新丝绸之路区域的政府间合作联动为标志的阶段；这一阶段一方面在UNDP的帮助下通过打造国际研讨会、论坛等平台，树立丝路合作的品牌，另一方面加强沿线城市的合作，完善了国务院部委宏观调控与沿线城市自主发展的综合协调功能，为沿线城市借助陆桥区域合作谋求发展提供了有力的政策支持，总的来说，这一阶段基本达到了加强各级政府部门之间协作的目标。第三个发展阶段是自2005年以丝绸之路复兴计划启动为标志，将沿线城市的合作从欧亚大陆桥的战略协作层面发展到丝路城市间的行动纲要实施阶段。

区域合作日益强化。当今世界经济发展中的全球化、区域化和集团化三大趋势更加明显，引发了城市经济相互依赖和区域联合，推动城市间展开贸易、生产、金融、科技领域相互合作，以便拓展城市发展所需要的要素、人才、技术市场空间，寻求在世界市场体系中的功能定位。目前全球范围内已经以双边或多边合作机制为基础，建立了多种区域合作组织和合作团体。1958 年欧洲经济共同体成立，1967 年亚洲建立了东南亚国家联盟（东盟）；1967 年、1975 年非洲成立了东非、西非共同体；1965 年大洋洲成立新、澳自由贸易区；1989 年美、加、墨 3 国成立北美自由贸易区。20 世纪 80 年代末 90 年代初，东亚的次区域经济合作踊跃出现，主要有新柔廖“成长三角”经济协作区（新加坡、马来西亚的柔佛州和印度尼西亚的廖内群岛）、粤港深一体化、东北亚区域一体化、澜沧江—湄公河地区的经济合作、长三角城市群一体化、泛珠一体化、环渤海一体化、湘株潭一体化、北部湾一体化、成渝一体化等等众多的区域合作。全球具有一体化性质的区域经济合作组织已经超过 40 个，如欧盟组织、北美自由贸易协定、亚太经济合作组织、上海合作组织、泛亚合作组织、东盟委员会、世界科技城市联盟等等，在推动全球区域合作、发展友好合作关系上作用明显。

合作领域更加宽泛。目前，丝路沿线区域经济合作已经取得了很多进展，表现为：区际重大交通基础设施的一体化建设获得突破性进展；政府之间签订了一系列省市间合作协议，旅游等产业合作联动和一体化的建设进程加速。合作的领域从交通运输、旅游经贸扩展到交通基础设施一体化、旅游经贸信息一体化、市场一体化以及高科技和城市信息化建设领域的综合发展；从一般的产业协作和项目协作向资本融通方向发展；从单一的生产合作向科研开发、技术支持、人才培训、加工制造、市场营销整体合作方向过渡；从以交通、旅游领域为主的合作向交通、旅游、经济贸易、物流、文化交流、区域投资金融等全方位拓展，部门主导合作的范围明显扩大；合作的主体从政府扩展到政府和企业联动；合作的方式从实体走向实体合作与虚拟合作的结合。

合作内容日渐丰富。以城市和区域政府为主导的合作使得城市间的合作不断深化，而政府搭台、企业上台参与也使得沿线城市合作主体发生顺利转变，从广泛的战略合作发展到贸易、旅游和投资等具体领域，深度和广度都有了拓展。为促进丝绸之路区域合作进一步加强，沿线国家和城市政府开展了一系列交流与合作活动，如联合国开发计划署启动丝绸之路区域合作计划（2005）、联合国丝绸之路国际研究中心在西安设立（2007）、联合国第二届丝绸之路市长论坛（2007）、第四届西部文化产业博览会（2008）、上合组织峰会（2012）、中国西安丝绸之路国际旅游博览会（2015）、欧亚经济论坛（2015）、丝绸之路国际旅游经济论坛（2016）、一带一路百人论坛第二届年会（2016）等。各级政府共同商讨合作事宜，企业更是以项目的形式实施企业在区域经济中的影响，通过统一认识，大大简化了自上而下的区域合作成本。

合作效益不断提升。区域经济合作能否持续有效深入展开的重点在合作带给多方的利益是否具有吸引力和持续性。20世纪90年代区域合作的重点还停留在城市政府层面上，以亚欧大陆通道等基础设施的建设为主。21世纪以来，以亚欧大陆桥为载体的产业发展项目和市场建设提上了议程，与此同时，金融市场、技术服务的区域合作的力度正在加强，有力地支持了企业的技术改造和产品升级和资金需求，也使得沿线企业、民众参与合作的热情逐步释放，城市合作主体多元化和合作渠道多样化使得沿线城市从合作中获取的合作利益不断增长，合作的潜在效益不断被挖掘。如西安，早期合作主要局限于城市政府和学者参与丝路沿线城市和国家间的合作论坛；如今西安从政府到企业，各界展开沿着丝路寻找商机和发展空间的合作研究和合作行为，不但主动承担起倡导、组织和积极参与沿线各类合作活动，而且寻求通过国内合作中的角色定位扩展西安市的发展机会，争取建立了西安国际港务区，展开了西安与连云港、欧洲、中亚等多国和多城市的实体经济合作。而乌鲁木齐也通过寻求合作空间开通了至中亚诸国的支线飞机，广泛地吸引着国际国内的客商和游客。

表 1-10　沿线城市合作重大事件

时间节点	相关举措	目标	成效
1990年9月	新疆乌鲁木齐—阿拉山口，公路通车	实现边境口岸开放	启动对西开放
1994年	新亚欧大陆桥国际会议，联合国开发计划署等国际组织对大陆桥开发与合作给予技术和资金支持		启动亚欧大陆桥的国际合作
1996年5月	“96北京新亚欧大陆桥区域经济发展国际研讨会”，通过《主席声明》和建立《亚欧陆桥开发论坛》的倡议	加强新亚欧大陆桥区域经济合作，推进整个区域可持续发展	建立研讨机制，谱写亚欧合作的新篇章

续表

时间节点	相关举措	目标	成效
1998 年	国际古迹遗址理事会成立国际古迹理事会文化线路科技委员会，开展遗址丝路文化线路保护		文化线路的思想在全球传播，并得到国际认同
1999 年	西部大开发	协调东中西部发展上的差异，促进全国经济和环境和谐发展	启动国家政策对西部 PRED 的支持
1999 年	中国政府提出再造河西走廊计划	推进实施开发西部的大战略	区域开发促进政策的区域分解
2000 年 9 月	“新亚欧大陆桥区域合作国际研讨会”，并确定每年 9 月在西安举行	探讨丝路旅游与经济合作、文化交流	理论研究支持
2000 年 11 月	组建了新亚欧大陆桥协调组，参与制定新亚欧大陆桥国际协调机制	加强国内各相关单位之间的协作，促成新亚欧大陆桥协调机制，有效利用现有资源，充分开展与有关国家的经济技术合作，共同推动和促进新亚欧大陆桥区域的协调发展	基本达到了加强各级政府部门之间协作的目标，促进合作从自发性走向机制协调阶段
2001 年 10 月	新亚欧大陆桥区域合作国际研讨会召开，形成了《2001 新亚欧大陆桥市长论坛备忘录》《2001 新亚欧大陆桥国际协调机制论坛备忘录》，签署《西安宣言》；新亚欧大陆桥管理人员国际培训中心授牌给西安	建立协调机制，推动协调发展	新丝绸之路开发运行进入到实质性阶段；启动中心城市的带动作用
2002 年	中日古丝绸南路考察	确定丝绸之路利用的时代及文化交流与贸易交换的内容和规模，探索南丝绸之路的可行路线	新丝绸之路开发进入到技术可行性分析行动阶段
2002 年 11 月	丝绸之路国际学术研讨会，通过了呼吁紧急保护世界遗产的《西安宣言》	把无形文化遗产保护列入议事日程	提升丝路合作的文化价值
2004 年 10 月	西安召开国际丝绸之路部长级大会，以“复兴‘丝绸之路’与道路基础设施建设”为主题，以“交流、合作、创新、发展”为宗旨	明确各参会部长决心致力的领域	将复兴丝路的战略思想分解为可实施的项目

续表

时间节点	相关举措	目标	成效
2005 年 2 月	联合国开发计划署提出丝绸之路复兴计划	复兴丝绸之路沿线区域在贸易、投资和旅游 3 个重点领域的经济合作传统优势；开发 6 条走廊	明确复兴丝路的目标
2005 年 6 月	中国天水伏羲文化旅游节，在打造西部旅游品牌、树立西部旅游形象、发挥西部旅游资源优势、开拓海内外旅游市场等方面达成许多共识		启动地方的自觉行动
2005 年	在科技部支持下，新疆建立了面向中亚 5 国的科技经济信息中心	开展中国与中亚 5 国的科技合作	开发合作新领域
2005 年 11 月	2005 年 11 月 10 日在中国西安举行的首届欧亚经济论坛“博鳌亚洲论坛”	多边探讨能源多元化合作战略和建设高效能源运输系统	将能源合作战略提上议事日程
2005 年 11 月	首届欧亚经济论坛旅游合作会议上，西安提议设立“国际丝绸之路旅游合作联合体”，提出联合沿线各国共同申报丝路世界文化遗产的旅游合作思想	西安作为欧亚经济论坛的东道主，愿成为联合开发的依托城市	计划在“丝绸之路区域合作项目”中加以落实。第一次明确提出西安在合作中的中心地位
2005 年 12 月	新亚欧大陆桥区域经济合作国际研讨会，共同签署了《新丝绸之路沿线城市旅游合作徐州备忘录》，每年举办一次“新丝绸之路旅游市长论坛”	提升城市竞争力	确立以区域合作与发展促进城市竞争力的框架
2005 — 2006 年	中国与中亚之间明确了丝绸之路作为文化线路的遗产总体性质及提名的控制性框架，并决定由中、哈、乌、吉、塔、土库曼作为原始提名国。在国内，河南、陕西、甘肃、新疆、宁夏、青海作为遗产过境的重点省区，承担辖区内遗产备选点的甄选、申报等具体工作	明确联合申报世界文化遗产的基础工作	确定丝路联合申遗的明确框架

续表

时间节点	相关举措	目标	成效
2006 年 6 月	西安召开“首届丝绸之路投资论坛”，以“新丝路、新机遇、新发展”为主题	为潜在的投资者包括跨国公司等与中国、中亚企业搭建合作的桥梁	投资项目以及公共部门与私营部门之间的合作方式
2006 年 10 月	第三届敦煌飞天文化旅游节，沿线 18 个城市发布《丝绸之旅区域旅游发展联合宣言》	营造“大丝路、大旅游”的环境氛围，实现共赢	启动企业行动时代
2006 年 9 月	首届“联合国‘新丝绸之路’明珠城市（中国）”评选活动及相关大型公益路演活动“联合国丝绸之路城市奖”启动	集中展示中国丝路的历史文化价值和新丝绸之路城市的魅力和风采。推动丝绸之路沿线国家和地区的经济、文化交流与合作，培养国际友谊、城市交往、商业合作和文化交流等	拉开丝路复兴的宣传攻势
2007 年 4 月	国家组织编制《丝绸之路旅游区总体规划》，构建丝路国际旅游区的经济利益共同体。建立我国“丝绸之路博物馆”		纳入“十一五”行动计划
2007 年 7 月	2007 年 7 月中国兰州新亚欧大陆桥区域经济合作国际研讨会，并达成《兰州宣言》。第二届丝绸之路市长论坛。企业家峰会	建立“丝绸之路国际研究中心”、“丝绸之路国际旅游合作机构”、“丝绸之路国际传媒联盟”，为沿线国家与地区创造一个经贸、科技、信息交流的平台	构建丝路城市合作机制；提升兰州在沿线城市合作中的地位；解释丝路复兴中政企新型伙伴关系
2007 年 11 月	第二届欧亚经济论坛，签署《西安共识》	与会各国和地方政府展开全面、广泛、持续的合作	建立多层次的区域性经济合作机制
2008 年 4 月	西安，中国西北旅游网上博览会	全方位、立体式、多层面的西北旅游信息的“百科全书”	从实体合作走向虚拟合作
2008 年 10 月	西安中国第四届西部文化产业博览会，并永久落户西安。主旨是合作、创新、发展、繁荣		初步形成了“南有深博会，北有西博会”的中国文化产业博览大格局

续表

时间节点	相关举措	目标	成效
2009 年 11 月	召开首届央行和财政部长会议	积极探讨地区融资领域合作	融资规模超过 500 亿美元
2012 年 6 月	上合组织峰会	中国政府承诺，向中亚提供 100 亿美元贷款，用于中亚地区铁路、公路、光缆、石油天然气管道等基础设施建设	促进中亚同中国间的合作有了稳固基础
2012 年 11 月	《天山北坡经济带发展规划》获国务院批复	“丝绸之路经济带”建设被正式确定为我国开创全方位开放新格局的重要举措后，新疆城镇化建设有了坚实的产业依托	为新疆打造丝绸之路经济带桥头堡，实现区域发展形成保障
2013 年 9 月	习近平总书记在出访哈萨克斯坦时正式提出了“丝绸之路经济带”	促进上合组织内部国家经济的发展，将经济合作惠及周边的南亚和西亚区域，进而使得全球经济都能够受益	正式开启了丝绸之路沿线合作的大幕
2014 年 12 月	中国将大举推进与东盟国家的“一带一路”建设合作	联合推进铁路、公路、水运、航空等基础设施在建项目和新建项目，逐步形成人畅其行、货畅其流的一体化运输网络	提升中国与东盟国家全方位互联互通合作水平，努力为打造本地区增长联动、利益融合的经济新格局提供交通基础支撑
2014 年 12 月	中俄在京签署共建“丝绸之路经济带”合作协定书		中俄合作关系更进一步
2015 年 1 月	中俄共建高科技产业园	丝路经济带合作深度扩展	技术优势相互转化，互惠互利
2015 年 9 月	欧盟委员会欢迎“一带一路”对接“欧洲投资计划”		签署了建立中欧互联互通平台的谅解备忘录
2015 年 11 月	一带一路战略与陕西发展论坛隆重召开	结合陕西品牌建设实际，针对陕西如何依托资源优势实施“一带一路”战略、陕西品牌怎样借助“一带一路”战略走出去的新路径等展开了深入讨论	推进陕西省建设丝绸之路起点建设

续表

时间节点	相关举措	目标	成效
2016 年 3 月	德国总统首次访华，为新丝绸之路搭桥	“中德青少年交流年”活动、到访西安	推动中德丝绸之路建设
2016 年 8 月	习近平主席在钓鱼台国宾馆会见沙特王储穆罕默德	双方巩固战略互信，维护和平稳定，共建“一带一路”	
2016 年 8 月	“一带一路”百人论坛	为“一带一路”倡议提供智力支持，促进相关城市和企业携手“走出去”	启发相关城市企业开放发展战略
2016 年	美国旧金山大学中国企业管理研究所举办“一带一路一个世界：中美投资关系的新焦点”论坛	为美国企业发展带来新机遇	
2017 年 9 月	“一带一路”国际合作高峰论坛	最高规格论坛活动	总结进展 共商合作举措 推动国际合作

三、合作趋势

各国合作受制于现有基础，难于全面展开，因此，近期推动亚欧各国城市间合作，重点在于毗邻国家间城市与城市群和欧洲的合作；远期要充分发挥区域中心城市的作用，推动城市和区域合作向纵深发展。

城市与城市合作。城市在发展的过程中相邻城市间为了协调发展中的同域恶性竞争，通过城市间合作可以产生比以前独立状态下高得多的集合效益，城市间就会寻求适当的方式展开合作，寻求利益互惠空间。世界科技城市联盟、WHO 健康城市联盟和我国目前探讨比较多的长三角、珠三角、京津塘、粤港深、苏锡常、长株潭、厦泉漳、乌昌、西咸、广佛、成渝等，都是距离相近的两个或多个城市间通过政府协商、市场同建、交通一体、利益统筹下的城市合作的典型。世界科技城市联盟（WTA）于 1998 年 9 月在韩国科技城市大田市正式成立，目前有来自 15 个国家的 36 个会员，WTA 致力于通过科技城市间的交流和合作，促进各地区发展。如长三角面对经济全球化和全球市场需求，在区域分工基础上产生的合作，意在通过交通、人才、市场、产业、政策一体化建设加深城市间合作，共同建设以上海为龙头的城市群带，扩大该区域在世界经济体中的地位和影响力。

城市与区域合作。城市与区域合作，能有效分散城市人口过于集中带来的环境压力，同时从区域化的城市发展所需要的生产要素资源，发挥城市中心地的增长极，带动区域整体发展，形成集群优势。这一思想得到国内外众多区域发展的认同，并将之付诸实践，甚至我国目前城市规划体系都修改成了城乡规划体系，城市与区域和谐发展的思想已经成为我国城市发展的主体。以区域主要城市为龙头，带动周围城市（镇）形成具有比较优势的增长极，进而通过市场纽带形成上下游产业分工协作，技术、资源合理流动的产业集群，扩大区域发展的外向吸引力和市场。“城市—区域”观念的建立，也是从20世纪开始的，这是人口城市化和经济发展进程加快后，客观现实反映到人们头脑的结果。20世纪前10年，英国人格迪斯就提出了从区域研究城市的观点。20年代末，纽约搞地区规划开了个头，继而逐步发展了区域规划的理论。30~40年代起，西方大城市开始大规模地向周围地区扩展蔓延，以一个或几个中心城市为核心构成的城镇集聚区相继出现。如珠江三角洲地区就以香港为“龙头”，形成深圳、广州、佛山、南海、东莞等区域“增长极”协同发展，制定了珠三角城市群战略。西安早在20世纪末就产生了区域协同发展的思想，研究探讨关中一线两带、关中城市群、关中—天水城市群等3个体系，希望从交通沿线入手，共享腹地资源、要素市场，沿新亚欧大陆桥，建设4个小型城市（镇）密集区，4区有机联合，形成关中城市带，扩大西安的城市影响力，增强关中平原的经济基础。重庆、四川在共同研究和长期合作的基础上，于2007年4月2日正式签署了《推进川渝合作建成成渝经济区》的协议，决定从基础设施、市场一体化、产业协作、城市群和生态等5个方面进行合作。2007年7月广西举办了环北部湾经济合作论坛，从交通、物流、商贸、制造、信息、旅游、对外宣传等方面加强合作。

区域与区域合作。随着经济全球化和区域集团化的推进，在市场能量极大扩展的今天，诸生产要素的流动已经冲破了地域的阈限，国家内部各区域间、国家之间、地区与地区之间的经济整合运动如火如荼，缩小区域发展差距、实现区域共同发展已经成为一种广泛的共识；面对传统的区域发展差距问题和诸如环境污染、水资源短缺、疫病流行等新的区域性公共问题，也只有通过区域整合所带来的制度建构、公共产品供给和宏观环境优化才能得以解决。与此同时，区域之间的竞争也愈演愈烈，区际联系被不断加强，这些都越来越需要“区域协调”发展。现如今国内外建立了众多的区域合作组织，协调市场竞争中难以解决的公平和协调问题，协商研究的内容也从政府管理逐渐导向区域的合作治理方面，建立区域协作体系。

欧洲联盟最早称欧洲共同体，起因于欧洲小，国家经济总量不大，加上国与国之间的体制障碍，使欧洲经济长期无法在全球经济体中与发达大国抗衡，各国区域增长速度的差异及产业结构的调整也刺激着区域协调发展政策机制的变革，20 世纪中叶欧洲联盟 15 个国家打破国界，取消国与国之间的关税，联合建立共同大市场，成立欧洲经济共同体、欧洲联盟，从建立统一关境内缔约国相互间减让或取消关税为切入口，构建国家共同协调发展体系。此后，通过搞区域合作打破行政区划造成的体制性的障碍，大大促进了各国经济发展。目前有 15 个成员国，在关税同盟、农业政策、欧洲货币体系、社会和政治等方面的合作成效显著，成为制度化、机制化的超国家组织，也成为区域经济一体化组织模式的典型。1994 年 1 月 1 日，由欧洲共同体 12 国和欧洲自由贸易联盟 7 国中的奥地利、芬兰、冰岛、挪威和瑞典 5 国联合，组成的当今世界最大的自由贸易区——欧洲经济区。

亚太经济合作组织（APEC）。1989 年澳大利亚、文莱、加拿大、印度尼西亚、日本、韩国、马来西亚、新西兰、菲律宾、新加坡、泰国和美国等 12 国为实行区域经济合作，推动区内贸易投资自由化而成立的经济合作组织。随后，智利、中国、中国香港、中国台北、墨西哥、巴布亚新几内亚、俄罗斯、越南等陆续加入，现有 21 个成员国，成为世界 3 大区域经济贸易集团之一。成员国之间实行“开放的区域主义”和有差别的贸易自由化制度，贸易与投资自由化成果开放共享，各国根据自己经济发展实际承受能力有差别地制订和执行贸易和投资自由化政策，奉行协商和自主自愿，定期举行高层首脑会议共同商讨重大决策。

东盟自由贸易区。1964 年日本学者小岛清提出建立“太平洋共同体”的设想，但由于政治体制、经济基础方面差距过大，东亚地区区域经济合作进展迟缓。直到 20 世纪 90 年代末亚洲金融危机爆发，使得东亚各经济体认识到了加强本地区经济合作的重要性，展开东亚经济一体化研究，并建立了东盟 10 国自由贸易区。1997 年底，当时的东盟 9 个成员国首脑与中、日、韩领导人进行了首次会晤，东盟希望通过更有效的地区合作，促进东亚的经济增长。此后，每年年末，在东盟非正式首脑会晤期间都举行“10+3”的非正式首脑会议。东亚国家建立双边、多边自由贸易区的积极性很高，各种建立自由贸易区的政策建议、措施和外交活动层出不穷。

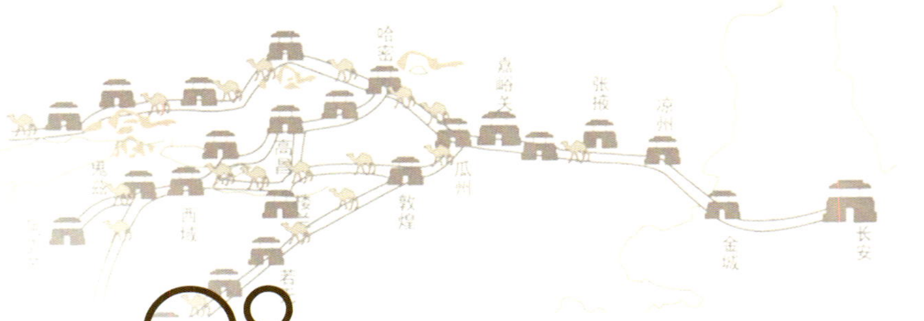

02 第二章 合作机制

第一节 合作理论

区域合作是地区间突破行政区划进行资源配置和共同发展、应对全球市场化时代的区域发展的一种趋势，国内外学者从多方面研究区域合作的原因、基础、动力、机制、模式等，这些理论成为指导城市区域合作研究和实践的基石。

丝路经济带建设就是区域经济一体化的建设，沿线国家、城市之间既存在合作，又存在竞争。区域分工理论、区域经济发展理论、新经济地理理论等经济学理论为各国和地区的合作与竞争提供了重要启示。

一、区域分工理论

区域分工理论最早是针对国际分工与贸易提出来的，目前已从早期只考虑资本、资源、劳动力等生产要素转变为综合考虑生产要素和技术周期、技术梯度等多因素组合下的区域比较优势和专业化分工，成为开展区域合作和国际地域分工的核心理论基础，对区域城市的合作具有指导意义。该理论中最具代表性的是斯密的绝对优势理论、李嘉图的比较优势理论、赫克歇尔–俄林的资源禀赋理论、要素替代理论、技术差距理论、产品生命周期理论、新国际地域分工理论等等（图 2–1）。

丝路沿线境内外城市在资源赋存、产业结构、文化结构方面有着广泛的差异，差异性保证了沿线各城市具有各自的比较优势和市场空间，互补性较强。因此，丝绸之路沿线城市间可开展多方面的合作，建立具有比较优势的产业分工体系，促进互贸经济的发展。

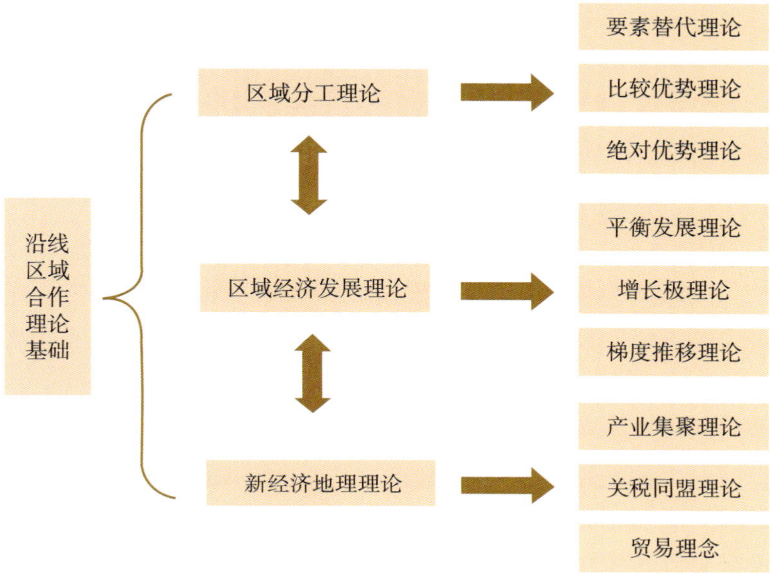

图 2–1 丝绸之路沿线区域合作理论基础

二、区域经济发展理论启示

目前国内外有关区域经济发展的理论主要有平衡发展理论、梯度推移理论、增长极理论、地域生产综合体理论、“核心—边缘”理论、国际依附理论等。

区域平衡发展在目前我国经济薄弱、沿线地区整体投资不足的情况下，很难实施。在有限的资本限制下，采取优先发展区域增长极和发展具有较大投入—产出效益的产业，提高资金的使用效益，才能确保丝路沿线城市发展在梯度推移战略下有序展开。但是交通、通讯设施是区域发展的基础，也是城市和地域合作的关键，所以需要平衡建设，作为区域中心对丝路沿线的梯度推移。

丝路沿线城市长期属于落后区域，发展过程中不可能通过市场调节完成与东部的协调，因而从整个沿线发展来看，需要国家政府的干预和扶持，才能消除市场的偏轨。沿线城市合作发展，离不开政府部门的支持和政策上的引导。区域的初始优势不同决定着区域的地位和未来发展前景。遵循区域经济发展的规律，发挥个别城市在沿线城市发展中的经济主体地位，带动沿线城市发展是合作的必然之路。但是为了防止城市合作中出现的不平衡性制约其他城市的发展，政府干预区域协调就是合作中必不可少的协调手段和措施，制定合理的产业布局，协调沿线城市之间的关系，才能确保合作顺利展开。

对于发展水平存在巨大差异的丝路沿线地区来说，建立多个具有代表性的核心区，其周边的很多城市地区都是其边缘区。同时不同发展等级的城市与核心城市间的关系是不同的，要根据城市层级关系组织好合作过程中的城市关系，找到正确的功能定位和合作项目，才能确保合作得以落实。

三、新经济地理理论启示

在当代国际经济活动中，受到规模收益递增、外部性、不完全竞争、运输成本等因素的影响，国际间贸易及其利益给区域带来的影响使得早期的区域分工格局发生根本性变化。新经济地理学中的区位理论，有效解释了上述条件下区域间贸易利益的起源和区域经济增长模式。新经济地理理论包括贸易理论、关税同盟理论（标准区域经济一体化）、产业集聚理论等。

新贸易理论认为贸易活动的区位选择依赖于要素密集度和运输密集度等因素。在同样的贸易条件下，两国或两区域间距离越近，贸易运输成本越小，交易费用就越小，贸易量就越高，贸易量随距离的增加而迅速递减。区域经济的出现依赖于运输成本规模经济和制造业比重等因素。在产业外溢效应下，递减的成本支持相关产业的聚集和产品创新，产业部门的地理集中引起地区经济的持久增长，区域经济一体化则进一步导致生产和创新的区域集中。

关税同盟理论（标准区域经济一体化）。基于李嘉图比较优势理论和赫克歇尔的要素禀赋理论，瓦伊纳在其《关税同盟问题》一书中认为，组建关税同盟后的区域经济一体化将对区域集团内的国家产生静态和动态两种效应：静态效应主要包括贸易创造效应和贸易转移效应。贸易创造指组建关税同盟成员方之间，相互取消关税和非关税壁垒所带来的贸易规模的扩大，相互出口产品价格下降带来的经济福利的增加，又分为生产创造效应和消费创造效应。贸易转移效应指建立关税同盟之后，成员国与高成本产品成员方的相互贸易代替了成员国与低成本非成员国之间的贸易造成的福利损失。区域经济一体化中能否组建关税同盟，取决于贸易创造效应与贸易转移效应的比较。从发达国家之间组建关税同盟的福利效应来看，由于其供给和需求曲线较为平坦，贸易创造效应较大，且非成员国的产品成本不占优势，贸易转移效应较小，因而贸易创造效应大于贸易转移效应，福利正效应较为明显。由于比较优势的存在，会导致成员国在某些生产领域的专业化发展，以及相应的生产活动向生产成本较低的国家集中，进而形成使每个国家的总体利益都增加的区域性专业化地域分工，但对第三国即非成员国产生贸易壁垒和福利负效应，因而标准的区域经济一体化是一个封闭的模式。

产业集聚理论启示。产业集群是美国学者迈克尔·波特在1990年《国家竞争优势》一书中提出。产业集群是在特定领域中，一群在地理上临近、有交互关联性的企业和相关法人机构，并以彼此共通性和互补性相联结。因产业集群通过集群内企业间的合作与竞争以及群体协调效应，获得生产成本、产业协作、区域营销、市场竞争等方面的竞争优势，加之通过科研机构和企业间的相互作用，互相学习与创新，形成一个区域创新系统，提升了整个集群的创新能力，因而产业集群的观点逐步成为提高区域竞争力的有效途径和推动区域经济发展的主要动力，受到国内外城市和区域发展的重视。

产业集群所特有的竞争优势和资源整合能力，使其成为一种新的区域经济发展模式。一方面，通过集群内企业间的合作与竞争以及群体协调效应，获得生产成本、产业协作、区域营销、市场竞争等方面的竞争优势，另一方面，通过科研机构和企业间的相互作用，互相学习与创新，形成一个区域创新系统，提升了整个集群的创新能力。产业集群的观点逐步成为提高区域竞争力的有效途径和推动区域经济发展的主要动力，受到国内外城市和区域发展的重视，成为一种新型区域发展理论，集合了梯度转移、增长极与地域生产综合体系3种区域经济发展理论的优势，强调区域分工的重要性，又进一步强调了发挥区域内各种资源的整合能力的作用，尤其是技术进步与技术创新的作用。

产业集群所特有的竞争优势使其在区域经济发展中具有明显的优势。首先，它在技术创新、外部经济、资源整合、交易成本等方面具有独特的竞争优势，能大大提升区域经济竞争力。如同一集群的不同企业可以分享公共基础设施和专业劳动力资源，从而有效降低了生产成本，促进了企业之间的分工和生产灵活性，而群内企业相互靠近，交往频繁，协作关系稳定，容易建立起相互信任的合作关系，从而大大降低交易费用，相关企业集聚还可以促进专业知识的传播和扩散，激发新思想、新方法、新技术的应用，促进学科交叉和产业融合，不断出现新产业和新产品。其次，集群内企业之间、企业员工之间的相互交流、合作，通过合作创新为当地区域经济发展提供了创新动力，既可分散风险又可加快创新速度，进而增强区域竞争力，加快了当地区域经济的发展。此外，产业集群通过集群内企业的发展和集群效应，带动与之相关的原材料、零配件供应、产品制作、配套产品、销售渠道，甚至与之相关的上、中、下游产业及外围支持产业发展，吸引上、下游相关企业、中介机构、教育和科研部门向产业聚集区集聚，强化成本、技术创新等优势，使整体生产效率提高、成本降低，更好地实现产业集群的外部规模经济和范围经济，取得区域经济增长的乘数效应，吸引投资，促进当地区域经济发展。

国内外的实践充分证明，跨国资本正向有产业集群基础的地方转移。如到美国投资的日本汽车制造业，厂址大都选择在靠近美国 3 大汽车公司总部所在的底特律等地区。国内外电子信息企业大都选择在广州、深圳、东莞、惠州等地投资建厂，因为这一带是全国规模最大的电子信息产业集群，大量的投资和企业聚集，形成了产业集群，产业集群发挥其规模经济、范围经济和强大的溢出效应，提高了区域核心竞争力，带动了所在区域的经济发展。多年来，产业集群发展已经成为推动我国区域经济发展的重要力量之一。在统筹区域经济发展中，产业集群也将发挥着不可或缺的作用，推动着区域经济持续快速健康发展。如浙江省 86 个县市区中，有 85 个县市区形成了产业集群，通过“一县一产”形成小企业规模集群，快速发展带动了浙江省经济的快速发展，使资源小省的浙江成为我国有名的经济强省。

新经济地理学中的区位理论和新贸易理论有效解释了上述条件下贸易利益的起源和区域经济增长模式。从新经济地理理论的解释来看，城市合作的原因基于 4 点：一是运输成本因素影响交易费用，这是影响国际贸易量的重要因素，因此，地缘相近的国家有经济交往成本优势和便利性，因而解释了区域经济合作的地理原因。二是强调制造业分布外部性需求和市场分布等因素对区域经济中心的制约，因而该理论暗示了区域经济合作市场驱动性。三是产业外溢分析，不支持低经济发展水平国家之间封闭的区域经济合作，与中心的交流与融合是必要的。四是历史和政策因素，新贸易理论认为，中心和边缘的形成有时起因于偶然的历史因素，国家政策成为决定国家竞争力的资源因素，国家推动在区域经济合作中具有重要作用。

第二节　合作准则

丝绸之路沿线城市发展合作的准则制订，要建立在联合国宪章、国际法、国际公约、国际合作、多双边合作的框架之下，符合全球国际合作、区域合作、组织合作的既定规则，同时对维护全球安全、促进经济发展、保护生态环境可以做出切实有效的贡献。

一、合作依据

1. 尊重国家主权

丝绸之路经济带的提出，对于满足沿线各国经济发展、进行全面合作具有重要意义。丝绸之路经济带从提出至今，已经在国际上形成了颇具影响的发展势头，沿线国家、城市都在努力把握这一历史契机，寻求合作方法，发展本国经济。对于国家发展合作的前提建立在平等互利的合作关系上，是基于国家主权的相互尊重。

国家主权，又称主权，指的是一个国家独立自主处理自己内外事务，管理自己国家的最高权力。主权是国家区别于其他社会集团的特殊属性，是国家的固有权利。所以，国家主权的目的是保护国家的完整性，保护全体国民的利益。任何团体或个人都不得行使非直接来自于国民授予的权力，更不可利用国家主权进行其他目的的交易。尊重国家主权是要求各国对其自然资源拥有永久主权，有权按照其本国的环境与发展政策开发本国自然资源。

在经济全球化进程中，世界各国面临的共同问题日益尖锐，能源问题、环境问题、资源短缺问题、粮食问题、债务问题、贸易保护主义问题、极地深海和太空开发中出现的问题、人口问题、难民问题、毒品问题、核扩散问题、国际恐怖主义问题等等，早已越出国界向各处扩散，并在不断地恶化，成为影响全球发展的重大问题。简言之，全球性问题就是世界文明发展过程中产生的带有全球普遍性的不良影响和结果，并危及世界文明本身未来发展的一系列问题。

这些问题之所以成为全球问题，主要体现在两个方面：即问题范围的全球性和解决这些问题努力的全球性。它们的解决已经不是一国或几国的能力所能为，必须依靠世界各国的共同努力，相互协作、通力合作才能解决。如国家对疆域内的自然界及其资源有着当然的主权，环境保护与资源利用完全属于主权范围之内的事务，然而，环境污染的扩散性和跨疆域性则侵蚀了他国的环境；又如一些发达国家在保护本国的自然环境和资源时，利用资金优势滥用发展中国家的资源；再如发达国家将污染产业转移到发展中国家或将污染物（工业垃圾、核废料）有偿转移到发展中国家去掩埋，破坏这些国家的环境。这些全球性问题突破了主权国家疆界的限制，模糊了内外事务的界限。

从国家行使管理权力的角度看，这必然会威胁到主权国家原有的统治能力。例如，为了保护地球生态环境、处理国际污染和温室效应问题，国家除了采取一些重要的自我约束行为（如限制汽车尾气的排放量、限制发展省时省力的但消耗能源和原材料及污染严重的行业等）外，还要对国际性资源进行某种集中掌握，这就使国家的资源主权受到限制。而且更为重要的是，在全球性问题的解决过程中，一些西方发达国家可能会借解决问题为名行控制发展中国家之实，强迫发展中国家接受本不应接受的解决方案，甚至干涉发展中国家的内政，不正当地介入发展中国家的社会经济规划，这当然更是对发展中国家主权的侵犯。

同时，各国为了解决一些全球性问题而寻求合作，还成立了国际组织或建立了一些国际机制。而这些国际组织或国际机制的建立正是主权国家让渡部分国家主权的结果。他们一方面为各国的合作与问题的解决提供了方法、手段和组织保证，另一方面也为这些组织超越国家利益去从事超越国家界限的活动创造了条件、提供了可能。此外，他们也可能被某些国际势力利用而对有关国家的主权造成侵犯。全球性问题的出现还促使人们以崭新的思维方式认识当代世界，形成了一种超越民族国家、意识形态等界限，着眼于全人类共同利益的全球意识。这种全球意识也会对传统的国家意识及主权意识产生冲击。正如阿里夫·德里克所说：“……全球化过程撕裂了民族国家的边界线，削弱了民族国家的经济主权。”

当前，虽然有大量出现的行为主体，如国际组织、跨国公司日益发挥着作用，潜移默化地改变了传统国家的主权。但除了非国家行为体对国家主权的主体性侵蚀外，主权国家在经济全球化时代在世界经济、政治的实践中也受到了侵蚀。如果说主体性侵蚀挑战了国家主权存在的价值，那世界经济与政治实践的侵蚀则最为直接、显著。现实中，对国家主权侵蚀最为严重的，并不是客观要求带来的超国界活动，而是那些借全球化之利，人为对国家主权施与的影响。

现有的主要国际规则和国际制度，特别是经济方面的全球性组织，基本上都是在西方国家的主导下形成的，在内容和运作上暗含着对西方国家的倾斜，许多制度安排都未将发展中国家考虑进去。比如在世界贸易组织禁止出口补贴的原则下，对农产品的补贴却保持了一个例外。这主要是由于美欧等发达国家是农产品主要出口国。在取消数量限制原则下，发达国家对纺织品进口长期实行配额限制，这是因为发展中国家是纺织品的主要出口国。由此可以看出，经济全球化进程的主导权掌握在发达国家手中，而广大发展中国家则被排除在世界决策机制之外，发达国家在制定国际规则时，总是在竭尽全力维护自身的主权利益，而使发展中国家处于主权维护的不利地位。

丝绸之路沿线国家、城市间的发展与合作，大多数是发展中国家的合作，合作与发展要坚决去除主权侵蚀，杜绝为了实现全球化的经济、政治利益，而产生对个别国家或城市的主权损害活动。

2. 遵守国际合作法规

丝绸之路沿线区域城市发展合作的准则，必定是依据相关国际法规、组织条约、多边(双边)协定等制定且发挥作用的，不能冲破现有的合作框架另立新规，要以此为基础，共同商定符合发展要求，促进发展合作的相关准则。

中国在春秋战国时代，各“国”之间就互通使节、订立同盟、缔结条约、召开会议，以及进行斡旋、调停、仲裁等解决纷争的活动。还有一些关于战争的规则，但是，当时所谓“国”，并不是近代意义的国家。因此，当时的一些规则，已然成为当前国家发展合作准则的雏形。在漫长的历史中，中国也曾与较远的外国有使节往来或建立通商关系。明代的郑和 7 次下西洋，远达非洲。外国也曾派使来华，到了 16 世纪欧洲资本主义兴起以后，往来更多。但是，这种中外往来关系若断若续，零星分散。在中国方面，中华帝国思想毫未动摇，有时采取凌驾万国之上的唯我独尊态度，有时采取闭关自守的政策，拒绝对外往来。在这种情况下，在中国与外国之间难以建立国际法原则、规则和制度。

当前全球化发展迅速，国家合作形式多样，已经不仅仅是单一的国家间合作，形成了不受国家限制的区域间合作，和基于不同发展领域的国际合作组织。不同的合作层面，具有相对应的合作准则，这些准则的建立，为丝绸之路沿线区域城市的合作提供了依据和基础。

（1）国家合作准则

随着经济全球化的发展，各个国家的联系加强，利益相互重叠，面临的挑战也越来越多，无论是小国还是大国。比如马尔代夫的海平面上升牵涉到环境问题，可以联系到哥本哈根环境大会，政治危机比如六方会谈、伊朗核问题，还有世界金融危机，种种问题不是一个国家所能单独面对的，随着经济发展，这种联系还会继续加强下去。再比如现在说东亚一体化，这些将来就可能从设想变为现实，这就需要国家间合作，当然合作中存在着博弈和挑战。

丝绸之路经济带的提出，为其沿线区域城市的发展与合作提供了绝佳的机会，为开展更加全面、更加深入的交往奠定了基础。自建国以来，我国便始终秉着和平友好的外交方针，同世界各国建立合作友好关系，加强同他国之间的经济、文化、贸易往来。表 2-1 列举了近年来我国参加的双边、多边条约情况。

表 2-1　2016 年我国参加的多边条约情况

序号	名称	签订日期地点	生效日期	中国采取行动情况	备注
1	欧洲复兴开发银行成立协定	1990 年 5 月 29 日巴黎	1991 年 3 月 28 日	2016 年 1 月 15 日国务院决定加入，同日交存加入书并对我国生效	适用于香港和澳门特区
2	濒危野生动植物种国际贸易公约第二十一条的修正案	1983 年 4 月 30 日哈博罗内	2013 年 11 月 29 日	1988 年 7 月 7 日交存接受书 2013 年 11 月 29 日对我国生效 2016 年 4 月 11 日国务院决定修正案适用于香港和澳门特区 2016 年 5 月 10 日修正案扩展适用于香港和澳门特区	适用于香港和澳门特区
3	巴黎协定	2015 年 12 月 12 日巴黎	2016 年 11 月 4 日	2016 年 4 月 22 日签署 2016 年 9 月 3 日批准 2016 年 9 月 3 日交存批准书 2016 年 11 月 4 日对我国生效	适用于香港和澳门特区
4	关于汞的水俣公约	2013 年 10 月 10 日熊本	尚未生效	2016 年 4 月 28 日批准 2016 年 8 月 31 日交存批准书	适用于香港和澳门特区
5	1975 年国际公路运输公约	1975 年 11 月 14 日日内瓦	1978	2016 年 4 月 28 国务院决定加入	暂不适用于香港和澳门特区
6	《生物多样性公约》关于获取遗传资源和公正公平分享其利用所产生惠益的名古屋议定书	2010 年 10 月 29 日名古屋	2014 年 10 月 12 日	2016 年 5 月 4 日国务院决定加入 2016 年 6 月 8 日交存加入书 2016 年 9 月 6 日对我国生效	暂不适用于香港和澳门特区

续表

序号	名称	签订日期地点	生效日期	中国采取行动情况	备注
7	第四代核能系统研究和开发国际合作框架协议的续签协议	2015 年 2 月 26 日巴黎	2015 年 2 月 26 日	2016 年 6 月 23 日签署同日对我国生效	适用于香港和澳门特区
8	《关于持久性有机污染物的斯德哥尔摩公约》新增列六溴环十二烷修正案	2013 年 5 月 10 日日内瓦	2014 年 11 月 26 日	2016 年 7 月 2 日批准 2016 年 9 月 27 日交存批准书 2016 年 12 月 26 日对我国生效	适用于香港和澳门特区
9	2007 年内罗毕国际船舶残清除公约	2007 年 5 月 18 日内罗毕	尚未生效	2016 年 7 月 12 日国务院决定加入	暂不适用于香港和澳门特区
10	《关于简化和协调海关制度的国际公约修正案议定书》专项附约四第二章、专项附约六第一章	1999 年 6 月 26 日布鲁塞尔	2006 年 2 月 3 日	2016 年 4 月 20 日接受 2016 年 7 月 14 日递交接受书，同日对我国生效	暂不适用于香港和澳门特区
11	关于成立中亚区域经济合作学院的协议	2016 年 10 月 26 日伊斯兰堡	尚未生效	2016 年 10 月 26 日签署	
12	上海合作组织成员国政府间国际道路运输便利化协定	2014 年 9 月 12 日杜尚别	尚未生效	2016 年 10 月 28 日核准 2016 年 12 月 19 日交存核准书	适用于澳门特区，暂不适用于香港特区
13	关于印度共和国加入上海合作组织义务的备忘录	2016 年 6 月 24 日塔什干	尚未生效	2016 年 11 月 10 日核准 2016 年 12 月 26 日交存核准书	适用于香港和澳门特区
14	关于巴基斯坦伊斯兰共和国加入上海合作组织义务的备忘录	2016 年 6 月 24 日塔什干	尚未生效	2016 年 11 月 10 日核准 2016 年 12 月 26 日交存核准书	适用于香港和澳门特区
15	关于沿亚洲公路网国际道路运输政府间协定	2016 年 12 月 8 日莫斯科	尚未生效	2016 年 12 月 8 日签署	暂不适用于香港和澳门特区

表 2-2　2015 年我国参加的多边条约情况

序号	中英文名称	签订日期 / 地点	生效日期	中国参加及声明情况	适港澳
1	经第 25 届邮联大会修订的《万国邮政联盟总规则》	2012 年 10 月 11 日多哈	2014 年 1 月 1 日	2012 年 10 月 11 日签署 2015 年 8 月 2 日核准	适用于香港及澳门特区
2	经第 25 届万国邮政联盟大会修订的《万国邮政公约》	2012 年 10 月 11 日多哈	2014 年 1 月 1 日	2012 年 10 月 11 日签署 2015 年 8 月 2 日核准 对公约第 18 条 2 款 1 项 3 目声明：1. 国家根据法令和其对世贸组织的承诺，在严格遵守由服务贸易总协定产生的对世贸组织的权利和义务以及涉及贸易的知识产权各方面协定的情况下，执行本届大会通过的的法规和其他规定 2. 前款声明不适用香港特区	适用于香港及澳门特区，但声明不适用于香港特区
3	经第 25 届邮联大会修订《邮政业务支付协定》	2012 年 10 月 11 日多哈	2014 年 1 月 1 日	2012 年 10 月 11 日签署 2015 年 8 月 2 日核准	适用于香港及澳门特区
4	多边税收征管互助公约（经 2010 年 5 月 27 日议定书修订）	1988 年 1 月 25 日斯特拉斯堡 2010 年 5 月 27 日经议定书修订	2011 年 6 月 1 日	2013 年 8 月 27 日签署 2015 年 7 月 1 日批准 声明对公约中有些条款作出解释性说明。（略） 2015 年 10 月 16 日交存批准书，2016 年 2 月 1 日对中国生效	暂不适用香港及澳门特区
5	上海合作组织成员国政府间科技合作协定	2013 年 9 月 13 日比什凯克	2015 年 10 月 20 日	2013 年 9 月 13 日签署 2015 年 6 月 1 日核准 2015 年 10 月 20 日对所有成员国生效	暂不适用香港特区，适用于澳门特区
6	2006 年海事劳工公约	2006 年 2 月 23 日日内瓦	2013 年 8 月 20 日	2015 年 8 月 29 日人大批准 同时声明：1. 根据公约标准 A4.5 第 10 条规定，中国适用社会保险类别：养老保险，医疗保险、工伤保险、失业保险和生育保险。2. 在另行通知前，不适用香港澳门	通知前不适用香港及澳门特区

续表

序号	中英文名称	签订日期/地点	生效日期	中国参加及声明情况	适港澳
7	政府间陆港协定	2013年5月1日通过曼谷	尚未生效	2013年11月7日签署 2015年11月30日核准	不适用于香港特区，适用于澳门特区
8	《中亚无核武器区条约》议定书	2014年5月6日纽约	2015年8月17日对我国生效	2014年5月6日签署 2015年4月24日批准。 声明任何安全协定或条约不得影响无核区地位：议定书各条款的解释和适用均应符合议定书支持建立无核区的宗旨和目的	适用于香港及澳门特区
9	成立新开发银行的协议	2014年7月15日巴西福塔莱萨	2015年7月3日	2014年7月15日签署 2015年7月1日批准 声明暂不适用于香港特区	暂不适用于香港特区，适用于澳门特区
10	关于建立金砖国家应急储备安排的条约	2014年7月15日巴西福塔莱萨	2015年7月30	2014年7月15日签署 2015年1月3日核准	不适用香港及澳门特区
11	设立东盟与中日韩宏观经济研究办公室协议	2014年10月10日华盛顿	2016年2月9日	2014年10月10日签署 2015年8月29日人大批准	适用于澳门特区，香港特区以“中国香港”名义签署
12	亚洲基础设施投资银行协定	2015年6月29日北京	2015年12月2日	2015年6月29日签署 2015年11月4日批准	适用于香港及澳门特区
13	修正《马拉喀什建立世界贸易组织协定》议定书	2014年11月27日日内瓦	尚未生效	2015年7月16日接受	香港特区和澳门特区为单独关税区

表 2–3　2014 年我国参加的多边条约情况

序号	公约中英文名称	签订日期 / 地点 / 保存机关	生效日期	中国参加及声明情况	适港澳
1	上海合作组织反恐怖主义公约	2009 年 6 月 16 日叶卡捷琳堡	2012 年 1 月 14 日	2009 年 6 月 16 日签署 2014 年 12 月 28 日决定批准	暂不适用香港
2	视听表演北京条约	2012 年 6 月 26 日通过北京	尚未生效	2012 年 6 月 27 日签署 2014 年 4 月 24 日人大批准 声明：不受条约第 11 条 1 和 2 款的约束	暂不适用香港
3	北太平洋公海渔业资源养护和管理公约	2012 年 6 月 26 日通过北京	2015 年 7 月 19 日	2012 年 6 月 27 日签署 2014 年 4 月 24 日人大批准 声明：不受条约第 11 条 1 和 2 款的约束	暂不适用香港
4	建立国际反腐败学院的协定	2010 年 9 月 2 日维也纳	2011 年 3 月 8 日	2014 年 9 月 3 日加入 2014 年 9 月 15 日递交加入书 声明不受协定第 19 条“争议解决”约束，11 月 15 日对中生效	适用香港和澳门
5	亚洲及太平洋地区承认高等教育资历公约	2011 年 11 月 26 日东京（联合国科教文保存）		2011 年 11 月 26 日签署 2014 年 3 月 18 日国务院核准 声明：澳门地区不受第 4 章 7 条，5 章 1 条，第 3、6 章和 8 章 4 条约束	适用澳门、香港
6	京都议定书多哈修正案	2012 年 12 月 8 日多哈	未生效	2014 年 5 月 30 日交接受书 2014 年 6 月 2 日复照确认	香港澳门

资料来源：根据中华人民共和国外交部网站资料整理。

（2）区域合作准则

区域间政府合作是指在经济全球化和区域经济一体化的大背景下，相邻的两个或者两个以上的区域内的政府彼此之间加强合作与建立机制，以促进经济交流的便利性和整体解决社会问题的合作模式。

米特而曼曾经对当代的“新区域主义”进行过类型学分析，提出了“宏观区域主义、次区域主义和微观区域主义”的类型界分。比照这种分类方法，依据区域范围的大小把当代世界的区域政府间合作归结为 3 大类型：

一是超国家的宏观区域间政府合作。所谓宏观区域，是指超脱于民族国家而又小于世界的各个大洲结成的地域联合体，像通常所说的“欧盟”“非洲统一组织”“亚太经合组织”“南方共同体市场”“北美自由贸易区”等等。这种类型的区域间政府合作，主要是出于政治和经济目的，其最大特点是广泛动员了洲际区域内大部分民族国家，参与宏观区域公共事务的协商治理。在全球化的“广度”和“深度”向纵深发展、洲际区域竞争日益加剧的背景下，超国家的宏观区域间政府合作，是各大洲民族国家，特别是那些“弱势”国家结成集体行动、抵御全球化的负面效应和降低竞争风险的重要组织保障。

二是毗邻国家间的次区域政府合作。次区域，是指跨越若干国家或边境的“经济增长三角”或“次区域经济合作”。在亚洲，近年来主要有东亚地区凸现的“澜沧江—湄公河地区”次区域经济合作、“图门江流域”次区域经济合作，以及印、巴、孟等国倡导的南亚次区域经济合作，等等。相比于亚洲，欧洲国家的次区域合作历史较为悠久，积累了不少经验，其中最为知名的是“斯堪的纳维亚区域合作”和“莱茵河上游的区域合作”。

表 2–4　部分区域合作准则

区域合作	区域简介	准则
奥瑞桑德区域	“奥瑞桑德区域”是丹麦与瑞典两国的跨境区域，从大的方面讲它属于斯堪的纳维亚次区域国家合作的范畴，但由于后者的影响日渐式微，它一跃而被经合组织（OECD）视为“跨境区域合作的佼佼者”（2003），由此推动了该区域合作的“第二波”发展	两国间、区域主体间和各级政府间层次的区域合作组织体系。一是通过“斯堪的纳维亚国家部长理事会”和“奥瑞桑德发展委员会”，在国家层次加强政治合作；二是由“奥瑞桑德区域委员会”负责区域合作的行政执行工作，以促进经济发展、日常整合和区域联合
泛珠三角区域	“泛珠三角”区域政府合作，历经了从“小珠三角”区域合作——“大珠三角”区域合作——“泛珠三角”区域合作的历史嬗变。就目前而言，它是新中国成立以来规模最大、范围最广的一次区域政府间合作。与我国历史上或当下国内其他形式的区域政府合作相比，泛珠三角区域政府合作的显著区别就在于，它是“一国两制”下的区域政府间合作，面临不少制度碰撞、制度摩擦乃至制度冲突的问题	在实际的运作中，泛珠三角区域政府合作形成了自身的特色：一是创设了区域合作的公共制度平台；二是构建了有效的合作协调机制。泛珠三角区域合作的协调机制，主要由 5 种具体制度安排构成(1)行政首长联席会议制度。(2)行政首长联席会议秘书处。(3)政府秘书长协调制度。(4)日常工作办公室工作制度。(5)部门衔接落实制度

续表

区域合作	区域简介	准则
“大湄公河”次区域	涵盖中国云南省、泰国、老挝、越南的北部地区、缅甸的东部地区	经过十几年的发展探索，大湄公河次区域合作已形成一套较为成熟的组织运作机制，开创了次区域政府合作的新模式：一是亚洲开发银行成为次区域合作的出资方和协调者，负责筹措各类资金和提供各种技术援助。二是创设了次区域国家“领导人会议”，作为大湄公河次区域经济合作的最高决策机构。三是成立了部长级会议，以确保相关的投融资计划与亚行按成员国董事会决定重大投融资事项的体制相衔接，并讨论和决定次区域经济合作的重大问题

三是国家内部的微观区域间政府合作。微观区域，是一个国家内部依据不同的标准对区域的细分，比如自然（地理）区域、经济区域、社会区域、行政区域，等等。基于自然区域间的政府合作，主要有流域内政府间合作和政府间关系协调，如中国的黄河、长江和珠江流域治理中的政府合作，美国田纳西河流域管理局治下的多元政府间关系等。从经济区域和社会区域角度看，区域一体化下的政府间合作主要是一些跨省（市）的区域经济合作组织，比如“泛珠三角”区域政府合作、“大长三角”区域政府合作、环渤海湾区域政府合作，等等。另外，一些基于跨行政区域的基础设施共建、环保治理、合作供水等，也是国内区域合作的一个新趋势。比如，我国的南水北调工程，粤港、粤澳政府间跨行政区域的合作供水，港、珠、澳大桥建设等等。

（3）国际组织合作准则

国际组织是具有国际性行为特征的组织，可以解决国与国之间的各项事务，国际组织亦称国际团体或国际机构，是 3 个或 3 个以上国家（或其他国际法主体）为实现共同的政治经济目的，依据其缔结的条约或其他正式法律文件建立的有一定规章制度的常设性机构。国际组织可分为政府间国际组织和非政府间国际组织两种。

国际组织在条约和宗旨规定范围内，享有参与国际事务活动的独立地位，具有直接承受国际法权利和义务的能力，而不受国家权力的管辖，这是政府间国际组织的基本特性。《联合国宪章》第104条规定："本组织于每一会员国之领土内，应享受与执行其职务及达成其宗旨所必需之行为能力。"这种地位与能力具体表现在：有权同会员国及其他国际组织缔结条约或签订协定；负责召开各种立法会议，并间接参加造法性条约的形成过程；联合国机构和人员在会员国境内享有为执行其任务所必要的特权与豁免；保有及处理本组织资产的权利。多数学者认为，国际组织特别是联合国组织，具有国际法的主体地位与资格。但国际组织与国家有所不同，前者的权利来源于各国签订的条约和该组织的组织法，它在国际法上的主体地位是派生的，即使联合国组织本身，也并不是国家那样的政权机构。

为成员国展开各种层次的对话与合作提供场所。每个国际组织都是特定区域范围或特定问题的国际论坛，是一种常设的固定的国际会议形式，是联接、沟通各成员国的纽带和渠道。经由这一所有成员国平等参与的国际议事机构，各国可自由表达本国的立场观点，可充分讨论共同关心的国际问题，有利于国际社会形成和宣示某种世界舆论，有利于协调成员国的政策与行动。

管理全球化所带来的国际社会公共问题。如同一国政府是本国内外事务的管理者，国际组织在一定意义上充当了国际社会共同事务的管理者的角色。特别是在那些专门性或技术性领域，从邮政、电讯、海事、卫生，到气象、民航、原子能、知识产权，诸如此类，全球性或区域性管理规则的制订，管理机构的建立与运作，都是由相关国际组织来完成的。

在成员国之间分配经济发展的成果和收益。从世界范围来看，不论是自然资源的生产、开发和销售，还是资金的融集和借贷，除了各国主权范围内的职能，还存在着一个在各有关国家之间公平、合理分配的问题。从世界范围内石油、矿产物与农牧产品的生产数额、销售价格、进出口比例到国际资金向发展中国家的投放，其分配原则、分配方案的确定和实施乃至制裁措施的执行，现在都有赖于相关的国际经济、金融组织和商品协定组织。

组织国际社会各领域的活动。促进国际社会整体的经济社会发展，需要有不同领域不同层次的大大小小的组织协调中心。日益加强的全球组织化趋势，在很大程度上表现为国际组织者职能。联合国就是世界经济社会发展的最大的组织协调中心。不论是对第三世界发展援助项目的制定、实施，还是促成国际经济新秩序的建立，不论是全球及区域的可持续发展的规划，还是促进普遍人权和基本自由的实现，都必须借助国际组织的组织职能，建立起国际社会的各个领域的正常秩序。

调停和解决国际政治和经济争端。国际争端的和平解决是现代国际法的一项基本原则。这项原则的实施，已经不仅仅依赖争端当事国本身，国际组织在相当大的程度上已成为和平解决国家间争端的有效工具。许多国际组织的基本文件都将之列为自己的重要职能，并且规定了相应的解决机制。成员国之间的争端，不论是政治性的还是经济性的，不论是寻求外交解决还是法律解决，国际组织都可以随时进入解决程序，促使或主持争端的和平解决。

继续维持国际和平。借助国际组织建立成员的集体安全体系，维持和平、防止战争，曾经是几代人的梦想与追求；直至第二次世界大战后，以联合国的创立为标志，这一理念才得以逐步成为现实。全球性与区域性政治组织，都将维持世界及地区和平视为己任，并以整个组织的机制来服务于这一宗旨。

国际关系民主化的渠道和推进器。以领土、主权和实力为基础的多国家体系是国际关系的基本事实。自形成民族国家体系以来，发生过无数次战争，没有一个国家不曾直接或间接地卷入各种战争。强权政治一直在这一体系中起主导作用。各国已越来越认识到有必要对这一体系进行适当的调整和修改。全球化的不断深入更是对这种体系缓慢地产生着侵蚀作用。国际组织的发展过程就是人们谋略摆脱国际无政府状态，追求国际关系民主化的探索过程。

当代国际组织的大量涌现和联合国 40 多年的活动表明，它们在推动国际合作，缓和地区冲突，增进各国社会经济发展和福利，促进国际法的发展等方面，具有积极的不可替代的作用。尤其是许多国际经济组织，在协调成员国的经济政策，促进世界经济健康发展，推进国际经济新秩序的事业，以及维护不发达国家的经济权益方面，日益显示出重大作用。

表 2–5　部分国际合作组织合作准则

国际合作组织	准则
联合国宪章	联合国组织基于所有会员国主权平等的原则；各会员国应该忠实履行他们依宪章规定所承担的义务；各会员国应该以和平方法解决他们的国际争端；各会员国在他们的国际关系中不得以不符合联合国宗旨的任何方式进行武力威胁或使用武力；各会员国对联合国依照宪章所采取的任何行动应给予一切协助；联合国在维护国际和平与安全的必要范围内，应确保使非会员国遵循上述原则

续表

国际合作组织	准则
亚太经合组织	亚太经合组织为本地区人民的共同利益保持经济增长和发展；促进成员间经济相互依存；加强开放的多边贸易体制；减少区域贸易和投资壁垒
金砖国家	已形成以领导人会晤为引领，以安全事务高级代表会议、外长会晤等部长级会议为支撑，在经贸、财政、金融、农业、教育、卫生、科技、文化、禁毒、统计、旅游、智库、友城、地方政府合作等数十个领域开展务实合作的多层次架构
二十国集团（G20）	二十国集团（G20）由七国集团财长会议于 1999 年倡议成立，最初为财长和央行行长会议机制，2008 年国际金融危机后，升格为领导人峰会。2009 年 9 月举行的匹兹堡峰会将 G20 确定为国际经济合作主要论坛。主要讨论全球重大经济金融热点问题，为推动世界经济复苏及国际金融体系改革作出重要贡献
非洲联盟	成员国主权平等，相互依存；尊重独立时存在的边界；和平共处；不干涉内政；制定共同的防务政策；和平解决争端，禁止使用或威胁使用武力；尊重民主原则、人权、法治和良政；尊重人的生命的神圣性，谴责和反对暗杀、恐怖主义行为和颠覆活动；让非洲人民广泛参与非盟建设；反对以非宪法方式更迭政权；成员国发生战争罪、种族屠杀或大规模人道主义危机时，非盟有权依照大会决定进行干预；为恢复和平与安全，成员国有权要求非盟干预；促进性别平等；促进社会公正，推动经济平衡发展
中非合作论坛	为进一步加强中国与非洲国家在新形势下的友好合作，共同应对经济全球化挑战，谋求共同发展，在中非双方共同倡议下，中非合作论坛——北京 2000 年部长级会议于 2000 年 10 月 10 ~ 12 日在北京召开，中非合作论坛正式成立。平等磋商、增进了解、扩大共识、加强友谊、促进合作

二、合作准则

1. 优势互补，互利共赢

区域城市合作既是互补性合作，又是互动性合作，还是联合性合作。合作的目的一是获取分工协作的好处，使合作体总体利益最大化，二是为了联合应对外界发展格局，合作产生对外界区域的强大吸引或者对抗力，获取更大的发展空间。因此，各区域城市的经济发展都应通过市场选择，扬其所长，避其所短，按比较利益原则进行合作。为了联合获取更多的市场空间和区外利润，合作方要按照有利于整体利益出发，放弃小集团利益思想，结合合作的总体目标更新其发展方向，对不同区域城市资源进行深度挖掘，对生产要素进行大范围的重新配置，在合作体内的优势进行强化，实现强者更强，才能实现城市合作体的强势对抗外界区域的目标。所以，减弱合作体内部的恶性竞争，增强合作体内部的互补性发展，才能建设更有效的稳定区域城市合作链。

2. 市场主导，政府推动

企业是城市经济的主体，城市合作虽然从政府层面启动，但是最终落实还是靠企业和市民。只有市场中企业之间进行广泛的联合，才能将城市经济合作活动融入到生产建设的各个环节中，将文化合作融入到市民生活中，将科技、金融等活动融入到为企业生产、市民生活服务中，真正实现城市政府的意愿。

丝路沿线区域合作要以市场机制为基础性的协调力量，这是必然的，通过强化市场的资源配置功能来扩展地区合作秩序，深化区域分工体系，发展壮大民营经济体系是活跃丝路沿线经济的有效途径。但是，由于目前沿线国内城市民营经济整体规模小，势头弱，无法挑起启动沿线城市合作的重担，同时城市合作也要求从地方政府入手，消除地方保护思想和行政壁垒，要求各城市政府采取积极措施协商合作范畴，引导与推动企业层面的合作，消除区域合作中的市场自身无法克服的障碍，以保证区域合作的有序化。

3. 开放公平，民主友好

城市合作中，要取得合作成功，就需要建立在互相信任的基础上，建立在完全开放公平的基础上，信息完全公开、自由流动，每一个参合城市都能很便利的通过合作信息平台获取到有关合作最新消息，积极参与到合作环节中，促进合作展开实效性结果。

丝路沿线民族众多，各民族风俗习惯和思想观念存在差异较大，所以建立民族、团结、友好的合作气氛，建立便捷的沟通交流渠道，建立稳定的合作规范、协议等，通过友好协商解决合作中的冲突和利益分配问题，才能确保每一个参合城市本着平等自愿、毫无地方壁垒地加入到合作中，确保合作体利益最大化和整体目标顺利实现。

4. 多边协调，科学发展

丝路沿线区域合作仅国内段就有 6 省 5 个省会城市、20 个地级城市，国外仅西部紧密相邻的国家就包含哈萨克斯坦、吉尔吉斯坦、乌兹别克斯坦、塔吉克斯坦、阿富汗、巴基斯坦6国，而这几个国家外延的西部地区，也是小国家云集，所以简单的双边关系协调不能满足沿线城市合作的发展需求，而要从区域合作的角度形成多边协调关系，形成区域内整体性行动，实现各地区相互之间的联动效应。

区域合作必须建立在科学发展的基础上。丝绸之路沿线历史上经过多轮开发和合作，曾经就有过几次大的移民式开发，其结果往往违背生态承受容量或者市场趋势，大多不了了之。所以从沿线合作发展来看，首先遵循沿线地区的生态规律，科学发展，限制高污染、高耗水产业大规模发展。在对沿线区域合作产业分工的过程中，必须考虑区域所处的腹地范围的生态条件，科学合理地进行分工。

第三节　战略目标

一、合作战略

目前，世界经济一体化格局要求加强丝路沿线地域关联地带区域城市间的经济合作，丝路沿线也是世界经济最具活力的地区和合作探讨最多的区域之一。沿线各国在地缘、经济、人文等方面历史一脉相传，融合度较高，资源和产业互补性强，交往历史悠久，合作潜力巨大，中国已经与中亚、西亚各国建立了稳定的友好合作关系；而沿线国内城市经济基础不同，发展战略相辅，也为国内区域展开合作提供了优越的条件。

丝路合作以“交通互通、资源互动、信息共享、诚信互建”为基础，以“高层论坛、协会会商、企业计交、商贸洽谈”为平台，以利益为纽带，采取“民间合作、政府协调”的方式，实施“共商合作、共谋发展”的战略，建立“战略合作、互惠互利、优势互补、利益分享”的协作局面，通过政府建立经常性工作协调机制，企业和科研工作者建立经常性对话机制，协调解决合作中的政策性障碍问题、信息不对称问题，实现政府、企业、科研人员间的多向互通，带动经贸交流互惠多方共赢机制。

从合作领域来看，丝路沿线区域的合作，可以借鉴长、珠三角的发展模式，整合沿线城市的资源要素和产业结构，采取分工合作和互补发展为主。以交通、信息、人才、政策共享和一体化建设为基础，建立城市政府领导及部门的协商定期会议，借助新亚欧大陆桥协调组的多部门协调功能，以西安牵头推进教育、科研、旅游、能源、贸易、生态、装备制造、文化、金融等领域的合作，快速搭建起沿线区域合作的框架协议和内容目标体系。

从合作的主体来看，政府搭桥，企业过河；政府栽树，企业乘凉。树立为企业服务的思想，壮大国有企业的规模效益，鼓励中小企业参与到合作的各领域建设、开发活动中，以互利合作开发利用沿线城市资源，发挥中小企业逐利本能，挖掘城市间存在的潜在利润空间，积极吸引各类独资、合资、合作等方式的经济体参与到合作过程中，形成结构合理、互补共赢的经济发展主体。打破各城市各自为政、单兵作战的经济自闭状态，引导城市整合各类资源，进行适当的产业分工，形成城市间错位发展的格局，发挥各自的优势。

从合作的机制来看，借鉴长、珠三角中比较成功的组织、协调机制和保障机制，但是也要吸取泛珠、环渤海这些大区域发展中的教训，城市间的合作首先必须通过城市领导间的协商来进行，这样才能有效克服合作过程中的行政壁垒；其次对城市合作领域、合作中利益分配机制要仔细研究、切实可行。吸取泛珠经验教训，首先合作的主要内容不可过于庞杂，面面俱到等于没有合作，城市作为人类操纵下的有机经济系统，她的能量和精力也是有限的，城市合作之间要有重点、阶段性推进。其次，对于合作过程中资源、能源分配利用和合作利益分配，及早商讨确立详细的分配方案，只有建立在对参合各方利益均有帮助的基础上，其生产要素调配方案和合作计划，才能得到包括地方城市政府、企业、民众在内的多方主体的大力支持，得以具体落实和推进。

1. 政策沟通保合作

对于中国而言，丝绸之路经济带必将会在提供稳定中国经济外部环境的同时，起到促进中国向西开放以及中国本土行业的转移与升级，推动经济重心西移，加速人民币国际化，保障国家战略安全的效果。对于沿线国家来说，经济带的建设将会从基础建设、经济贸易、政治互信、文化交流、科技进步等多个层面对各个国家起到不同程度的推动作用，进而作用于整个世界经济，促使其更加稳健地发展，因此建设丝绸之路经济带可以说是中国具有跨时代意义的重大国家战略。

对于世界而言，目前的多边金融机构，如亚洲开发银行、世界银行、欧洲投资银行、国际货币基金组织等，尽管名义上为“多边”金融机构，实际上多是以发达国家，特别是欧美国家为主导的金融机构，亚洲国家特别是亚洲的发展中国家在这些多边金融机构中几乎是没有发言权和决定权的。金融危机之后，世界的金融格局与经济格局发生了巨大的变化，这主要体现在越来越多的亚洲国家需要大量的基础设施投资以帮助经济的发展以及需要多元化的外汇储备来稳定自身货币的汇率。根据亚洲开发银行的测算，亚洲地区每年需要 8000 亿美元的基础设施投资，才能满足整个地区的经济发展现状，而目前的多边金融机构远不能满足这一资金需求。丝绸之路经济带战略的实施，恰恰在满足中国技术、产品、外汇向外输出的基础上，为这些亚洲国家带来大量的基础建设投资的资金。同时新成立的亚投行、丝路基金等，皆是以亚洲国家为主导的多边、单边金融机构，这一举措也意味着，一个以亚洲国家主导的金融机构将会产生，在很大程度上丝绸之路经济带必将会改变目前以欧美国家主导的世界金融、经济格局。

中国推行的丝绸之路经济带建设目标是打造一个以“五通”为建设核心、互利共赢为理念核心的合作平台与带状经济区域。这“五通”中，以基础设施建设为主的道路联通是“五通”建设中最重要的基础，也是其核心。纵观沿线国家，不难发现，经济发展相对落后、国家间甚至国家内部的道路都没有实现真正的“畅通”是这些国家的普遍特征。但是，要想实现道路联通，也有其前提条件，那就是需要同时实现政策沟通和货币流通。在国家间或区域间投资铁路、公路、航线等基础设施建设，需要首先与当地政府或相关机构进行沟通，寻求当地政府的认可，并辅以政策支持，才能开始进行相关建设，因此可以说政策沟通是道路联通这一基础的先行条件。同时，货币流通则是道路联通的另一先行条件。古语有云：“兵马未动粮草先行”，货币在经济中就像粮草一样，任何计划或设想，都需要建立在有足够资金支持和政策的基础之上，这才可以“落地”运行，否则再好的设想都将化为一纸空谈。目前中国正在积极推进的“亚投行”“丝路基金”等金融机构，也正是以推进道路联通这一核心内容作为主要目标构建的，因此可以说在“五通”中，道路联通是基础也是核心，政策沟通与货币流通是先行条件，也是必要条件。

2. 模式创新促合作

丝绸之路横跨亚欧大陆，绵延 10000 多千米，途经近 40 个国家，辐射人口近 30 亿。丝绸之路经济带不应仅仅局限于中亚地区，还应包括南亚、西亚、中东欧和俄罗斯。历史上，古丝绸之路就分为北、中、南三线，将欧亚大陆众多的国家连接在一起。而今天，中国与欧亚大陆国家的合作日益密切，丝绸之路经济带可通过灵活的合作方式，将更多的国家紧密联系在一起。

目前沿线各国政治制度不同，发展水平差距很大，开展合作顾虑很多，落实多边项目受到资金的制约，需要探索一条各方都能受益的合作方式。与欧盟的“竞争导向一体化”安排不同，丝绸之路经济带将更注重依靠区域主体自身的文明特点、发展特征、资源与制度禀赋的优势来形成发展的合力，实践一种“合作导向一体化”，而不仅仅是通过一套无差异或标准化的市场准则、税制、劳动力与货币规则来挖掘各自的竞争力。丝绸之路经济带是一种创新的合作模式和有效途径，提倡不同发展水平、不同文化传统、不同资源禀赋、不同社会制度国家间开展平等合作，共享发展成果，通过合作与交流，把地缘优势转化为务实合作的成果。丝绸之路经济带不仅充满活力，而且具备充足的制度与利益包容性。其制度上的包容性在于，用丝绸之路的理念和精神把该地区正在进行的各种各样的合作整合起来，使他们相互连接，相互促进，加快各自发展。中国作为“负责任大国”，应当为区域经济一体化作出更多的贡献，成为区域经济一体化的“领头羊”，在扩大本国经济发展空间的同时，实现与地区国家包括区域内其他大国经济发展的战略对接，进而打造一个幅员辽阔的亚欧经济合作带，使各国实现互利共赢。

中国明确表示在经济带中不谋求大国地位，其他国家也不应谋求。丝绸之路经济带不是“核心和边缘”的剥削型经济关系，也不是“依附与被依附”的不平等经济关系，各国都是平等的参与者，是平等互利、合作共赢的“利益共同体”和“命运共同体”。在建设丝绸之路经济带过程中，中国提倡新的义利观，多予少取，这与霸权国家所力推的以控制他国经济命脉、改变他国政治制度为深层目的的“新丝绸之路计划”有着本质的不同。中国必须向周边国家以及其他国家充分阐释这一观点，争取周边国家的更多信任和支持，避免“新殖民论”或者“势力范围论”的反弹。同时，丝绸之路经济带是开放型合作带，欢迎区域外国家参与。

3. 立足中亚核心区

建设丝绸之路经济带的重点障碍和关键环节在国外，中亚地区应是现阶段合作的重点地区。中亚地处欧亚大陆的中心地带，地缘战略重要性突出，其独特的地理位置和丰富的资源使其成为大国力量和各种政治势力争夺的地区。100多年前，英国地缘政治专家麦金利曾预言，包括中亚在内的欧亚大陆的腹地是全球战略竞争的决胜点。无论从地缘和安全，还是资源和文化角度考察，中亚地区对中国都有极其重要的战略意义。目前中亚地区已成为中国的核心利益区，是我国西北边疆的安全屏障和经贸、能源战略合作伙伴。当前，国际和地区形势深刻复杂变化，本地区国家既具备利用经济互补优势实现共同发展的机遇，也面临着外部势力渗透干涉以及“三股势力”（恐怖主义、分裂主义和极端主义）等共同挑战，唯有加强合作，才能营造和平、稳定、安全的环境。2000年后，中国与该地区的合作实现了跨越式发展。目前，中国与中亚国家3300多千米的边界已全部划定，中国和中亚国家之间不存在任何难以解决的政治问题。2013年，中国与中亚国家关系全面提升至战略协作伙伴关系，经贸合作规模增长上百倍，中国成为中亚国家的主要贸易伙伴。中亚是中国向西开放的第一站，对于建设丝绸之路经济带具有基础性和示范效应，理应成为丝绸之路经济带的重要板块和核心地带。中国与中亚在丝路经济带合作的主要方向包括以下3点：

一是打造中亚国际能源合作示范区。利用好中国与中亚国家能源领域的互补优势和国家关系优势，抓住中亚国家期望同中国扩大能源合作的机遇，以积极进取、务实灵活的姿态参与该地区的双边能源合作及上合组织框架下的多边能源合作，努力实现能源供应多元化，加快提升石油战略储备水平。

二是在丝绸之路经济带战略框架下，中国与中亚继续拓展区域内公路、铁路、电力、通信、信息等基础设施互联互通的合作。双方可制订相应的基础设施建设项目清单和投资指南，引导企业向重点领域和优先领域投资。

三是和中亚国家共同打造经贸合作区和开发区，形成相互依存的产业链。这种开发区不一定面积很大，但是它必须具有以下几个特点：双方共同需要的、能够引领当地的工业布局，解决当地的就业，并且能够使得当地经济腾飞。中国要像中心城市发挥“溢出效应”一样，让周边地区得益。

4. 推动合作新手段

建设丝绸之路经济带的根本目的是为了使欧亚各国经济联系更加紧密、相互合作更加深入、发展空间更加广阔，其手段是习近平主席提出的“五通”，即加强政策沟通、道路联通、贸易畅通、货币流通、民心相通。

政策沟通指的是无论是西部地区各省之间,还是丝路沿线国家和地区之间,都需要重视和加强政策协调，就经济发展战略和对策进行充分交流，协商制定推进区域合作的规划和措施，形成合力。

道路联通意味着需要更加注重丝绸之路经济带沿线各国之间基础设施的建设，以互联互通为先导，逐步形成连接东亚、西亚、南亚的交通运输网络。目前中国正在积极推动与中亚国家间建成铁路、公路、航空、电信、电网、能源管道的互联互通网络，发展与中亚国家的资金流、物流、人流和信息流等方面的合作，这是促进和帮助区域内国家实现经济快速发展的有效途径，也是未来实现大区域合作的前提和基础。

贸易畅通是国家之间深化经济联系的重要方式。经济一体化的标志是贸易联系的紧密化、扩大化和便利化。贸易畅通需要增进中国与丝绸之路经济带沿线各国的贸易往来，各国就贸易和投资便利化问题进行探讨并作出适当安排，在互通有无、取长补短中不断扩大贸易规模和优化贸易结构，在减少贸易摩擦和降低贸易壁垒中实现互利双赢。

货币流通是对外贸易以外经济联系深化的又一具体表现。建设丝绸之路经济带，将为中国与沿线各国的投资往来提供广阔空间。各国要加强金融领域的合作,促进各国在经常项目下和资本项目下实现本币兑换和结算,降低流通成本,增强抵御金融风险能力。

民心相通是开展区域合作的民心基础和社会基础。与相关国家共建丝绸之路经济带，更需要从软环境角度入手增进交流互信，重要的是人员的交流、文化的交融、价值观的理解和渗透，需要加强公共外交，推动地区国家间智库和媒体、消费者和企业、人才间的交流互通。

丝绸之路经济带建设必须贯彻务实灵活的合作方针，多种合作形式并举，“以点带面、从线到片”，积极稳妥、循序渐进。合作深入是水到渠成的过程，不能急于求成。

5. 实现区域一体化

丝绸之路经济带与传统的区域合作模式的区别在于，传统的区域合作是通过建立互惠的贸易和投资安排，确立统一的关税政策，然后建立超国家的机构来实现深入的合作。丝绸之路经济带在实施过程中，需要处理好以下关系：

第一，避免出现“面条碗”效应。丝绸之路经济带沿线已有多个区域性合作组织，存在多种区域经济合作方案，如俄罗斯主导的欧亚经济一体化、美国倡导的“新丝绸之路计划”、欧盟的“新中亚战略”、土耳其倡导的“突厥语国家联盟”、海湾国家合作理事会、南亚区域合作联盟等。这些地区组织的一体化机制功能相近，却不能互相代替。丝绸之路经济带不是上述地区合作方案的竞争者，而应与区域内已有的制度安排共同发挥作用，同时避免出现“面条碗”效应。

第二，未来中国面对的最大挑战是如何处理缺乏主导国与推进制度建设之间的平衡关系。国际区域合作的实践表明，缺乏公认主导国的一体化往往存在内部合作凝聚力不足问题。中国要设计如何在一对一合作的同时，展现多边合作体系下的领导责任的合作机制。从长远发展看，中国有可能成为新的区域合作的主导国，因此要有规则制订意识。不做制度安排不等同于不搞制度建设。国际上现有的区域经济合作实践表明，制度和法律建设十分重要。从操作层面看，中国可率先着手构建“丝路经济带”的基础设施建设合作机制，系统推进该地区的基础设施互联互通建设。

第三，处理好与地区大国的关系。丝绸之路经济带是大国角力的舞台，中亚与俄罗斯、南亚与印度都有不可替代的特殊政治与安全利益。俄罗斯是欧亚大陆最具影响力的大国之一，印度是南亚大国，没有这些国家的共同推动，丝绸之路经济带的建设将十分困难。中国在该地区要找好自己的角色定位，加强与这些国家在能源、交通运输、基础设施互联互通中的沟通和协作，共同推进丝绸之路经济带的建设。

二、合作目标

1. 促进沿线经济实力快速提升

城市合作作为一种全新的现代城市发展形式，已被众多城市学者视为城市发展全球战略最迅速、最经济的方法。国内城市与国外城市多边合作，可以便利地取得进入国外市场的权利，有利于创造竞争性合作优势，提高城市核心竞争力。丝绸之路沿线城市的深入合作，在已有的合作基础上，领域更加广泛，内容更加丰富，层次更加明确。中亚五国和丝路周边国家，是世界能源之心，也是未来世界经济发展中具有影响和潜力的区域，是我国未来经济发展中主要的合作伙伴。

2. 发挥区域增长极的带动作用

丝绸之路经济带向东关联亚太经济圈，向西系着发达的欧洲经济圈，被认为是“世界上最长、最具有发展潜力的经济大走廊”。在现代交通、资讯飞速发展和全球化发展背景下，促进丝绸之路沿线区域经贸各领域的发展合作，既是对历史文化的传承，也是对该区域蕴藏的巨大潜力的开发。亚欧大陆已经成为世界经济发展的新引擎，丝绸之路沿线区域的深入合作，不仅将会形成世界范围内新的区域增长极，更加会将亚欧大陆这片世界上最富饶最广阔的区域联系在一起，使其融合发展。

3. 加深沿线区域开放贸易关系

丝绸之路经济带属于跨国经济带，远景目标是构建区域合作新模式。丝绸之路经济带近期主要是通过贸易、交通、投资领域的合作，来实现区域合作发展。“经济带”不是“紧密型一体化合作组织”，不会打破现有的区域制度安排，更多地是一种务实灵活的经济合作安排，开放式的合作模式在区域沿线城市的合作过程中会成为一种助推剂，使合作发展深入推进。

4. 树立国际经济领域的新形象

国际金融危机爆发后，世界经济形势低迷，复苏缓慢。美国、欧元区等发达国家经济体皆面临诸多不可预见的风险，以中国为代表的新兴经济体国家则保持了相对稳定的发展。丝绸之路经济带将以点带面，从线到片，逐步形成区域的大合作。在当前全球经济低迷的背景下，通过区域经济合作，推动经济发展意义重大。同时，丝绸之路经济带也将促进中国的西进战略，在欧美市场普遍不景气的背景下，拓展中亚、西亚和南亚市场，对我国的外贸出口也有积极意义。

5. 制定公约，共同维护生态平衡

丝绸之路沿线地区生态脆弱，环境相对恶劣，在自然和人类活动的双重作用下，历史上生态危机时有发生，是影响丝路文明延续的重要因素。当前，在全球气候变暖的背景下，我国西部、中亚、中东等地区荒漠化、水资源危机加剧，成为制约区域发展的重要生态环境问题。丝绸之路沿线合作，必须

建立统一的生态维护机制，沿线国家和城市必须遵守生态保护的相关机制，在尊重自然、保护环境的前提下，有效开展沿线区域合作。

三、合作内容

1. 国家层面合作

（1）稳固政治环境

经济全球化是未来世界经济发展的必然趋势，也是不可抗拒的历史潮流，它将所有国家都纳入到世界经济运行的轨道之中，使各国、地区之间的贸易规则不断趋于一致，经济联系日益紧密，最终形成你中有我、我中有你的政治经济态势。经济全球化除了对世界经济影响巨大以外，还将决定国际政治格局的走向。丝路沿线国家间的首要任务就是要确保政治环境的稳定，为经济发展提供一个安全稳定的环境，保障发展合作可以顺利进行。

（2）促进文化价值观融合

文化价值观是一个民族的精髓，它的形成过程虽然缓慢，但是一旦形成，它的影响将持久存在。文化中的核心价值观更是千百年积累沉淀的结果，分析研究一国的对外政策，往往需要认真了解研究这个国家的历史和文化传统。丝路沿线不同国家间，因为历史原因、宗教原因、政治原因等，往往具有不同的文化价值观体现。有差异即有合作交流的可能性，求同存异，协同发展，不同国家间的交流合作，以文化价值观的交流融合为基础，往往会变得更加牢固与可行。

（3）“向外走”加强战略合作

在经济全球化发展进入深入合作阶段，一个国家想要实现经济发展的新突破，必须要具有全球视野。国家间的深入合作，必须打破固步自封的发展方式，在当今世界高度信息化的发展趋势下，生产要素快速流动带来的是瞬息万变的经济发展环境。国家间生产要素流动的畅通性，直接决定了两国之间的合作发展是否成熟、稳定。丝路沿线国家和城市，要积极坚持“向外走”的发展战略，主动面对更加开放的国际环境，投入到对外合作中，才能更好地融入到区域发展的一体化中去。

（4）加强对话与合作

经济全球化的不断深入发展，使得大国之间的交流与融合更加密切，任何一方经济受到损害，都将对两国的经济发展造成严重的影响。同时，大国军事力量的增加也使得大国之间不可能轻易使用武力，因此，合作与交流将会成为未来大国之间政治博弈的主要方式，其主要表现在以下几个方面：

首先，经济安全将成为国家安全的主要内容和基础。在未来，大国之间武装冲突的可能性微乎其微，而经济安全则将成为大国国家安全的主要内容，围绕经济全球化所带来的安全风险与竞争压力，大国将会形成一定的关税壁垒或者地区贸易保护政策，并且贸易战争、反倾销调查、财政补贴等经济手段也将更加频繁地使用，以维护国家经济安全。

其次，大国实现政治目的的主要方式将以经济手段为主。和平与发展是当今世界的主要基调，其在未来很长一段时间内都不会变化，而随着经济全球化的到来，在贸易中占据主导地位的国家将会充分地使用经济手段来实现其政治目的。

最后，各国制定外交政策的基本出发点将以经济利益为中心。各国之间的政治合作以及经济、文化等合作都将以经济利益为基本出发点，在保障自身经济安全的同时，尽量获取更多的经济利益和贸易主导权。

2. 城市层面的合作

随着世界经济的发展，形成了多个具有合作效应的城市区域或城市群。在国家对外发展政策的逐渐开放下，城市之间的直接合作成为了当前许多城市选择发展的主要方式之一。其目的是为了更好地走出国门，加强对外衔接与合作，更好地利用世界上发达城市的经济优势，实现互利共赢。区域城市间合作主要有 3 个方面的内容：发展水平相近的城市之间的合作；发展能力突出的城市跨级合作；基于产业、市场等要素的城市间合作。

（1）发展水平相似——对等合作

在世界范围内，许多城市虽然处于不同世界位置，属于不同国家，具有不同的文化价值观、历史积淀、政治属性等，但在世界经济发展的长河中，却处于相同的发展阶段，有着同等的生产力水平。在这样的前提下，这一类城市的合作就显得较为容易和易于展开。其城市的发展级别相同，往往具有同等的合作基础、合作能力，在对外合作的过程中，遇到的阻力和困难就会相对弱化，以此形成的合作会相对比较容易，也能够实现合作效益的最大化。

（2）发展能力突出——跨级合作

在资源优势、人才优势、技术优势等都逐渐聚集的趋势之下，世界区域范围内形成了一部分具有区域内部优势的城市。这类城市在自己所属的或大或小的区域内，已经成为个中翘楚，而其想要在今后的发展中更进一步，就必须寻求更大的合作舞台、合作对象、合作内容等。跨级合作也就成为这类城市在区域合作中的主要合作方式。他们会向更高一级别的城市靠拢，跨过同等级别的城市，来获取更多更具优势的资源、市场、产品、技术等。

（3）发展合作互补——优势互换

由于丝路沿线城市的特殊地理位置，以及丝绸之路千百年来历史文化积淀，沿线国家和城市形成了各具特色、别具一格的自身优势。随着经济发展的一体化，这些地区优势也逐步转化成了发展优势。丝路沿线城市以中亚为例，具有丰富的自然资源、文化资源，而相比较之下，我国则拥有着较为先进的生产技术和成熟的市场化运作，两者之间的合作便可以建立起多个产业链形成合作基础，我提供市场和技术，你提供资源和环境，形成以贸易往来、文化交流、旅游发展等互为市场的合作模式。这样就可在合作过程中，实现不同城市间的优势互换，强化合作效应。

第四节 合作空间模式

丝绸之路经济带沿线区域的合作模式，是合作过程中具体如何实现的依据。制定沿线区域合作模式，要充分考虑沿线区域和城市之间的相互关系和利益，才能使确定的合作模式切实可行，具有可操作性。

一、区域合作模式总结

区域合作成为全球化时代经济发展的最新态势。在世界范围内，已形成了三种层级的合作类型，即超国家的宏观区域间合作、毗邻国家间的次区域合作以及国家内部的微观区域间合作。并造就了各具特色的区域合作典范，如“区域网络治理”下的欧盟合作模式、“大湄公河”次区域合作模式、莱茵河流域治理中的政府合作模式、丹麦与瑞典“两国一制”的“奥瑞桑德”区域合作模式等。在各国内部的微观层面，产生了大量以城市或城市群为单元的区域间合作实践，政府间横向合作加速推进，催生了三种以行政为主导的合作模式：一是大都市政府合作模式，二是半官方的协会组织形成的政府联合协会模式，三是特别管理区性质的多中心管理合作模式。

我国的区域合作，主要是基于地缘邻近性而展开的系列城市间合作，即城市群区域合作，并逐渐形成了长三角城市政府平等参与协商的城市联盟模式、政策分区和空间管治的珠三角城镇群模式、借助党委力量发展的乌昌模式、区域联动的南京都市圈区域管治模式、厦泉漳城市联盟市长联席会议制度的政府合作模式、创新互补的深港创新圈模式等。上述城市群大都是国家或省域经济发展最好、城市化水平最高、资源要素最为集中的区域，借助于中央或省级政府的强力推动而逐渐形成了各具特色的城市群合作模式。

二、沿线城市合作模式

1.“线—点—城市群—区域”模式

该模式是加强丝绸之路经济带主要通道、交通枢纽建设，依托交通枢纽发展国际大都市，建立枢纽城市自身融合配套的经济体系。通过枢纽加强城市与城市之间的密切联系，从而推进沿线同区域内或跨区域城市群间合作，进而辐射带动整个区域的发展。

“线”指丝绸之路经济带主要通道。世界经济社会发展的实践表明，国际通道，既是经济发展重要的基础设施，又是国家经济的先导性产业。在带动沿线区域经济发展、的直接带动作用引领沿线节点城市发展、支撑地区经济协作的支撑作用发展等方面发挥重要作用。丝绸之路经济带主要通道包括中–亚通道、亚–欧通道、亚–欧–非通道和全球通道。

“点”指丝绸之路经济带沿线国际枢纽。统计显示，全世界 35 个国际大都市中有 31 个是依托交通枢纽发展起来的，全球财富的一半集中在交通枢纽发达的城市。城市与城市之间，枢纽凝聚着经济发展的多种潜能，也是先进生产力和生产关系的自然集聚之所。沿线国际枢纽主要包括西安、乌鲁木齐、鹿特丹、巴黎、布达佩斯、伦敦等。

“城市群”指丝绸之路经济带沿线重点城市群。沿线城市间的紧密联系和协同互动，必将促进城市群城市间要素自由流动、资源高效配置、基础设施对接、产业关联配套、公共服务均等，使得城市群的规模效应、集聚效应和协同效应充分发挥。丝绸之路经济带沿线城市群主要包括关中城市群、河西走廊城市群、东部城市群、沿黄城市群、天山北坡城市群、哈中北部城市群、伊犁河谷–哈东南城市群、费尔干纳城市群、莱茵–鲁尔城市群、大巴黎地区城市群和兰斯塔德城市群等。

2.“线—次区域—国家”模式

该模式是依托丝绸之路经济带主要通道建设，加强各种生产要素在沿线国家和地区之间的流动，推进地缘范围内贸易和投资自由化，促进沿线次区域地区经济和社会发展，从而进一步加强沿线区域国家的经济联系，实现区域国家全方位合作、共同繁荣。

“次区域”是指丝绸之路经济带沿线区域各个国家、不同地区的接壤地区。构建多层有力的发展援助机制，对那些依靠市场和自身力量发展艰难的地区，通过设立区域发展援助基金、重大项目倾斜、对口帮扶以及引导企业和社会力量投入等方式，提供人财物的支持，打破丝路经济带沿线次区域地区分割，促进要素流动，实现优势互补，构建规范合理的利益分享机制，建立合理规范的区域利益关系，形成区域发展的协调机制。

第五节 合作组织

一、既有组织的特点

丝绸之路经济带沿线区域城市合作平台，可以结合沿线特征分为国内和国际两类平台。国际范围内，沿线区域城市合作平台 28 个；国内方面，沿线区域城市合作平台 11 个。

表 2–6 丝绸之路经济带沿线既有组织概况

分类	数量 / 个	名称
国际组织	28	联合国开发计划署、上海合作组织、G20 峰会、中国—东盟“10+1”、亚太经合组织、金砖国家、亚欧会议（ASEM）、亚洲合作对话（ACD）、亚信会议（CICA）、经合组织、中阿合作论坛、中国—海合会战略对话、大湄公河次区域（GMS）经济合作、中亚区域经济合作（CAREC）、博鳌亚洲论坛、中国—东盟博览会、中国—亚欧博览会、欧亚经济论坛、中国—南亚博览会、中国—阿拉伯博览会、中国—俄罗斯博览会、欧洲联盟、跨太平洋伙伴关系协定、跨大西洋贸易与投资伙伴协议、北大西洋公约组织、联合国教科文组织世界遗产委员会、国际自然及自然资源保护联盟、世界自然保护联盟理事会

续表

分类	数量 / 个	名称
国内组织	11	陇海兰新经济促进会、黄河经济协作区、中国东西部合作与投资贸易洽谈会、新亚欧大陆桥国际协调机制、国际丝绸之路旅游合作开发委员会、陆桥沿线城市领导圆桌会、丝绸之路国际产业联盟、丝绸之路城市联盟、丝绸之路经济带城市合作发展圆桌会、中国国际投资贸易洽谈会、中国西部国际博览会

1. 沿线组织数量多，其内容稍显庞杂

国际范围内，丝绸之路沿线区域城市合作平台有联合国开发计划署、上海合作组织等，数量达 28 个之多，内容庞杂，涉及经济、政治、军事、文化、资源环境保护等方面。特别是联合国开发计划署、上海合作组织、亚太经合组织等组织，他们在推动沿线国家间的作用较大，协调国际争端、给予资金支持、组织关联方协商，推进沿线国际运输干线的通畅等方面做了大量的工作，签署了有关运输、交通、贸易方面的协定、框架合作协议，制定了《经济合作组织过境交通框架协议》《国际公路运输便利化协定》《亚欧合作框架》《亚欧贸易便利行动计划》及《亚欧投资促进行动计划》，已开辟多种合作渠道，扩大相互投资规模，减少贸易壁垒，努力把各方的经贸合作推向高峰。

国内方面，丝绸之路经济带沿线区域城市合作平台有陇海兰新经济促进会、中国东西部合作与投资贸易洽谈会等组织机构 11 个，内容主要涉及沿线区域城市经济合作等方面。协调我国丝路沿线省份和城市对外开放合作中的国际争端，也为沿线国内城市间合作建立协商平台，制定了《丝绸之旅区域旅游发展联合宣言》《丝绸之路旅游区总体规划》等，成为沿线城市共同遵守的要约。

2. 沿线组织类型以经济类组织为最多

从类型上来看，国内方面，丝绸之路沿线区域城市合作组织主要为经济合作类型。国际范围内，丝绸之路沿线区域城市合作组织以经济类为主体，占 60.7%，其他类型较少，分别为综合类 21.4%，专业类 10.7%，政治类和军事类组织 7.1%（图 2–2）。

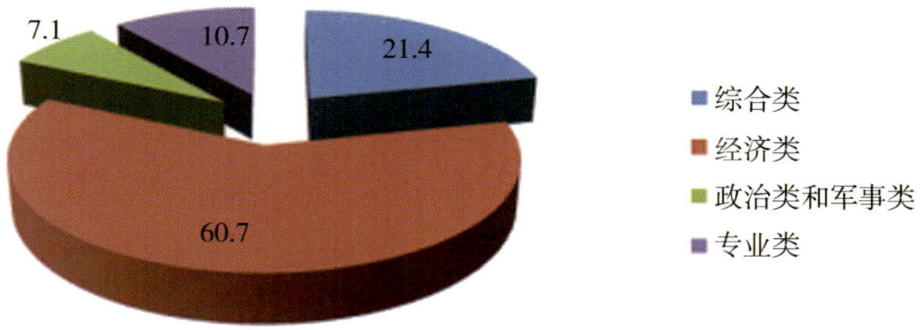

图 2-2 丝绸之路沿线区域城市合作组织类型

综合类组织，6个，分别为有联合国开发计划署、上海合作组织、金砖国家、亚欧会议、中阿合作论坛、欧洲联盟等。

经济类组织，17个，分别为G20峰会、亚太经合组织、亚洲合作对话、经合组织、大湄公河次区域经济合作、中亚区域经济合作、博鳌亚洲论坛、欧亚经济论坛、中国—东盟“10+1”、中国—海合会战略对话、中国—东盟博览会、中国—亚欧博览会、中国—南亚博览会、中国—阿拉伯博览会、中国—俄罗斯博览会、跨太平洋伙伴关系协定、跨大西洋贸易与投资伙伴协议等。

单纯的政治类和军事类较少，亚信会议为政治类组织，北大西洋公约组织为军事类组织。

专业类组织，3个，主要为联合国教科文组织世界遗产委员会、国际自然及自然资源保护联盟、世界自然保护联盟等。

3. 沿线区域性组织多，国际性组织少

丝绸之路沿线区域合作平台一个显著特点表现为区域性组织多，国际性组织少。

国际范围内，丝绸之路沿线区域合作平台组织仅有联合国开发计划署、G20峰会、联合国教科文组织世界遗产委员会、国际自然及自然资源保护联盟、世界自然保护联盟理事会等5个；其余23个均为区域性组织，占82%以上。

国内方面，丝绸之路沿线区域合作平台全局性组织和区域性组织比较均衡。全局性组织有国际丝绸之路旅游合作开发委员会、丝绸之路国际产业联盟、丝绸之路城市联盟、丝绸之路经济带城市合作发展圆桌会、中国国际投资贸易洽谈会等5个；区域性组织有陇海兰新经济促进会、黄河经济协作区、中国东西

部合作与投资贸易洽谈会、新亚欧大陆桥国际协调机制、陆桥沿线城市领导圆桌会、中国西部国际博览会等6个。

从目前国内外促进丝绸之路沿线国家和城市合作的上述平台来看，都在既定的目标下做出了不菲的业绩。但是由于国内目前平台非正式和常规化，导致中国丝绸之路沿线区域合作进展缓慢，也拖滞中国推进整个丝绸之路沿线的国家之间的整体合作进程。国内目前主要的合作平台，一是陇海兰新促进会，这个建立比较早的经济组织，由于定位过杂，而会员又多是沿线铁路系统，组织成员比较单调而且信息传递不及时，缺少沿线政府和企业的积极参与，所以在沟通丝绸之路沿线国内区域合作上，目前大多还依靠新亚欧大陆桥协调组来完成。二是新亚欧大陆桥国际协调机制，这个来自于国务院的部门组织虽然起点很高，也建立了自己的信息网站，但是没有考虑到地方政府作为城市经济发展的管理主体，他们在参与沿线区域合作中的实际意愿和想法，难以启动沿线区域展开实体性合作，只是协助联合国开发计划署主办了一系列会议，组织沿线城市领导在两会期间参与联谊活动，共同提交沿线发展的部分议案。这些平台没有从根本上解决区域合作的核心问题——行政壁垒带来的地方利益分割和保护，所以难以从根本上、制度上启动沿线国内段的区域合作，也就带动不了国际上国家间合作。所以，要想从具体工作展开国内沿线区域的合作，只有通过成立新的常规政府组织和民间组织互动，才能通过协商刨除裹在沿线城市区域外围的保护膜，建立沿线区域合作的制度和框架内容，通过民间组织项目带动，得以落实。

4. 沿线组织的分布呈现出地域差异性

从分布上来看，丝绸之路沿线区域区域合作的国际组织主要集中在欧美和亚洲地区，欧美地区占32.1%，亚洲地区占28.6%。此外，还有跨区域的国际组织，丝绸之路沿线组织的分布呈现出明显的地域差异性。

欧美地区。沿线区域区域合作的国际组织在欧美地区有9个，涉及政治、经济、文化、军事等方面，分别为联合国开发计划署、经合组织、欧洲联盟、跨太平洋伙伴关系协定、跨大西洋贸易与投资伙伴协议、北大西洋公约组织、联合国教科文组织世界遗产委员会、国际自然及自然资源保护联盟、世界自然保护联盟理事会。

亚洲地区。分布在亚洲地区的沿线区域区域合作的国际组织8个，主要为经济类组织，分别为上海合作组织、亚信会议（CICA）、亚太经合组织、亚洲合作对话（ACD）、欧亚经济论坛、博鳌亚洲论坛、中亚区域经济合作（CAREC）、大湄公河次区域（GMS）经济合作。

跨区域。沿线区域区域合作跨区域组织 11 个，分别为 G20 峰会、金砖国家峰会、亚欧会议（ASEM）、中阿合作论坛、中国—东盟“10+1”、中国—海合会战略对话、中国—东盟博览会、中国—亚欧博览会、中国—南亚博览会、中国—阿拉伯博览会、中国—俄罗斯博览会。

5. 中国在沿线扮演着极为重要的角色

纵观丝绸之路沿线区域区域合作，可以看到，近年中国在丝绸之路沿线区域区域合作的国际组织中扮演着极为重要的角色。

加强国际合作。我国积极联合国际及地区组织共建“一带一路”。加强与联合国开发计划署“亚欧大陆桥”合作机制、亚太经社理事会、亚行“中亚区域经济合作计划”机制等各类国际和地区组织，以及世界银行、亚洲开发银行、金砖国家开发银行、亚洲基础设施投资银行等相关国际金融机构之间的合作，促进区域内的互联互通以及经贸往来，拓展我国在该区域的软实力。

组建境内平台。我国积极构建境内组织平台，主要有上海合作组织、欧亚经济论坛、博鳌亚洲论坛、亚投行、丝路基金等。上海合作组织是迄今唯一在中国境内成立、以中国城市命名、总部设在中国境内的区域性国际组织，是丝绸之路经济带建设的重要平台。10 余年来，上海合作组织在交通、电信等领域的辉煌成就为丝绸之路经济带建设奠定了物质基础，在人文领域合作方面取得的进展，为丝绸之路经济带“民心相通”作了前期铺垫。欧亚经济论坛是经国务院批准，由上海合作组织、国家开发银行和联合国经社理事会主办，博鳌亚洲论坛协办，西安市人民政府和北京当代世界发展研究院共同承办。博鳌亚洲论坛是第一个总部设在中国的国际会议组织，是一个非官方、非营利、定期、定址、开放性的国际会议组织，目前已成为亚洲及其他地区政治、工商和学术界领袖就亚洲及全球重要事务进行对话的平台。亚洲基础设施投资银行（简称亚投行）是一个政府性质的亚洲区域多边开发机构，重点支持基础设施建设，法定资本 1000 亿美元，总部设在北京。设立丝路基金是要利用中国资金实力直接支持“一带一路”建设，为沿线国基础设施建设、资源开发、产业合作等有关项目提供投融资支持。

加强多边合作。我国致力于加强多边合作，多边合作机制主要有金砖国家峰会、中国—东盟“10+1”领导人会议、中国—海合会战略对话等。金砖国家峰会即由巴西、俄罗斯、印度、中国和南非5个国家组成召开的会议。金砖国家峰会的召开，使“金砖国家”合作机制的逐渐形成，作为全球新兴经济体代表的“金砖国家”国际影响力也日益增强。中国—东盟“10+1”领导人会议合作机制以经济合作为重点，逐渐向政治、安全、文化等领域拓展，已经形成了多层次、宽领域、全方位的良好局面。中国—海湾合作委员会先后于2010年6月4日、2011年05月2日、2014年1月17日举行了三轮战略对话。海合会国家位于“一带”与“一路”的交汇点上，在“一带一路”战略背景下，加快发展我国与海合会国家的贸易并挖掘双边贸易潜力，具有重要的战略意义。

加强双边合作。双边合作机制主要有中阿合作论坛、中国—东盟博览会、中国—亚欧博览会、中国—南亚博览会、中国—阿拉伯博览会、中国—俄罗斯博览会等。中阿合作论坛，全称为中国—阿拉伯国家合作论坛，其宗旨是加强对话与合作、促进和平与发展。中国—东盟博览会是中国境内唯一由多国政府共办且长期在一地（广西南宁）举办的展会，是国家级、国际性经贸交流盛会。中国—亚欧博览会，是乌鲁木齐对外经济贸易洽谈会（简称“乌洽会”）的继承和升华，是新形势下党中央、国务院着眼于进一步扩大我国沿边开放和向西开放步伐，加快将新疆建设成为我国向西开放桥头堡，确保新疆实现跨越式发展和长治久安的一项重大战略举措。中国—南亚博览会（简称“南博会”）是经国务院批准，由国家商务部和云南省人民政府共同主办，并邀请南亚各国商务部门联合举办。中国—阿拉伯博览会，是经国务院批准，由宁夏回族自治区人民政府举办的中阿经贸合作平台。中国—俄罗斯博览会，是经我国政府批准举办的国家级、国际性大型经贸博览会，由中国商务部、黑龙江省人民政府、俄罗斯联邦工业和贸易部、俄罗斯联邦经济发展部联合主办，其前身为已举办24届的中国哈尔滨国际经济贸易洽谈会（简称“哈洽会”）。

举行“一带一路”国际合作高峰论坛。第一届“一带一路”国际合作高峰论坛于2017年5月14日至15日在北京举行，是“一带一路”提出3年多来最高规格的论坛活动，主要包括开幕式、圆桌峰会和高级别会议3个部分。论坛主题为“加强国际合作，共建‘一带一路’，实现共赢发展”。议题总体以“五通”即政策沟通、设施联通、贸易畅通、资金融通、民心相通为主线，围绕基础设施互联互通、经贸合作、产业投资、能源资源、金融支撑、人文交流、生态环保和海洋合作等重要领域进行讨论。

6. 国际社会反应不一，内热外冷突出

“一带一路”战略构想，是十八大提出的“两个百年奋斗目标”在当下语境中的具体落实；是中国从地区大国走向全球大国的过程中，承担国际责任、谋求国际认同的宏伟规划。这一构想提出以来，引起国内外学者的高度关注，掀起了研究的热潮。目前“一带一路”建设在各层面、各个领域正全面拉开序幕，已初步形成自上而下的领导和推进机制，多个合作协议和早期收获项目开始落地，与一些沿线国家的合作也取得了积极的进展，也搭建资金保障平台。一些民间组织也成立了以“一带一路”为研究对象的研究机构和智库等，以资本走出去为特征的对外投资合作取得突破性进展。尽管如此，目前还是遇到的一些问题，比如国际社会反应不一、“内热外冷”问题突出。自倡议提出以来，国内各省份竞相提出自身参与倡议实施的方案和规划，谁也不甘落后，企业界和学术界也赶时髦般地把自己的发展计划和研究方向和“一带一路”挂上了钩。相比之下，沿线国家的政府、企业、学术界对倡议的关注度、兴趣远不及国内，反差明显。搅局者有之，怀疑者有之，但更多的国家是等待和观望的，当然支持和喊好的国家也不在少数。如果说“一带一路”不是中国一个国家的“独奏曲”，而是中国和沿线国家的“大合唱”的话，那么如何使沿线国家和地区接受倡议，并心甘情愿、积极主动地参与“一带一路”建设，仍是我们面临的一个重大挑战。

二、新组织构建要求

“一带一路”战略是党中央、国务院做出的重大战略决策。推进“一带一路”建设，坚持开放、共商、共建、共享原则，积极构建沿线区域合作新组织平台，开展与沿线区域多领域互利共赢的务实合作，打造东西双向开放的全面开放新格局。

1. 总体思路

丝绸之路经济带贯穿亚欧非大陆，一头是活跃的东亚经济圈，一头是发达的欧洲经济圈，中间广大腹地国家经济发展潜力巨大。丝绸之路经济带重点畅通中国经中亚、俄罗斯至欧洲（波罗的海），中国经中亚、西亚至波斯湾、地中海，中国至东南亚、南亚、印度洋。

为推进丝绸之路经济带沿线地区国家开放合作的宏大经济愿景的实现，区域基础设施更加完善，投资贸易便利化水平进一步提升，经济联系更加紧密，政治互信更加深入，人文交流更加广泛，不同文明互鉴共荣，需要沿线地区国家携手努力，共同构建沿线合作组织，推动基础设施建设、投资贸易、人文交流等方面顺利开展，朝着互利互惠、共同安全的目标相向而行。

在指导思想上要树立战略观、长远观、整体观、综合观、协同观，着眼于沿线地区国家的根本利益，从有利于推进沿线地区国家治理体系和治理能力现代化，有利于主权独立，有利于经济社会发展，有利于地区国家长治久安，妥善处理好沿线国家、城市、企业、个人等的利益关系。

一是以联合国宪章与和平共处五项原则统筹沿线组织构建的全过程。积极创新改革和稳健推进相结合，方便治理与提高行政效率相结合，自上而下的顶层设计与自下而上摸着石头过河相结合，政府组织与非政府组织相结合，规范统一与因地制宜相结合。

二是以优化沿线战略支点国家和我国西部地区重要节点城市布局作为沿线组织构建的基础工作。战略支点国家、重要节点城市要优化合理布局，从区位、规模、实力、辐射力、参与意愿、双边关系、安全系数等因素综合考虑，科学论证。

三是以信息网络作为沿线组织构建的突破口。信息网络是信息资源开发利用和信息技术应用的基础，是信息传输、交换和共享的必要手段。信息网络是现代化国家的重要基础设施。优先组建“丝路网联盟”，提供实用、高效、安全、可靠地运行环境，为沿线地区国家城市企业提供高速、大容量的服务平台。

2. 构建准则

（1）既有组织基本准则

1）联合国宪章。根据联合国宪章的规定，联合国的宗旨是维护国际和平与安全；发展国际间以尊重各国人民平等权利及自决原则为基础的友好关系；进行国际合作，以解决国际间经济、社会、文化和人道主义性质的问题，并且促进对于全体人类的人权和基本自由的尊重；作为协调各国行动的中心，以达到上述共同目的。为实现上述宗旨，联合国宪章倡导的国际关系基本准则包括：①联合国组织基于所有会员国主权平等的原则；②各会员国应该忠实履行他们依宪章规定所承担的义务；③各会员国应该以和平方法解决他们的国际争端；

④各会员国在他们的国际关系中不得以不符合联合国宗旨的任何方式进行武力威胁或使用武力；⑤各会员国对联合国依照宪章所采取的任何行动应给予一切协助；⑥联合国在维护国际和平与安全的必要范围内，应确保使非会员国遵循上述原则；⑦联合国组织不得干涉在本质上属于任何国家内管辖的事项，但此项规定不应妨碍联合国对威胁和平、破坏和平的行为及侵略行径采取强制行动。

2）欧洲联盟条约。欧盟的宗旨在于促进和平，追求公民富裕生活，实现社会经济可持续发展,确保基本价值观,加强国际合作。为实现以上宗旨,制定了《欧洲联盟条约》即《马斯特里赫特条约》。该条约规定，在欧盟内部要求实现资本的自由流通，真正实现统一市场，并使经济政策完美地协调起来。条约规定：最迟于1999年1月18日在欧共体内发行统一货币，实行共同的对外与防务政策，扩大欧洲议会的权力。根据欧元区稳定和增长协议，区内各国都必须将财政赤字控制在GDP的3%以下，并且把降低财政赤字作为目标。同时，各成员国必须将国债/GDP的占比保持在60%以下。上述两条也是其他欧盟国家加入欧元区必须达到的重要标准。

3）北大西洋公约。北大西洋公约组织的宗旨是成员国在集体防务和维持和平与安全方面共同努力，促进北大西洋地区的稳定和繁荣。为实现上述宗旨，《北大西洋条约》确定的缔约国基本准则包括：缔约国实行“集体自卫”；保持并加强单独及集体抵抗武装攻击的能力；任何一缔约国的领土完整、政治独立或安全“遭受威胁”，各缔约国应共同协商；对于一个或数个缔约国的“武装攻击”，应视为对缔约国全体的攻击，其他缔约国有义务给予援助，包括使用武力。

4）华沙条约。华沙条约是苏联、东欧国家为抗衡北大西洋公约组织而签订的军事同盟条约，于1955年5月14日在华沙签订，1955年6月5日生效，1991年7月1日条约停止生效。条约规定，缔约国各方按照联合国宪章保证在它们的国际关系中不以武力相威胁或使用武力，并以和平方法解决它们的国际争端，以免危及国际和平和安全。缔约国各方宣布，它们将本着友谊和合作的精神，进一步发展和巩固它们之间的经济和文化关系，恪守互相尊重它们的独立及主权和互不干涉内政的原则。

5）和平共处五项原则。和平共处五项原则于1953年12月中国政府同印度政府就两国在西藏地方的关系问题进行谈判，周恩来总理在会见印度代表团时第一次提出和平共处五项原则，即“互相尊重主权和领土完整、互不侵犯、互不干涉内政、平等互利、和平共处”。这五项原则是在建立各国间正常关系及进行交流合作时应遵循的基本原则，得到中国、印度和缅甸政府共同倡导。和平共处五项原则是中国奉行独立自主和平外交政策的基础和完整体现，被世界上绝大多数国家接受，成为规范国际关系的重要准则。

（2）新组织构建基本准则

从联合国宪章、欧洲联盟条约、北大西洋公约、华沙条约、和平共处五项原则等组织构建的基本准则，可以看出，组织的构建有一些基本的准则，如平等、开放、共建、共享等。

1）平等准则。平等强调沿线国家互相尊重，平等互利。沿线国家数量众多，各国发展水平、经济规模、文化习俗等差别很大，坚持平等原则，沿线各国作为平等参与者都可参与协商，就合作的领域、合作的方式、合作框架等达成共识，兼顾各方利益和关切，切实凝聚力量、体现各方智慧。

2）开放准则。开放强调平台的建设面向丝绸之路沿线所有的地区国家，基于但不限于古代丝绸之路的范围，各国和国际、地区组织均可参与，让建设成果惠及更广泛的区域。倡导文明宽容，尊重各国发展道路和模式的选择，加强不同文明之间的对话，兼容并蓄、共生共荣。

3）共建准则。共建强调在丝绸之路沿线广阔的范围内优化资源配置平台建设，调动多方主体积极参与、精诚合作、各取所长。沿线各国在地理位置、自然资源、资金、技术、人才等方面各有优势，在丝绸之路沿线合作平台建设中，以共建为途径，优势互补，才能把各方的优势和潜能发挥出来，各施所长，各尽所能，适应各国的发展需要。

4）共享准则。共享强调互利共赢，让丝绸之路沿线平台建设惠及各国人民、给各国人民带来更多更公平的福祉。沿线大多是发展中国家，面临着许多经济发展等问题，坚持互利共赢，为解决这些问题提供新的合作平台和新的框架，从发展理念、发展模式、经贸合作、互联互通、文化交流等多方面、全方位实现成果共享。

3. 组织类型

本书研究的组织类型主要从组织的政府本位的角度来分类，构建政府组织、非政府组织和网络平台。

政府组织。加快推进丝绸之路沿线地区国家合作组织的构建，发挥好官方平台的作用，特别要发挥好现有各地区机制作用，构建丝路命运共同体、丝路城市联盟、丝路市长合作圆桌会等政府组织，功能互补，有机衔接，相互促进，联手推进。

非政府组织。努力打造民间平台，组建丝路文化旅游联合会、丝路全球气候治理联合会、丝路金融联合会、丝路自贸区等非政府组织，为政界、商界、学界、媒体领袖、青年群体、社会公众搭建对话交流合作的平台。

网络平台。推动大数据、云计算的应用，组建开放性、包容性、国际化的“丝路网联盟”，整合信息资源、项目资源、园区资源、法律资源、政策资源，为沿线国家政府、企业、个人提供多种类型的优质服务。

三、积极构建新组织

丝绸之路是一条互尊互信之路，一条合作共赢之路，一条文明互鉴之路。在丝绸之路沿线既有组织的基础上，充分发挥沿线城市的比较优势，积极构建丝绸之路沿线区域合作新平台，实行更加积极主动的开放战略，推动沿线区域更大范围、更高水平、更深层次的大开放、大交流、大融合，为丝绸之路沿线国家经济繁荣与区域经济合作，加强不同文明交流互鉴，促进世界和平发展做出积极贡献。

1. 丝路命运共同体

随着全球化进程的日益深入，世界经济、世界格局发生了重大变化，要求全球建立共同秩序，建立共同规则，进入一个共同治理的新时代，全球治理有利于在全球化时代确立新的国际政治秩序。经过多年的快速发展，目前中国已经成为世界第二大经济体。中国既有国际影响力，也是发展中国家、新兴经济体的代表，从亚洲范围来看，各方也需要中国这样一个负责任的经济大国，来带头引领、推动区域经济内部的深度融合发展。

基于全球共同治理新格局，构建有职权的全球共同治理组织的设想，建议成立由中国带头引领的丝路命运共同体，构建区域安全合作、经济合作新格局，打造利益共同体、责任共同体和命运共同体，共建全球的和平发展环境，共建人类共同的价值体系，共建公共权利，向世界提供更多的公共品，共建公共利益。

所谓“命运”，包括双方过往历史的共同经历和未来发展的共同追求。两千年前的古丝绸之路，跨越千山万水，将亚欧非大陆和海上许多国家点缀成线。

今天的"一带一路",以其广泛的包容性和普惠性,激活了贯穿千百年的丝路精神,凝聚了世界近2/3人口对美好生活的追求与向往。"共同体"则包括政治、经济、社会、安全、文化等领域。"命运共同体"主要内涵包括5个方面,即讲信修睦(政治上),合作共赢(经济上),守望相助(安全上),心心相印(文化上),开放包容(对外关系上)。这一战略构想不仅反映中国的利益诉求,更兼顾沿线国家的关切。丝绸之路建设将在经济、社会、人文等方面促进命运共同体的形成,促进中国与周边国家和地区的经济一体化,促进中国与周边国家的共同安全、合作安全,以人文交流促进相互理解和相互包容,从多边和双边各个层面推进命运共同体建设,将充分依靠中国与有关国家既有的双、多边机制,借助既有的、行之有效的区域合作平台,并形成互动。

借鉴上海合作组织的成功经验,构建丝路命运共同体。丝路命运共同体作为丝绸之路沿线地区国家间官方重要的国际性综合实体组织,旨在通过政治对话、经济合作和人文交流,增进了解,加强互信,成员国集体在政治、经济、文化等方面共同努力,推动建立沿线国家和地区新型、全面伙伴关系,促进沿线的稳定和繁荣。

丝路命运共同体机构设置为成员国元首理事会、成员国政府首脑(总理)理事会、成员国国家协调员理事会、秘书长及其下设机构等。成员国元首理事会为丝路命运共同体最高机构,每年举行一次会议,由各成员国轮流举行,就组织所有重大问题做出决定和指示。成员国政府首脑(总理)理事会,每年举行一次例会,重点研究组织框架内多边合作的战略与优先方向,解决经济合作等领域的原则和迫切问题,并批准组织年度预算。成员国国家协调员理事会负责日常活动的协调和管理,是丝路命运共同体的基层协调机制。理事会会议每年至少举行3次。理事会主席由元首会议例会举办国国家协调员担任,经外长会议主席授权,可对外代表组织。设置秘书长及其下设机构。秘书长是丝路秘书处、丝路物流协会等的主席。秘书长由元首会议任命,任期3年,不得连任。丝路秘书处负责丝路命运共同体会议的筹备。丝路物流协会通过制定陆上物流准则,形成沿线区域物流交易市场,切实改善沿线区域交通物流环境。

2. 丝路城市联盟

目前,由中国及国际知名人士发起,于2014年在香港正式成立了丝绸之路城市联盟,为中意民间机构,其宗旨是动员、组织、协调国内外的社会资源,推动“一带一路”沿线城市之间在各领域的合作，从而带动沿线城市和人民共同参与到“一带一路”建设，达致共同发展、共同繁荣。2015 年 7 月 28 日由意大利文化优先协会与丝绸之路城市联盟在威尼斯共同发起举办首届丝绸之路城市合作论坛，中国、意大利、土耳其、马耳他等国的城市代表及企业界人士参加了论坛。

建议吸纳民间组织——丝绸之路城市联盟现有发展基础，广泛开展丝路沿线城市交流合作，组建政府组织–丝路城市联盟，联盟会员由城市、城市代表、个人或机构组成。弘扬“团结互信、平等互利、包容互鉴、合作共赢”的丝绸之路精神，促进不同文化城市间的互动和交流，使丝路城市联盟成为振兴丝路经济带的重要载体。

丝路城市联盟旨在通过加强丝绸之路沿线城市在基础设施建设、人文交流、旅游文化、贸易投资、技术转让等领域的合作，重振古丝绸之路的辉煌。作为一个跨机构、跨区域的联盟合作机构，通过城市间的交流合作，一方面，发挥丝绸之路沿线城市资源，对共建丝绸之路经济带的贸易投资、人文交流等起到积极促进作用；另一方面，通过交流合作，将潜在的投资者、企业家联系起来，孵化诸多的丝路城市联盟项目，从而通过企业发展带动城市基础设施、旅游文化建设。丝路城市联盟是国家和地方政府搭台，沿线城市和企业共同唱戏。通过创新合作，协同发展，实现共赢。

国际方面，推动丝绸之路沿线地区国家建立国际丝路城市联盟，特别是加快战略支点国家城市优先推进，然后以点建线，以线带面。战略支点国家是指在国与国关系中对于实现某个国家重要战略目标具有关键意义、起重要支撑作用的相关国家。战略支点国家应当同时具备以下条件：一是战略位置突出，处于丝绸之路沿线的重要节点，能够发挥枢纽作用；二是辐射能力强，人口基数、经济体量较大，在区域有比较强的辐射、影响能力，或者能发挥示范作用；三是参与意愿强烈，双方互有优势、互有需求、互为机遇，战略契合度高，易于进行战略对接；四是双边关系高水平，有比较成熟的沟通协调机制，有良好双边经贸关系，利益融合度高，在战略利益上和中国不存在直接的、涉及国家根本利益的冲突；五是安全系数高，国内政治经济比较稳定，遵循基本的、具有共识的国际规范，可以保证我国的巨大投入获得长期稳定的收益。根据以上分析，丝绸之路经济带战略支点国家如东亚的蒙古，独联体及高加索地区的俄罗斯、哈萨克斯坦，东欧的波兰，中欧的德国，南欧的希腊，西欧的英国，西亚的土耳其等。与这些战略支点国家的城市优先建立国际丝路城市联盟，优先推进国际丝路城市联盟合作，应重点围绕推动“五通”建设，努力推动资金流、技术流、产业流、人才流“四流归一”，寻求合作最大公约数，实现利益高度契合。优先推进战略支点国家城市战略对接，优先推进重要经济走廊、重点领域、重要标准建设，优先给予战略支点国家城市金融支持，将发展相对滞后的战略支点国家城市作为重点援助城市，加大推进保障平台建设，加强对战略支点国家城市人才的培养使用，建立完善包容、共享、责任、共管的工作机制。

国内方面，推动丝绸之路沿线地区建立国内丝路城市联盟，特别是加快西部地区丝路城市优先推进，然后以点建线，以线带面。沿线西部地区省区市明确各自在丝绸之路经济带中的定位及发展重点，并对今后的推进做出安排。陕西提出，着力建设丝绸之路新起点和桥头堡，形成我国向西开放的重要枢纽。加强与中亚国家和澳大利亚等国在资源勘探、开发领域的合作；积极申报建设丝绸之路经济带自由贸易区，建设国家航空城实验区；推进省资源交易中心落户能源金融贸易中心，鼓励各类能源企业积极参与西咸新区建设。重要节点城市西安、宝鸡。西安将打造内陆型改革开放新高地，建设航空港、国际陆港，加强内陆口岸与沿海、沿边口岸通关合作，开展跨境贸易电子商务服务试点。优化海关特殊监管区域布局，创新加工贸易模式，深化与沿线国家的产业合作。甘肃提出，打造“丝绸之路经济带”黄金段，构建我国向西开放的重要门户和次区域合作战略基地。建设兰州新区、敦煌国际文化旅游名城和“中国丝绸之路博览会”3大战略平台。重要节点城市兰州、白银、酒泉、嘉峪关、敦煌。新疆提出，将依托地缘优势，深化与周边国家和地区的交流合作，形成丝绸之路经济带上重要的交通枢纽、商贸物流和文化科技中心，打造丝绸之路经济带核心区。主要节点城市为乌鲁木齐、喀什。宁夏提出，以国家“一带一路”战略为引领，进一步打造丝绸之路经济带战略支点。将以宁夏内陆开放型经济试验区为平台，用好用足中阿博览会“金字品牌”，加快建设陆上、网上、空中丝绸之路。节点城市为银川。青海提出，打造丝绸之路经济带的战略通道、重要支点和人文交流中心，使丝绸之路经济带成为青海向西开放的主阵地和推动全省经济发展的新增长极。节点城市为西宁、海东、格尔木。内蒙古被纳入丝绸之路经济带建设范围，打造向北开放桥头堡。组织编制《内蒙古参与建设“丝绸之路经济带”实施方案》，加强与俄蒙高层往来，办好中蒙博览会，深化多领域务实合作，全力加快向北开放步伐。围绕服务国家对外开放大局，主动对接蒙古国“草原之路”倡议和俄罗斯加快远东地区开发战略，积极推进中蒙俄经济走廊建设。节点城市为呼和浩特、包头。优先重点推进陕西西安、宝鸡，甘肃兰州、白银、酒泉、嘉峪关、敦煌，新疆乌鲁木齐、喀什，宁夏银川，青海西宁、海东、格尔木，内蒙古呼和浩特、包头等城市结成国内丝路城市联盟，推进丝绸之路交通互联互通、经贸技术交流、产业对接合作等，建立完善共建、共管、共享的工作机制。

大力推进丝路城市联盟的建设，国家战略层面需要全面规划、有序推进、以点带面、央地协同，在区域布局上希望能够海陆统筹、东西互进、大小兼顾，在建设方向上应推动持续发展，高标准地推进丝路城市联盟的建设。

3. 丝路市长合作圆桌会

在建立丝路城市联盟的同时，建立完善丝路市长合作圆桌会，以人文交流为重点，突出务实合作，形成更多鲜活的合作范例。同时设立丝路市长论坛。

从目前新亚欧大陆桥区域经济发展国际研讨会以及各种投资论坛、学术论坛、文化博览会、旅游研讨会和博览会的提议来看，部分专家学者也已经发现了沿线合作的要害与问题，如 2005 年国际研讨会就增加了市长论坛和企业家峰会，2007 年提议设立“丝绸之路国际旅游合作机构”，2008 在中国两会期间召开的新亚欧大陆桥沿线部分城市领导第六次联谊活动上建议成立新丝绸之路城市市长圆桌会议，搭建沿线城市合作新架构。

丝路市长合作圆桌会是一种组织制度，是推动沿线丝路城市联盟合作的制度性政府平台，每年在规定的时间、地点召开（建议设在西安，东连西带，交通方便，而且已有欧亚论坛会址基础共享。西安本身也具有引领作用，能够充当沿线城市和区域发展的领头雁），由各城市市长及市领导参加列席，共同商议沿线城市合作的政策、基础设施共享的机制、不同领域合作的入口、重要项目共建的分工措施、资源要素全局调动战略以及利益分配机制等等。将经贸、旅游、文化、投资、环保、物流等领域的论坛设想付诸实际工作商讨，通过建立发达丰富的信息通报平台公布于众，启动企业层面的合作或者民间互动。以沿线国内段的优先合作、优先发展增强我国在中亚和欧洲地区的影响力和主导力。

4. 丝路文化旅游联合会

古丝绸之路实现了中国陶瓷、丝绸等艺术的海外传播，与此同时，西域农业文化、欧洲的雕塑艺术等也传入中国，通过丝绸之路，实现了中外在文学、宗教、音乐、舞蹈、绘画等多方面的交流。可以说古丝绸之路的繁荣为当下“一带一路”战略打下文化基础。当前提出的“一带一路”战略正是对古代丝绸之路文化的延续，为中国以及沿线国家提供了互相交流的平台，因此文化交流组织的构建便显得十分重要，它不仅能够密切沿线各国的高层交往，更能够推动合作伙伴之间的民间文化交流，增强不同国家民众之间的感情，这样“一带一路”战略才能够最大程度地获得沿线国家的民间认同，“一带一路”的合作内容也将更加多元和丰富。

但作为丝路文化交流组织在构建上却依然存在较多问题，如沿线各个国家文化基础设施薄弱，合作国家互信体系不牢，我国尚缺乏健全的对外文化输出体系，沿线各国缺乏共同文化等。

为此，建议成立丝路文化旅游联合会，首先协助沿线国家克服文化产业基础设施薄弱的问题。发挥国际精神，帮助沿线国家大力发展文化产业，积极组织国际援助组织进入沿线需要帮助的国家，在全球范围内募集扶持资金及志愿者，全面帮助沿线国家发展科教文卫事业。其次转变大国权威形象，以包容、多元的态度进行交流，获取沿线国家的信任，从而更好的开展合作。再次，还应大力发展国内文化产业，并完善文化输出体系。加大对文化产业的财政投入，扶持文化产业输出，打造一批既符合国际潮流又具备中国特色的文化产业，并全力支持各类对外文化交流活动，在域外建立中国文化基地，如孔子学院、敦煌文化研究中心等，拓展对外文化交流的领域。加强对外文化贸易往来，一方面在陕西西安等文化产业较为发达地区，加强创意文化产品和服务的输出，另一方面国家可以鼓励新疆、青海等具有浓郁民族特色的文化省加强与沿线合作国家的文化交流。根据各国的不同文化特色加强彼此在音乐、舞蹈、绘画、影视、武术、设计等各个文化领域的交流，可以通过加强国家间青年群体的互动来完成文化沟通。最后，可以将宗教文化作为对外交流的切入点，使之成为共同文化。在中国的诸多文化中，佛教文化是一个较好的切入点。一方面佛教在我国有较强的群众基础，其宣扬普世、多元的价值观念，这与丝绸之路经济带中兼容并蓄的态度具有一致性。另一方面在历史发展过程中，中国因佛教文化也曾与众多国家建立了友好的交往关系，因此以佛教文化为切入点，能够增强中国与沿线国家的信任和感情，更好地推动丝绸之路经济带文化交流平台建设。

建议将丝路文化旅游联合会设在陕西。传承和弘扬丝绸之路友好合作精神，充分发挥陕西独特优势，搞好公祭轩辕黄帝、西洽会暨丝博会、杨凌农高会等活动，开展陕西与丝绸之路沿线国家和城市的高校合作、文化交流、学术往来、人才交流合作、媒体合作、青年和妇女交往、志愿者服务等，为深化双多边合作奠定坚实的人文基础。参与举办丝路国际文化节、丝路国际旅游节、丝路国际电影节、丝路国际汽车拉力赛、丝路国际房车博览会等活动。

依托西安曲江新区，组建丝路文化旅游联合会。与沿线地区国家联合开发国际旅游线路，建设一批丝绸之路文化旅游项目。组织开展丝绸之路沿线城市青少年交流互访活动。加强文物保护与考古研究。积极发展文化保税产业，加快陕西国际文化贸易基地建设。建设丝绸之路经济带教育文化研究交流中心，开展人力资源开发培训和留学生教育，加快丝绸之路经济带高端人才培养与交流中心暨人力资源服务产业园建设。争取建设上合组织大学中国（西安）校区。

5. 丝路金融联合会

“一带一路”建设从无到有、由点及面，进度和成果超出预期。目前，“一带一路”建设金融保障机制大体有 3 方面：一方面是国内各个金融机构在各个地方对参与“一带一路”建设的融资和授信支持，这在国内不少地方已经出现了。第二方面是个别的金融机构，比如中国银行已经在海外发行“一带一路”建设项目的债券，媒体披露已经发行了 40 亿美元。第三方面是国际性的开发性金融机构，以亚投行、丝路基金为代表的金融合作不断深入，一批有影响力的标志性项目逐步落地。

习近平主席提出“要切实推进金融创新”“建立服务‘一带一路’建设长期、稳定、可持续、风险可控的金融保障体系”。丝绸之路建设过程中需要大量的基础设施投资，通常这些资金使用周期长、回收慢。因此，应加大金融创新力度，拓宽建设融资渠道，撬动更多资金投身丝绸之路建设，为丝绸之路建设提供更加有力的融资保障。

依托上合组织开发银行、亚投行、丝路基金为代表的金融机构，设立专门的政府投资研究组织——丝路金融联合会，联合丝绸之路沿线地区国家共同发展基金或者信托资金，促进区域合作与共赢发展。沿线国家要致力于建设公平公正、包容有序的国际金融体系，提高新兴市场国家和发展中国家代表性和发言权，确保沿线各国在国际经济合作中权利平等、机会平等、规则平等。搭建丝路金融联合会，活跃资本市场和各类投资活动，为沿线国家城市发展寻求资金援助，也为国内外的闲散资金寻求与沿线能源、矿产资源等非再生稀缺资源价值投资渠道。

未来要重视与国际规则的协调。因为已有一些国际规则，比如将来和沿线国家产生的贸易投资关系，如何和已经有的和将要产生的国际交易规则相协调，而且20国集团也有一个全球基础设施计划，以及如何和国际货币基金组织、世界银行、亚行等这些组织的协调关系，这都是未来需要面临的考验。

作为丝绸之路新起点，西安应充分发挥西部重要金融中心的功能，积极融入丝路金融联合会，建成区域性国际金融中心，助推沿线国家城市金融合作深入，及早与国际贸易市场需求接轨。大力引进各类国际性、区域性金融机构总部。积极跟踪上合组织开发银行设立工作，争取将总部落户于西安。积极申请亚洲基础设施投资银行、丝路基金和外资金融机构在西安设立分支机构。与丝绸之路沿线地区国家加强金融领域合作。开展离岸金融业务，争取国家批准西安市的企业开设自由贸易账户，开展跨境人民币双向资金池业务试点工作。争取开展国际租赁贸易和国际商业保险代理工作。争取商务部支持，在西安国际港务区开展国际租赁贸易，兼营国际商业保理试点工作。建立与中亚各国的合作发展基金。协助建立与中亚各国的合作发展基金，优先推动建立中国陕西—哈萨克斯坦合作资金。加快西安国际大都市的金融核心区——西安金融商务区建设，推进科技金融、文化金融示范区、商业金融街区建设。研究出台西安互联网金融产业发展意见。设立黄金产业发展基金和丝绸之路产业发展基金。积极推进西安基金小镇建设。发起设立“丝路枢纽建设基金”，成立丝路投资控股集团公司。设立新兴金融业、互联网金融产业发展引导基金，聚集中小金融业态。

6. 丝路自贸区联合会

目前，全球有135个国家和地区共设立了3500多个自贸区，其中欧盟有74个，美国最多，为277个。

截至2017年上半年，我国有3批11个自贸试验区。上海自贸试验区为首批自贸区，于2013年9月成立，涵盖范围120.72千米^2；第二批自贸区为广东、天津、福建，于2014年12月成立，涵盖范围依次为116.2千米^2、119.9千米^2、

118.04 千米²；第三批自贸区为辽宁、浙江、河南、湖北、重庆、四川、陕西 7 个，于 2017 年 3 月 31 日成立。新设的 7 个自贸试验区，将继续依托现有经国务院批准的新区、园区，继续紧扣制度创新这一核心，进一步对接高标准国际经贸规则，在更广领域、更大范围形成各具特色、各有侧重的试点格局，推动全面深化改革扩大开放。

曾于 2004 年参加两会的丝绸之路沿线城市领导就曾提出建设新亚欧大陆桥沿线自由贸易区陆桥经济带的议案，自由贸易区作为国际交往中具有比价优势的协作发展组织模式得到世界各关联区域的关注。丝绸之路沿线国家整体经济实力相对比较弱，通过内部自由贸易推动沿线国家间的互动与快速发展是未来必然之路。

为支撑实施丝绸之路经济带建设，驱动和辐射丝绸之路沿线地区国家的经济发展，建议有计划分步骤建立丝路自贸区联合会。

图 2–3 中国（陕西）自由贸易试验区

首先建设好中国（陕西）自由贸易试验区，以制度创新为核心，以可复制可推广为基本要求，全面落实党中央、国务院关于更好发挥“一带一路”建设对西部大开发带动作用、加大西部地区门户城市开放力度的要求，努力将自贸试验区建设成为全面改革开放试验田、内陆型改革开放新高地、“一带一路”经济合作和人文交流重要支点。中国（陕西）自由贸易试验区实施范围 119.95

千米²，涵盖中心片区、西安国际港务区片区、杨凌示范区片区等相互联系、互为支撑的3个板块，经过3~5年改革探索，形成与国际投资贸易通行规则相衔接的制度创新体系，营造法治化、国际化、便利化的营商环境，努力建成投资贸易便利、高端产业聚集、金融服务完善、人文交流深入、监管高效便捷、法治环境规范的高水平高标准自由贸易园区，推动“一带一路”建设和西部大开发战略的深入实施。

在此基础上，推动在我国西部地区的甘肃、新疆、宁夏、青海等省区共建丝路中国（西部）自贸区联合会，然后推动在沿线地区国家共建共享丝路自贸区联合会。如重启我国与海湾阿拉伯国家双边自贸区谈判。海湾阿拉伯国家位于“一带”与“一路”的交汇点上，在“一带一路”战略背景下，重启双边自贸区谈判，加快发展双方在经济、文化、能源、科技等各领域的交往合作。再如推进中国—东盟自由贸易区建设。围绕《中国与东盟全面经济合作框架协议》，以双向互利为原则，促进双边自由贸易区建设，以自由贸易区内的经贸合作为重点，共享合作与发展机遇。认真谋划丝路自贸区战略定位、发展目标、实施范围和功能划分，积极开展丝绸之路沿线城市在技术、金融、旅游、文化和生态等方面的国内合作，积极开展与中亚、西亚、东欧等国家城市在能源、金融、技术、文化和旅游等方面的国际合作，研究制定丝路自贸区与国内外合作保障机制，着力研究解决投资贸易便利化问题，消除投资和贸易壁垒，构建区域内和各国良好的营商环境，激发释放合作潜力，做大做好合作“蛋糕”。

7. 丝路气候治理联合会

气候变化与人类生存和各国发展模式密切相关，但气候变化给人类社会带来的威胁与挑战依然存在。随着科学认知的不断深入，国际社会应对气候变化的紧迫感持续增强，各国在反思工业文明弊端的基础上，不懈探索人类未来发展模式和发展道路。可持续发展理念不断深入人心，绿色低碳发展渐成全球潮流，合作应对气候变化逐步形成共识。这为推进全球气候治理进程带来了新契机。2015年12月12日，联合国气候变化巴黎大会成功通过《〈联合国气候变化框架公约〉巴黎协定》。《巴黎协定》确立了2020年后国际合作应对气候变化的基本框架，创立了以“国家自主贡献”为核心、“自下而上”、相对宽松灵活的温室气体减排模式，开启了全球气候治理的新阶段。

作为最大的发展中国家、全球第二大经济体和最大温室气体排放国，中国政府站在实现国内发展转型和人类共同发展的历史高度，更加开拓创新、自信进取，采取切实行动应对气候变化，积极、建设性参与全球气候治理，提出中国方案，贡献中国智慧，展现了负责任、有担当的大国风范。这是中国推进生态文明建设、倡导以合作共赢为核心的新型国际关系、弘扬共商共建共享的全球治理理念在气候变化领域的具体实践。

建议成立丝路气候治理联合会，办公室设在环境保护部，致力于推动构建合作共赢、公平合理的全球气候治理体系，推动《巴黎协定》早日生效和落实，深化气候变化领域国际对话与合作，做实做强气候变化南南合作。同时，坚持创新、协调、绿色、开放、共享的发展理念，加强国内生态文明建设，组织实施《强化应对气候变化行动——中国国家自主贡献》，将于 2030 年左右二氧化碳排放达到峰值并争取早日实现，2030 年单位国内生产总值二氧化碳排放比 2005 年下降 60%~65%，非化石能源占一次能源消费比重达到 20% 左右，森林蓄积量比 2005 年增加 45 亿米^{3}左右。通过科技创新和体制机制创新，实施优化产业结构、建立全国碳排放交易市场等一系列政策措施，向世界展开“美丽中国”的画卷，形成人与自然和谐发展的现代化建设新格局，为全人类美好未来做出更大贡献。

8. 丝路网联盟

基于中国互联网大会、世界互联网大会等既有的信息网络平台，组建丝路网联盟。

中国互联网大会，由中国互联网协会主办，是中国互联网业界极具知名度的行业会议，截止 2017 年已成功举办十六届。大会凭借高端规格、专业品质、前沿内容及其开放精神，已成为国内最具规模、最为专业、最有价值的互联网品牌盛会。

世界互联网大会是由中国倡导并每年在浙江省嘉兴市桐乡乌镇举办的世界性互联网盛会。截止 2017 年底，已举办了四届。大会旨在搭建中国与世界互联互通的国际平台和国际互联网共享共治的中国平台，让各国在争议中求共识，在共识中谋合作，在合作中创共赢。

借鉴中国互联网大会、世界互联网大会等成功经验，组建丝路网联盟，推动沿线地区国家城市的网络国际治理，共同构建和平、安全、开放、合作的网络空间，建立多边、民主、透明的全球互联网治理体系，共建网络空间命运共同体。组建沿线地区国家开放性、包容性、国际化的“丝路网联盟”，在尊重各国网络主权

图 2-4　世界互联网大会乌镇峰会

的基础上开展国际互联网治理，各国对内独立自主制定网络政策，对外履行合作发展的义务，充分享受参与国际互联网治理的权利。

组建集丝路现代信息平台和跨境贸易电子商务为一体的丝路网联盟，发展数字经济，促进开放共享，为沿线地区国家城市的政府官员、业界领袖、专家学者、中小企业主、草根创业者和媒体交流合作搭建平台。同时开设丝路网论坛，设置传统的移动互联网、互联网金融、大数据、云计算、物联网、知识产权、网民权益保护、网络安全、APP 应用创新、互联网法治生态、互联网教育等专题论坛，设置分享经济、产业互联网、移动视频、信息消费、WIFI 技术应用、跨境电商等多个热门领域论坛。

西安是丝绸之路新起点，信息科技发达，科研院所众多，研究成果丰富，应发挥综合经济文化优势，积极推进互联网建设，大力发展数字经济，助推打造西安内陆型改革开放新高地。建设西安内陆城市国际陆港，组建内陆陆运大数据中心，支持西安国际港务区建设中西部商品交易中心和电子商务产业园。加强内陆口岸与沿海、沿边口岸通关合作，开展跨境贸易电子商务服务试点，推进跨境贸易电子商务一般出口和直购进口试点工作，积极推动建立和完善有关配套措施和政策。支持跨境电子商务企业开展面向丝路沿线国家城市的跨境电子商务合作。

03 第三章　文化交流

人类文化宝库是由众多民族或国家共同建造，是国家实力和民族影响力的综合体现。以文化交流为基础，带动人们交往和经济交融，是推动中国与丝绸之路经济带沿途各国及各国之间深入合作的重要基础和前提。提高文化开放水平，扩大对外文化交流，是各国加强合作的一项重要内容。

第一节　沿线区域文化交流历程与启示

在地球上绝对找不出一条路，能够与丝绸之路相提并论。在世界发展历史上，由丝绸之路所带动的东西方不同文明、文化之间交流碰撞，直接推动了世界的共同进步与发展。经过漫长的演进，丝绸之路形成中国对外开放的经济观念、世界和谐共荣意识、文化多元共生意愿、全球视野和尊重个性的胸怀，且已经并将继续为中国和世界的发展战略提供源源不断的驱动力量。特别是“友善、包容、互惠、共生、坚韧”的丝绸之路文化内涵，对丝绸之路沿线区域合作，对中国与世界各国更深层次的互动共进，无疑都具有深刻启迪和重要意义。

一、古丝路中外文化交流

在世界范围内，具有高度水平的各个古代文明（除埃及外），几乎全部都分布在被称为“世界岛”的亚欧大陆上，丝绸之路连通了古中国文明、古罗马文明、古伊斯兰文明和古印度文明等世界主要文明体系，西方文化传入中国，中国汉文化传到西方，推动了人类文明的交流融合。至今，中华文明与西方文明对当代世界仍然产生着主导作用及重大影响。中国的造纸术、印刷术等伟大发明传到西方，西方的天文历法、建筑工艺、制糖法、酿酒术等技艺输入中国，推动了沿途各国经济社会发展和生产力水平的提高。

地理因素所致，交通条件决定着历史上文化圈的规模，也影响着各个文化圈相互之间的联系。在地中海周边的北非、南欧与西亚，南亚的印度次大陆地区，不同民族及文明之间因交通便利而来往密切、相互影响，地处亚欧大陆东端的中国，或因距离遥远而相对孤立。在公元前6世纪“世界轴心时代”，由于交通不便，同样拥有辉煌人文成果的希腊与中华文明之间一直没有接触和交流。其后，欧洲经过古希腊时期和古罗马时期后进入中世纪，随后在大面积疆域上分布的各国走向分裂。而中国则经过先秦时期“百家争鸣”运动，建立了中央集权的统一国家，基本在相对固定的疆域上，不断衍进着相对稳定、传承大体相同的文化形态。在历史各个时期，中华文明通过分布在中亚、西亚广大地区的各个游牧民族和国家，断断续续地传入欧洲，而欧洲文明经历文艺复兴和大航海时代，也不断传入中国和世界各地。

1. 不同时期的文化交流

（1）先秦时期

远古时期，在尼罗河流域、两河流域、印度河流域和黄河流域以北的草原上，存在着由许多不连贯、小规模贸易路线，大体衔接而成的草原之路，这就是最早丝绸之路的雏形。在埃及，人们发现距今5000余年产自阿富汗的青金石，说明当时埃及人已经开始沿着丝绸之路展开一定规模的贸易。

在秦及更早年代，中国同丝绸之路沿线地区和国家就有文化和经济交流，早期丝绸之路上并不是以丝绸为主要交易物资。先秦古籍《穆天子传》中记载，周穆王经河西走廊，到阿尔泰山地区与西王母宴饮并赠送丝绸，这些传说可以反映一定的历史真实。周穆王与西王母相会的故事，反映了那个时期丝绸之路以及文明之间互相吸引的大体状况。其中“天子西征至于玄池”中的“玄池”，就是位于哈萨克斯坦和乌兹别克斯坦之间的咸海。在商代帝王武丁配偶坟茔的考古中，发现产自新疆的软玉等，证明公元前15世纪中国商人就出入塔克拉玛干沙漠，购买产自现新疆的和田玉石，同时出售海贝等沿海特产，与中亚地区进行小规模贸易往来。

这一时期或者前后，良种马及其他适合长距离运输的动物的工具也开始不断被使用，使得大规模贸易和文化交流成为可能。另外，欧亚大陆腹地广阔的草原和肥沃的土地，使得游牧民族和商队运输的牲畜，可以随时随地安定下来，就近补给水、食物和燃料，贸易和文化交流更加便当。《史记 · 赵世家》有苏厉与赵惠文王一段对话："马、胡犬不东下，昆山之玉不出，此三宝者非王有已"（"昆山之玉"是昆仑山下出产的软玉，"胡犬"是产自中亚、西亚一个品种的狗）。说明至少在公元前13世纪，中国已经开始和西域乃至更远的地区进行商贸往来。战国时期，中原地区已出现相当规模的对外经济交流。

《旧约·以西结书》被认为写于公元前5世纪阿契门尼德王朝统治下的波斯，其中提到耶和华要为耶路撒冷城披上最美丽、最豪华的衣裳。耶和华在形容世间最美丽的织物时，两次提到"丝绸"，这意味着此时波斯帝国境内已有了中国丝绸。《资治通鉴》中记载，赵武灵王十九年（前307）推行的"胡服骑射"，也是文化交流、吸纳的例证。基于技术、交通工具和战争等原因，中原地区与丝绸之路沿线国家和地区大面积文化交流集中在汉代以后，随后文化交流时断时续、时强时弱。

图 3–1　胡服骑射

（2）秦汉时期

汉高祖时，为消除匈奴侵扰，签订和亲协议，承诺“岁奉匈奴絮缯酒米食物各有数”（《史记·匈奴列传》），促进了中原与匈奴的经济和文化交流。汉文帝、汉景帝时期，在延续和亲政策的同时，鼓励与西域各国进行贸易往来，更是加强了丝绸之路上的文化交流。在众多的和亲中，王昭君出塞是影响最大、流传最广的一例。史学家翦伯赞认为：“在大青山脚下，只有一个古迹是永远不会废弃的，那就是被称为青冢的昭君墓……王昭君已经不是一个人物，而是一个象征，一个民族友好的象征；昭君墓也不是一个坟墓，而是一座民族友好的历史纪念塔。”

图 3–2　呼和浩特王昭君墓

汉武帝时期，国家战略不断改变。一方面派张骞两次出使西域，极大地促进了中原地区与西域的物质文化交流，之后汉朝先后与西域各国建立了友好往来关系，使节和商人等络绎不绝，文化交流范围随之扩大。根据多种记载，张骞出使西域输出了中国的凿井、冶炼技术等，把桃、杏、李等物种带到西域各国，又将胡萝卜、葡萄、汗血马等引进中原，当今世界范围内很多物种就是当时引入或输出的。后世诗人所写：“不是张骞通西域，安有佳种自西来。”另一方面，派卫青、霍去病等对匈奴展开大规模反击战争，将匈奴逼入西北偏远地区。

这些反击战争扩大了汉朝疆域，使得中原文化大规模、顺畅地向原匈奴所占据的河西走廊地区扩展，同时投降汉朝的匈奴，也将自身游牧文化向中原渗透，促进了中原文化与少数民族文化的交流与融合。公元前60年，西汉在乌垒城（在今新疆轮台县境内）建立西域都护府（西域都护是中央政府派遣管理西域的最高军政长官），开始行使国家主权。据《汉书·西域传》记载，西域都护府统辖西域诸国就有48个。西域都护府的设立，维护了西域地区的安定，保障了丝绸之路的通畅，也促进了中原与西域文化的交流。

西汉末年，由张骞开辟的丝绸之路被荒废。东汉时期，汉明帝派班超再次出使西域，重新打通隔绝58年的西域，班超帮助西域各国摆脱匈奴控制，被东汉朝廷任命为西域都护，他在西域经营30年，加强了西域与内地的联系。期间，班超派甘英出使大秦（古代中国对罗马帝国及近东地区的称呼），甘英经过或到达波斯湾等地。由于班超的不断推进，首次将丝绸之路从西亚一带打通，并延伸到欧洲的罗马。罗马当时的学者普林尼在《博物志》中记载了中国丝绸运销罗马的情形："丝生于树叶上，取出，湿之以水，理之成丝。后织成锦绣文绮，贩运至罗马……赛里斯人（中国人）举止温厚，然少与人接触，贸易皆待他人之来，而绝不求售也。"公元166年，罗马使臣顺着丝绸之路来到洛阳，这是罗马帝国同中国首次正面接触。埃及和中国最早的官方沟通大约也发生在这一时期。各国商品、技术与思想，在欧亚非三洲各国间源源不断地交流，贸易沟通变得规则、有序。

公元1世纪初，朝鲜很多人就会背诵《诗经》、《春秋》等儒家经典，此后朝鲜的各个朝代，都重视儒学教育，推动儒学发展。东汉末年，就有越南人来到洛阳研究儒学，越南各王朝的典章制度也仿照中国建立起来。由此，在东亚地区逐渐形成了儒学文化圈。

（3）南北朝时期

南北朝时，北方政权采取了一系列措施，以促进丝绸之路贸易往来，陆上丝绸之路路线在原有基础上向北、向南扩展。与此同时，立足江南的六朝政权，积极发展海外关系，使海上丝绸之路逐渐向南海、东海延伸，与波斯、南亚、大秦、东南亚、朝鲜、日本等地区和国家都建立了密切的贸易往来关系。陆海丝绸之路的空间扩展，也扩大了文化交流的空间范围，并使文化交流内容更加宽泛。这一时期，通过丝绸之路，中国的养蚕缫丝产品和技术传入西方，国外一些先进技术（如埃及的玻璃制造技术）也随之传入中国，实现经济、技术和文化层面的交流。

（4）隋唐和宋代

隋朝中期，隋炀帝亲自西巡开疆拓土，打通丝绸之路，还在张掖举办万国博览会，各国商人、使臣云集，成为一次各国文化交流的盛典。

唐朝初期，继续扩大与西方的交往范围，不断拓宽与中西亚各国贸易渠道，中外文化交流达到鼎盛。来自西域的胡乐、胡舞、胡服、胡食在中原地区特别是长安广为流行，马球、赛马、射箭等体育活动更为人们接受和喜爱。各地区、国家留学生、学者、游历者、传教士在此聚集，各地文化融合于此，国都长安成了全世界最繁荣的城市。

图 3-3　甘肃省秦安县出土的三彩胡人牵驼俑

唐朝中期，陆上丝绸之路由盛转衰，海上丝绸之路得以发展，佛教、伊斯兰教、景教、印度教、摩尼教在这一时期不断传入中国，并不断繁荣，而中国的道教和民间信仰也更大范围传入朝鲜、日本、东南亚等地。

唐朝后期至宋代，一方面中国古代科技发展达到了历史高峰，另一方面由于采取重视对外贸易的开放政策，一大批科技发明成果高密度地通过陆海贸易线路西传。唐玄宗天宝十年（751），大食国（即阿拉伯帝国阿拔斯王朝）军队在怛罗斯（唐时安西都护府管辖，位于今哈萨克斯坦江布尔城附近）战役中打败了唐军，阿拉伯人通过唐军俘虏中的造纸工匠首次获得中国造纸术。至1189年，在法国出现当时基督教国家第一个造纸作坊。1466年，第一个印刷厂在意大利出现，随后这种便于文化传播的技术传遍整个欧洲。15世纪，欧洲人利用这些技术开始大量印刷《圣经》。

其他诸如指南针及罗盘、船尾舵、活塞风箱、独轮车、纺织机、水力碾磨机、深钻孔法等，这些西传的中国古代科技，对于中世纪欧洲社会、经济与文化发展产生了巨大的促进作用。在这个历史时期里，也有传入中国的西方技术发明，如螺钉、液体压力泵等，同样为中国社会带来影响。

（5）元代

在中国史学界，对成吉思汗统一蒙古高原、统一中国北方的战争大都予以肯定。但对其西征，不少人往往基本予以否定。西方史学家与政治家对这一问题的看法有两种意见，有人将成吉思汗西征看作是一场天灾、一场浩劫、一场来自东方野蛮人的“黄祸”；也有人认为，成吉思汗西征打通了东西方经济文化交流之路，缩短了地球的距离，改变了世界历史发展方向，对世界历史发展产生了不可替代的影响。

事实上，“蒙古西征”之后，加速了西方文明的进步及历史发展，对于今日世界地理版图与国际政治格局产生了难以估量的推动作用。人类各个文明在人文初期经历了漫长的孤立发展，一旦彼此之间建立起横向联系，即开启了从分散走向整体的“历史加速度”进程，“蒙古西征”正是这种进程的推动者。在中国历代帝王中，大概只有成吉思汗是最具有“世界性影响”的人物，其所建立横跨欧亚两洲的巨大帝国，世界上无人望其项背。从文化交流角度观察，元朝的影响一方面推动中国国际化，另一方面开创了古代中西文化交流最繁荣时代。

元朝自身对外的影响范围、往来国家数量和国际地位为历朝无法比拟。当时的优惠通商政策，对西方和阿拉伯世界形成巨大吸引力，上都（位于今内蒙古锡林郭勒盟）、大都（位于今北京市）、杭州、泉州、广州等城市已具有国际化都市的气象，泉州港成为当时国际最大的对外贸易口岸。商人、旅行家、传教士、政府使团和能工巧匠由陆路、海陆来到中国，这些人分别来自波斯、伊拉克、叙利亚、摩洛哥、不丹、尼泊尔、印度、波兰、匈牙利、俄罗斯、英国、法国、意大利、亚美尼亚、阿塞拜疆、阿富汗等国。元朝通过海上丝绸之路进行经贸往来的国家和地区，由宋代的 50 多个增加到 140 多个，海路到达非洲海岸，陆路直抵西欧。此外，中国的驿传制度传入埃及后，埃及采用驿传制度，造就了同叙利亚之间的交通通道。当时，从大马士革若有急事到开罗，只需要 4 天就可抵达。

西方人涌向东方的同时，中国人对中亚、南亚、印度洋地区及西亚、西欧地区的了解更加清晰。元朝旅行家汪大渊，在其《岛夷志略》中记录了印度洋沿岸和南海各国数百个地方气候物产、山川险要、人物风俗以及与中国的经济文化交往，其间记述涉及 220 多个国家。

（6）明清时期

明代郑和七次下西洋，足迹遍布 30 多个国家和地区，将丝绸之路进一步拉长，打通了从中国到东非的航路，将亚、非两洲的广阔海域连接起来，增进了中国与亚非各国的联系与交流。

清代茶马古道与西南丝绸之路相接，马帮为中原、西南、印缅文化的相互交流、融合创造了条件，使得楚文化、巴蜀文化、青铜文化、佛教文化在交流中得到沉淀。英国东印度公司、瑞典东印度公司通过海上丝绸之路，与中国进行茶叶、丝绸、瓷器贸易，促进了中国与欧洲国家的文化交流。

图 3–4　古代茶马古道历史遗存

明末直到晚清、民国初年，欧美等地学术思想大面积传入中国。在这一时期，中国人对西方事物由最初的排拒，转变为逐渐接受西学甚至要求“全盘西化”。在“西学东渐”过程中，借由来华西人、出洋华人、各种报刊、书籍，以及新式教育等作为媒介，以澳门、香港和其他通商口岸及日本等作为重要窗口，西方等哲学、天文、物理、化学、医学、生物学、地理、政治学、社会学、经济学、法学、史学、文学、艺术、应用科技等大量传入中国，对于中国的学术、思想、政治和社会经济都产生了重大影响。如西方现代自然科学体系和马克思主义哲学等，就是那个时期传播到整个欧洲而后传入中国，并对中国科技和社会制度产生了深远影响。

2. 不同层面的文化交流

在文化构成中，物质文化、精神文化和制度文化三个层面相互渗透。物质文化是文化发展的基础，其中融合了精神文化元素，精神文化是文化的核心部分，制度文化对物质文化和精神文化有着制约作用。不同层面的文化具有不同的特质，在传播过程中，物质文化、技术文化传播更容易，传播范围更广，而制度文化和精神文化往往需要深入人心，渗透到人们生产、生活的方方面面，所以传播过程较缓慢。

丝绸之路最初以少量民间物品交换为主，之后逐渐发展为官方贸易通道，物质文化交流一直是丝绸之路上最主要的文化交流形式。技术文化多包含于物质文化之中，又高于物质文化。中国的冶铁、丝织、四大发明、水利灌溉、中医等当时世界领先技术传出到别国，国外的玻璃制造、制糖技术等不断传入中国，这些都建立在物质文化交流的基础之上。

随着物质文化的交流深入，文化交流就逐渐上升到精神文化层面。如佛教、伊斯兰教、天主教、景教等宗教文化，通过不同的地理路线和传播途径传入中国，中国化的佛教以及本土的道教、儒教、民间信仰也经由丝绸之路向日本、朝鲜、东南亚地区传播。唐朝时，音乐、舞蹈、文学、艺术等领域融入了大量的西方文化元素，使精神文化交流的内容更加丰富。

制度文化涉及到一个国家、民族的内政，多为被动式的交流，战争往往是制度文化传播最直接的途径，当然也有主动选择的途径。战争结束后，战胜方会强行将本国或本民族的制度文化向战败方传输，并融入当地的社会生活中，进而实现制度文化的传播。制度文化在传播中，除战争因素外，往往也会因为一定社会层面通过各种方式的引入，其传播、交流也不排除主动或平等交流的可能。当一种思潮和学说在一定区域形成之后，另外地区和国家也会出现响应或者吸纳，一些重要思潮和学说，往往能够影响相应国家的社会制度和行为方法，因此也会有更加多样的传播形式（如变革、改良等）。

马克思主义理论，作为丝绸之路沿线乃至全球影响力较大的学说，自 1848 年产生以来，一直以多种形式渗透传播。这一学说传播到中国，既有来自俄国的途径，也有来自日本和西欧的途径。20 世纪初，中国出现留学热潮，留学生能够直接接触或接受这一学说，并带回国内。与此同时，许多西欧学者研究和宣传马克思主义的著作也流入中国，均对当时的中国产生了重要影响。1917 年，俄国十月革命取得胜利，建立了世界上第一个社会主义国家，使得这一说学得到实践印证，俄国逐步成为马克思主义传入中国的主要地区，也成为向丝绸之路沿线其他各国传播的重要地区。基于这一影响驱动和相关国家发展需要，数十个社会主义政权在丝绸之路沿线相继建立（另几个在非洲和美洲），短时期内造成庞大的“社会主义阵营”，并对全球政治经济格局产生了和产生着巨大影响。

二、古丝路文化交流方式

1. 商品贸易

商品贸易是一种影响最直接且最深远的文化传播方式，由商品所附带的生活方式、技术等逐步被使用者所接受，并进一步传播。

在张骞出使西域前，汉朝为了安定匈奴，赠送丝绸以求和平，但匈奴对丝绸的需求远不比其他物品，所以把从中原所获得的大部分丝绸运往中亚及其以西地区，换取其他所需物品，形成了丝绸之路上早期的贸易往来。张骞出使西域后，丝绸之路成为一条官方贸易通道，随着丝绸之路的发展，中原地区与丝绸之路沿线各国的贸易往来越来越频繁，交易商品种类也越来越多，到唐朝时贸易往来达到鼎盛，文化和习俗也以商品为载体不断传播。

丝绸、瓷器等不仅是丝绸之路贸易的重要商品，也是丝绸之路上重要的奢侈品。各国元首及贵族，以穿着中国丝绸、使用瓷器作为富有荣耀的象征。由于西传至君士坦丁堡的丝绸和瓷器价格奇高，令相当多的人认为中国乃至东亚是一个物产丰盈的富裕地区。此外，阿富汗的青金石也随着商队不断流入欧亚各地，这种珍贵的商品曾是两河流域各国财富的象征。当青金石流传到印度后，被佛教徒供奉为“佛教七宝”之一，令青金石增添了悠远的宗教色彩。而葡萄、核桃、胡萝卜、胡椒、胡豆、波菜（又称波斯菜）、黄瓜（汉时称胡瓜）、石榴等的传播，为东亚人日常饮食增添了更多选择。西域特产的葡萄酒经过发展也融入到中国传统酒文化当中，同时葡萄作为酿酒的原料，也传入更多国家。商队从中国运出的主要有铁器、金器、银器、镜子和其他豪华制品，运入中国的有稀有动物、植物、皮货、药材、香料、珠宝首饰等，极大地丰富了商业贸易的内容。商品贸易不仅通过人与人之间的交流进行文化传播，商品本身也作为文化的载体，蕴含着创造者所赋予的精神文化。中国纸币最早出现在北宋仁宗时期，蒙元时期被介绍到西方。人们接受一种新的商品，无形中也就接受了这种商品所承载的文化内涵，而且也根据当地情况赋予更多内涵，并以自身的渠道传播到更多、更大区域，影响更加持久深远。

2. 科技交流

中国纺织机械、技术西传并被发展应用，造就了欧洲近代工业的发展基础，也促进了欧洲资本主义萌芽的形成，并为文艺复兴打下基础。

指南针及罗盘的传入与应用，促成了以哥伦布发现美洲，以及麦哲伦环球航行等为代表的“地理大发现”，也为随后自然科学发展和世界格局形成奠定了基础。

中国不但是火药的发明国，而且是最早制造各类火器、包括铜制火炮的国家。最迟到北宋时，军队里就有大规模的火器和火药工场。南宋时期，军队开始使用管型火器，以及能发射火焰的飞火枪和火筒。元代继承了宋代技术，制造出最早的火铳。火药和火器在中国发明后，首先传入伊斯兰教诸国，又迅速西传。14 世纪埃及马木路克王朝时，开始仿造中国火器，可以用火枪发射火箭。在此基础上，很快又成功研制发射铁丸的火器，后来发展成火枪。14 世纪 70 年代，埃及还制造出能发射大炮弹、射程极远的铜炮。火器从埃及向西流传，很快就传到摩洛哥，摩洛哥后来成为仅次于埃及的火药与火器制造中心。1345 年，英国人开始使用火炮，接着葡萄牙人也学会使用和制造火炮、火枪。从此，近代火器技术迅速传遍欧洲，并最终影响到以往战争的格局，使人类社会从封建社会进入到近代社会。从作战技术上讲，以往防御比进攻优越的状况，随着火炮的出现而被大大扭转。如 1453 年，奥斯曼土耳其人仅用 40 天便攻下先前坚不可摧的君士坦丁堡，结束了拜占庭王朝千年统治。在 15~16 世纪之交，欧洲各国军队已普遍配备火绳枪手和各种炮兵，专业步兵和火枪火炮代替骑兵扮演战场主角，发射力量代替了冲击力量，火器取代长矛，战争方式连同各种战略战术发生翻天覆地的变化。

中国古代印刷术也是沿着丝路逐渐西传的技术之一。在敦煌、吐鲁番等地，考古发现了用于雕版印刷的木刻板和部分纸制品。一些唐代的《金刚经》雕版残本如今仍保存于英国。这说明印刷术在唐代至少已传播至中亚。隋唐时期，雕版印刷已经能够大量印制佛经等，引起来华的使臣、宗教人士以及商人的注意，雕版印刷随之西传。除雕版印刷外，活字印刷术也对世界产生了重要的影响。北宋毕升发明活字印刷术后，元代已传到中亚。13 世纪，不少欧洲旅行者沿丝绸之路来到中国，推动了雕版印刷等技术不断传到欧洲。15 世纪中叶，德国人在中国古代印刷术基础上，制造出金属活字印刷机，因为西文字母较少，前期投入少，所以很快就被商业化而大面积推广，为文化传播提供了技术支撑。15 世纪下半叶，威尼斯已成为欧洲印刷业中心，金属活字印刷在欧洲发扬光大后，又于 15 世纪传回中国。

1620 年，英国哲学家培根曾经写到："我们应该注意到这些发明的力量、功效和结果；它们是印刷术、火药和磁铁。因为这三大发明首先在文学方面，其次在战争方面，第三在航海方面，改变了整个世界许多事物的面貌和状态，并由此产生无数变化，以致似乎没有任何帝国、任何派别、任何星球，能比这些技术发明对人类事务产生更大的动力和影响。"马克思在《机器、自然力和科学的应用》一文里写到："火药、指南针、印刷术——这是预告资产阶级社会到来的三大发明。火药把骑士阶层炸得粉碎，指南针打开了世界市场并建立了殖民地，而印刷术则变成新教的工具，总的来说变成科学复兴的手段，变成对精神发展创造必要前提的最强大杠杆。"英国学者李约瑟曾高度评价中国的四大发明："如果没有火药、纸、印刷术和磁针，欧洲封建主义的消失就是一件难以想象的事。"

自汉朝派遣军队囤积在西域发展农业时，流传于山区的坎儿井和井渠技术，被同样需要水源的军人使用在西域，并逐步流传至更远的国家。拜占庭历史学家普罗柯比在《查士丁尼战史》一书中记载，中国的养蚕及丝织技术在 6 世纪中叶传入拜占庭。这是第一个具有明确历史记载的中国科技成果西传欧洲的事例，尽管我们相信在更早的时候已有更多类似的先例，只是限于历史条件无人记录而湮没无闻。

3. 人员往来

（1）官方使节

从西汉开始，中国随后各朝代都与丝绸之路沿线各国建立有官方友好关系，互通使节。这些官方使节往来，表面上是政治和物质文化的交流，其实还包括深层次的文化传播，如张骞出使西域、郑和下西洋等，让世界对中国及中华文化有了一定的认识。

（2）留学生

作为文化研究和传播者，与普通人员交流不同之处，在于留学生在异国停留时间相对较长、直接接触面广，可以更深入地了解异域文化，且留学生具备较高文化素质，社会影响力较大，更利于传播本国文化、接受它国文化。

有文字记载的史料表明，批量接收外国留学生始于隋朝。最早派人来华留学的国家是日本。如 600 — 614 年间日本派“遣隋使”5 次，史上有名的共 13 人。唐朝是中国封建社会发展的鼎盛时期，日本向中国派出“遣唐使”和僧侣次数、数量更多。唐朝接收外国官派留学生的教育机构国子监（国家最高学府），曾接纳大批外国留学生，“遣唐使”在中国学习传统文化典籍，接受正规的中国教育，成为中华文化传播的骨干力量。“入唐留学僧和留学生，可以举出 150 人左右”（日本道瑞良秀《日中佛教友好二千年史》），较著名的有阿倍仲麻吕、坂合部连石积、橘逸势、膳丘等，至今在西安（唐长安）尚有纪念碑和历史遗存。1686—1867 年，琉球（今日本冲绳县，1897 年始入日本版图）先后向清朝派遣了至少 8 批共 30 余名留学生。1648 年，朝鲜首次向中国派遣留学生“学西洋历法”。此后，朝鲜又多次派人来华学习历法。1880 年，针对日本灭亡朝鲜的企图，清政府决定接收学习科技与军事的朝鲜留学生，“许朝鲜派人来天津学习制造、操练”。清康熙时，俄罗斯始有留学生来华学习。

自隋迄清，中国从未间断接收外国留学生，唐朝是来华留学生教育的黄金时期，历史上来华学习的外国人多为“官生”，但也有以私人身份来华留学的。中国政府对外国“官生”特别优待，提供衣、食、住、行、学、医、丧、归等各种费用，外国人可以参加中国的科举考试，并可在华为官任职，大展才华，来华学生以学儒家经典和汉语言文字为主体，也有人学医学、法律、天文、地理、历法、阴阳、音乐、制造、军事等其他学科。

中国外派留学生始于近代清政府的自强运动，随后一直延续，大体过程可以分为三个阶段，即晚清（1872 — 1911）、民国（1912 — 1949）和新中国时期。

1872 年，清政府官费派遣 30 名 12~15 岁少年赴美留学，开始了中国学生留学海外的历史。同时，清政府也开始以进修和专科学习等方式，向法国、德国、英国和比利时等欧洲国家派遣学生和工艺徒，留欧学生多学习采矿、冶金、造船、航海等实用科目。1895 年以前，中国前往欧美的留学生人数不多，完成正规学位的人较少，但这批留学生对于早期中国现代化发展起到先锋作用。其中，最著名的有设计和建设中国第一条铁路的詹天佑（1872 年留学美国），以及将大量西方科学与哲学著作介绍到中国，并成为现代中国翻译事业典基人的严复（1877 年留学英国）。在中国“庚子赔款”后，美、英、法、荷、比等国相继与中国订立协定，退还超过实际损失的赔款。退还款项除了偿付债务外，其余悉数用在教育上，中国每年向上述国家输送相应的留学生。1895 年，中国在日留学生不到 300 人，中日甲午海战后，大批留学生奔赴日本，希望学习现代化的经验与知识，到 1905 年中国留日学生近 1 万人。抗日战争开始后，中国留日学生几乎全体回国。

民国初期军阀混战，但仍有数千人到欧美和日本留学。第一次世界大战期间，法国曾向中国大量招募华工。1915 年蔡元培、吴玉章等组织留法勤工俭学会，号召青年去法国半工半读。从 1919 年 3 月到 1920 年底，中国有 17 批 1600 多名学生赴法。勤工俭学会中的先进分子，利用在欧洲的有利条件，努力学习马克思主义，研究俄国十月革命的经验。一大批著名科学家、艺术家、音乐家都随勤工俭学在法国学习和工作过。1924 年，留法勤工俭学的大批先进分子，或回国或转赴苏联学习。民国后期，留学人员以欧美为主，但也有学生前往东欧、中东、南亚甚至拉美地区学习。这一时期，中国留学生的层次比从前高，许多人是在国内修完大学课程到国外读研究生，学科范围也比从前更为宽广。

由于国际政治的因素，新中国第一代留学生主要是前往苏联和东欧，许多人回国后，成为中国经济发展和国防工业的技术骨干和领导者。

（3）旅行者

旅行者由于游历范围广，往往成为所到之处文化和习俗的交流和传播者，也成为各地之间重要的联络力量。

1275 年，意大利旅行家马可·波罗沿陆上丝绸之路，经两河流域、伊朗高原、帕米尔高原，历时 4 年到达元朝大都。他在中国游历 17 年，并担任元朝官员，游历 40 多个城市，到过云南和东南沿海地区。回意大利后，马可·波罗在一次海战中被俘，其狱友鲁斯蒂谦根据他口述写成《马可·波罗游记》，对中国及丝路上西亚、中亚等部分国家地区进行了大量描述，使欧洲人对中国的了解从道听途说上升到更具体的层面，同时吸引了更多西方人来到中国，对中华文化的向外传播起到重要作用，对以后新航路开辟产生了巨大影响。

元代航海家、旅行家汪大渊，1330 年、1337 年两度搭乘商船出海，航行到西洋各国。第一次航海历经海南岛、占城、马六甲、爪哇、苏门答腊、缅甸、印度、波斯、阿拉伯、埃及，横渡地中海到摩洛哥，再回到埃及，出红海到索马里、莫桑比克，横渡印度洋回到斯里兰卡、苏门答腊、爪哇，经澳洲到加里曼丹、菲律宾返回泉州，前后历时 5 年。第二次航海历经南洋群岛、阿拉伯海、波斯湾、红海、地中海、非洲莫桑比克海峡及澳大利亚各地，历时 2 年返回。1349 年所著《岛夷志略》一书，记述他亲身经历的 200 多个地方，涉及亚、非、澳各洲国家与地区，详细记载了这些地方的风土人情、物产、贸易等。

（4）移民

人口迁徙是文化交流的重要途径之一，每一次大规模人口迁徙，都意味着大规模的文化传播，都会对迁徙地的经济、政治、文化产生一定影响。

丝绸之路沿线的西域地区，长期居住着以游牧为主的少数民族，为生活所迫经常进行迁移，迁移过程中将自身和不同地域的文化进行传播，并与当地文化相融合，使西域成为多文化汇聚之地。此外，由于领土扩张而造成的大规模迁移，也对文化传播有重要作用。

考古发现，楼兰古国遗迹距今 3800 年，对遗存干尸的研究表明，其民族为“欧罗巴”。可以断定，存在 500 多年的楼兰古国，曾经生活着大批“欧罗巴”人，这些人并非当地土著。

中华民族和犹太民族同属世界上最古老的民族之列，分别承载了两大古老文明。研究表明，大批犹太人最早在唐代（公元 8 世纪）来到中国（也有一些学者认为犹太人早在汉朝，甚至在周朝就已来到中国）。唐朝时，阿拉伯人向东扩张占领布哈拉，为抵制阿拉伯人和突厥人的迫害，犹太人开始流散迁徙。犹太人来华线路，学界基本分为“陆路”说和“海路”说。“陆路”说认为，主要是循着“丝绸之路”前往中国，同时也不排除从印度、阿富汗进入中国西藏，再进入内地这一路线。“海路”说认为，主要是从海路抵达中国东南沿海。或者也有两路并用的情况。犹太人来到中国后，散居在许多城市和地区，如西安、洛阳、敦煌、开封、广州、杭州等地均有犹太人定居过的记录或历史遗存。现在学者比较认可的观点是，其定居年代为宋真宗时期。1992 年一项统计发现，开封有 618 个犹太人后裔。河南大学犹太研究所刘百陆认为，犹太人最早来到并定居开封，一个很重要的活动就是经商，后来历经朝代更换，开封政治地位和经济地位发生变化，相当一部分迁走，再加上自然通婚、科举价值取向等因素的影响，于是慢慢“消失”、融合。比如，他们的姓氏，“李”由“列维”而来，“石”由“示巴”而来，“艾”就是“亚当”，“赵”姓则是宋代皇帝的赐姓。对十几个开封犹太人后裔 DNA 测定显示，他们有与汉族血统融合的倾向，但与国外犹太人比较亦不相同。现存开封的一块 1489 年犹太人建立的石碑上，记述：“其儒教与本教，虽大同小异，然其立心制行，亦不过敬天道，尊祖宗，重君臣，孝父母，和妻子，序尊卑，交朋友，而不外于五伦矣。”这些或许说明了犹太人后裔能够融入中国文化、思想和习俗，进而不断“消失”的原因。

图 3-5　中亚的中国回族后裔沿袭着 100 多年前陕西、甘肃婚嫁习俗

另外，还有古时的高昌国，以及现今中亚哈萨克斯坦、乌兹别克斯坦和吉尔吉斯斯坦 3 国交界处的“陕西村”等，都是中原到此大规模移民的例证。诸如此类大规模迁徙和移民，或许还有更多例证，无论基于何种原因，无疑都是

文化交流传播的重要形式。

（5）僧侣

作为宗教文化的传播者，僧侣踪迹更加自由，其在各国的出入似乎限制更少，甚至还会得到政府和民间支持。他们不仅传播宗教文化，而且也将其他文化在经历之处传播。在丝绸之路沿线广阔的地域，分布着世界主要宗教，甚至是一些宗教最为盛行之处或者诞生地，为僧侣进行文化传播角色提供了更多可能或方便。

在 16 到 18 世纪中西文化交流中，传教士发挥了重要作用，其中以意大利传教士利玛窦最为突出。早先，来华的传教士们为了取得合法传教地位，尽力地结交士大夫、讨好皇帝，把西方一些文明成果带到中国。1601 年，利玛窦向明神宗进献《坤舆万国全图》，将西方地理学知识和测绘技术传播到中国。众多传教士无形中承担起了西学东渐的历史使命，他们具有开拓性的工作，构建了中国近代科学基础的主要方面。李约瑟指出，中国的经验科学不再明确地划分为西方的或中国的，而是已成为“近代科学”。传教士们还把中国的儒学和道家学说介绍到西方，为中西文化的交流起到积极作用。与此同时，开明士大夫（如徐光启等人），积极引进西学，为中国科技发展注入了新的生机。

4. 宗教传播

宗教是一种独特的文化现象，代表着发源地人们的精神信仰，属于较高层次的精神文化。宗教传播的同时，也携带着其他文化形式，如印度的壁画、雕像艺术文化，希腊的乐舞文化都是通过宗教进行传播。丝绸之路上的商人是最初宗教传播者，后来随着各国往来密切，逐渐出现传教士、弘法僧、求法僧等，穿梭于丝绸之路沿线各国，成为宗教文化传播的使者。中国境内丝绸之路上曾传入的佛教、基督教、伊斯兰教、摩尼教等各种宗教文化，其中佛教文化对中国的影响最为深远，而中国的道教、儒家文化、民间信仰、中国佛教也通过丝绸之路向外传播，但由于受中国传统观念的影响，中国的宗教文化向外传播不够主动，主要是在日本、朝鲜、东南亚等国家得以传播。

拜火教（一名祆教）于公元前 5 世纪沿丝绸之路向东方传播，被认为是最早传入西域的宗教。拜火教曾是波斯的国教，在阿拉伯帝国兴起后被迫东移。在南北朝时代受到北方各国皇帝的支持，唐朝时也有许多祆祠以备“胡商祈福”，地方统治者为控制拜火教的发展，设立萨薄一职，试图将宗教纳入国家管理体系中。拜火教宋朝以后基本消失，其宗教风俗则被维吾尔族、塔吉克族所保留，成为一种民族文化的风俗。

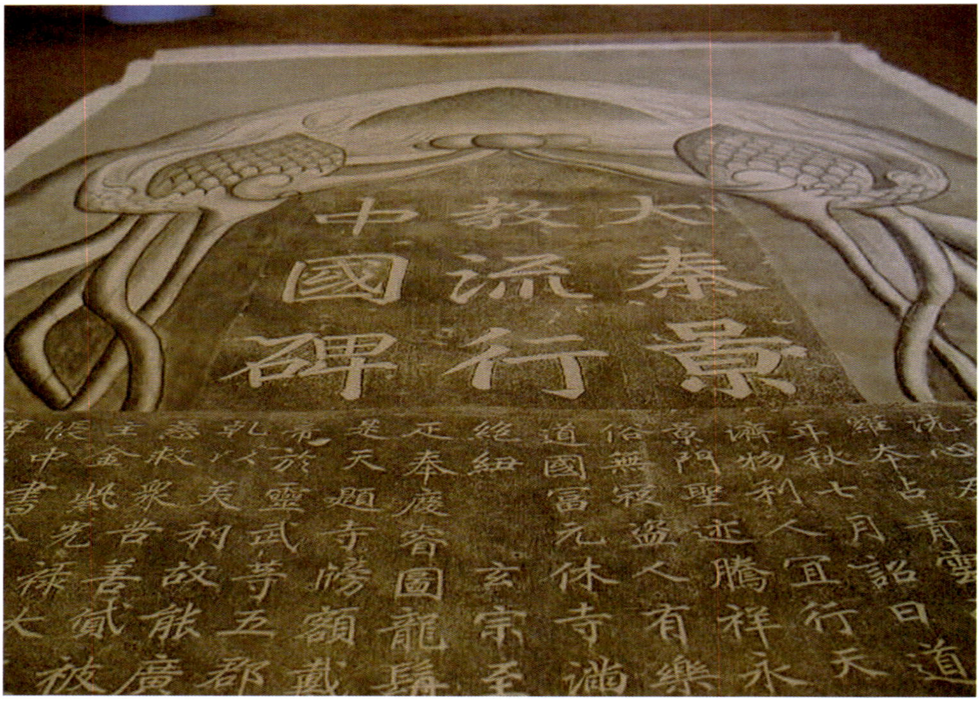

图 3-6　大秦景教流行中国碑（局部）

现在已知来中国的第一个传教士是阿罗本，于唐贞观九年（635）从波斯到长安，唐朝准许景教（基督教聂斯脱里教派的一个分支）徒在长安兴建义宁坊景教寺，除译经之外，还建立大秦寺，唐高宗封其为“镇国大法主”，后景教教堂亦挂上历代唐朝皇帝像。此后，景教呈现出“法流十道”“寺满百城”的盛况。现存的“大秦景教流行中国碑”，是唐建中二年（781）波斯传教士伊斯受唐朝朝廷资助，在长安义宁坊大秦寺修建的一块记述景教在唐朝流传情况的碑刻。其间记述了当时景教在中国的传播情况，表现了唐朝包容、自由、宽松的思想和政治环境。从 635 年开始，景教在中国顺利发展了 150 年，与袄教及摩尼教并称唐代“三夷教”。755 年安史之乱爆发后，景教徒伊斯曾协助郭子仪平乱，后被赐紫衣袈裟。在会昌法难之后，景教慢慢走向衰弱，元代景教再次东传，一直延续到明朝天主教进入中国后逐步泯灭。

元代天主教开始传入中国，随着新航路的开辟，传教士也踏海而来。明清时期，大量欧洲传教士来到中国传教，其宗教活动一直持续至今。

佛教传入中国并适应了中国，逐渐本土化，是迄今为止丝绸之路上的最大文化交流成果。佛教公元前 87 年传入西域于阗以后，公元前 60 年至公元前 10 年左右，自于阗向西或北方传播到叶城、莎车、塔什库尔干、喀什、阿克苏、库车、焉耆等西域各地和向东北方向传播到且末、若羌、米兰、楼兰等西域诸地，并沿着丝绸之路的分支，传播到韩国、日本与其他亚洲国家。一般认为，公元前 2 年，大月氏使臣伊存口授《浮屠经》是佛教传入中国的开始。

5 世纪初，来自西域的高僧鸠摩罗什在长安带领众多弟子译经，共译大小乘经、律、论 300 余卷。其所译佛典，重要的有《妙法莲华经》《小品般若经》《金刚般若经》《中论》《百论》《十二门论》等等。鸠摩罗什关于佛典的翻译，在中国整个翻译史上是一座里程碑。他翻译的经典此后又传到了朝鲜、日本等国，在这些国家产生了深远影响。中国、日本、朝鲜等国流行的弥勒信仰，就和鸠摩罗什翻译的《法华经》有很大关系。

《大唐西域记》记载了唐玄奘从贞观元年开始，17 年“取经”过程亲身经历和传闻得知的 138 个国家和地区、城邦，东起中国新疆、西经伊朗、南达印度半岛南端、北到吉尔吉斯斯坦、东北至孟加拉国，包括中亚地区、阿富汗、伊朗、巴基斯坦、印度、尼泊尔、孟加拉国、斯里兰卡等，内容包括历史、地理、风土、人情等。玄奘回到长安，唐太宗命令宰相房玄龄选取高僧，组织宏大的译场，协助玄奘翻译佛经。玄奘在回国后的 19 年中，共译出佛教经论 75 部 1335 卷，为佛教在中国的传播做出突出贡献。佛教经过与中国的本土文化碰撞、融合后，逐渐形成儒、释、道三家合流的局面，成为中华文化的基础，同时他们也将中国本土的宗教一道通过各种渠道传入其他国家，对这些国家产生了深远影响。

道教是中国的本土宗教，随着华人在世界范围的播迁，道教也传入世界各地。如妈祖的信仰，在明清时期，就已成为世界华人的共同信仰之一。现在全世界有妈祖庙近 5000 座，信奉者近 2 亿人。这些妈祖庙分布在中国、新加坡、马来西亚、法国、美国和日本等，串联起陆上和海上丝绸之路上的华人信仰。

7 世纪初，伊斯兰教兴起。651 年，大食国首次遣使至唐朝，中国和阿拉伯开始首次外交接触，大食国穆斯林随后大量来到中国，伊斯兰教随之传入。元朝时，号称“回回遍天下”，各地建有众多清真寺。穆斯林来到中国，也带来了阿拉伯的天文、历法、建筑等科学文化知识，阿拉伯数字也传入中国并得到推广，流传至今。

5. 军事战争

中华文化受传统儒家思想影响，具有强烈的亲和性，但在历史上，由于疆土纷争，中原地区与周边少数民族仍然战争不断。无论是战争或者和平外交方式，都成为官方倡导文化传播的重要形式。战争结束后，战胜方往往会将自身文化向战败方渗透，同时吸收战败方的文化精髓（如先进科技），同时随着领土扩张会出现大规模的移民，使得不同文化得以传播和融合，所以战争也是文化传播的一种重要方式。

汉武帝时，3 次派兵反击匈奴，夺回河西走廊；东汉时，班超带兵征伐北匈奴，安定西域地区，进一步巩固丝绸之路。唐代发生在中亚的怛罗斯战役，宋辽金西夏时期北方少数民族与汉族之间的纷争不断，这些都是朝廷进行的军事行动。

元朝“蒙古西征”，不仅沉重打击了中亚及西亚地区的伊斯兰文明，而且阻遏及减弱了当时伊斯兰教势力扩张对欧洲基督教国家的威胁，在相当程度上改变了地中海周边地区的军事力量对比及地缘政治格局，使得罗马教廷和欧洲各国获得了历次十字军东征均无法达到的政治效果，为欧洲基督教国家未来发展创造了有利的国际环境。蒙古铁骑的强大打击力，导致欧洲社会产生了严重的恐惧心理及危机意识，欧洲各国为自保计，开始产生摆脱教皇神权统治的离心倾向，加快了寻求巩固王权、组成统一民族国家的历史进程。此外，“蒙古西征”沉重打击了俄罗斯民族，蒙古政权统治俄罗斯地区达数世纪之久，奠定了日后俄罗斯成为统一国家的政治基础，也打断了俄罗斯与欧洲各国一道走向近代化的历史进程，无形中替欧洲各国消除一个潜在的竞争对手，致使日后实现统一但相对落后的俄国只能建立东方型的专制极权体制，并被迫主要向东方的亚洲拓展国土。

由此可见，“蒙古西征”既阻遏伊斯兰教的扩张而成全了欧洲的崛起，又催生了沙皇俄国并造就其“双头鹰”的独特地位，此举之国际政治及地缘政治影响异常深远，直至今天仍以各种形式或明或暗地影响着世界各大文明，以及各个力量集团之间的关系。在客观上成为一个揭开“全球化”历史序幕的、具有划时代意义的重大事件，而忽必烈建立的元朝，则对中国数百年的历史进程同样产生了划时代的深远影响。3 次“蒙古西征”，一方面因其野蛮杀戮及劫掠破坏而应受道义谴责，但在另一方面，通过此次空前绝后的世界级军事行动，建立了历史上第一条安全、便捷的“亚欧大陆桥”，无意中开启中西直接交流的历史，火药、印刷术、纸币等还有炼铁高炉及冶金技术陆续传入西方，促使中世纪的欧洲社会在政治、宗教、经济、军事、科技以及人文思想等重要领域均产生历史性的重大变革。

6. 艺术作品

在丝绸之路沿线民族融合、文化融合过程中，文学艺术是潜移默化的承载者。丝绸之路社会生活的基础是民族交流并逐渐走向融合，而丝绸之路充当着文艺融合的舞台。在丝绸之路沿线民族的社会生活中，曾有众多民族留下的身影。多民族特质融合到新的社会生活中，既发展变化又顽强地表现自己。文学艺术在民族文化融合中有两个显著特点：其一是继承性强。其二是感染力强。音乐、美术、戏剧、小说、诗歌等文艺种类，富有娱乐性和形式美，感染力度和传播程度远非其他方面可及。

西周时期，中国出现带有印欧人特点的蚌雕人像等，表明这一时期通过欧亚草原，东西方已有艺术交流。在新疆的米兰遗址，发现有 16 幅有翼天使的画像，这些画像无论是主题、风格还是画像人物的脸庞，都有典型西方特征，这说明 5 世纪时楼兰、米兰、尼雅等地区已成为东西方艺术的重要交流孔道。

音乐、杂耍、魔术技艺传入中国，对中国戏曲的发展有着重要作用。百戏角抵在汉武帝时期突然兴盛，西域传入的吞刀吐火、扛鼎角力、掷丸走索、兽舞或兽面舞诸般技艺，眩人幻术，层出不穷。汉元帝初元五年，诏令罢百戏，但这些形式深播民间，禁而不止。民族交流融合不断，文艺融合也不断，且增添了新内容。北朝时百戏发展，北魏天兴年间、北齐武平年间均有诏增修百戏。北周宣帝时“广招杂伎，增修百戏。鱼龙漫衍之伎，常陈殿前，累日继夜，不知休息”。带故事表演性质的音乐舞蹈类，在民间和实际应用中发展迅速，如踏摇娘、苏中郎、代面等。《隋书·音乐志》、《炀帝本纪》记载，隋炀帝把百戏表演作为“接待贵宾”、结好并震撼少数民族君主贵族的手段。据历史资料分析，其分类表演的人数，集结艺人可能达到 10 万，在东京洛阳演出 1 个月之久。唐代教坊繁荣，隋唐九部乐，龟兹、西凉、天竺、康国、疏勒、安国六部当来自西域，胡乐传入，音乐繁富，是戏曲音乐表现力增强的重要原因。至五代时戏曲成熟，后唐庄宗沙陀族君王李存勖酷爱演戏，艺名“李天下”，可见其影响力之大、流行之广。

这种艺术传播，在各个历史时期均有不同的内容和形式，对丝绸之路沿线地区国家间的交流、合作起着不可替代的作用，也成为商贸、科技交流之外的重要传播形式。

三、丝路文化传播时空演变

丝绸之路随着朝代更替，出于政治、经济原因衍生出不同的路线，中外文化大致遵循丝绸之路的路线进行传播，但由于各种文化特质不同，传播方式不同，在不同时期、不同地区文化传播的特征也不同。比如在物质文化、艺术文化、宗教文化等方面，更表现出时空演变特征。

1. 物质文化传播时空演变

物质文化传播方式以商品贸易为主，传播路线以北方陆路丝绸之路为主线。中国丝绸一直是连接古代中国与中亚、西亚，直至地中海沿岸的罗马等国家的纽带。

公元1世纪前，罗马与汉朝没有直接的往来，学者杨共乐经过研究指出，《后汉书》中的蒙奇兜勒，是第一批由陆路到达中国的罗马人，此后罗马商人还通过海路来到中国，这是早期中国与罗马建立贸易关系的路线。

魏晋南北朝时，中国与东罗马民间往来频繁，丝绸之路沿线出土的罗马金币和玻璃器皿表明，当时自西域东来，经由河套地区的北方丝路繁盛，经该路线传入中国的还有中亚、西亚的装饰品。中国的养蚕制丝技术，在很长一段时期内都为中国独有，后由远嫁的和亲公主传入西域，公元4世纪，自西域传入波斯。公元6世纪，长期生活在中国的印度僧人，掌握了养蚕制丝技术，将其传到东罗马地区，公元12世纪被传入意大利，大约又过了100年后，传入西欧各国。

隋唐时，中国的瓷器由于不易输送，主要通过海路向外传播，在中亚撒马尔罕及伊朗、伊拉克、约旦、叙利亚境内都发现了中国唐代的瓷器。季羡林在对中印文化交流研究中指出，中国的纸和造纸术先传到西域地区，经过西北丝绸之路传到印度。

不同历史时期，由于实用功能不同，以及沿线国家政治纠纷影响，丝绸之路出现不同的线路。以长安为起点，经河西走廊，越过帕米尔高原，经过中亚、西亚地区等，直到地中海沿岸欧洲地区的贸易通道成为“西北丝绸之路”；从四川出发，经过云南、缅甸直至印度的商道称为“西南丝绸之路”，西北、西南两条交通线统称为“陆上丝绸之路”；从东北、华北起到蒙古高原，再穿过西伯利亚森林地带的大草原，最后到咸海、里海一带，横贯欧亚大陆草原地带的东西交通线称为“草原丝绸之路”；从陆上西南丝绸之路以南的一段开始，经过泉州、广州等沿海港口出海，到东南亚、斯里兰卡、印度，再通到波斯湾、红海地区的通道称为“海上丝绸之路”。其中影响最深远的是陆上和海上丝绸之路。

2. 艺术文化传播时空演变

乐舞艺术是丝绸之路上中外文化交流与传播的典型代表，主要通过使臣往来、公主外嫁、宗教传播的方式进行传播。

从历史记载来看，魏晋南北朝时，外来乐舞如龟兹乐、天竺乐、西凉乐等，借助佛教的传播，沿丝绸之路大规模进入中原，并广为流行。在丝绸之路沿线地区石窟壁画上留有的生动形象资料，还有从文献记载中可知，汉时西域乐舞在中原地区已普遍流行。健陀罗艺术是印度佛教中的一种艺术文化，从贵霜王国东传，之后从中国敦煌、云冈沿路演变，并产生较大变化。公元前60年，西汉设立西域都护府，中原乐舞随商人、边疆将士、移民、游牧民族的流动迁徙传向西方。敦煌乐舞是中国乐舞的一部分，从汉晋时期开始形成5次文化传播高峰。随后张骞出使西域，中国乐舞与世界展开交流；唐代中国乐舞文化达到高峰，中原乐舞深受西域乐舞的影响，之后又由长安、洛阳传入敦煌，使得敦煌乐舞成为中西乐舞交流的结晶；宋元时期海上丝绸之路兴起，中国乐舞向海外各地传播，阿拉伯、埃及、非洲等地的乐舞也传到中国；明清时敦煌乐舞文化以壁画的形式，通过基督教传教士，以及俄、英、美、法、日等国探险家以掠夺方式进行传播；现代敦煌舞则以舞蹈家的演绎，动态地进行传播。

流行于唐代的马球，是由波斯或吐蕃传入。唐代京师长安有许多西域画家驰骋画坛。绘画、雕塑传入中国内地后，也深受印度及中亚文化的影响。随着佛教传入，中国内地寺院、石窟寺壁画、塑像带有印度健陀罗风格，再现了东西方艺术交融的光彩。

图 3–7　敦煌壁画

3. 宗教文化传播时空演变

丝绸之路沿线宗教文化传播时空演变的最基本特征为多宗教并存，与不同的地域文化相互融合、渗透后再度传播。佛教、伊斯兰教、祆教、景教等都是从中亚输入中国，并逐渐沿丝绸之路向东传播。

拜火教是最早传入西域的外来宗教。据考证，传入时间约为公元前 4 世纪，之后沿丝绸之路传入内地，敦煌以东、肃州、甘州、凉州、金城到长安都有祆祠，10 世纪以后逐渐在各地消失，但一些固定的信仰习俗保留至今。

从公元前 200 年开始，印度佛教就开始沿着丝绸之路向中国传播。首先，为位于丝绸之路进入中国关口位置的贵霜王朝所接受，公元前后至 1 世纪传入中原汉地，传播路线是经过新疆由敦煌入关。在印度宗教影响之下，佛教信徒首先在沿着丝绸之路的绿洲建立据点，包括历史上丝绸之路的重镇和驿站，如木鹿、布哈拉、撒马尔罕、喀什、库车、敦煌等，都成为佛教据点。僧人在这些地方建立寺庙，雇人来抄写经文，传播佛教。从公元前 200 年到公元 700 年，丝绸之路上的商人和沿途绿洲的居民主要信仰是佛教，在这条道路上主要的文化传播者是僧侣。

道教是中国汉族主要宗教之一，产生于东汉中叶，隋唐至宋元达到鼎盛，随着汉人的活动传入西域，传入时间不确定，但可以肯定魏晋时已在高昌和西域其他地区流行，与佛教和儒家思想相互融合。

四、古代丝路文化交流的启示

中国和外国历史经验，都是今天振兴中国的一面镜子。研究文化交流的宗旨，探寻文化交流的动力，或许能从中得到更多启示，以更好地促进各国之间相互学习和共同发展。

1. 文化交流的动力

（1）差异化

“以其所有易其所无”（孟子）本身是商品贸易的动力，就其本质而言也是文化交流的动力。文化的差异所造成的新鲜感、好奇和求知欲，是文化传播的直接动力。在丝绸之路沿线的国家和地区中，有高原、草原、沙漠和海洋各种地理地貌，进而形成独特的生产方式和文化，有农业、有游牧、有海洋各种文明。其间，中华文明的形成离不开对外来文明的不断吸收，西方也离不开吸收中华文明而不断进步。

文化的差异化使得文化之间具备一种传播势能，在一定程度上，差别越大传播势能也越大。这种差异包括文化本身的差异和国家之间的差异（包括富裕程度、综合国力、地理气候、人种等），都会形成文化传播的驱动力量。因为文化传播具备一种重大力量，使得世界各地区之间的内在联系不可割裂，无论是高山还是海洋，无论战争与和平，甚至于强权政治。

（2）同质化

相同或相近特质的文化比较容易传播和交流。比如，具备相同或相近人种、地理环境、语言和宗教等特质的文化，有很好的传播基础和效果。丝绸之路横跨欧亚大陆，通过相近区域的渗透，逐步跨越到更多更大的区域，最终形成交流和交融。

在东西方两大文明之间，丝绸之路成为重要的纽带，各种文化在相互尊重相互包容的前提下，进行自由选择和交流。在同质化交流的前提下，各个区域的人们根据自身的需求，进行交流、屏弃、借鉴，最终形成相互融合的、独特的文化形式。季羡林曾经说过，文化交流是推动人类社会前进的主要动力之一，文化一旦产生，就必然交流，世界各民族的文化才能互相补充，共同发展，才能形成今天世界上万紫千红的文化繁荣景象。

2. 文化交流的启示

回望历史，中外文化交流绵绵不绝，凡是丝路沿线国家人员来往频繁、经济贸易繁荣的时期，大都是文化交流和社会环境相对和谐稳定的时期。相反，在各国交往相对封闭的时期，也是发展相对缓慢或战乱时期。丝绸之路沿线兴衰，折射出整个欧亚大陆乃至全球经济社会的发展是否持久稳定。

在唐代，中华文化的发展、中外文化交流均达到鼎盛时期，其蕴含的启示和经验，对于当代中国乃是世界具有重要的借鉴价值。唐太宗总结“贞观之治”的五条经验，其中一条是：自古都是贵中华，贱夷狄，唐朝却实行“华夷一体”的政策。这个总结是符合历史实际的。李唐家族中，李世民的祖父母、父母和他与长孙皇后，都是汉族同鲜卑族的混血，因而很少有排斥异族的大汉族主义心态。李世民本人能够实行民族宽容、宗教宽容、社会宽容和文化宽容，以儒术为立国之本，但对其他学说和宗教也能够兼容并蓄，在允许佛教、道教发展的同时，也允许其他宗教流派的存在。贞观九年（635），西方人阿罗本到长安传授景教，唐太宗接见问道，赐教堂，允许翻译经典，公开传教。其他的教派，如祆教、摩尼教和后来的伊斯兰教，朝廷都允许在中国建教堂，自由传教。唐朝对各种宗教兼容并包的精神，只有西罗马可以相比。

唐代文化对外开放是全方位。一是宗教、哲学；二是科学技术；三是绘画、雕塑、服饰；四是音乐、舞蹈、杂技。在科学技术方面，唐朝官办六学中有“算学”科，除了研习“九章”、“周髀”、“海岛”、“五曹”等中国算学以外，在唐玄宗以后，还要研习“九执术”（即西方算学）。印度和阿拉伯医学传入中国，与中医并用。印度和西域的绘画和雕塑也进入东土，同中国固有的艺术互相融合。唐人爱好的歌舞，并不都是朝廷创制的“国乐”、“雅乐”，而是杂揉胡乐胡舞的“新声”。唐太宗令太常寺置十部乐。其中除了宴乐和清乐以外都是胡乐，乐工很多是西域人、高丽人和印度人。唐代健舞中有棱大、阿连、柘枝、剑器、胡旋、胡腾诸目；软舞中有凉州、绿腰、苏和香、屈柘、团圆诸目，它们大都来自西域和印度、阿拉伯等。唐代杂技种类繁多，有戴竿戏、弄枪戏、藏挟戏、杂旋戏、婆罗门戏等，大都来自西方。

图 3-8 敦煌壁画上的西域胡旋舞

纵上所述，正像两种文化体系是由许多不同领域构成的一样，唐朝中华文化和古印度文化之间交互传播也表现在宗教、哲学、艺术、文学、民俗、伦理等许多不同的方面。特别是宗教文化方面，长期的融合不但促进了具有中国特色佛教文化的形成，还从许多方面深刻地改变了中国和印度佛教固有的文化。

封建时代一去不复返，而光照青史的汉唐风度，推动中华文化繁荣昌盛的兼容综合精神和开放政策，却成为中国文化的优良传统。丝路沿线国家因民族、地域、经济、政治等不同而有了文化的差异，并经过长期发展形成了不同类型的文化体系，多种文化体系在相互交往中相互促进，在相互对话中实现相互融合与进步，并激发出种种新型文化形态，从而不断丰富人类的文化宝库。

2014 年 9 月 24 日，习近平在纪念孔子诞辰 2565 周年国际学术研讨会上指出，不忘历史才能开辟未来，善于继承才能善于创新。只有坚持从历史走向未来，从延续民族文化血脉中开拓前进，才能做好今天的事业。推进人类各种文明交流交融、互学互鉴，是让世界变得更加美丽、各国人民生活得更加美好的必由之路。

3. 文化交流的警示

近年来，文化同质化现象是各界争论很激烈的话题。有人认为文化同质是文化发展的必然趋势，全球经济日趋一体化及互联网和其他技术迅速发展，使地球宛如一个村落，西方思维模式和价值观成为一定时期文化传播的主流，尤其是20世纪90年代后，美国文化对中国的大量渗入，文化同质化现象日趋明显。

（1）文化入侵影响原有民族文化的发展

20世纪80年代以来，愈来愈多美国影像产品、乡村音乐、摇滚乐等一系列文化产品，带着大国文化和价值观冲击中国市场，即使意识形态相对淡薄的纯粹娱乐性节目，也因有意无意间展示、倡导了西方社会的生活方式，而对发展中国家产生了重大影响。尤其是近年来互联网的迅速发展，使各类信息传播更快，信息高速公路流通的大量信息，内容更加广泛，必然会带有明显的政治、文化色彩。如美国一直在将其法律、人权、技术的标准贴上国际化的标签，通过互联网强加给别国，互联网潜在的“美国化”影响，已对一些国家的社会、政治、法律等文化价值观构成严重威胁。

全球化传播模式与世界力量结构密切相关，因为经济不平衡进而形成传播模式的倾斜，发达国家文化输出中的主导性与发展中国家的被动性显现，发展中国家对发达国家的经济依赖，导致文化在不同程度上的依赖。使各国各地区大众，不自觉地接受和认同美国等西方文化，并向之看齐，而发展中国家输出却微乎其微，导致各国各民族独特的文化色彩消失，使之与传播者的文化趋同，削弱了各国文化自主的能力。这种文化传播造成的同质化现象，是中国文化交流面临的现实问题。

几十年来，各国引进西方先进的生产技术，同时也附带引进大批的文化产品。以美国为首的西方国家对中国的文化传播力度不断加大，甚至出现“文化帝国主义现象”。通过消费文化的输入和渗透，逐步实现了物质文化的趋同，且政治文化和心理文化的趋同，也在不同程度和不同范围内加紧进行。可口可乐、麦当劳等具有象征意义的美国文化一方面改变了我们的生活生式，也改变了我们的生活观念；而另一方面，它们极大地冲击了中国的工业文化。

（2）强势文化并非优质文化，弱势文化并非劣质文化

文化的“优”指相对质量较高、内涵较丰富的文化；而文化的“劣”主要是指文化的类型和内容都比较封闭、落后、愚昧。优质文化会表现出较强生命

力和传播力，容易向外扩散。

不同历史时期，大量优秀文化成分曾融入中国，促进了中国的发展进程。比如1917年俄国革命爆发，一些国家纷纷效仿，世界变成两大阵垒，这是制度文化的趋同；西方先进电器的引进，促进中国电器大发展，这是物质文化的趋同。随着时代变迁以及各种原因，形成了文化的强势和弱势势态。强势文化发展迅速，甚至可能对弱势文化造成压力，使弱势文化不得不接受强势文化，弱势文化因为手段和人们的接受度低，往往传播受阻。要对抗这种文化帝国主义入侵，有几种办法可以探索：一是挖掘自身文化优势；二是洞察西方消费主义文化弊端；三是加强传统教育；四是净化媒介的传播。

第二节　沿线区域文化类别与特征

一、沿线区域文化地域类别

一般来说，文化区划分的指标主要有语言、民族、宗教、经济、政治、历史等。美国地理学家布里吉将世界划分为欧洲文化区、俄罗斯文化区、北美文化区、中美文化区、南美文化区、北非 / 西南亚文化区、亚撒哈拉非洲文化区、南亚文化区、东亚文化区、东南亚文化区、澳大利亚文化区和太平洋文化区共12个世界文化区，在此基础上又细划出若干亚区。丝绸之路跨越欧亚大陆，又有诸多山脉河流，并与几个大洋频临，民族、国家地区众多，历史悠久，各种文化、宗教相互融合。

表3-1　沿线区域文化地域类别

世界文化区	文化亚区	主要特点
东亚文化区	新疆区	位于中国大陆的西部，以草原、荒漠为主，区内属维吾尔族，信仰伊斯兰教
南亚文化区	恒河平原亚区、巴基斯坦亚区	人类文明起源的地区之一，人口密集，一面为山，三面环海。殖民主义时期是英国的重要组成部分。南亚次大陆独立以后，由于内部文化的冲突而分裂为6个国家，即印度、巴基斯坦、孟加拉、斯里兰卡、尼泊尔、不丹。南亚文化区内部语言众多，宗教纷繁，区域内文化上差异巨大。尽管印度人大多信仰印度教，但是印度国内信仰伊斯兰教的少数民族人数超过了北非西南亚区任何一个伊斯兰教国家。西部巴基斯坦亚区为伊斯兰教盛行区

续表

世界文化区	文化亚区	主要特点
北非/西南亚文化区	突厥斯坦亚区	曾属于苏联的中亚地区，大部分居民信仰伊斯兰教，但人数上处于少数的俄罗斯民族具有重要影响。其中，哈萨克斯坦最大，其他 4 个国家是乌兹别克斯坦、土库曼斯坦、吉尔吉斯斯坦、塔吉克斯坦
	非阿拉伯亚区	土耳其在西，阿富汗在东，伊朗位于中间，地形以高山和高原地形为主，土耳其、伊朗都曾经是伊斯兰帝国的权力核心，其影响一直延续到现在。如土耳其对塞浦路斯，伊朗对阿塞拜疆的影响
	中东亚区	是西南亚地区的枢纽，由介于地中海和波斯湾之间的 5 个国家组成，包括以色列、约旦、黎巴嫩、叙利亚、伊拉克
欧洲文化区	东欧亚区	此区是欧洲 5 个亚区中最为复杂的一个，由 17 个国家组成。东欧这个名称有上千年的历史，某种程度上与复杂、支离破碎、不稳定同义，历史上斯拉夫人、日耳曼人、突厥人、匈牙利人、罗马尼亚人、阿尔巴尼亚人在这个地区冲突和融合，种族、语言极其复杂，在文化地理上被称为“破碎带”
	西欧亚区	以德、法两国为主体，西北面是比利时、卢森堡、荷兰 3 个低地国家，东部为瑞士、奥地利、列支敦士登 3 个阿尔卑斯山地国家
	南欧亚区	包括 5 个国家：意大利、西班牙、葡萄牙、希腊、马耳他，地形以半岛为主，气候温暖，在区域上不连续，历史上是希腊、罗马文化的影响范围

二、沿线区域主要文化特征

1. 人种

丝绸之路沿线涉及农业、游牧和海洋文明等，是人类最早的发源地，因为地域广阔，涉及人种问题相对复杂。美国学者加恩在 20 世纪 60 年代提出地理人种的概念并进行了系统划分。加恩的人种划分体系包括了三个层次：地理人种、地域人种和小人种。按照地理人种划分，丝绸之路沿线主要有亚洲地理人种、印度地理人种及欧洲地理人种三类。

西北欧地域人种。即最典型、最标准的欧洲白人，肤色最浅。白皮肤，蓝眼睛，波状头发（从浅黄色到红色），鼻窄而高，长头。主要分布在英国、德国、荷兰、比利时、卢森堡等。

东北欧地域人种。白皮肤，直发或波发，发色灰褐，短头型，灰眼睛。主要分布在波兰、拉脱维亚、爱沙尼亚、俄罗斯等。

阿尔卑斯地域人种。身材矮壮，白皮肤，棕色头发（直发或波状），高鼻梁。主要分布在中欧、俄罗斯、捷克、斯洛伐克、罗马尼亚、匈牙利、法国等。

地中海地域人种。肤色从浅橄榄色到黑色，长发，眼色黑，发色从棕色到深棕色，直发或波状发型。主要分布于意大利、希腊、土耳其等。

伊朗地域人种。肤色棕褐或暗褐，身材瘦高健壮，多鬓须，发色黑，鹰钩鼻。主要分布于土耳其、伊朗、阿富汗、巴基斯坦等地。

突厥地域人种。分布于西亚和中亚地区。肤色白色至暗褐，黑发，脸宽，鼻梁高，眼色黑，身材细长。主要分布在乌拉尔山以东，青藏高原以北和贝加尔湖以西的广大地域，为亚欧大陆腹心地区。

印度地域人种。肤色从浅褐色到黑色，广泛分布在印度次大陆。

2. 语言

全世界语言虽然有六千种之多，但是基本上归属于十几个语系。丝绸之路沿线国家的语言属于印欧语系、阿尔泰语系及汉藏语系。

3. 宗教

一般来说，宗教可以划分为两大类，即普遍宗教和民族宗教。普遍宗教是向全世界开放的，比如基督教、佛教等。而民族宗教则有特定的人群才能信仰，比如犹太教、印度教等。

表 3-2 沿线区域语言类别

语系	语族	语言
印欧语系	日耳曼语族	英语、德语、荷兰语
	罗曼语族	法语、意大利语、罗马尼亚语
	波罗的—斯拉夫语族	捷克语、斯洛伐克语、塞尔维亚语、克罗地亚语、保加利亚语、斯洛文尼亚语
	印度—伊朗语族	印地语、乌尔都语（巴基斯坦）、波斯语（伊朗）、普什图语（阿富汗、西巴基斯坦）、库尔德语（伊朗西部、伊拉克北部、土耳其东部）
阿尔泰语系	突厥语族	土耳其语、哈萨克语、土库曼语、维吾尔语、乌兹别克语、柯尔克孜语（吉尔吉斯语）、塔塔尔语
汉藏语系	汉语族	北方方言（西北官话）

表 3-3 沿线区域宗教类别

宗教类别	宗教分支	分布地区
基督教	罗马天主教	波兰、捷克、斯洛伐克、斯洛文尼亚、克罗地亚、意大利、法国、奥地利、卢森堡、比利时、荷兰等
	新教	德国
	东正教	罗马尼亚、保加利亚、塞尔维亚等
伊斯兰教	逊尼派	西亚、中亚和中东的绝大部分地区
	什叶派	巴基斯坦、伊朗、伊拉克、土耳其、阿富汗等
佛教	大乘佛教	中国
印度教	——	印度

第三节 沿线区域文化交流障碍与前景

一、沿线区域文化交流的基础

1. 中外文化交流

新中国成立以来，一向致力于实现各国和谐共处，在对外交往中以和平共处“五项基本原则”为出发点，提倡不同文明之间和谐共处共同发展，与周边国家有着良好的外交和经济合作关系。中国一向主张，不同的意识形态、不同的社会制度和不同的社会发展模式，不应该而且不能成为各国文化交流的障碍。维护世界文化的多样性与推动各国之间的对话和交流，是中国外交的落脚点。

对外文化交流是中国外交的重要组成部分。2001 年中国加入世界贸易组织以后，分阶段地实行文化与媒体市场开放。2002 年，十六大发出积极发展文化事业和文化产业的号召，制定了有利于推动文化相关产品出口的法律，提出了实行将文化看作商机的意识改革。2007 年 10 月，中国政府将文化定位为软实力的重要因素，并将“文化软实力”的概念写入政府工作报告。文化作为辅助外交的重要支柱，越来越被领导人所重视，越来越成为各国和社会各界的共识。2012 年 11 月，十八大报告中指出“要深化文化体制改革，解放和发展文化生产力，发扬学术民主、艺术民主，为人民提供广阔文化舞台，让一切文化创造源泉充分涌流……扩大文化领域对外开放，积极吸收借鉴国外优秀文化成果”。

2013 年，在哈萨克斯坦扎尔巴耶夫大学，习近平首次提出共建丝绸之路经济带，对中国与亚欧贸易、文化交流起到至关重要的作用。在国家层面，文化外交被摆在仅次于政治、经济位置，成为中国外交的第三大支柱和极其重要的外交手段。

中国的对外文化交流有两个很重要的意义：第一，对于中国而言，促进文化的政策希望积极培育文化产业，促进对外文化交流并帮助国内企业走出去；第二，作为提升中国软实力的重要外交手段，对外文化交流值得期待。

2. 国家间文化交流

中亚的哈萨克斯坦、吉尔吉斯斯坦、塔吉克斯坦、乌兹别克斯坦和土库曼斯坦 5 国，是与中国西部边界山水相近、陆路相通、民族跨界而居的地区，也是目前与中国经济联系最为密切的地区，是中国重要的能源和资源供应地，也是中国商品的重要销售市场和投资密集区之一。

以哈萨克斯坦为例，1992 年 1 月 3 日，中哈双方签署两国建交公报，并不断加强经贸、文化、科技与教育等方面的交往与合作。2012 年 11 月，哈萨克斯坦文化日活动在北京举办。中国在哈萨克斯坦设立的孔子学院，成为当地民众学习汉语、了解中国文化的有益平台。双方还经常互派文艺团体、轮流举办科技日、产品展览会等活动。

西亚的伊朗、伊拉克、约旦、叙利亚、沙特、土耳其等国以油气能源生产和出口为主，能源经济相对发达，但现在面临如何改变单一经济结构的问题，期待通过与中国合作发展其他产业，这一地区也是中国产品销售的潜在市场和产业转移的理想承接地。

以土耳其为例，它横跨欧亚两大洲，同时拥有东西方文化的神秘国度，从古至今，它在东西方文明的交融中起到了重要作用。近年来，中土两国各领域交流与合作更趋紧密，以多家孔子学院在土耳其的建立为标志，中土文化交流呈现快速发展势头。中土之间开展的互办文化年活动、高校之间往来，以及学术活动的举办为中土交流发展带来新的动力。从以“丝路之源，魅力中国”为主题的 2012 年土耳其中国文化年，到以“土耳其就在这里”为主题的 2013 年中国土耳其文化年，中土两国关系不仅得到了进一步深化，同时也增进了两国人民相互了解和友好情谊。

高加索的阿塞拜疆、格鲁吉亚、亚美尼亚，以及东欧的乌克兰、白俄罗斯和摩尔多瓦等国，处在欧亚地理交接线及其邻近地区，经济相对发达也较单一，其国家外交方向选择上更多倾向与欧盟逐渐实现经济一体化，但近年来与东亚、西亚合作不断加强。

以白俄罗斯为例，它是欧亚大陆上一个重要国家，民众受教育程度普遍较高，文化事业不断发展，并在国际上享有一定声誉，是一个有着丰厚文化底蕴和文明传承的国家。1999 年起，中国与白俄罗斯两国开始互办文化日。2010 年 10 月，白俄罗斯文化部派多个艺术团体赴华出席上海世博会和“白文化日”活动。2007 年 1 月，白俄罗斯国立大学孔子学院挂牌。2011 年 9 月，明斯克国立语言大学孔子学院揭牌。在《中白全面战略伙伴关系发展规划（2014 — 2018 年）》框架下，两国政府还建立了合作委员会，下设文化分委会，两国间文化交流合作有了可靠的制度保障。2015 年是中白全面深化文化交流与合作的重要一年，除“欢乐春节”活动外，中国还以主宾国身份首次参加了明斯克国际书展。

德国早在 20 世纪 70 年代就将文化外交提升为联邦德国外交三大支柱之一，这种传统一直持续，其指导思想和总体目标随着时代发展不断有所调整。文化外交不仅旨在推广德语、弘扬德意志文化，更着重于服务国家外交、安全和经济利益，参与和影响全球化的建构。德国文化外交重点包括德语作为外语、高校和科研、境外德国学校、青少年和体育、文化项目、跨文化对话、文物保护项目等领域，尤其重视三方面的工作：一是积极推广德语，扩大国家的国际影响面。一方面积极推动对外德语教学，另一方面加强境内对外来移民的德语普及工作。二是全面促进科教国际合作，广泛培养“亲德”人才。三是广泛开展“文化对话”，努力提升国家亲和力和影响力。近年来，德国尤其重视广泛的文化交流，加强促进不同文明之间、不同文化层面、不同精英之间的对话与合作，展开不同类型的文化交流项目，并加强“文化中介人”的培养，积极拓宽跨越东西鸿沟的视野，重视“输出”与“引进”并轨，提倡平等性、公开性和公众性。

二、沿线区域文化交流的障碍

文化同质化时，会方便交流。比如语言、民族、宗教信仰、地域等接近时，经常会出现文化交流。文化差异化时，也会出现交流。比如发展阶段、地域、宗教、语言、人种等完全不同时，互补性、差异性、趋强性等所产生的差异势能会促进交流。没有文化差异，没有因文化差异产生的势差，就不会很好地进行文化交流。例如先进文化和落后文化之间是最容易产生文化交流的。即使在不同的文化圈层中，也能产生很好的文化交流。但是，正常交流的前提条件是各文化主体之间须有很强的文化生产力,须有自己的独特文化,须有文化自主权。交流一般应发生在各自尊重对方的前提条件下，而不是相反。

1. 对文化交流重要性认识不够

在承认丝绸之路沿线各国文化交流取得显著成绩的前提下，不难发现，沿线各国各级领导，对文化交流的特殊重要性缺乏正确认识，而且往往将文化交流与文化建设混为一谈。文化交流是在不同文化背景下实现的有效交流。文化交流离不开文化建设，但文化交流不等同于文化建设。在跨文化的有效交流中，有两个比较特殊的问题往往被忽视：一是交流的有效性，即交流能够实现某个特定的目标；二是交流的得体性，即交流方式、内容能够被对方接受且愿意接受，产生认同感和包容感。有效性和得体性必须实现有机结合才能够有利于跨文化交流。

因为得体融洽的交流不一定能达到有效的结果，而有效的结果则必定是通过得体融洽的交流来实现的。这既是丝绸之路沿线国家文化交流工作比较难以把握的现实而又具体的问题，也是制约各国跨文化交流能力提升的一个主要问题。

2. 文化交流工作开展成果不够

主要表现在有些地区的文化交流目标不明确，认为文化交流工作是软任务，是点缀品。不少领导仍然认为文化交流是发达地区有闲时间、有能力消遣的事，因而导致这些地方的文化交流工作缺少有力有效措施推进，甚至根本就得不到重视。有些地区文化交流的投入不足，特别是文化事业投入的比例还远未达标，尤其是一些地区文化生活还处在比较贫乏的情况下，公共财政难以保证文化交流事业发展的需要，导致文化交流工作既难以推进，也难以适应对外开放的需要。

在丝绸之路沿线国家交流过程中，繁复的国际旅游通关程序、人为的非物理国界壁垒造成的通关速度慢、效率低等，也阻碍了国际丝绸之路文化交流的发展。

沿线国家和地区之间经济发展不平衡，加上整个丝绸之路线路长、地域广，难以构建良好的基础设施。丝绸之路上的某些地区仍存在着不稳定因素，恐怖主义、分裂主义和极端主义“三股势力”的存在会对某些地区形成不安全隐患。

3. 各种文化存在众多差异和排斥

不同的民族之间文化形态既有共性，也有个性，而个性在其中扮演了重要的角色。中国和西方有着不同的地理环境、历史源流和文化传统。这就注定了他们的背向和发展的异途。

首先，从地理环境方面，西方国家所处的地理环境及其他们的资源状况，决定他们的民族性格都具有外扩性特点。相对于西方国家而言，中国显得内敛。在文学艺术上，中国讲究含蓄美，重表现而不重再现。这和西方形成了鲜明的对比。在美术上，中国讲究散点透视，讲究计白当黑，不讲究三维透视等等。正是这样的地理环境的差异，让中西方形成了迥然不同的性格和个性。具体在个体上也是如此，历史的观察不难发现，西方的传统注重“个人本位”“集团意识”而不太注重“家庭本位”“天下意识”（梁漱溟），而中国正好颠倒。西方强调个性要张扬，要充分展现自己的魅力包括身体的魅力（如希腊神话中所展现的人体美以及后来发展的雕塑艺术）。而中国则强调个体应该服从集体，应该把自己融入集体当中，不张扬自己，处处体现集体的意志和作风。以大局为重，为了大局的利益可以牺牲个体的利益，甚至是个体的尊严。

在社会生活层面，西方由于受到希伯莱文文化的影响和熏陶，在往后的生活当中，宗教可以是如影随行，非常之重要。在中古阶段，还一度对整个西方起到垄断作用，教会势力之强已达到主宰国家运行的地步。同时希腊、罗马文化对西方的影响也相当深远，在文艺复兴以后，它们的作用得到淋漓尽致的发挥，对近现代的西方的发展起到决定性的影响，其中的“科学精神”和“民主精神”就是它们的瑰宝。使得自然科学、社会科学研究得到蓬勃发展，国家的法制意识、人权意识得到深入的贯彻。而中国由于在“伦理本位”思想的影响下，对外的探索没有表现出过大热情，而一心在人事上下功夫。国家制度都在以家庭为核心的思维中蔓延开来，家与国是同构关系，国的制度与家的制度没有多大的区别，从这个角度讲，皇帝就是一家之主，只不过这家的范围比较大罢了。伦理的名分思想让家和国都得以有秩序地存在。加上礼乐的协助和促进，使得整个社会呈现出温情脉脉的道德秩序。可以说中国古代社会的建设是道德建设为核心，所谓的“修心养性”“修己安人”就是其表现。就连德国的著名哲学家黑格尔都很惊讶中国的国家建设，说“中国是用伦理治国”。可想而知，中西方的差异巨大。

图 3–9 启蒙思想家伏尔泰与中国文化书籍

在精神内涵上，中西方表现出来的向度也是不同，甚至是巨大的差别。中国文化具有“儒、道、佛”三元合一的文化内涵特征。儒家主“入世”学说，道家、佛家主“出世”学说，它们分工合作，相辅相成，共同塑造中国的文化内涵。儒家主要的贡献是那种“天行健，君子以自强不息”的积极入世的精神以及“敬鬼神而远之”的“科学”精神。道家与佛家的思想主要体现在“出世”上，道家的“无为”、“道法自然”的思想是以一种超世的眼光来普照万事万物，尤其是其关于“意境”的阐发在艺术上不论是中国还是西方都有极深远的意义。佛家讲究“轮回”，强调“善有善报，恶有恶报”，认为人间处处有佛，只要心中有佛，这种思想的传入对中国的文化心理的塑造，起到很大的作用。

相对于中国文化精神而言，西方文化精神所呈现出来的则是异样的色彩。如果说中国文化表现出来的是一种向内探求的生命活力，那么，西方则表现为一种向外扩张的生命张力，无论是其科学还是其民主。如果说中国文化精神的倾注的对象更多的是“人”的话，那么，西方更多的关注“物”，也正是因为关注物，并且把人和物进行分离，“物”是“人”要征服的对象，而不像中国“人”与“物”是统一的，讲究“天人合一”。由于西方“人”与“物”的对立，所以，人要想办法认识客观事物，正是基于这种精神，才逐步诞生了科学精神。而中国讲究“天人合一”，人与自然的和谐相处，就好像亲兄弟一般，当然就不会用心去加以研究对待了，从而也就没有科学精神的诞生。早期中国的科学发明，只是基于实用的目的，并没有把所发现的东西，提炼成知识，做系统的研究。这也就造成了中国本有的发明成了别人利用后发展的工具。

中国与西方在诸多方面的不同，并不是有些学者所认为的那样：中国和西方是属于不同的发展阶段。而是属于不同的发展路向，就好比是一棵树上的两个分支。基于这点考虑，我们应该认清各自的文化优势和不足，从而扬长避短。而不是一味地“崇洋媚外”或是“敝帚自珍”。今天的世界是开放、竞争、合作的世界，我们应该善于从西方那里学习其“科学”和“民主”精神来丰富自己，同时也要积极传播自己的优秀文化精神。

三、文化交流的前景

丝绸之路经济带文化交流与传播，不仅是政治和经济发展与合作的需要，同时文化交流与传播自身所需，本身也孕育着巨大的经济效益。在丝绸之路沿线分布着多样化的地理地貌、人文风情、宗教信仰和产业经济形势，这些本身就是文化传播的基础。

1. 国内部分

基于互联网行业在陕西的良好基础和快速发展的前景，陕西在未来可以将丝路文化等一系列传统文化转型为数字文化产业，利用全新形式更深入地开发自身的传统文化。陕西可以更大力度地通过新的数字媒体技术打造数字博物馆，使得陕西历史、民族文化的多样性可以通过新媒体平台获得更多的市场支持和消费，这也意味着陕西应该创新文化产业融资模式且加大财政投入，在政策的支持下利用当前的文化市场发展文化产业，扩大全国和全球的文化传播和交流。

在将来的发展中，甘肃将继续围绕“一带”，通过建设文化创意基地，在开发传统历史文化的基础上增加数字媒体的投入开发。丝绸之路的历史遗存是吸引文化投资的良好内容，政府需要制定吸引投资和产业具体开发的利好政策方案，加快文化产业园区（基地）的建设。同时，在文化产业的高科技、信息化投入方面该成为文化产业建设的重点。尤其是在互联网方面，甘肃省需要加大投入，才能获得扩大的经济效益。

青海自然条件特殊，高原特征既是文化产业吸引点又具有一定阻碍作用，在这一方面可以通过利用新媒体、数字化信息化技术搭建文化推广的平台并转化为新的文化产业增长点。另外，由于青海的历史文化遗存分布过于零散，地广人稀，这一方面的开发对交通条件的要求也非常高，同时还要兼顾对脆弱的高原环境的保护，在具体的开发中难度较大，因此针对不同文化观赏需求的人群可以开发更多样的旅游线路。

在“一带一路”的战略背景下，新疆的文化产业将获得更多的发展机会。首先，新疆是丝绸之路连接中国和中亚的重要区域，可以吸引境内外文化投资和消费，国家拨款和对口援疆的政策也为其发展提供了良好的条件。其次，新疆不缺少供文化消费的历史文化景点，但缺乏合理的规划开发、人才管理等。同时，利用数字媒体、互联网技术建立数字化、信息化的旅游推广观赏平台也可以成为文化消费的新增长点，比如把丝绸之路的各古国的历史兴衰串联起来，利用高科技技术制作成数字产品。

2. 国外部分

中亚在经济方面仍处于落后的地位，文化产业发展较为薄弱，没有能力独立制作大量电影、电视、音像作品等，新闻传媒、出版发行能力也极为有限，所以多国都在争夺中亚的这片市场。中亚 5 国要借丝绸之路经济带建设的契机发展仍面临着严峻的挑战和风险，既有各国之间的政治博弈，又有民族宗教的冲突，加之不完善的市场经济体系和制度，投资风险还是比较大。

中国与伊朗、伊拉克、约旦、叙利亚、沙特、土耳其等国，以及这些国家之间的合作发展也是机遇和挑战并存。一方面，这些国家以油气能源生产和出口为主，能源经济相对发达，面对单一经济结构转型的问题，它们期待通过与中国合作发展其他产业及农业等，这一地区也是中国产品销售的潜在市场和产业转移的理想承接地。另一方面，这些地方受民族宗派冲突、大国博弈、战争的影响，本身发展文化产业的能力较为有限，而中国对其的投资也面临着不稳定因素。

俄罗斯独特的民族文化孕育了俄罗斯音乐、文学等，主要宗教为东正教。在自然环境方面，贝加尔湖、北极风光、不冻港摩尔曼斯克等都是极具特色的景点，人文方面，俄罗斯各名人故居、博物馆和艺术馆等等都是文化产业可以深度开发的点。俄罗斯是世界强国之一，资源能源丰富，重工业尤其是军工业、科技基础雄厚。俄罗斯一直很重视文化产业的发展，积极推动俄罗斯文化走出去。俄罗斯在战略上重视文化产业的发展，俄政府积极扶持文化产业，如将文化预算资金首先用于建设、改建和修缮艺术教学机构、剧院、图书馆、文化古迹工程等。但副作用是，文化产业的发展过于依赖政府的预算拨款，一旦俄罗斯国内生产总值受到影响，政府削减预算，文化产业的发展就会遇到危机。

丝绸之路经济带沿线国家虽然千差万别，文化产业发展重点各有不同，但对中国而言都是极大的机遇和发展空间。我们需要注意的是，怎样保持区域平衡仍是一个重要的问题，尤其是如何在俄罗斯、欧盟等本身存在利益冲突的区域间降低风险寻求共赢，如何在政局不太稳定的国家规避风险获取更大的发展空间。展望未来，可以期待陆上丝绸之路各国的经济协同进步，文化更深入交流，中国也将打开经济发展的新局面。

四、文化交流的方向

习近平在文艺工作座谈会上指出，古往今来，中华民族之所以在世界有地位、有影响，不是靠穷兵黩武，不是靠对外扩张，而是靠中华文化的强大感召力和吸引力。多元平等、相互尊重、相互包容、交流互鉴的人类文明观正是对古丝绸之路历史文化精神的弘扬，因此这种文化自信，不仅是中国也是世界各国的共识，也是文化交流未来的方向。

首先，在“一带一路”建设的战略研究中，制定丝绸之路文化研究规划，进一步梳理确立丝绸之路文化的核心价值，实现经济和文化整体上的良性互动，表里相依、同步发展。

第二，打造丝绸之路文化品牌，提升丝绸之路文化创新能力，增强丝绸之路文化产品吸引力。目前世界上的优秀文化产品均出自有特色、品格鲜明、对外界和本地民众都有强大吸引力的文化。如何以生动、有吸引力的故事串联起文化产品生产和文化活动的全过程；如何打造文化品牌，将标志性的环境、人物、故事、风情等有机结合起来；如何从文化创新和传播诸环节结合点寻找突破口，实现“丝绸之路”文化创新和产业创新等，是当下丝路文化研究的又一重要内容。

第三，强化丝绸之路文化学术研究，整合高起点、多学科、全方位的研究团队，构建丝绸之路人才交流和人才培养联盟。促进丝路国家高校及研究机构合作交流，共享丝路文化资源，共谋丝路教育文化发展。

总之，丝绸之路是一条具有强大文化传播力的黄金之路，曾经创造过中国经济、中华文化的辉煌和繁荣。多元文化在此交流、冲撞、融合，形成了强大的文化传播力和璀璨的人类文明成果。迄今为止，当年通过丝绸之路传播到中国和海外的物质文化和精神文化仍然在当年的“异域”广泛存在，并继续造福于后人。因此，丝绸之路的文化精神正是中华民族文化自信的重要组成部分，也是“一带一路”倡议所蕴含的文化精神。

第四节　沿线区域文化交流对策与建议

对文化交流历程、区域文化特征等方面的研究表明，文化交流必须具备一定频次的人员往来，必须具备对各种价值观、制度、信仰、习俗等方面的尊重和理解，必须具备文化交流的动力和兴趣。即文化交流应具备一定的基础、保障和驱动。虽然在以往的发展历程中，战争和殖民作为一种重要方式，但在新形势下我们更加倡导和平、共赢的发展策略，摒弃霸权和非和平的方式，倡导文化能够对流式的传播和交流，倡导文化交流能够平等和共赢。

一、体制机制保障和驱动

国家城市之间文化交流，与特定时期的国际局势、各国政治制度和发展诉求有关，和平稳定的国际局势是文化传播的先决条件，政治制度和体制是文化交流的保障基础，各国发展诉求是文化交流的持久动力。

一是强化体制机制保障，进而形成常态化的沟通平台和载体。无论民间还是官方文化交流，体制机制保障都是必须的，这种保障一种是积极、大力促进，一种是不予干预，给予相对宽松的政策，进而使得“点对点”和特定领域的交流不断扩充，形成较大面积的交流和传播。近几年，中国政府积极鼓励建立孔子学院，一些国家在大学设立中医学专业，或者将汉语纳入大学考试外语科目，以及与吉尔吉斯斯坦、哈萨克斯坦“丝绸之路：长安—天山廊道路网”跨国联合申遗活动，成为文化传播的重要标志性成果。在此基础上，我们可以不断探索在国际层面推进“丝绸之路全球文化工程(如丝绸之路文学奖、影视剧奖等)”、“一带一路国家运动会(如两年一次)”等。组建国际性的组织和常设机构，在各国设立相应的对接和常设组织机构，不断组织各种力量在不同层面进行文化交流和传播，并积极整合鼓励各种民间交流，形成多层面、全方位的文化交流，服务于各国经济建设。

二是强化相应城市之间文化交流，选择典型城市（群）形成文化交流圈。在沿线选定历史文化中心（如雅典、罗马、西安、敦煌、庞贝、奥林匹克等）进行历史文化交流，并不断扩展；选定交通枢纽城市（如伊斯坦布尔、鹿特丹、乌鲁木齐、基辅等）进行运输和通道形成的文化交流；选定政治经济中心城市（如巴黎、莫斯科、北京、布鲁塞尔等）进行体制机制和国际合作交流。通过城市间的交流，由点及面，并形成各种共性城市之间较为活跃的互动。

二、实施“走出去”“迎进来”战略

促进文化交流，推动文化之间的相互传递和交流，倡导文化之间的尊重和包容。其一，推动中华文化走向丝绸之路沿线国家，有赖于中华文化自身的实力和魅力。因此，必须坚持通过推进文化体制机制创新，完善与沿线各国的文化交流机制，加强国际传播能力和对外话语体系建设，充分利用好国内外各种交流和展示平台，汇集各方面力量，培育有国际竞争力的文化企业，共同打造中国文化交流品牌，着力提升中国文化的开放水平和对外交流能力。其二，迎进各种外来优秀文化。就现阶段而言，外来文化中的先进技术、管理经验和差异化理念，以及外来文化艺术方面的优秀成果等，都是选择性吸纳的重要因素。

1. 扩大开放，积极“走出去”

文化领域的扩大对外开放，是实施中华文化“走出去”战略，进一步提升国家文化实力的现实需要，也是积极吸收借鉴外国优秀文明成果，促进文化繁荣发展的必然选择。可尝试“政府主导、企业主体、市场运作、社会参与”的模式，全方位扩大对外文化交流，推动中华文化走向中亚和欧洲，坚持统筹用好国际国内两个市场、两种资源，着力构建全方位、多层次、宽领域的文化对外开放格局，充分利用中国的区位优势和文化资源，充分释放丝绸之路沿线各国人民的审美激情和精神追求，传递中华文化和世界文化接轨的自信心与自豪感，进一步推动中华文化走向欧亚和全球。

文化自信是新时期文化相互交流传播的基础，而文化传播首先应是文化的认同和尊重。历史学家张岂之认为，中国及世界各国文化传播中的自信应有五个认同。第一，中华文明从人文初祖轩辕黄帝开始，5000多年没有中断，这在世界上是仅有的。第二，文化自信反映了中华文明对人类文明的重大贡献。第三，世界上不同国家和民族都对人类文明作出了贡献，我们必须尊重世界文明的多样性。第四，在中国，国家统一、民族融合为中华文明的繁荣发展奠定了坚实的基础。第五，中华文化具有独特的汉字文化系统。在中国，独特的语言文字，又有多样的书写形式，于是形成了独特的书法艺术。书画同源，中国书法艺术又和中国国画（水墨画）结合，成为中华艺术宝库中的一个部分。

习近平指出，正确对待不同国家和民族的文明，正确对待传统文化和现实文化，是必须把握好的一个重大课题。应该注重坚持四个原则，一是要维护世界文明多样性。应维护各国各民族文明多样性，加强相互交流、相互学习、相互借鉴，而不应该相互隔膜、相互排斥、相互取代，这样世界文明之园才能生机盎然。二是要尊重各国各民族文明。本国本民族要珍惜和维护自己的思想文化，也要承认和尊重别国别民族的思想文化。不同国家、民族的思想文化各有千秋，只有姹紫嫣红之别，而无高低优劣之分。每个国家、每个民族不分强弱、不分大小，其思想文化都应该得到承认和尊重。三是要正确进行文明学习借鉴。对人类社会创造的各种文明，都应该采取学习借鉴的态度，都应该积极吸纳其中的有益成分，使人类创造的一切文明中的优秀文化基因与当代文化相适应、与现代社会相协调，把跨越时空、超越国度、富有永恒魅力、具有当代价值的优秀文化精神弘扬起来。四是要科学对待文化传统。要坚持古为今用、以古鉴今，善于把弘扬优秀传统文化和发展现实文化有机统一起来、紧密结合起来，在继承中发展，在发展中继承，坚持有鉴别的对待、有扬弃的继承，努力实现传统文化的创造性转化、创新性发展。

2. 开阔胸襟，努力“送出去”

推进对外文化交流，应该积极寻求双向策略，即重视推行“送去主义”。季羡林在晚年提出：“今天，在拿来的同时，我们应该提倡‘送去主义’，而且应该定为重点。为了全体人类的福利，为了人类的未来，我们有义务要送去的。”这得益于他准确洞察到全球化给中华文明再度兴盛，重新在世界文化建设中扮演重要角色所带来的良好契机。因此，中国应抓住共建丝绸之路经济带这一机遇，切实做到有目的、有计划地把文化的优秀成果送到欧亚去，“以弥补中西文化交流上的不平衡状态之缺憾”。为此，要坚持走出国门，千方百计借助他国的平台宣传中华文化，展示中国美好形象。抓住建设丝绸之路经济带的战略性机遇，推动中国与中亚和欧洲国家之间的文化交流，提高文化艺术的创新力、影响力和传播力。重视创新交流方式，积极通过语言推广、教育培训、研究资助、学术交流、旅游观光等途径，广泛构建文化交流网络，不断提高文化交流效果。

一方面，要加强双方官方和民间多层次、多领域的交流，增进相互了解，使丝绸之路经济带建立在雄厚的经济、政治和社会基础上。新闻媒体要加强舆论宣传力度，说明中国是各国的可靠朋友，中国的发展不仅不会威胁国家的利益，反而会有利于双方共同抗衡外部的压力。最大限度消除“中国威胁论”的影响，打消各国公众的疑虑，使各国的人民了解中国的真实情况，为整体关系进一步稳定发展做出贡献。积极与各国政府协调起来，对当前无序的民间交流进行引导，有组织、有计划地输送人员到对方国家进行交流与学习，进一步推动各方面交流，在彼此深入了解和相互学习的基础上，培养热衷于友好关系发展的青年群体。双方还应采取有效措施推动和落实地方城市间的合作，更加积极地开展政党、学者的交流，逐步建立起一个具有广泛基础的多层次、形式丰富多样、稳定而繁荣的交流机制，以确保双方关系在稳定和可预见的环境中发展。

另一方面，为提高各国共建丝绸之路经济带的成效，在观念上要继续倡导平等、互利，培育共同的理念，增强相互认同感。在实施步骤上，有必要从易到难，由浅入深，从最能体现共同利益和共同需求的领域入手，外溢到其他领域，以使它们的作用得到最大化的发挥。只有在共同理念的指导下，在对方国家国民认可的前提下，在众多企业都乐于参与的形势下，才能获得长足进展。

三、建立开放型文化交流服务体系

文化交流、交往、交融，是推动中国与丝绸之路沿线各国全方位合作的重要基础和前提，深化丝绸之路沿线各国的文化交流，是一项当务之急的工作。

当前及未来较长的时期，中国应坚持将构建现代文化交流服务体系作为深化文化体制改革的一项重要内容。正确处理文化的意识形态属性和产业属性、文化事业与文化产业、社会效益与经济效益等关系，以突出文化的公益性和交流交往交融为重点，积极探索构建以现代文化为引领，符合文化科学和社会事业发展，符合各民族实际的文化体制改革与发展路径。在努力提高中国文化面向丝绸之路沿线国家服务能力的同时，健全中国现代文化“走出去”的政策措施，研究制定现代文化全方位开放的战略规划。积极构建依法规范、统一管理、互相开放、公平竞争、共同建设、有序发展的国际文化市场体系，确保既切实维护和保障中国文化安全各族人民的文化权益，又有效带动丝绸之路沿线国家跨境民族文化和经济社会事业健康发展目标的实现。

把精品文化项目推向世界，积极整合交流平台，构建人文交流机制，进一步丰富交流渠道，把政府交流和民间交流结合起来，鼓励社会组织、企业机构等，参与国外的中国文化中心建设，承担人文交流项目；鼓励代表国家的各类艺术机构、学术团体、服务单位，在相应的国际组织中发挥建设性作用，鼓励和支持侨胞积极开展中外人文交流，促进对外文化交流事业的科学发展。

图 3-10　中德足球文化交流营

积极构建开放型的文化交流服务体系，加大政府的文化福利承诺与文化责任担当。在文化交流服务体系建设中，要以政府为主导，以服务体系建设为手段，广泛吸纳社会力量参与。

健全文化交流服务体系建设协调机制，统筹服务设施和网络建设，明确责任和主体，以实际行动抓好全面深化改革各项措施的细化与落实，促进文化交流服务体系的现代性、开放性和规范性。重视建立有效的评价和反馈机制，推动文化惠及“丝绸之路经济带”共建、经济社会发展，以及与群众文化交流需求的有效对接。注重完善文化交流服务体系的相关制度措施，健全文化交流服务体系的功能，坚持以现代文化引领交流服务体系的体制机制创新。坚持按照“成长性最好、关联度最高、影响示范力最大、竞争力最强”的原则，根据各地区的历史文化资源特点，构建中国与丝绸之路沿线国家之间“彼此能够以一种由衷的宽容和敬重，放开胸襟、相互学习、求同存异、和平共存、共同发展，从而走向真正意义上的理解和交融”的体制机制。积极组织实施一批特色文化交流服务项目，确保实现以文化交流服务项目建设促进服务体系完善，推动文化交流服务“丝绸之路经济带”建设取得实际成效。

四、建立文化竞争力导向机制

国家之间的文化交流，常常面临着自身惰性和外界阻力的困扰，需要强劲的动力来推进其健康和持续进行。纵观整个中外文化交流史，文化交流的动力主要来自三个方面：政治、经济和文化，这也是人类社会生活的三个层面。

1. 政治、经济与文化交流的关系

一个国家在国际社会中的政治利益诉求，是进行文化交流的重要动力，而国际政治交往常常与文化交流难解难分。

一方面，国家间的政治交往本身就是一种文化交流，可以促进双方的互相理解和互相信任。另一方面，文化交流常常被作为政治交往手段和工具。从古至今，使节往来等官方交往，常常成为文化交流的重要推动力和表现形式，郑和下西洋本身是身负皇命宣扬国威的政治行为，也成为中国对外文化交流史上的壮举。在当今文化竞争的时代里，面对国际政治关系日益复杂化的局面，人们开始跳出原有的思维模式，而转向以文化寻求国际政治问题的根本解决之道。

经济往往是文化交流的直接动力。商业出现是人类社会的重大进步，商人通过其贩运和买卖行为，在不自觉中进行着人类文化的交流，商人曾经是跨国、跨地区文化交流的主要媒介，横贯亚欧大陆。持续近两千年的丝绸之路是一条商道，行走其上的大多是商人，但它却成为了联系东西方两大文明体系，以及沟通基督教世界、伊斯兰世界、印度、中国四大文化体的文化通道。

二战以来，跨国公司和国际贸易的发展让全球更加紧密的成为一体，在经

济全球化的基础上，文化的全球化正在深入发展。中国加入 WTO 不仅仅影响了经济贸易，更使得中国与世界在文化上成为一体。

2. 文化交流机制研究

随着文化的发展，专门的学术交流越来越受到重视，学术交流本质上是人对事物的解释力、解释方法和话语权的交流，可以说是文化交流的制高点，需要不断重视、不断提升。

以文化竞争力为导向的文化交流机制还应包括一种“长续机制”（或保障机制），其主要作用是保障对外文化交流的健康和持续进行，对外文化交流的长效机制主要应从 3 方面着力：

一是政府和民间并行，搞好对外文化交流，激发民间文化力量；二是健全文化法律法规，保持文化政策的连续性，把对外文化交流作为一项基本战略，避免“风暴式”的短期行为；三是制定应对和化解各种文化冲突的应急机制，最大限度地减小对外文化交流的阻力。

文化产业的迅速发展是文化竞争时代到来的重要标志。美国、英国和韩国等发达国家文化产业实践，以及近年来中国发展文化产业的成就证明，文化产业是一种高效的文化生产和传播机制，它可以充分发挥市场机制的作用、调动文化生产者、传播者的积极性，通过对文化资源的挖掘，文化生产的加强和文化品牌的打造，扭转中国当前文化贸易和文化交流“逆差”的不利现状，最大限度地提高国家的文化竞争力。中国是文化产业的后起国家，但在国家的强力推动下已经初步显露出强劲的发展势头，借助“中国梦”和“一带一路”战略广泛受到认同，以及中国在全球地位的不断提升，作为人类文明组成部分——中华文明不仅造就了五千年文明，也必将与全球各国、各民族一起创造更加辉煌和谐的世界格局。

04 第四章　经济合作

丝绸之路经济带是在古丝绸之路概念基础上，逐步形成和不断演变的全新经济发展区域，是当代全球经贸合作的新引擎。在经济领域展开深度合作，是丝绸之路经济带沿线各省（自治区）和各国合作的重要内容，也是未来共同发展的重要取向。丝绸之路经济带沿线分布着全球众多大型经济体、新兴经济体和传统经济体，经济发展有较大互补性，也存在一定的趋同性，就以往发展来看，合作基础较好、领域广泛、前景长远，存在巨大发展潜力和空间，是未来全球经济最为重要的区域之一。

第一节　沿线区域经济发展现状

丝绸之路经济带建设，是基于沿线数十个国家资源、环境及经济发展现状，因地制宜，积极推进的全球性战略，是在全球经济一体化形成和人类命运共同体构建的宏大背景下，各国之间互联互通、合作共赢的重要机遇。

一、沿线省（自治区）经济发展现状

丝绸之路沿线中国国内区域包括西北5省（自治区）（陕西、甘肃、青海、宁夏、新疆）。西南4省（市、自治区）（重庆、四川、云南、广西），大体上相当于西部大开发所涉及的区域。总体来看，自然环境条件较为严酷，较大

部分区域水资源短缺，或为黄土高原、沙漠荒漠，或为雪山旱原覆盖，城市经济发展基础较差，可有效利用的土地资源有限，并受“深居”内陆等不利因素制约，发展水平相对落后。

改革开放以来，西部地区在国民经济和社会发展中的地位显著提高，作用日益增强，西部地区以前所未有的发展速度引人注目。但由于经济基础薄弱，自然生态条件较差，以及历史和现实种种原因，西部地区发展已远远落后于东部，在发展的规模和水平上有相当大的差距。

西部大开发战略实施以来，从根本上改变了西部地区经济社会面貌，有效缩小了东西部差距，对优化全国经济发展空间格局和实现区域经济协调发展起到积极作用。但是，西部大开发战略本质上是政府主导的追赶型战略，这就决定了这一战略的实施过程必然过多地倚重资源和投资驱动，更多地关注和追求增长速度。事实上，近年来西部省份的增长速度一直高于全国平均水平，大多数西部省份“十二五”、“十三五”规划都制定了比较高的增长速度。这就导致西部区域经济社会发展过程中所积累的粗放增长、结构失衡、干预过多、市场弱小、动力不足、活力不够、城乡差别、收入差距、环境制约、生态脆弱等问题更为严重和突出。因此，面对“三重叠加”的新常态，西部区域经济的转型升级更显必要和急迫。

但我们应该看到，丝绸之路沿线区域城镇化水平提升空间大，按照近年来城镇化率年均提高 1.5 个百分点计算，每年有 500 多万人转为城镇居民，至少释放 5000 亿元的消费需求。这些西部地区城市群崛起将成为西部大开发战略升级版，成为丝绸之路经济带建设的前沿、核心和主战场。

基于各种不利因素制约，要把丝绸之路沿线区域从线形的“商贸路”变成产业和人口集聚的“经济带”，必须要有布局合理的产业、现代交通和物流的基础保障，形成多元化产业生态链。要在现有产业、交通枢纽和工业区基础上，建设合适的产业园区和信息平台。要规划和嫁接好贯穿东西的泛亚铁路和泛亚公路等物流主干线，形成区域内外融合发展。

二、西北 5 省（自治区）经济发展现状

西北 5 省（自治区）自然环境条件较为严酷，与东部地区存在差距更大，除省会城市外，大多处于较低的发展层次。

表 4–1　沿线省会城市基本情况比较

城市	西安	西宁	兰州	乌鲁木齐	银川
人口 / 万人	871	231	369	355	216
面积 / 千米 ^{2}	10108	7665	13085	14216	9491
建成区面积千米 ^{2}	522	185	310	412	166
GDP/ 亿元	5810	1132	2096	2680	1481
资源	水、电、气供应充足	水能丰富，镁、钾、锂盐、黄金、石油、天然气等资源充裕	水能富集区，中国最大水力发电中心之一，矿产资源丰富	能源、矿产资源丰富，煤炭、石油储量丰富	煤炭、石油、天然气储量丰富
交通	米字形交通枢纽，国内航线160多条，国际航线27条	兰青铁路终点、青藏铁路和青藏公路起点，青海的航空枢纽	4条铁路干线，国道6条，省道5条，兰州中川机场为民用二级机场，现有航线38条	新亚欧大陆桥中国段西桥头堡，中国连接中亚地区乃至欧洲陆路交通枢纽。机场为中国五大门户机场之一，国际国内航线100多条	6条国道、4条省道，形成公路、铁路、航空为主的立体交通网，机场航线40多条
主导产业	装备制造、高新技术、现代服务、旅游、文化	机械、轻纺、化工、建材、冶金、皮革皮毛、食品	石油、化工、机械、冶金四大行业为主体，为中国主要重化工、能源和原材料生产基地之一	石化、冶金、纺织、机械、高新技术、建材、制药、食品、家具、服装	石油天然气化工、机械电器制造、高载能新材料、特色医药、信息技术

资料来源：根据相关政府网站 2016 年资料整理，下同。

1. 经济发展对比

从经济总量来看，西北省会城市中西安 GDP 总量最高，从社会消费品零售总额来看，西安市场规模最大，且西安人口总量最多。

地均 GDP 与人均 GDP 则出现分化，人均 GDP 依次为乌鲁木齐、银川、西安、兰州和西宁。西安地均 GDP 最高，是其他 4 个城市的 3~4 倍，土地集约化程度最高。

表 4-2 沿线省会城市经济发展情况

城市	人均 GDP /元	地均 GDP/（万元 / 千米 ^{2}）	社会消费品零售总额 / 亿元	固定资产投资 / 亿元	地方一般预算收入 / 亿元
西安	66705	57.47	3405.38	5165.98	1114.98
兰州	56802	16.02	1152.15	1803.75	593.42
西宁	49004	14.79	461.94	1295.95	94.79
银川	68565	15.60	465.63	1540.88	243.80
乌鲁木齐	75492	18.85	1152	1708.39	465.09

西北地区城市经济欠发达，在全国处于比较落后的地位，与东部和中部城市相比有很大差距，城市生产能力明显不足。虽然西北地区西安、兰州、银川、乌鲁木齐超过全国平均水平，但西宁与全国第一位的深圳相差 10 万元左右。国内生产总值、工业总产值和地方财政收入等经济指标方面，在全国地级以上城市排名中处于比较靠后的位置。与东部城市差距很大，与中部和西部的重庆、成都和郑州等城市也有很大距离。城市经济的落后，使得西北地区的城市发展缺乏根本动力。

表 4-3 新丝路沿线省会城市与全国部分城市经济指标比较

城市	人口 / 万人	GDP/ 亿元	地方一般预算收入 / 亿元	工业增加值 / 亿元	三产增加值 / 亿元
西安	871	5810	1114.98	1417.61	3424.29
西宁	231	1132	94.79	537.41	550.69
兰州	369	2096	593.42	535.04	1257.11
乌鲁木齐	355	2680	465.09	625.00	1860.00
银川	216	2680	243.80	487.81	636.16
北京	2171	22969	4723.90	3662.90	18302.00
上海	2415	24965	5519.50	7109.94	16914.52
深圳	1138	17503	2727.06	6785.01	10291.80
重庆	3017	15720	2155.10	5557.52	7497.75
成都	1466	10801	1157.60	4056.20	5704.50
郑州	957	7315	1419.50	3312.30	3538.70

2. 产业结构对比

从一二三次产业结构来看，西安居西北省会城市中较优水平。西安、兰州和乌鲁木齐产业占比大小呈“三、二、一”的格局，产业结构高级化水平较高，西宁和银川第二产业占比较高。

表 4-4　沿线省会城市产业结构比较（%）

城市	一产比重	二产比重	三产比重
西安	3.8	37.3	58.9
西宁	3.3	48.0	48.7
兰州	2.7	37.3	60.0
乌鲁木齐	1.2	29.4	69.4
银川	3.9	53.2	42.9

从城市服务业发展来看，西安城市服务业从业人数是西北省会城市中最多的。以其专业化程度来看，西安在建筑业、科学研究技术服务和地质勘查业、金融业等行业占有优势。兰州在建筑业、交通运输仓储及邮政业、批发和零售业方面从业者较多；乌鲁木齐在建筑业、交通运输仓储及邮政业、批发和零售业、科学研究技术服务和地质勘查业、金融业、房地产业等方面从业者较多。

表 4-5　沿线省会城市服务业从业人员（万人）

行业	西安	兰州	西宁	银川	乌鲁木齐
信息传输、计算机服务和软件业	1.64	0.68	0.62	0.27	0.50
批发和零售业	10.16	2.12	0.84	0.95	2.10
住宿、餐饮业	2.80	1.04	0.21	0.34	1.35
电力、燃气及水的生产和供应业	3.14	1.64	1.18	2.44	1.08
建筑业	9.29	9.28	2.85	2.01	5.92
交通运输、仓储及邮政业	9.70	3.62	2.25	0.82	5.61
金融业	3.61	1.62	0.98	1.61	1.49
房地产业	1.37	0.98	0.25	0.41	1.42
租赁和商务服务业	1.37	1.71	0.64	0.66	1.32
科学研究、技术服务和地质勘查业	8.12	2.36	0.85	0.97	1.78
水利、环境和公共设施管理	1.19	0.87	0.46	0.63	0.65
居民服务和其他服务业	1.51	0.20	0.03	0.02	0.04

根据数据和各城市主导发展产业体系来看，丝绸之路沿线城市间产业具有较高的相似度，尤其是制造业基本上是支撑这些城市发展的主体，也是各城市经济占比最高的行业。其次电力、矿产、能源供应和农牧加工业，也是沿线城市经济发展的重要产业。由于城市间产业门类具有较高的相似度，且以初级产品为主，容易形成域内竞争，不利于沿线城市间协调、协作。沿线多数城市优势产业集中在传统行业，如农业、制造业、交通运输业、批发零售业。而新兴的信息传输、计算机服务和软件业、居民服务和其他服务业发展缓慢，水平明显滞后。西安、宝鸡、咸阳、兰州、天水、张掖、平凉、酒泉、陇南、乌鲁木齐批发和零售行业有比较优势，西安、宝鸡、咸阳、兰州、武威、酒泉、乌鲁木齐交通运输仓储及邮政业有优势。

第一类：综合发达水平较高的城市。对沿线城市的产业结构分析来看，西安、兰州、乌鲁木齐是沿线区域中较发达综合性城市，无论是工业基础还是服务业体系，都相对完善。省会城市相比较而言，西安在教育、科技、交通、文化产业发展优势突出，而兰州装备制造、化工较为发达。

第二类：产业比重表现为“第二产业>第三产业>第一产业”的城市，即总体以工业为主的城市。包括西宁、银川、宝鸡、咸阳、白银、酒泉、陇南、库尔勒，张掖、平凉第二产业比重虽最高，但三次产业较均衡发展。

第三类：产业比重表现为“第三产业>第一产业>第二产业”的城市，这类城市第三产业较发达，第一产业有基础，而第二产业薄弱，产业结构整体层次较低。如定西、固原和敦煌。

沿线城市中第三产业占比相对较高的城市，一种情况是商业、服务业相对发达，而另外的情况则是生产制造业不足、工业发展滞后，城市各类商业活动成为城市经济主要组成部分，相对占比较高。另一种情况是总体协调发展，第三产业较强。总体来说，沿线地区商业、服务业规模和层次不够发达，城市综合服务功能没有能够有效发挥。

3. 主导产业对比

丝路沿线地区以资源经济为主，主导产业以装备制造、旅游、现代服务业（金融、物流、贸易）等三大产业为主，分别予以分析。

（1）装备制造业

西安规模以上装备制造业企业736家，列西北第一，在新丝路沿线城市中，名列徐州、郑州之后。与丝绸之路沿线其他城市相比，西安占绝对优势，分别是兰州 8 倍，西宁、银川和乌鲁木齐 30、19 和 11 倍。

西安在装备制造业方面与新丝路其他城市相比有一定优势，也有互补性。西安形成以交通运输设备制造业（航空、航天、汽车等）、电气机械设备制造业（光机电、机械等）、电子设备制造业为主导产业的产业集群，并拥有一批研发能力、装备水平、产品市场占有率均居全国前列的骨干企业。兰州在石油化工机械、通用机械制造、电工电器、仪器仪表等行业有一定优势，西宁在专用车、数控机床、石油机械及零部件生产等有一定优势，银川在数控机床、起重运输机械、风力发电设备和工程汽车生产方面有一定优势，乌鲁木齐以轻重型汽车、农用机械、矿山设备生产装配见长。郑州以客车、皮卡等为主的汽车制造业，以纺机、煤机为主的专用设备制造业，以电线电缆为主的电气器材制造业，以锅炉、阀门等为主的通用设备制造业，以玻壳玻锥、交换机为主的电子设备制造业，在全国有一定地位。徐州在通用设备制造业、金属制造业、电气机械及器材制造业和专用设备制造业方面，在全国有一定地位。

图 4-1　陕汽集团

（2）旅游业

西安是十三朝古都，建城三千多年，历史文化古迹多，也是沿线非常重要的历史文化名城，旅游资源丰富，国际知名度高。

兰州旅游资源居中国第6位，已初步形成连接周边，如敦煌莫高窟、永靖炳灵寺、夏河拉卜楞寺和天水麦积山石窟等著名历史古迹，并不断强化兰州本地兴隆山、吐鲁沟、石佛沟等自然景区的丝绸之路大旅游线。

乌鲁木齐是古丝绸之路新北道上的必经之路，是少数民族聚集的现代化大城市，具有浓郁、多彩多姿的民族风情，地处亚欧大陆腹心，具有独特的地理地貌和气候的自然环境。

西北5省（自治区）国家文保单位占全国29.1%，国家历史文化名城、国家自然保护区、国家5A景区占比均超过12%，国家风景名胜区占全国7.0%。

图4–2　敦煌莫高窟

表4–6　沿线五省（自治区）国家级旅游资源（个）

省份	风景名胜区	历史文化名城	自然保护区	文保单位	水利风景区	5A景区	各地宣传口号
陕西	6	6	25	243	33	8	人文陕西，山水秦岭
甘肃	3	4	18	131	26	4	精品丝路，绚丽甘肃
宁夏	2	1	9	35	10	4	塞上江南，神奇宁夏
青海	1	1	7	44	12	3	大美青海
新疆	5	5	13	113	22	11	文化圣地，大美新疆
合计	17	17	71	566	103	30	
全国	244	131	442	1943	719	236	
全国占比/%	7.0	13.0	16.1	29.1	14.3	12.7	

从旅游总收入看，陕西仍有优势。2016 年丝绸之路沿线城市旅游收入居前 3 位的城市是西安、兰州、乌鲁木齐，分别为 1200 亿元、360 亿元、340 亿元，西安列西北第一。甘肃、青海旅游业总体发展水平较低、总量不高，与其交通区位偏远、交通出行成本高有直接关系。但就沿线省（自治区）旅游收入近年来增长均保持在 25% 以上，超过全国平均增幅 12 个百分点以上，呈快速发展态势。

表 4–7　沿线省（自治区）旅游收入增长情况

省区	完成 / 亿元	同比增减 /%
陕西	3813	26.9
甘肃	1220	25.1
宁夏	210	30.2
青海	310	25.1
新疆	1401	37.0
全国	469000	13.6

虽然丝绸之路沿线省份已具有一批相当硬件和软件水准的旅游企业，形成相当规模的接待能力，交通基础设施也不断改善。但是，丝绸之路沿线旅游业仍然没有完全摆脱粗放式的发展格局，旅游资源开发还不能完全适应市场需求。与长三角、珠三角地区比较，无论是国内、入境旅游接待人数规模，还是总体旅游收入，都有相当大的差距。

（3）现代服务业（以金融业为例）

现代服务业作为最为活跃的产业门类，也是各级政府积极鼓励的产业。现代服务业产业门类众多，界定较为复杂，我们选定其中最能反映当地经济发展，并广泛折射其他行业发展趋势的金融业进行研究和分析。

从金融业地位与开放程度看，西安是中国人民银行区域性分行所在地。西安聚集了 86 家银行、60 家保险和 31 家证券期货等各类金融机构，居西北地区之首。比较城市金融机构各项存款、贷款规模及城乡居民储蓄规模不难发现，西安位居前第一层次，兰州、乌鲁木齐列第二层次，西宁、银川列第三层次。城市金融生态环境比较表明，西安最优。在不少专家进行的中国城市金融生态环境评价研究中，西北地区总体不太好，西安是唯一进入前 50 位的西北城市，列五级中的第四级。

表 4–8 中国 50 个城市金融生态环境等级评定

等级评定	城市
一级	上海 宁波 温州 杭州 深圳
二级	台州 苏州 绍兴 嘉兴 北京 无锡 东莞 南京 厦门 泉州 广州 天津
三级	济南 合肥 常州 福州 大连 青岛 成都 扬州 烟台 珠海 南通 佛山 重庆 秦皇岛 长沙 呼和浩特
四级	武汉 中山 石家庄 芜湖 昆明 南昌 郑州 海口 长春 哈尔滨 西安 沈阳
五级	威海 惠州 淄博 潍坊 徐州

三、丝路沿线各国经济发展现状

丝绸之路沿线虽然大部分地处内陆，千年以前在人类交通工具和交通技术比较落后的时期，凭借便捷的陆地交通，带来良好贸易机会获得快速发展。

表 4–9 丝绸之路经济带经济地理特征分析

层次	国家地区	面积 / 万千米 ^{2}	人口 / 亿人	GDP/ 亿美元	备注
核心区	中国	959.81	13.51	8.23	
	中亚 5 国	400.29	0.65	0.30	哈萨克斯坦、土库曼斯坦、吉尔吉斯斯坦、乌兹别克斯坦、塔吉克斯坦
	俄罗斯	1709.82	1.44	2.02	
	合计	3069.92	15.6	10.55	
扩展区	印度	328.73	12.73	1.84	
	巴基斯坦	79.61	1.79	0.23	
	伊朗	174.52	0.76	0.51	
	阿富汗	65.21	0.30	0.02	
	蒙古	156.65	0.03	0.01	
	欧亚经济共同体其他国家（4 国）	87.48	0.62	0.26	白俄罗斯、亚美尼亚、乌克兰、摩尔多瓦
	合计	892.2	15.87	2.87	

续表

层次	国家地区	面积/万千米^2	人口/亿人	GDP/亿美元	备注
辐射区	欧盟（28国）	432.48	5.09	16.69	奥地利、比利时、保加利亚、塞浦路斯、克罗地亚、捷克共和国、丹麦、爱沙尼亚、芬兰、法国、德国、希腊、匈牙利、爱尔兰、意大利、拉脱维亚、立陶宛、卢森堡、马耳他、荷兰、波兰、葡萄牙、罗马尼亚、斯洛伐克、斯洛文尼亚、西班牙、瑞典、英国
	西亚其他国家（15国）	465.06	2.36	3.04	伊拉克、格鲁吉亚、阿塞拜疆、土耳其、叙利亚、约旦、沙特阿拉伯、巴林、卡塔尔、也门、阿曼、阿拉伯联合酋长国、科威特、黎巴嫩、以色列
	日韩朝	59.77	2.01	7.12	
	合计	957.31	9.48	26.85	
核心区和扩展区合计	16国	3952.14	31.74	13.42	
丝绸之路经济带总计	61国	4919.43	40.95	40.27	

注：根据相关公开资料整理。对于丝绸之路沿线国家数量，专家有多种观点，本书采用以上观点。

随后近千年由于交通技术的不断发展，原有优势条件被逐渐淡化，相对于世界其他区域而言，丝绸之路沿线区域经济衰弱，生态衰退，成为世界上相对贫穷的地区。但从世界经济发展的构成中来看，丝路沿线地区幅员广袤，石油、天然气、煤炭、矿产、农产品等自然资源非常丰富，尤其是两伊和里海地区成为世界能源之心，成为世界各国必争的能源宝库。

1. 中亚 5 国

中亚 5 国东接中国边界，西到里海和伏尔加河，北到咸海与额尔齐斯河分水岭，并延伸至西伯利亚大草原的南部，南到伊朗、阿富汗边界，5 国土地面总和为 400.34 万千米 ^{2}，是中国近年来开展国际合作的主要对象，是中国重要的能源和资源供应地，也是中国投资密集区和商品重要销售市场之一。

这些国家石油、天然气和稀有矿产资源丰富，工业以矿产和能源开发为主，基础较差，轻纺工业、食品工业、机器制造业较落后。农业以棉花、畜牧业种植为主，结构不合理问题突出。对农产品为原料的食品加工和资本集约型产品、机电、家电、采掘机械、运输机械等需求量较大，目前是中国西部主要贸易合作伙伴，但具有较高的不稳定性。

中亚地处欧亚大陆中心地带，是欧亚大陆东西、南北交通要道，是中国向西开放的必经之地和建设丝绸之路经济带的第一环，具有基础性和示范性效应。中国与中亚国家政治互信度高，中国是苏联解体后第一批与之建交的国家。中国是土库曼斯坦、塔吉克斯坦第一大贸易伙伴，是哈萨克斯坦、乌兹别克斯坦、吉尔吉斯斯坦第二大贸易伙伴。

中亚国家独立后，经历了艰难的转型期，20 世纪 90 年代经济都出现大幅下滑。进入 21 世纪以来，中亚国家希望进一步融入世界经济和全球化进程，摆脱被边缘化的状态；希望加速本国工业化和现代化步伐，摆脱对能源经济的依赖；希望提高民众生活水平，摆脱贫困落后。中亚国家支持中国建设丝绸之路经济带战略倡议，并积极借此促进本国经济发展，带动基础设施建设，发掘过境运输的潜力。

（1）哈萨克斯坦

地处中亚内陆，位于欧亚大陆中心，国土面积居全球第 9 位，是世界上面积最大的内陆国，也是中亚 5 国经济实力最强的国家，GDP 总量占中亚地区 2/3。

一是自然资源丰富。已探明的矿藏有 90 多种。钨储量居世界第 1 位，铬和磷矿石储量居世界第 2 位，铜、铅、锌、钼和磷储量占亚洲第 1 位，铁、煤、石油、天然气储量也较丰富。二是产业体系单一落后。以石油、采矿、煤炭和农牧业为主，加工工业、机器制造业和轻工业相对落后。农业以小麦、棉花和牧羊为主，牧场占农业用地 80%。棉花种植区域占可耕地 1/3，产量居世界第 4 位，出口居第 2 位，约占出口收汇 34%。大部分日用消费品依靠进口，有“能源和原材料基地”之誉。

近年来，哈萨克斯坦经济结构单一的弊端不断暴露，受油价下跌冲击较大，经济增幅较小，货币大幅贬值。为应对危机，政府提出“光明大道”新经济政策和“五大机制改革”。“光明大道”新经济政策旨在以基础设施为引擎，带动经济发展，确定着重推进交通、工业、能源、社会、住宅、教育等领域的基础设施建设。目前，中哈两国确定就“丝绸之路经济带”与“光明大道”新经济政策全面对接，现阶段合作重点领域主要3个：

图 4-3　哈萨克斯坦的棉花

一是交通基础设施。按照纳扎尔巴耶夫总统建设“欧亚大陆立体交通大走廊”设想，不断将哈萨克斯坦建设为欧亚大陆的重要物流枢纽。为此，实施一系列交通基础设施建设计划，包括铁路、公路、航空及港口的建设，形成由首都到各地“放射状”交通网络。2014年底，哈萨克斯坦—土库曼斯坦—伊朗铁路竣工。2016年，推进“欧洲西部—中国西部”高速公路哈萨克斯坦境内2700多千米的建设，不断突显欧亚大陆的重要物流枢纽地位。从中国已开通中欧之间班列来看，渝新欧、郑新欧、西新欧、义新欧、汉新欧等大部分均过境哈萨克斯坦。2016年1~4月，中国经哈过境到欧洲的集装箱运量同比增长205%。二是能源开采。中哈能源合作成果丰硕，一些中资企业进入哈油气开采领域，为扩大能源开采和技术升级做出巨大贡献，在石油开采、勘探、运输等领域扩大合作潜力巨大。三是产能合作。中哈产能合作达成40多个项目，涉及钢铁、冶金、化工、水泥、机械制造等多个领域，不断推动哈萨克斯坦工业创新计划和经济多元化发展。

（2）吉尔吉斯斯坦

位于欧亚大陆腹心地带的内陆国，是连接欧亚大陆和中东的要冲，还是大国势力东进西出、南下北上必经之地。

矿产资源较丰富，境内共发现各类矿产地2000多处，探明储量的优势矿产有金、钨、锡、汞、锑、铁等。开采和提炼的有色稀有金属主要有锑、汞、锡、钨、金、铅、铟、锌、铋等。其提炼的锑被公认具有世界水平的纯度和质量。但是资金不足，发展采矿冶金业有赖于外资的帮助。锑矿产量居世界第3位，汞产量居独联体国家第2位，主要出口俄罗斯、哈萨克斯坦、阿塞拜疆、荷兰、美国、南亚和中东地区，也是继日本、美国、德国后第4个可以生产多晶硅的国家。吉境内间流湖泊众多，水资源丰富，蕴藏量在独联体国家中居第3位，仅次于俄罗斯、塔吉克斯坦，潜在水力发电能力为1450亿千瓦，仅开发利用10%左右。

（3）乌兹别克斯坦

位于中亚中心，是中亚人口最多的国家。近年来该国经济快速发展，GDP连续几年保持8%以上增幅。为加快经济发展，该国不断扩大对外开放和合作。

支柱产业是“四金”：黄金、“白金”（棉花）、“黑金”（石油）、“蓝金”（天然气），黄金储量居世界第4位，铀储量约居世界第7位，铜、钨等有色金属和天然气储量在独联体国家中居前列，形成了飞机制造、成品油（主要是汽油和柴油）开采冶炼、建筑水泥为主的主导产业。飞机制造业有较高水平，且同世界上许多国家保持合作关系，其产品销往俄罗斯、中国、印度、埃及、阿尔及利亚、利比亚、伊拉克、匈牙利和保加利亚等国，同美国、法国和加拿大等国飞机制造企业有广泛的技术交流和合作，部分产品在当今世界同类飞机中名列前茅。

中乌在“丝绸之路经济带”框架下的重点合作领域主要集中在3个方面。一是互联互通。乌积极推动中—吉—乌铁路项目和乌兹别克斯坦—土库曼斯坦—伊朗—阿曼运输走廊。2016年，中方经过900多天奋战，帮助修通全长19.2千米的安格连—帕普铁路卡姆奇克隧道，被称为“中亚第一隧道”。开通后，不断强化中—吉—乌铁路的功能，使中国经中亚至西亚的通道更加便捷。二是产能合作。乌兹别克斯坦劳动力资源丰富，工业基础较好，产业种类较为多元。乌近几年大力吸引外资，中乌在吉扎克工业园区的合作进展顺利，受到乌方高度评价。三是能源合作。目前，中国—中亚天然气管道 ABCD 线均过境乌兹别克斯坦，合作不断加强。

图 4-4　中亚第一隧道贯通

（4）塔吉克斯坦

地处山区，境内山地和高原占 90%，其中约一半在海拔 3 千米以上，有“高山国”之称，是独联体中最贫穷的国家之一。

铀储量居独联体首位，铅、锌矿居中亚第 1 位，钼、钨、锑、锶 、金矿、石油、天然气、煤、岩盐、萤石等储量丰富。水力资源蕴藏量居世界前列，境内努列克水电站是中亚地区最大的水电站。煤炭、石油、天然气资源都非常丰富，有 29 个煤矿，仅亚格诺布尔煤矿地质储量就达 16 亿吨。

经济结构单一，对外依赖性较强，所需燃料、油料、粮食、轻工业产品、日用消费品都依赖进口。交通运输有公路和铁路，但山地面积多，交通落后。目前工业以铝冶炼和棉纺织为主，形成了以轧棉、棉纺织、丝纺织、制毯为主的纺织及食品加工、矿冶等轻重工业，以及以长绒棉、麦类、果园、养蚕等为主的种植业产业体系。

中国与塔吉克斯坦的合作重点领域：一是工业与投资合作。目前在塔中国企业约 600 家。此前水泥需要大量进口，但中企在塔投资建厂后，在较短时间内实现了水泥自给和向国外出口。二是农业合作。中塔有“农业合作示范园区”，通过引进中国资金与技术发展现代农业，有力促进了本国农业发展。三交通设施合作。为摆脱交通困境，塔近年来努力改善交通状况，通过贷款修建了首都杜尚别至第二大城市胡占德的高速公路。2013 年开始，塔吉克斯坦、阿富汗、土库曼斯坦 3 国修建土—阿—塔铁路，积极改善交通状况。

表 4–10 中亚 5 国资源与产业情况

国名	面积/万千米^2	能矿资源	产业结构	农牧业	重点行业	优势技术
哈萨克斯坦	272.49	矿物种类多且储量丰富，有“能源和原材料基地”之誉	以石油、采矿、煤炭和农牧业为主，加工工业、机器制造业和轻工业相对落后	农业种植有小麦、玉米、马铃薯、水稻、棉花、甜菜、烟草；以养牛和养羊为主	棉纺织业、建筑业	在航天和卫星通信等方面处于世界领先地位
乌兹别克斯坦	44.74	煤、电、石油、天然气资源丰富	天然气、有色冶金、机械制造和化学工业比较发达	棉花种植、桑蚕业、畜牧业、蔬菜瓜果种植业	棉纺织业、飞机制造业、建筑业	棉花生物学和遗传学、放射材料、太阳能利用材料
吉尔吉斯斯坦	19.85	锑矿产量居世界第 3 位，汞产量居独联体第 2 位；被誉为“中亚煤斗”，水电资源丰富	以农牧业为主，开采业和加工业为支柱产业，电力工业和畜牧业比较发达	主要农作物有小麦、甜菜、玉米、棉花、烟草等；以养羊为主	牦牛业、矿产品、机电产品、保险业	植棉技术、节水滴灌、生物防治病虫害技术
土库曼斯坦	49.12	石油和天然气	石油和天然气开采为最主要的工业部门；其次是化工和地毯织	主要种植棉花和小麦；以饲养羊、马、骆驼为主	电信业、养蚕业、棉花生产	沙漠治理、太阳能利用技术发达
塔吉克斯坦	14.31	矿产资源十分丰富，煤、石油、天然气和铁矿	采矿业、轻工、食品、有色冶金、化工、机器制造和电子工业比较发达	是生产细纤维棉花的主要基地，以种植业和畜牧业为主	制铝业、棉花种植业、养殖业	铝冶炼技术

（5）土库曼斯坦

仅次于哈萨克斯坦，是中亚面积第二大国家，全境大部分是低地，80%领土被沙漠覆盖，是世界上最干旱的地区之一。

图 4-5　土库曼斯坦油田

有丰富的石油和天然气资源，芒硝、碘、有色及稀有金属等矿产资源也很丰富。天然气探明储量为 22.8 万亿米^3，约占世界总储量 1/4，居世界第 4 位，石油储量 120 亿吨。石油和天然气是土库曼斯坦国民经济的支柱产业，石油年产量 1000 万吨，天然气年产量 600 亿米^3，出口 450 亿 ~500 亿米^3。农业主要种植棉花和小麦，肉、奶、油等食品能够自给自足。各国与土库曼斯坦的合作重点是能源领域。长期以来，土天然气只向俄罗斯出口，随着土—中天然气管道、土—伊天然气管道的建成，2009 年后土库曼斯坦实现了能源出口多元化。近年来，土库曼斯坦—阿富汗—巴基斯坦—印度天然气管道修建，土还积极推动修建对欧洲共同体的天然气管道，中国是土最具前景的天然气出口市场。

表 4-11　中国与部分国家签署丝绸之路经济带合作协议

序号	时间	国家	内容
1	2014 年 6 月 4 日	科威特	科中关于丝绸之路经济带和科威特丝绸城建设合作谅解备忘录
2	2014 年 7 月 23 日	土库曼斯坦	关于建立战略伙伴关系的联合宣言

续表

序号	时间	国家	内容
3	2014年8月22日	蒙古	关于建立和发展全面战略伙伴关系的联合宣言
4	2014年11月3日	卡塔尔	关于建立战略伙伴关系的联合声明
5	2014年11月14日	缅甸	深化两国全面战略合作的联合声明
6	2014年12月14日	哈萨克斯坦	“丝绸之路经济带”建设谅解备忘录
7	2014年12月17日	尼泊尔	“丝绸之路经济带”建设谅解备忘录
8	2014年12月22日	白俄罗斯	“丝绸之路经济带”合作议定书
9	2015年3月9日	格鲁吉亚	共建“丝绸之路经济带”合作的备忘录
10	2015年4月20日	巴基斯坦	全天候战略合作伙伴关系的联合声明
11	2015年5月8日	俄罗斯	丝绸之路经济带建设和欧亚经济联盟建设对接合作的联合声明
12	2015年6月6日	匈牙利	“一带一路”建设谅解备忘录
13	2015年6月15日	乌兹别克斯坦	关于在落实建设“丝绸之路经济带”倡议框架下扩大互利经贸合作的议定书
14	2015年9月2日	塔吉克斯坦	关于编制中塔合作规划纲要的谅解备忘录
15	2015年11月15日	土耳其	“一带一路”建设谅解备忘录
16	2015年11月23日	马来西亚	中华人民共和国和马来西亚联合声明
17	2015年11月26日	波兰	“一带一路”建设谅解备忘录
18	2015年11月26日	塞尔维亚	“一带一路”建设谅解备忘录
19	2015年11月26日	捷克	“一带一路”建设谅解备忘录
20	2015年11月26日	斯洛伐克	“一带一路”建设谅解备忘录
21	2015年11月26日	保加利亚	“一带一路”建设谅解备忘录
22	2015年12月10日	阿塞拜疆	“丝绸之路经济带”建设谅解备忘录
23	2016年1月19日	沙特	“一带一路”建设谅解备忘录
24	2016年1月21日	埃及	“一带一路”建设谅解备忘录
25	2016年1月23日	伊朗	“一带一路”建设谅解备忘录

2. 俄罗斯

横跨亚欧大陆板块第一大国，与中国西北领土相连，资源储量非常丰富，80%分布在亚洲部分。俄罗斯是一个重工业较发达的国家，钢铁、燃料动力、机械、化学、宇航技术处于世界前列，农业比较薄弱。出口以石油、天然气等能源产品、金属及其制品、化工产品为主，进口以机械设备和交通工具、食品和农产品、纺织服装类商品为主。

当前中俄关系处于历史上很好的时期，两国建立了面向 21 世纪的全面战略伙伴关系。2016 年中俄贸易额 695.3 亿美元，在能源、交通、科技、农业等领域合作潜力巨大。俄罗斯作为连接欧亚大陆的重要国家，丝绸之路经济带的建设必将促进其经济繁荣和中俄经济合作进一步深化。

3. 印度

南亚大国，同中国有着 2000 千米共同边界，是人口大国、文明古国、新兴经济体代表，也是现今发展速度最快的发展中国家之一。

在进入新世纪后，中印努力深化战略伙伴关系，两国有许多战略的契合点。2002 年，俄罗斯、印度和伊朗 3 国共同发起“北南走廊计划”，提出修建从印度经伊朗、高加索、俄罗斯直达欧洲的国际运输通道。该计划提出后，中国和中亚国家表现出较大兴趣。但由于相关国家的政治分歧和资金短缺问题，“北南走廊计划”中的铁路和公路项目进展缓慢，甚至一度被搁置。在 2012 年 1 月召开的“北南走廊”14 国专家会议上，印度表示可以承担伊朗境内的铁路与公路建设，该计划出现向前推进之势。

4. 巴基斯坦

位于南亚次大陆西北部，南濒阿拉伯海，东、北、西三面与印度、中国、阿富汗和伊朗为邻，是经济快速增长的发展中国家之一，是世界贸易组织、伊斯兰会议组织、77 国集团、不结盟运动和英联邦成员国，是首个和中国建交的伊斯兰国家，是中国“长期、全天候和多方面发展的友好关系”的国家。

巴基斯坦拥有多元化的经济体系，是世界第 25 大经济体。农业占国内生产总值 20%，服务业占 53%，批发和零售贸易占服务业 30%。过去几年，卡拉奇证券交易所和世界其他新兴市场不断增值，大笔外资投入到电讯、房地产和能源等领域。其他主要产业包括软件、机动车辆、纺织、水泥、化肥、钢铁、造船、航空航天工业和军火生产。

巴基斯坦积极支持中国“一带一路”建设倡议。2013 年，中巴双方签署发展经济走廊的长期协议，更新和扩建联结巴基斯坦瓜达尔港和中国喀什的公路，最终建成铁路线、工业园等，在经济走廊沿线及瓜达尔港将建成经济特区，使瓜达尔港成为陆海丝绸之路的交汇点。经济走廊通过喀喇昆仑公路，连接瓜达尔港和新疆，使得巴基斯坦成为中国连接中东、非洲和欧洲的桥梁。相比印度洋马六甲海峡线路，中巴经济走廊线路使地区贸易距离大大缩短。中巴经济走廊、中缅孟印经济走廊的建设，将促进中国与南亚地区的经济合作，推动各国经济发展。

5. 伊朗

东邻巴基斯坦和阿富汗斯坦，东北部与土库曼斯坦接壤，西北与阿塞拜疆和亚美尼亚为邻，西界为土耳其和伊拉克。伊朗是亚洲主要经济体之一，经济实力较强，是联合国创始成员之一，也是不结盟运动、伊斯兰会议组织和石油输出国组织成员。

经济以石油开采业为主，为世界石油天然气大国，石油生产能力和石油出口量分别居世界第 4 位和第 2 位。伊朗石油化工、钢铁、汽车制造业发达，电子工业、核工业、计算机软硬件业发展较好。

中国在伊朗建设的铁路网连接伊朗境内多个城市，未来将向西扩展到伊拉克，最终连接叙利亚及地中海沿岸国家，成为中东地区一条走廊。2010 年中国开始建设“中东走廊”，2013 年有了突破性进展。近几年，中国企业对伊朗投资保持每年 300% 增速，仅钢铁领域在伊朗建设项目就有 13 个。中国是伊朗原油的主要买家，是伊朗第一大贸易伙伴。伊朗和中国制定了未来 25 年联合商业战略，10 年内贸易额达到 6000 亿美元，年均 600 亿美元。2016 年 2 月，连接中国和伊朗的一段“丝绸之路”已投入运营，货运列车线路经过中国、哈萨克斯坦、土库曼斯坦和伊朗，成为推动“中东走廊”建设的重要举措。

6. 阿富汗

位于西亚、南亚和中亚交汇处，北接土库曼斯坦、乌兹别克斯坦和塔吉克斯坦，东北狭长地带与中国接壤，东和东南与巴基斯坦毗邻，西与伊朗交界，中阿边界全长 92 千米。阿富汗是内陆国，无出海口，交通运输主要靠公路和航空。

农牧业是阿富汗国民经济的主要支柱。农牧业人口占全国总人口 80%，耕地不到全国土地总面积 10%。工业主要有纺织、化肥、水泥、皮革、地毯、电力、制糖、金属制造和农产品以及水果加工等。阿富汗同 60 多个国家和地区有贸易往来，主要出口商品有天然气、地毯、干鲜果品、羊毛、棉花等；主要进口商品有各种食品、机动车辆、石油产品和纺织品等。2014 年加尼总统就任后把中国作为第一个正式访问国家，视中国为对阿政治经济重建与转型具有重要意义的国家。

7. 蒙古

位于中国以北、俄罗斯以南、亚洲和欧洲大陆连接处，是地处亚洲的内陆国家。自然环境恶劣，人口稀少。

畜牧业是国民经济的基础，工业以肉、乳、皮革等畜产品加工为主。出口主要为矿产品、纺织品和畜产品等；进口主要有矿产品、机器设备、食品等。主要贸易伙伴为中国、俄罗斯、欧盟等。

中国已连续多年成为蒙古最大的贸易伙伴和投资国。中国在蒙注册企业将近 6000 家，占蒙古外资企业总数的 49%，涉及矿产资源开发、基础设施建设等行业。2015 年，中蒙俄 3 国元首会晤，批准了《三方合作中期路线图》，通过铁路、公路等互联互通建设将中国与欧亚各国紧密联系起来。

8. 欧亚共同体其他国家

主要包括白俄罗斯、亚美尼亚、乌克兰、摩尔多瓦等（另外几个国家在其他章节研究），基本为前苏联独立出来的国家，文化、地缘接近，发展水平相当，有着共同的利益诉求和发展要求。

（1）白俄罗斯

位于东欧平原的内陆国家，东北部与俄罗斯联邦为邻，南与乌克兰接壤，西同波兰相连，西北部与立陶宛和拉脱维亚毗邻。截止 2014 年在白俄罗斯已确定有超过 1 万种矿产，其中最重要的是石油、伴生天然气、泥炭、褐煤和易燃板岩，以及钾盐、石盐和各种建材原料。白俄罗斯工业基础较好，机械制造业、冶金加工业、机床及激光技术等比较发达；IT 业较发达；农业和畜牧业亦很发达。白俄罗斯与俄罗斯、哈萨克斯坦共同建立了关税同盟，3 个国家经济、军事等一体化趋势正逐渐加强。根据中白双方战略合作协议，两国将在贸易、金融、基础设施以及能源等方面展开合作，切实将两国高水平的政治关系转化为实实在在的合作成果。

（2）亚美尼亚

位于亚洲与欧洲交界处外高加索南部，地处亚美尼亚高原东北部，西接土耳其，南接伊朗交界，北临格鲁吉亚，东临阿塞拜疆，为内陆国。境内多山，全境 90%领土在海拔 1000 米以上。

1994 年，纳卡战争后遭阿塞拜疆、土耳其封锁，受制于资源贫瘠、资金短缺等因素，该国经济依然贫弱。主要经济来源是农牧业，其中农业生产只集中在首都附近的低地地带。中国和亚美尼亚经济合作涉及铁路、能源等领域，亚方希望未来在互联互通建设、产能合作、旅游等领域与中国展开合作。双方在中国山西共同投资的山西—纳伊列特橡胶厂，中方企业积极参与亚境内基础设施建设项目，双方务实合作不断取得新突破。亚美尼亚在中国多次举办文化活动，受到中国各地欢迎。

（3）乌克兰

位于欧洲东部，是欧洲第二国土面积最大的国家。东连俄罗斯，南接黑海，北与白俄罗斯毗邻，西与波兰、斯洛伐克、匈牙利、罗马尼亚和摩尔多瓦诸国相连。地理位置重要，是欧洲联盟与独联体特别是与俄罗斯地缘政治的交叉点。

乌克兰是世界上第 3 大粮食出口国，有着“欧洲粮仓”的美誉。乌克兰是新兴自由市场经济体，工农业较为发达，其农业产值占国内生产总值 20%。重工业在工业中占据主要地位。同 200 多个国家和地区有贸易联系，主要出口国分别为俄罗斯（28.9%）、土耳其（5.4%）、意大利（4.4%）等，主要进口国为俄罗斯（35.2%）、中国（9.2%）、德国（8.3%）等。主要出口产品为黑色金属及制品、无机化学材料、化肥、木材、纺织品、铝制品、机车等；主要进口产品有天然气、石油、地面交通设备、纸张、塑料制品、药品、粮食和车床等。

图 4-6　广阔的乌克兰黑土地

（4）摩尔多瓦

位于欧洲巴尔干半岛东北部多瑙河下游，绝大部分国土介于普鲁特河和德涅斯特河之间。东、北部与乌克兰接壤，西隔普鲁特河与罗马尼亚毗邻，南部不远遥望黑海。

摩尔多瓦自然资源相对贫乏，缺少煤、铁矿、石油和天然气。但全国境内蕴藏着丰富的非金属富矿，主要有大理石、石膏、玻璃沙土、石灰岩、沙土、硅藻土、陶土等，盛产高品质黏土，是制砖、制陶、瓷器不可缺少的原料。摩尔多瓦国土面积的 80% 是黑土高产田，适宜农作物生长，盛产葡萄、食糖、食油和烟草等，农业和农产品加工占国内生产总值的 60%，全国有 46% 以上劳动力从事农业生产。摩尔多瓦工业基础薄弱，完全依赖于外部提供原料、能源和技术联系。

9. 欧盟

世界经济最发达的地区之一，经济一体化逐步深化直接促进了该地区经济进一步繁荣。欧盟为世界货物贸易和服务贸易最大进出口方。欧盟对外贸易中，以美国、中国、俄罗斯、瑞士为主要贸易伙伴。欧盟也是全球最不发达国家最大出口市场和最大援助者，多边贸易体系的倡导者和主要领导力量，军事上绝大多数欧盟成员国为北大西洋公约组织成员。欧盟经济实力已超过美国居世界第一，对世界其他地区的经济发展，特别是包括中国在内的发展中国家至关重要，可以称得上是个经济“巨人”，也是丝绸之路经济带重要合作和贸易区域。

表 4–12　欧盟成员国基本情况

欧盟	入盟 / 年份	面积 / 千米 ^{2}	人口 / 百万人	实际 GDP / 亿欧元	人均 GDP / 欧元
合计		4379663	505.7	117645	23100
比利时	1952	30538	11.2	3278	29500
德国	1952	357031	80.5	24824	30200
法国	1952	549087	65.6	18127	27600
意大利	1952	301338	59.7	13652	22400
卢森堡	1952	2586	0.54	340	62400

续表

欧盟	入盟 /年份	面积 /千米^2	人口 /百万人	实际 GDP /亿欧元	人均 GDP /欧元
荷兰	1952	35518	16.8	5430	32300
丹麦	1973	43094	5.6	2090	37200
爱尔兰	1973	70925	4.6	1667	36200
希腊	1981	131957	11.1	1610	14500
西班牙	1986	505124	46.7	9217	20100
葡萄牙	1986	91916	10.5	1494	14300
奥地利	1995	83858	8.5	2726	32200
芬兰	1995	338150	5.4	1648	30300
瑞典	1995	449974	9.6	3411	35500
捷克	2004	78866	10.5	1192	11300
爱沙尼亚	2004	45227	1.3	128	9600
塞浦路斯	2004	9251	0.87	142	16400
拉脱维亚	2004	64589	2	144	7100
立陶宛	2004	65300	2.97	251	8500
匈牙利	2004	93030	9.9	886	9000
马耳他	2004	316	0.42	58	13700
波兰	2004	312685	38.5	3331	8600
斯洛文尼亚	2004	20273	2.1	304	14800
斯洛伐克	2004	49035	5.4	512	9500
保加利亚	2007	110900	7.3	275	3800
罗马尼亚	2007	238400	20	967	4800
克罗地亚	2013	56594	4.3	3573	8400

注：根据欧盟统计局公布数据整理。

10. 西亚

西亚地区总面积约 718 万千米^2，占亚洲总面积 16%。丝绸之路经济带西亚地区沿线国家包括土耳其、伊朗、叙利亚、伊拉克、阿联酋、沙特阿拉伯、卡塔尔、巴林、科威特、黎巴嫩、阿曼、也门、约旦、以色列、巴勒斯坦、亚美尼亚、格鲁吉亚、阿塞拜疆、阿富汗、塞浦路斯等国。

西亚号称“世界石油宝库”，是世界上石油储量最丰富、产量最大、出口量最多的地区，所产石油 90% 以上供出口，主要出口美国、西欧和日本。大部分西亚国家工业化水平比较低，科技发展水平一般，机械设备加工制造、纺织、日常用品制造等产业不发达。同时，西亚地区是东西方文化交流的要道，霍尔木兹海峡、曼德海峡是沟通大西洋和印度洋的交通纽带，战略地位十分显要。

目前，西亚地区内的国家还没有形成良好的水电输送网络，导致水电匮乏的国家经常面临缺水、缺电等问题。交通运输方式存在布局不平衡、建设不完善问题，通讯设施覆盖率低、港口运转能力有限、航空线辐射世界不足等也是西亚国家基础设施存在的问题，严重制约了国内经济的发展。

（1）土耳其

主要进口产品有矿物燃料、矿物油及其附产品、沥青等；核反应堆、锅炉、机械器具及零件，电机、电气、音像设备及其零附件；钢铁；车辆及其零附件；塑料及其制品。主要出口产品包括车辆及其零附件；核反应堆、锅炉、机械器具及零件；针织或钩编服装及衣着附件。

2016 年，中土双边贸易额为 277.6 亿美元，矿产品一直是土耳其对中国出口的最主要产品，而中国向其出口的主要商品为机电产品、纺织品和金属制品。土耳其前五大逆差来源地依次是中国、俄罗斯、德国、韩国和美国；顺差主要来自伊拉克、英国和阿塞拜疆。

（2）叙利亚

工业基础薄弱，现代工业只有几十年历史。现有工业分为采掘工业、加工工业和水电工业。采掘工业有石油、天然气、磷酸盐、大理石等。加工工业主要有纺织、食品、皮革、化工、水泥、烟草等。“绿色金子”橄榄，同“黄色金子”小麦和“白色金子”棉花为叙利亚三大农作物。

吸引外商直接投资领域有石油、天然气、磷酸盐、岩盐、沥青等。已探明石油储量 25 亿桶，石油及其产品基本自给并部分出口。已探明的天然气储量 6500 亿米 ^{3}，磷酸盐储量 6.5 亿吨，岩盐储量 5500 万吨。

叙利亚主要从中国进口机电、音像设备及其零件、附件、金属及其制品、植物产品等。向中国出口纺织原料及纺织制品、矿产品、植物产品等。在叙开展合作的主要中资企业有中石油、中石化、中纺、中材建设、北方公司、湖北宏源电力、中兴、华为、四川机械设备公司等。

（3）格鲁吉亚

自然资源较为丰富，主要有森林、矿产和水力资源等。森林面积占国土面积的 38.5%，木材总储量 4.2 亿米 ^{3}，主要有榉木、松木、樱桃木和胡桃木等。矿产主要有锰、铜、铁、铅锌等，其中有世界闻名的“齐阿土拉”锰矿区，该矿探明锰矿储量2.34亿吨，可开采量1.6亿吨，部分锰矿品位较高。水力资源丰富，矿泉水闻名独联体及中东欧国家；拥有大小河流 319 条，水电资源理论蕴藏量 1560 万千瓦，是全球单位面积水能资源最丰富的国家之一。

图 4–7　格鲁吉亚博尔若米公园——矿泉水之源

中国是格鲁吉亚第 4 大贸易伙伴，向中国出口商品主要有铜矿砂及其精矿、铜废碎料、葡萄酒等；自中国进口商品主要有建筑材料、自动数据处理设备、手机电话、钢材、洗衣机等。

（4）约旦

在伊斯兰国家中相对开放，较为富裕。缺乏淡水资源，石油资源不丰富。旅游业是约旦支柱产业之一，佩特拉古城、死海和瓦迪拉姆沙漠等景点，成为世界各国游客探险旅行和休闲度假的重要目的地。

约旦主要进口产品包括石油制品、汽车摩托车及零配件、钢材、粮食、设备和工具、电子产品，主要出口产品有服装、钾肥、蔬菜和水果、药品以及化肥。

中国家电、手机和电脑网络产品在约旦颇受欢迎。电脑网络设备已成为中国政府经援项目的首选物资。另外，出口农产品中有些商品在当地市场占有率较高，如花生、花生仁、大蒜、豆类等；还有一些商品，如冻肉、活羊等，已被约旦定为新的、待开发主要进口商品源。

（5）伊拉克

石油工业是伊拉克的经济支柱，原油储量居世界第 4 位，工业主要有石油开采、提炼和天然气开采，油气产业为伊拉克支柱产业。主要进口产品包括各种生产资料、粮食等生活必需品，原油、天然气、椰枣、化肥等是主要出口产品。

目前，进驻伊拉克中资企业有中石油、中海油、上海电气、华为、中兴、苏州中材公司、杭州三泰公司等，大部分集中在伊拉克北部库尔德斯坦地区、东南部的瓦希特省、南部巴士拉省。

（6）沙特阿拉伯

中国是其非石油行业最大贸易伙伴。2016 年，中沙贸易额 423.6 亿美元，沙特继续占据中国在西亚非洲地区第一大贸易伙伴位置。有 140 多家中资企业进驻沙特，主要涵盖能源、房建、港口、路桥、通信等多个领域。两国初步形成了以能源合作为主轴，以基础设施建设、贸易和投资便利化为两翼，以核能、航天卫星、新能源三大高新领域为突破口的“1+2+3”合作格局。

（7）阿拉伯联合酋长国

中国在此设立公司 300 多家，主要集中在迪拜（180 家），沙迦（110 家）和阿布扎比（20 家），大多数公司从事商品贸易。投资方式以私人直接投资为主，规模不大。在生产性项目方面，中国公司对阿联酋的投资环境和投资领域尚缺乏足够了解。为了改变单一的石油经济，阿联酋正在大力鼓励外商投资，发展当地工业，以实现经济多元化和收入多样化。

（8）巴林

中国出口主要是机电产品、钢材、纺织服装等，从巴林进口的主要是铁矿砂、铝、液化石油气等。而在非石油贸易领域，中国是其仅次于沙特的第二大伙伴，最大的非石油贸易进口来源国。目前在巴中资机构有 6 家，分别是华为、中兴、中建、中港、中国银行、沈阳远大。另有华人开设私营贸易公司 6 家，餐厅 4 家。

近年来，中巴两国经贸关系发展顺利。两国陆续签署经济贸易与技术合作协定、相互给予最惠国待遇的换文、民航运输协定、鼓励和相互保护投资协定、避免双重征税和防止偷漏税协定、劳务合作及与劳务合作有关的职业培训合作协定等文件等。

（9）阿曼

石油是阿曼经济的支柱产业，GDP中43%来自石油工业，70%财政收入来自石油收入。主要进口产品包括机械及运输设备、制成品、食品等，主要出口产品包括石油和液化天然气。

2014年，阿曼是中国在阿拉伯地区第4大贸易伙伴。双边贸易额达258.7亿美元，同比增长12.9%，其中，中方出口20.6亿美元，进口238.1亿美元，同比分别增长8.6%和13.3%。中方出口商品主要为机械设备、电器及电子产品、计算机与通信技术产品，中方进口商品主要为原油。

（10）也门

经济发展主要依赖石油出口收入，政府极为重视石油的勘探和开采，力图通过开发石油和矿产资源克服经济困难。主要进口产品包括运输工具、机械设备等国内建设所需物资以及大量轻工产品，主要出口产品包括石油、棉花、咖啡、烟叶、香料和海产品等。

据也门官方统计，中国连续5年保持也门商品第一大进口国地位。2013年，中国自也门进口商品总额达17.69亿美元，进口额占也门出口总额的23.7%，以原油及矿物油类为主。2013年，中国从也门进口石油价值13.2亿美元，进口液化天然气达3.65亿美元。

（11）以色列

主要进口产品包括原材料和投资性商品，出口产品以工业制成品为主，特别是高科技产品。中以双边经贸关系紧密，目前中国已成为以色列第3大贸易伙伴。2016年，中以双边贸易额达113.6亿美元。多年来，中以贸易结构持续优化，从以食品、钻石、化工等传统产品贸易，不断向高科技、新能源、生物技术、现代医药等方向发展转变，产品结构呈现多样化态势。中国是以色列在亚洲第一大贸易伙伴，也是其全球第二大贸易伙伴。

（12）黎巴嫩

黎巴嫩矿产资源少且开采不多。工业基础相对薄弱，以加工业为主。主要进口产品为矿产品、机械器具、电器设备及其零件、化学及相关工业产品等，主要进口来源于中国、意大利、德国、法国、俄罗斯。主要出口产品为食品、饮料及烟草、珍珠、宝石和贵金属、机械器具、电器设备及其零件等，出口以沙特、阿联酋、伊拉克、南非、叙利亚为主。

黎巴嫩自中国进口的主要大类商品为机械器具、电器设备及其零件、金属及其制品、纺织原料及纺织制品、杂项制品、塑料及其制品、橡胶等。对中国出口主要商品为金属及其制品、机械器具、电器设备及其零件、塑料及其制品、橡胶等。

（13）卡塔尔

世界第一大液化天然气生产和出口国，石油、天然气是其经济支柱。近年来，卡塔尔政府大力投资开发天然气，将其作为经济发展的重中之重。

2013 年，中卡双边贸易额 101.6 亿美元，向中国出口 17.1 亿美元，进口 84.5 亿美元。截至 2013 年底，中国企业在卡累计签订承包工程合同额 76.3 亿美元，涉及市政、路桥、港口、电信等多个领域。中国企业对卡非金融类直接投资 2 亿美元，卡累计对华直接投资约 4700 万美元。此外，中卡在金融、航空、旅游等服务业领域合作也取得了积极成果。

（14）阿塞拜疆

目前，仍依靠石油产业支撑国民经济，石油及石油产品的出口额占出口总额的 89.48%，机电产品、日用消费品仍主要依靠进口，国外投资也主要流向油气领域。

中国是阿塞拜疆第 13 大贸易伙伴和第 5 大进口来源国，在阿工程承包数量逐渐增多、规模逐渐扩大、领域逐渐扩宽，一批电站、通讯、工业厂房等项目的建成带动了中国设备、技术的出口。

（15）亚美尼亚

主要进口产品有钼矿、铜矿、金刚石、黄金、白兰地酒类、多种化学材料和电子产品，主要出口产品有石油产品、天然气、食品工业产品、砂糖等。

中国向亚美尼亚出口的商品主要有移动和固定通讯器材、计算机及部件、钢材、毛皮制品、家具及备件等，自亚美尼亚进口商品主要有铜及铜精矿、酒类产品和钻石产品等。中国在亚美尼亚承包工程主要集中在电站、通讯领域。目前也有大型国有企业正在积极跟踪公路、铁路、电站等工程项目。

（16）科威特

科威特主要进口产品有车辆及其零部件，机械电器产品，锅炉机床产品，天然与养殖珍珠以及宝石进口，主要出口产品有原油及矿物燃料，化工产品，车辆及零部件。为满足国内不断增长的人口需求，科威特水电部正通过长远的发展规划推进水利建设。

中国是科威特第一大出口市场（原油除外），也是科第一大进口来源国。

从 2005 — 2014 年，中国对西亚国家的直接投资存量由 8 万亿美元增至 146 万亿美元，增加近 10 倍。2014 年，中国对西亚各国的直接投资流量高达 22 亿美元，同比增长 65.2%，高于全部对外直接投资流量 22.8% 的年度增速，并和西亚地区全部外商直接投资流入额继续下降形成鲜明对比。

从中国与西亚国家的贸易投资合作来看，石油贸易是双边贸易的主体，但近年来其他领域的贸易投资合作也日渐增多。例如，在新材料领域，沙特基础工业公司与中国机构展开科研合作，并将合作成果向市场化方向转化；在信息通讯领域，2014 年华为与沙特劳工部下属培训机构签署战略合作协议，积极开展项目合作与联合创新。中国与西亚国家之间加快协商推进中国—海湾阿拉伯国家合作委员会自由贸易区谈判，这将对双边贸易投资合作产生积极影响。至今，中国已顺次超越了韩国、美国和日本，仅次于欧盟成为西亚第二大贸易伙伴。

11. 日、韩、朝

（1）日本

位于亚洲东部、太平洋西北，领土由本州、四国、九州、北海道 4 大岛及 7200 多个小岛组成。

7 世纪，日本向中国唐朝学习，进行大化改新。19 世纪，日本又向欧美列强学习，进行明治维新，迅速跻身发达资本主义列强行列，逐步走上侵略扩张的军国主义道路，曾多次侵略中国、朝鲜等国家。二战日本投降后，奉行“重经济、轻军备”路线，20 世纪 60 年代末一跃成为远东第一大经济强国，目前为世界第三大经济体。日本外交基本取向是坚持以日美同盟为基轴，以亚洲为战略依托，重视发展大国关系。重视加强日美安全合作，同时致力于稳定对韩关系，深化与东盟关系，加强对欧关系，改善日俄和日朝关系。积极参与地区和国际政治、经济和安全事务，并试图突破和平宪法，加大军事力量，与周边多个国家有岛屿争端。

日本资源匮乏并极端依赖进口，高度发达的制造业是其国民经济的主要支柱。其科学研发能力十分强大，拥有大量跨国公司和科研机构，每年科研经费约占全国 GDP 的 3.1%，位居发达国家榜首。

（2）韩国

位于朝鲜半岛南部，三面环海，西濒黄海，与中国胶东半岛隔海相望，东南是朝鲜海峡，东边是日本海，北面隔着三八线非军事区与朝鲜相邻，领土面积占朝鲜半岛总面积的4/9。

韩国是20国集团（G20）和经合组织（OECD）成员，也是亚太经合组织（APEC）和东亚峰会的创始国，“亚洲四小龙”之一。自20世纪60年代以来，韩国政府实行了“出口主导型”开发经济战略，缔造了举世瞩目的“汉江奇迹”，是拥有完善市场经济制度的经合组织发达国家。韩国资讯科技产业多年来一直较强，制造业与科技产业发达，除高速互联网服务闻名世界外，内存、液晶显示器及等离子显示屏等平面显示装置和移动电话都在世界市场中具领导地位。

2016年7月，韩国与美国以应对朝鲜核试验为由，决定在韩国部署萨德反导系统，遭到中国和有关国家强烈反对。

（3）朝鲜

位于朝鲜半岛北半部。北部与中国为邻，东北与俄罗斯接壤，南部以军事分界线三八线与韩国相邻，山地约占国土面积80%。

1991年加入联合国。2000年加入东盟地区论坛（ARF）。与163个国家（含欧盟）建立外交关系。朝鲜经济体制是高度集中的计划经济，国有工业占有绝对控制地位，政府大力发展重工业和国防工业。2016年，韩国GDP为2万亿美元，居世界第14位，朝鲜则仅为400亿美元，居世界第115位，前者为后者的48倍。2006年开始，朝鲜开始密集进行核试验，不断挑战联合国核不扩散条约，引起了国际社会强烈谴责。2016年，朝鲜宣布第一枚氢弹试验成功，并不断试射导弹，使得朝鲜半岛安全形势不断恶化。

第二节　沿线区域经济合作现状

一、国内丝路沿线区域经济合作进程

1. 基本定位

根据中国国家层面丝绸之路建设布局和设想，与此关系最为密切的西北5

省（自治区），结合实际确定自身的定位和建设策略，并不断实施。以下是各省（自治区）在丝绸之路经济带建设中的定位：

（1）陕西：丝绸之路经济带新起点

陕西在政府工作报告中强调，要着力打造丝绸之路经济带新起点，加快建设内陆开发开放高地。西安将着力打造“一高地”：丝绸之路经济带开发开放高地，“六中心”：金融商贸物流中心、机械制造业中心、能源储运交易中心、文化旅游中心、科技研发中心、高端人才培养中心。陕西在丝绸之路经济带建设中的主要优势表现在文化、交通和优势产业 3 个方面。

首先是文化优势。西安是中国历史上建都时间最长、建都朝代最多、影响力最大的都城，是中华民族的摇篮、中华文明的发祥地和中华文化的代表。西安作为汉唐时代古丝绸之路的起点，具有成为丝绸之路经济带新起点天然的优势。其次是交通优势。陕西可以成为连接丝绸之路经济带和长江经济带、沿海经济带的第一枢纽。陕西地处中国东西结合部，与资源丰富的西部地区和经济发达的东部地区有良好的通达性，在铁路、公路、航空和信息上都是连接中国东西的重要枢纽。最后是产业优势。陕西发达的航空产业为西安建设丝绸之路经济带上最大的国际中转枢纽港创造了有利契机。

（2）宁夏：丝绸之路经济带的重要战略支点

宁夏在政府工作报告中提出，要紧抓国家丝绸之路经济带建设的战略机遇，争取把“宁夏内陆开放型经济实验区”纳入国家丝绸之路经济带规划建设的整体之中，将宁夏建成丝绸之路经济带的重要战略支点。以建设丝绸之路经济带的重要基地为目标，进一步借鉴上海自贸区等开放模式，在提高引进外资水平、推进中阿贸易自由、能源合作等方面进行有益探索，增强内陆开放新优势。

宁夏具有参与丝绸之路经济带建设的重要平台——中阿博览会。2012 年 9 月，国务院批准在宁夏设立内陆开放型经济试验区，这是中国内陆地区首个开放型经济试验区，也是唯一覆盖整个省级区域的试验区，被称为中国最大的“内陆特区”。宁夏正是在这一国家级战略框架下提出“西进阿拉伯世界”。

（3）新疆：丝绸之路经济带核心区

新疆在政府工作报告中指出，紧紧围绕建设丝绸之路经济带核心区推进全方位开放。新疆在丝绸之路经济带建设中具有独特的地缘优势、政策优势和人文优势。提出要建设丝绸之路经济带“五大中心”，即重要的交通枢纽中心、商贸物流中心、金融中心、文化科技中心、医疗服务中心，成为丝绸之路经济带核心区。

一是地缘优势。新疆地处亚欧大陆的中心地，周边毗邻 8 个国家，拥有 17 个国家一类陆路开放口岸和 2 个航空口岸，是联接中国内陆和亚欧的最便捷区域。二是政策优势。新疆拥有许多政策优势，在 19 个省市对口援助基础上，还拥有税收优惠、金融支持及土地利用等方面的政策优惠。新疆差别化的产业政策，为发展特色优势产业、积极选择承接东部转移产业、推动传统产业转型升级和发展战略新兴产业提供了巨大的政策支持。三是人文优势。新疆拥有独特的地域文化和民族文化，境内的维吾尔、哈萨克、柯尔克孜、塔吉克、俄罗斯等少数民族跨界而居，双方血缘相亲，语言相通，风俗相近，经济互补性强，传统友谊源远流长，具有开展区域间经济合作得天独厚的人文优势。

（4）青海：丝绸之路经济带战略基地和重要支点

青海省政府提出，要利用建设丝绸之路经济带营造的有利周边环境，加快推进全方位区域经济协作，努力把青海打造成新丝绸之路的战略基地和重要支点。

青海拥有两个开放平台，即“中国（青海）国际清真食品及用品展览会”、“中国（青海）藏毯国际展览会暨丝绸之路经济带地毯展览会”。青海是古丝绸之路南线的重要通道，被誉为丝绸之路“青海道”，是唐代丝绸之路最繁荣的干道之一。青海同样具有建设丝绸之路经济带的民族和文化优势。青海位于中西方文化、农耕和游牧文化的交融地带，全省 100 多万穆斯林人口在宗教信仰、文化习俗等方面与中亚国家有较强的共通性，是架起青海与中亚在文化、教育、经贸等方面桥梁的宝贵资源。可以利用青海与新疆、西藏相连，以及与中亚地区人文、区域、资源、民族习俗相近的优势，积极开拓中亚、南亚、中东、俄罗斯市场，实现出口市场多元化。

（5）甘肃：丝绸之路经济带黄金段

甘肃把“加快向西开放，建设丝绸之路经济带甘肃黄金段”写入政府工作报告，加强与中西亚国家在经济技术、教育文化医疗、商贸旅游等领域的合作交流，充分发挥兰州新区向西开放的重要战略平台作用，推进武威保税物流中心建设，力促敦煌航空口岸对外开放。

从地理位置看，甘肃是中原联系新疆、青海、宁夏等地的桥梁和纽带，敦煌、兰州作为亚欧大陆桥和西陇海兰新线经济带主体性关键地段和腹地，高速公路、铁路、航空较为发达。从生态文明看，甘肃地处黄土高原、内蒙古高原和青藏高原交汇处，是黄河、长江的重要水源涵养区，生态地位非常重要，生态优势非常明显。河西走廊的内陆河石羊河、疏勒河，都源自于祁连山，是维系河西走廊绿洲及其下游地区的生命之河，而这3条内陆河形成的绿洲，又屏蔽着北方的沙漠化、戈壁化。从历史文化看，甘肃是华夏文明的重要发祥地，特别是伏羲和伏羲文化代表着华夏文明的创始，可以以丝绸之路经济带甘肃段重点城市为依托，建设甘肃段黄金旅游线路。

2. 发展进程

1986年，成立陇海兰新经济促进会区域经济组织，对丝绸之路沿线地区经济发展制进行协商协调。

1998年，《国民经济和社会发展九五计划和2010年远景目标纲要》及《中国21世纪议程优先项目计划》中，都将新亚欧大陆桥沿线列入可持续发展首批优选项目，开始加快建设新亚欧大陆经济带建设。

1999年，启动再造河西走廊计划，以振兴古丝绸之路的龙头，疏通古丝绸之路和新亚欧大陆桥咽喉要道，推进实施开发西部的大战略，加强新疆、青海、宁夏等西北诸省（自治区）的生态治理、基础设施和小城市建设。

2000年11月，16部委成立组建新亚欧大陆桥协调组，专门就丝绸之路沿线区域合作中的问题加以协调，参与制定新亚欧大陆桥国际协调机制。

2003年起，每年在全国两会召开期间举办陆桥沿线城市领导联谊活动，召集陆桥沿线部分城市领导、全国人大代表，围绕“加强交流合作、促进优势互补、推动共同发展”主题，联合向全国人大提交议案和建议事项。

2006年11月，为协调丝绸之路申遗活动，国家组织编制《丝绸之路旅游区总体规划》，作为国家“十一五”优先建设的旅游区域，组建中国西北旅游网上博览会，开办新亚欧大陆桥国际旅游文化节、丝绸之路明星城市评选活动和旅游合作交流会，协调西部5城市签订区域旅游合作协议。组织召开西部文化产业博览会，共议文化遗产保护与发展。

2005年，第十届全国人大三次会议期间，多名市长联名提出加强陇海兰新线旅游合作的建议。

2008年，成立新丝绸之路城市市长圆桌会议，搭建沿桥城市合作平台，推动中外沿线城市的合作和发展。

2009年，欧亚大陆桥沿线14位城市市长提出加强对沿线城市丝绸之路遗址的保护和申请联合国物质文化遗产保护，修建和完善沿线高速铁路和高速公路、管道运输系统，助推经济贸易的和运输量提升。

2011 年 9 月 2 日，在中国—亚欧旅游合作与发展论坛上，与会代表就深化亚欧区域合作、开发推广丝绸之路旅游产品、共同打造丝绸之路品牌等话题进行热烈探讨。

2013 年 9 月 7 日，习近平主席在哈萨克斯坦纳扎尔巴耶夫大学作重要演讲，提出共同建设“丝绸之路经济带”。

2013 年 12 月 14 日，国家发改委和外交部举行的推进丝绸之路经济带和海上丝绸之路建设座谈会上，西北 5 省（自治区）、西南 4 省（市、自治区）以及东部 5 省参加。西北 5 省（自治区）包括陕西、甘肃、青海、宁夏、新疆。西南 4 省（市、自治区）包括重庆、四川、云南、广西等。

2015 年 3 月 28 日，国家发展改革委、外交部、商务部联合发布《推动共建丝绸之路经济带和 21 世纪海上丝绸之路的愿景与行动》。

2015 年，“一带一路”经济区开放后，承包工程项目突破 3000 个，中国企业共对“一带一路”相关的 49 个国家进行了直接投资，投资额同比增长 18.2%，承接“一带一路”相关国家服务外包合同金额 178.3 亿美元，执行金额 121.5 亿美元，同比分别增长 42.6% 和 23.45%。

2016 年 6 月底，中欧班列累计开行 1881 列，其中回程 502 列，实现进出口贸易总额 170 亿美元。

二、国际丝路沿线区域经济合作进程

1994 年起，联合国开发计划署对新亚欧大陆桥沿线进行了前期调研的技术和资金支持，启动了沿线国际开发与合作。此后 10 年中，成立沿线中部国家进行国际合作组织和协商的上海合作组织，在其组织下中亚 5 国组织召开了包括新亚欧大陆桥区域经济发展国际研讨会、国际古迹遗址丝路文化线路保护会议、欧亚经济论坛、丝绸之路国际会议、丝绸之路投资论坛等在内的系列国际会议和论坛，制定了包括中哈货物过境协定、上合组织成员国经济合作组织过境交通框架协议、丝绸之路旅游合作开发协议等，共商丝路沿线地区交通、经济、旅游等方面的合作发展，协调过境运输政策，探讨沿线国家拓宽合作与交流的新思路，研究大陆桥经济带联动发展、运输畅通的战略和对策等。中国提出了建立亚欧国际经济带的设想，得到沿线各国的赞同和支持，“共建现代丝绸之路、扩大亚欧经济文化交流”成为亚欧各国的共识。

2004 年初，上海合作组织和联合国亚太经社会联合组织召开两次成员国专家会议，研究制订了《国际公路运输便利化协定》。

2004 年 5 月 17 日，中国铁道部和哈萨克斯坦运输和通信部在北京签署《中华人民共和国铁道部和哈萨克斯坦共和国运输和通信部铁路运输合作协定》。

2004 年 4 月 26 日，联合国亚太经社会倡导并实施的亚洲公路网计划，在上海召开的亚太经合第 60 届年会上签署《亚洲公路网政府间协定》，加强交通合作，共同建立运输走廊，复兴丝绸之路。

2004 年 6 月，中国政府向吉尔吉斯共和国提供了 6000 万人民币的无偿援助，帮助修复连接中国—吉尔吉斯共和国—乌兹别克斯坦的公路。加快国内连霍高速公路和上海—合肥—西安—霍尔果斯等高速路网建设，开放中印乃堆拉山口边境贸易和旅游。

图 4–8　中印乃堆拉山口

2004 年，中国提出建设丝路沿线自由贸易区陆港计划。

2005 年，中国开始较为深入地与中亚 5 国展开科技合作，在新疆建立面向中亚 5 国的科技经济信息中心。同年，中国成功举办丝绸之路沿线合作发展的欧亚经济论坛，并将其永久会址定于西安。此后每隔两年，欧亚各国领导人齐聚西安，就丝绸之路沿线发展中的重大问题作出协商。

2006 年，陆桥相关国家和地区签订《亚欧合作框架》、《亚欧贸易便利行动计划》及《亚欧投资促进行动计划》，借助亚欧基金、亚欧展望小组、亚欧环境技术中心、亚欧会议信托基金的作用，加强沿线国家和城市间对话与磋商，积极寻求和扩大共同利益的汇合点并发挥各自优势，开辟多种合作渠道，扩大相互投资的规模，减少贸易壁垒，努力推进丝路沿线各方的经贸合作。

2006 年，中国增设连云港至阿拉山口直快班列，同时参与联合国教科文组织丝绸之路联合申遗。

2012 年，中国政府在上合组织峰会上承诺，向中亚提供 100 亿美元贷款，主要用于中亚地区铁路、公路、光缆、石油天然气管道等基础设施建设。

图 4-9　丝绸之路新疆遗产分布图

2014 年 6 月 22 日，在第 38 届世界遗产大会上，中国与吉尔吉斯斯坦、哈萨克斯坦联合提交的“丝绸之路：长安—天山廊道路网”项目成功入选《世界遗产名录》，为首例跨国合作、成功申遗的项目。

2015 年 7 月 10 日，上海合作组织在俄罗斯乌法发表《上海合作组织成员国元首乌法宣言》，支持中国关于建设丝绸之路经济带的倡议。

2016 年 11 月 17 日，联合国 193 个会员国协商一致通过决议，欢迎共建“一带一路”等经济合作倡议，呼吁国际社会为“一带一路”建设提供安全保障环境。

截至 2016 年底，已有 100 多个国家表达了对共建“一带一路”倡议的支持和参与意愿，中国与 39 个国家和国际组织签署了 46 份共建“一带一路”合作协议，涵盖互联互通、产能、投资、经贸、金融、科技、社会、人文、民生、海洋等合作领域。

2017 年 3 月 17 日，联合国安理会一致通过第 2344 号决议，呼吁国际社会通过“一带一路”建设加强区域经济合作。

2017 年 5 月 14 日，“一带一路”国际合作高峰论坛在北京举行，习近平主席出席高峰论坛开幕式，并主持领导人圆桌峰会。

三、沿线区域经济合作现状评价

1. 沿线区域经济合作的成功之处

（1）合作出现多层面、全方位、多目标的倾向

自改革开放以来，沿线合作在国际、国内、区域等多个层面上推进，经历了 3 个发展阶段。第一个发展阶段是 20 世纪 90 年代，以推进新亚欧大陆桥建设为主的国际组织与政府倡导自发发展阶段。第二个发展阶段是自 2001 年以来，以协调机制为主线的新丝绸之路区域的政府间合作联动为标志的阶段，一方面在联合国开发计划署帮助下通过打造国际研讨会、论坛等平台，树立丝路合作的品牌，另一方面加强沿线城市的合作，完善国务院有关部委宏观调控与沿线城市自主发展的综合协调功能，为沿线城市借助陆桥区域合作、谋求发展提供有力的政策支持。第三个发展阶段是自 2005 年以来，以丝绸之路复兴计划启动为标志，将沿线城市的合作从欧亚大陆桥的战略协作层面，发展到丝路城市间行动纲要实施阶段。

各级政府领导频繁会晤，共同商讨合作事宜，政府搭台，企业唱戏，合作的主体从政府扩展到政府和企业联动，企业间实体跨区域、跨国界项目为沿线广泛的合作铺开了路网，促进合作方式从虚体探讨走向实体运作，从战略合作发展到贸易、旅游和投资等具体领域。目前，丝绸之路沿线合作已经取得了很多进展，如重大交通基础设施的一体化建设、政府间合作协议、旅游等产业联动发展计划等。

（2）合作领域不断拓宽，合作重点不断深化

沿线城市合作领域探讨涉及经济发展、资源开发、旅游、投资、文化、贸易、物流、人力资源、技术交流、生态保护、交通体系等方面，沿线城市合作领域不断拓宽，合作的渠道在多样化的同时更追求合作效益的提升。

从沿线合作的具体内容来看，已从一般的产业协作和项目协作向资本融通方向发展，从单一的生产合作向科研开发、技术支持、人才培训、加工制造、市场营销整体合作方向过渡，从以交通、旅游领域为主的合作向交通、旅游、经济贸易、物流、文化交流、区域投资金融等全方位拓展，部门主导合作的范围明显扩大。

从沿线合作的重点来看，从通道建设转向产业发展和市场建设，金融市场、技术服务市场方面的区域合作逐步加强，各城市对其在国内外沿线合作中的作用和地位也开始思考和争取。

（3）现代服务业合作成为新需求

丝路沿线中段深处内陆，缺乏与世界经济挂钩的通道，因而借道通行扩展国家和区域资源要素的市场空间，是目前沿线中部诸多国家和地区发展中最迫切的问题。如中亚 5 国能矿资源丰富，但是工业技术相对较为落后，其西部中东地区动乱的时局阻碍其资源向欧洲消费市场输送，只能借道中国将其丰富的资源和产品输送到东亚和美国等世界主要市场，所以他们对于以商贸物流和生产工具外包委托加工为主的现代服务业的需求非常强大。现代服务业，尤其是具有现代流通组织功能和现代加工能力在内的现代服务业，对于打破市场分割、加快区域合作和形成区域市场有着重要的作用。现代服务业逐渐成为沿线区域生产要素合理配置和流通的载体，也是拓展沿线国内外区域合作的媒介。

2. 沿线区域经济合作存在的问题

城市或区域合作发展，已成为新时期世界经济背景下区域发展的主体，是实现生产要素共享、开拓市场和构建和谐发展环境不可或缺的一环。丝绸之路沿线十多年的合作研讨和合作进展来看，合作还滞留在基础设施建设等初级领域，内部企业间、市场间、技术流、资金流、资源流、人才流的流动机制还没有建立起来，缺乏有序竞争环境和组织倡导者是城市合作难以深入展开的根本原因。

（1）丝路沿线城市合作缺乏有效分工

目前丝绸之路沿线城市合作研讨中，很少提及各国家、城市在沿线合作中的地位和作用，没有明确的分工。而沿线历史一脉相承，气候、资源、产业的同构性都比较高，容易因为地方保护思想产生恶性竞争。

沿路城市自然资源和能源矿产丰富，装备制造业基础较好，农业资源互补性和市场互动性较好，有着宽广的分工合作发展前景，然而缺乏统一规划，各城市自我发展，重复建设，没有建立完整的产业链，过度竞争导致沿线城市产业结构趋同现象不断加剧，经济增长缓慢。如西安、兰州、乌鲁木齐都各自为政，不管条件是否具备，都计划着成为丝路中心城市，在争当丝路旅游的中国始发地，都试图在区域合作中抢占先机，争取在合作中的主动地位，凌乱的发展计划使得各城市发展面临瓶颈。而在外向型经济发展中，也都将装备制造、食品加工作为主要向外扩展的产业，甚至在区域战略定位上，也都在争做丝绸之路上的商贸中心和物流中心。这些各自为政、互不服输的恶性竞争，制约着沿线城市从论坛走向实体的合作进程。国际沿线虽然对能源、商贸合作提及较多，但如何协调管理技术，简化通关手续，减少物流在途时间和出入境手续，却很少展开协商。

（2）沿线缺少带动区域发展的增长极

丝绸之路经西安、宝鸡、天水、兰州、嘉峪关、乌鲁木齐，连接中亚、西亚和欧洲各国，直通大西洋沿岸最大的港口城市——荷兰鹿特丹。所经之处地广人稀，一般都是省会城市一市独大，很难形成城市带或城市群。大中城市规模过少、职能结构单一、综合功能较弱、城市发展乏力，城市与区域发展的互动作用不明显。此外，生活水平低、经济贸易落后、生产力脆弱、交通不够发达等都限制了这些城市间的合作。

丝路沿线地区多属农牧经济区，工业经济体系还不发达，现有工业以国有大中型重工业为主，城市经济活力相对欠缺，自身发展不足，难以形成对外扩张的引力和扩张城市合作的触角，这些都是沿线城市面临的合作发展的制约因素。只有建立合理的城市合作推进机制，大力发展城市经济，提升沿线城市生产力、消费力、扩张外域市场，才能将城市合作从目前的论坛转向实质。

（3）缺乏产业协作，经济合作的向心力不足

丝路所经地区农业基础薄弱，第三产业发展滞后，多以重化型、政策导向型工业为主导产业。资源型城市也大多是依托重化工业的建立而创设。工业内部大都是以资源开发型的原材料工业为先导，而轻工业和加工业发展滞后，轻重工业比例严重失调，产业链短小，并出现严重的产业趋同现象。这样就出现了经济效益损失、地区分割、地区保护以及无序竞争、产业结构升级困难等，导致西部原材料加工工业品的双重利润向东部转移和流失。

尤其在甘青宁新4省（自治区）的发展呈现“点线轴”格局，还未形成“联点成轴到面”，产业带的培育还有待加强。尤其这4省（自治区）自我发展能力特别是技术创新能力不足，严重影响了资源优势转化为经济优势。

丝绸之路沿线城市长期属于落后区域，发展过程中不可能通过市场调节完成与东部的协调，因而从整个沿线发展来看，需要国家政府的干预和扶持，才能消除市场的偏轨。沿线城市合作发展，离不开政府部门的支持和政策上的引导。区域的初始优势不同决定着区域的地位和未来发展的前景。西安与丝路沿线城市合作的过程中，由于具有交通、科技、教育、人才、资金、区位等方面的初始优势，也就决定了西安在沿线城市合作中的优先发展条件。

（4）丝路沿线合作中的道路条件制约着国际合作的步伐

交通、通讯设施是区域发展的基础，也是城市和地域合作的关键，所以需要平衡建设，作为区域中心对丝路沿线梯度推移的载体（新亚欧大陆桥全长10900千米，比西伯利亚大陆桥短，如到达伊朗、德黑兰，走西伯利亚大陆桥，陆上距离达到13322千米，走新亚欧大陆桥，陆上只有9977千米，两者相差3345千米，到达中亚的阿雷西，走西伯利亚大陆桥，陆上是8600千米，走新亚欧大陆桥，陆上距离只有5862千米，相差2774千米）。虽然丝路沿线中国段的道路系统已经比较通畅，但是由于境外中亚国家整体交通建设比较滞后，沿线国家之间的边境通关手续比较繁琐，还有中俄铁路轨道技术的不统一，都成为影响沿线城市间合作、国家间互助的制约条件。从时间距离上来看，由于国家之间交通管理、交通技术、交通制度之间的不协调，影响着沿线交通的便捷性和货物在途时间，进而限制沿线城市贸易的发展。沿线各国领导和上合组织成员到西安参加亚欧经济论坛，还必须先到北京才能转道西安；而在中国出境上，通关花费的时间很长，影响着沿线城市贸易的发展和合作的进程。尽管近年来沿线国家在上合组织、联合国开发计划署的撮合下，举行过多轮会谈，就加大交通基础设施建设、为国际运输创造良好的硬件环境；不断改善道路的技术状况，创造有利的跨境和过境运输条件消除跨境和过境运输障碍，加快新丝绸之路沿线贸易的发展；加强区域交通合作，以亚洲公路网间协议为契机，推动便捷公路运输网络的形成等问题进行过详细的协商，中国还帮助哈萨克斯坦、吉尔吉斯坦等国家修通部分丝路关键衔接段的道路，但是，繁琐的通关手续和迂回的曲折路线，影响着丝路沿线客货流的流通速度和范围。

表 4–13 亚欧运输通道距离与时间比较

运输途径	运输距离 / 千米	在途时间 / 天		日均运行 / 千米
		连云港到鹿特丹	连云港到莫斯科	
新亚欧大陆桥	10900	30	26	362
西伯利亚大陆桥	11880	14	10	849
海运	20000	—	30	667

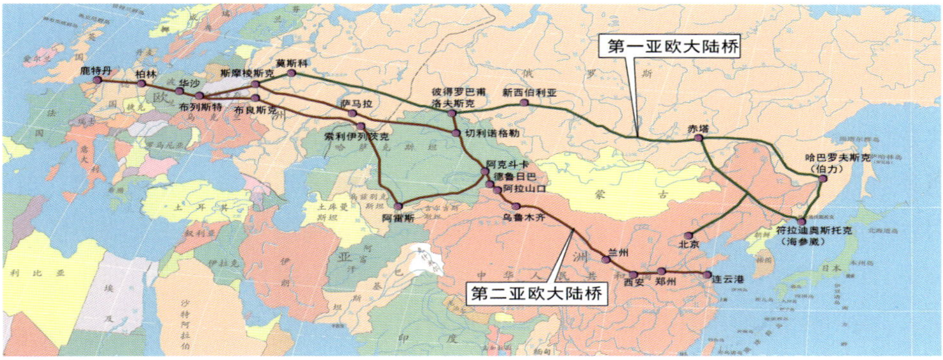

图 4–10 新亚欧大陆桥与西伯利亚大陆桥示意图

（5）缺乏国际市场建设和推进合作的具有措施

由于各国经济发展所依赖的政治制度、经济基础不同，大家对合作能给本国带来的利益难于衡量，因而沿线城市合作多停留在国际论坛和会议层面上，政府间的沟通和协商，民间合作非常少，没有市场的互动和广泛的交流。中国境内西北地区城市经济基础较弱，辐射带动力非常有限。国外中亚诸国也是独立不久的小国家，经济基础、社会发展的各项基础设施、政府财政实力、国民消费能力都比较弱，商品和生产要素自由流动的量能不足，没有了市场的优化配置功能，很难实现资源的优化配置及经济互动发展。

第三节 沿线区域经济趋势分析

一、沿线区域经济合作基础

经过这些年的建设，丝绸之路沿线的条件已经有了明显变化。2000 年开始实施西部大开发战略合作，2010年启动新疆跨越式发展和长治久安工程。与此同时，中国与中亚、欧洲国家之间的联系也在不断加强。这些新的发展都为丝绸之路沿线区域合作提供了基础。

1. 贸易水平不断提高

中国与中亚毗邻，之间的交流有明显的地缘优势，经贸合作潜力巨大。近几年，中国与中亚国家双边经贸关系以及在上海合作组织框架下的区域经济合作不断深入，贸易规模逐年扩大。自1992年中国与中亚5国建交以来，双边经贸合作取得了快速发展，贸易额保持快速增长态势。建交之初中国与中亚5国贸易总额仅为4.6亿美元，而2013年这个数字达到了502亿美元，增长了100倍。商务部数据显示，中国已成为哈萨克斯坦、土库曼斯坦的最大贸易伙伴，乌兹别克斯坦、吉尔吉斯斯坦的第二大贸易伙伴，塔吉克斯坦的第三大贸易伙伴。未来，中国与中亚国家在经贸、能源、交通、金融、投资等领域的合作将不断深入，经济合作的内容将更加丰富，规模将进一步扩大。

多年来，中国对欧洲贸易增长也十分迅速，中国已经成为欧盟最主要的贸易伙伴之一。欧洲与亚太地区不断增长的经济联系成为欧洲关注和参与丝绸之路经济带建设的主要推动力，随着陆运时间和陆运成本的不断减少，丝绸之路沿线各国之间的经贸往来将越来越密切。

尤其值得关注的是，近几年中亚和欧洲国家之间的经济联系也在不断加强。

独立以来，哈萨克斯坦一直非常重视与欧洲的合作。2008年8月29日，总统纳扎尔巴耶夫批准了外交部制定的“2009—2011年通往欧洲之路”国家计划。该计划旨在加强与欧洲国家在技术、能源、交通、技术标准、经贸、中小企业、民生、人文诸领域的合作，并取得了一系列成果。目前，欧盟已经成为哈萨克斯坦的重要合作伙伴。据哈萨克斯坦国家统计署公布的对外贸易统计数据，2010年哈对欧盟成员国的进出口额为380.2亿美元，占哈外贸总额的42.7%，比2009年增长31.9%；2011年哈萨克斯坦与欧盟的贸易额为500亿美元，同比增长32%；2012年哈萨克斯坦与欧盟的贸易额为538.16亿美元，占其贸易总额的52.4%，其中对欧盟出口463.39亿美元，自欧盟进口74.77亿美元。欧盟与哈萨克斯坦经贸往来日益密切，双方准备共同签署关于深化在政治、经济、人文等领域全方位合作的协议。

欧盟国家是乌兹别克斯坦在独联体以外的最主要贸易伙伴（乌兹别克斯坦

40% 的棉花出口欧盟国家，大部分机械设备也自欧盟国家进口），按照贸易规模主要有德国、英国、奥地利、比利时和卢森堡。乌兹别克斯坦独立后，积极发展与欧盟的经贸关系，视其为对外关系的优先发展方向。早在 1996 年，乌兹别克斯坦就与欧盟签订伙伴与合作条约，尽管欧盟国家对乌兹别克斯坦的经济改革和民主改革颇有微词，但总体上双边经贸关系发展平稳。目前，欧盟整体贸易额已占乌兹别克斯坦对外贸易的第二位，2011 年乌兹别克斯坦与欧盟各国的贸易额增长了 20%，达到 23.67 亿美元，增速明显。近年来，土库曼斯坦与欧盟大力发展相互关系，各级别互访不断，并签署了一系列双边文件，经贸合作呈现快速发展势头。2007 年，土库曼斯坦总统访问欧盟布鲁塞尔总部，表达了愿与欧盟国家发展全方位合作的愿望，欧盟对此予以积极回应，并于 2008 年在土库曼斯坦成立了“欧洲之家”。2008 年，欧盟与土库曼斯坦签订了《土库曼斯坦—欧盟能源领域合作谅解备忘录》，旨在以能源领域合作为突破口，为欧洲企业在土库曼斯坦开拓能源市场提供法律和融资支持。2009 年，欧洲议会通过了旨在放宽相互出口限制的《土库曼斯坦—欧盟贸易协定》，这为双边关系的进一步发展创造了良好条件。

欧盟和吉尔吉斯斯坦、塔吉克斯坦的经济联系主要通过投资和对外援助的形式。欧盟中亚地区特别代表表示，欧盟将一如既往地致力于实现双方合作伙伴关系协议的共同目标，并将进一步推动和深化与中亚国家的多领域合作。与吉尔吉斯斯坦合作 20 余年来，欧盟已累计向吉尔吉斯斯坦提供约 4.3 亿欧元的援助。目前在吉尔吉斯斯坦执行的援助规划项目有 50 余项，包括经济、教育、农业、民主和人权、社会保护、区域发展等多方面内容。塔吉克斯坦也十分重视发展与欧盟国家的经济合作，积极争取其对塔吉克斯坦的投资和援助。欧盟承诺将与塔吉克斯坦在社会、金融、信息、卫生、私有经济、食品安全等领域加强合作，并准备为塔吉克斯坦高等教育提供无偿援助和奖学金。显然，中亚国家与欧盟之间的合作将有助于丝绸之路经济带的建设。

2. 基础设施不断完善

第二亚欧大陆桥从 1985 年恢复建设，1990 年 9 月 12 日中国的北疆铁路与前苏联土西铁路在阿拉山口接轨，标志着第二大陆桥全线贯通；1992 年 12 月 1 日，第二大陆桥开始正式运营。据测算，第二大陆桥的运输里程比第一大陆桥缩短了约 2000 千米，比绕道印度洋、苏伊士运河的海运运距缩短了 9000 千米，较绕道非洲好望角的运距缩短了16800千米。运距的缩短，使走这条陆桥比走第一陆桥运费减少12%，比走海路的运费减少20%~25%，同时商品在途时间缩短约1个月。第二大陆桥建成初期，存在运力严重不足的问题，对于沿线经济的带动作用也不明显。经过20多年的建设，第二大陆桥运力有了很大发展，国际过境运输量逐年增加，阿拉山口口岸过货量从当初的72万吨上升到2009年的1551万吨，20年来平均每年递增20%以上。第二亚欧大陆桥的开通使丝绸之路经济带具备了最基本的条件，它不仅为亚欧间经贸联建设系提供了便捷的运输通道，更预示着一条现代化的经济走廊和文明传播纽带的崛起。

图4-11　阿拉山口口岸

近年来，中国和中亚间交通设施不断改善，多元化的运输格局已经形成。沿陇海铁路、兰新铁路进入中亚地区的铁路干线已成为新亚欧大陆桥的重要组成部分；中国与中亚地区多条公路相互衔接，路网密度不断提高；从连云港到圣彼得堡的公路运输走廊，即“西欧—中国西部”项目（双西工程），正在建设；中国与中亚国家间的直达航线不断增加；连接主要成员国的亚欧光缆和中俄光缆已经建成。与此同时，丝绸之路沿线的基础设施建设水平也发生了明显变化，而中国与中亚的能源合作更是不断取得突破性进展。2006年7月11日中哈石油管道正式开通，全长2800千米，成为中国同里海相连的能源大动脉。截至目前，哈萨克斯坦已经累计向中国输送原油5000多万吨。中国与中亚天然气管道是世界上最长的管道，2010年实现通气以来，向中国输出天然气已超过600亿米^{3}。可以说，以铁路为主体，包括公路、航空、管道、通讯和口岸设施在内连接中国—中亚的交通走廊硬件设施已经初显规模。在中国政府优惠贷款和援助的支持下，中国企业还在中亚地区参与了公路、电信、电力等基础设施建设的多个项目。中吉乌公路、塔乌公路、塔吉克斯坦境内输变电线路等一批经济合作项目已经成功启动或在规划之中。随着区域内基础设施的不断完善，分布于本地区的能源、交通、电信等网络已初显轮廓。

3. 政策与机制不断推进

推进跨区域经济合作，建设丝绸之路经济带，需要有政策法律支持。世贸组织有关自由贸易区的规定，上海合作组织有关促进投资和贸易便利化的文件，中国—中亚国家间的双边经贸协定及中国有关西部大开发的政策措施，为丝绸之路经济带的发展提供了政策法律支持。

中国政府提出了区域经济合作发展规划和一系列关于第二亚欧大陆桥的运输管理办法，明确了依托第二亚欧大陆桥交通干线，发挥中心城市作用，有重点地推进西部大开发等重要决策。1994年，《中国21世纪议程优先项目计划》将第二亚欧大陆桥沿线列入可持续发展首批优选项目。《国民经济和社会发展“九五”计划和2010年远景目标纲要》中提出要以亚欧大陆桥为纽带，加快西北地区的基础设施建设和资源开发。2000年11月，国务院组成了16个部委参与的“新亚欧大陆桥国际协调机制”，这是新亚欧大陆桥国内最高的领导、指导、协调和研究机构。“十二五”规划把进一步加强第二亚欧大陆桥建设列入规划，加大建设力度，加强与沿桥各国的协调合作，使其成为中国另一个横向的经济增长带和便捷、经济的跨国运输大通道。自开通以来，在国家政策措施的有力推动下，第二亚欧大陆桥沿线地区的开发开放迈出了新的步伐。

在大陆桥经济带建设问题上，沿线其他国家大多数也表现出开放发展的意愿。20多年来，沿线国家和地区本着“信任、合作、发展”的原则，共同研究影响和制约区域经济发展的重大问题，积极开展多领域、多层次的交流和合作，有力地促进了沿桥地区资源开发和经济振兴。吉尔吉斯斯坦提出了“丝绸之路外交构想”，并将其定为外交政策的基本方针。1999年在《中哈关于在21世纪继续加强全面合作的联合声明》中宣称，“双方认识到两国具有地缘邻近的优势，高度重视在国际交通运输领域的广泛合作，愿为复兴古丝绸之路而共同努力。”立陶宛作为波罗的海国家，其政府高度重视东西方交通走廊的成立，希望充分发挥它的桥梁和纽带作用，让它成为亚欧运输和物流的全球供应链的推动者。近几年，沿线各国对于第二亚欧大陆桥以及丝绸之路经济带的关注和支持程度不断增加，与之相关的国际会议和论坛不断增加，如联合国新丝绸之路市长论坛、大陆桥论坛、2011 对话大陆桥圆桌会议（沧州渤海新区）、丝绸之路复兴计划项目、2013 新亚欧大陆桥运输合作恳谈会等。另外，中国还与丝绸之路经济带沿线国家共同推进海关大通关体系建设，与沿线海关开展“信息互换、监管互认、执法互助”合作。启动国际贸易“单一窗口”试点，加快检验检疫通关一体化建设，实现“进口直通、出口直放”。开辟哈萨克斯坦、吉尔吉斯斯坦、塔吉克斯坦农产品快速通关“绿色通道”。发布《“一带一路”检验检疫合作重庆联合声明》《“一带一路”食品安全合作联合声明》《第五届中国—东盟质检部长会议联合声明》。与“一带一路”沿线国家和地区签署了 78 项合作文件，推动工作制度对接、技术标准协调、检验结果互认、电子证书联网。

上述这些工作对丝绸之路经济带的建设无疑是一种推动。众多国际组织对丝绸之路沿线的建设给予了支持，区域经济合作的法律基础和组织机制正在不断完善。上海合作组织专门成立了负责组织和协调区域经济合作的成员国经贸部长会议机制，下设高官委员会和海关、质检、电子商务、投资促进、发展过境潜力、能源、信息和电信等重点合作领域专业工作组，各工作组通过加强海关互助、海关统计等方面的合作与协调，担负着落实峰会及总理会议在经贸领域决议的重任。联合国开发计划署、亚洲开发银行、世界银行、联合国亚洲及太平洋经济社会委员会等众多国际组织在丝绸之路沿线建设过程中也发挥了重要作用。一方面，这些国际组织邀请相关专家进行实地考察和调研，从资金、技术、政策等方面给予该项目大力支持；另一方面，通过组织沿线国家和地区各城市间的对话和协商，开辟多种合作渠道，减少贸易壁垒，力图把各方的经贸合作提升到一个新的水平。

国家和地区的高度重视，国际组织的积极参与，为丝绸之路沿线区域经济发展与合作提供了机制和政策基础。

二、沿线区域经济合作模式

丝绸之路沿线国家在资源要素禀赋、产业结构、城镇发展现状等方面存在明显的差异性与互补性，彼此间互通有无，合作共赢成为沿线各国社会经济发展的普遍愿望。同时，亚欧大陆桥、空中和海上运输通道的建设，以及网络信息技术为区域经济一体化发展提供了必要的物质基础和支撑。丝绸之路沿线区域发展合作具备广泛的合作意愿与充足的硬件基础，其重点经济合作领域、交通网络组织模式与区域经济一体化发展路径是实现区域经济合作的重要内容。

1. “核心–边缘”合作模式

（1）依托大国辐射效应，塑造亚欧“三轴辐射”空间格局

重点依托大国在丝绸之路经济带中的带动作用，重塑欧亚经济、资源等方面的统一空间，利用欧盟、中国、俄罗斯三大经济体辐射带动效应，形成南、北、中三条亚欧大陆桥“三轴辐射”的空间发展轴，驱动周边国家优势提升与经济开发。

欧盟、中国、俄罗斯在扩大本国经济发展空间的同时，实现与区域内其他国家经济发展的战略对接，进而打造一个幅员辽阔的亚欧经济合作空间，使各国实现互利共赢。各成员国在发挥各自比较优势的同时，通过自由的贸易和投资，推动区内产业结构的调整，促进区内发展中国家经济发展，从而缩小与发达国家的差距。

（2）区域合作共赢，形成国际合理梯度分工

丝绸之路经济带各国互补性强，具有不同的比较优势，有很大的可提升的合作空间。应按照各国的发展梯度与资源禀赋，通过加强各领域合作，进一步扩大经济带各国贸易和人员往来，提升经济发展速度与质量。丝绸之路国家间的合理分工与协作，将对全球经济的稳定可持续发展产生不可估量的重要影响。

中亚、西亚国家重点寻求与其他国家在能源方面的合作，将能源优势转化为经济优势，中亚国家提高国际资本和技术投入的吸引能力，完善国家产业体系，拓展区域内公路、铁路、电力、通信、信息等基础设施互联互通的合作；西亚国家通过发挥能源优势，加强与丝绸之路国家间在农产品领域的合作，弥补生态环境劣势。

欧盟重点寻求资源，缓解能源限制，加强与亚洲国家间的经济合作，利用自身发达的科技实力，寻求对外合作空间。中国作为全球制造工厂，资金、劳动力等丰富，但面临资源短缺与市场限制，不仅需要能源、原材料的输入，而且部分产业产能严重过剩，促进产业转型升级，还需要广阔的海外产品和投资市场。中亚国家经济发展水平相对落后，经济社会进一步发展迫切需要来自国

际社会的资本和技术投入，对于欧洲精良的工业产品需求巨大。与丝绸之路上其他国家的合作可帮助中亚国家摆脱内陆经济的封闭性，为其经济发展提供地缘空间。西亚由于生态环境原因，各国对粮食、食品、蔬菜等农副产品的进口需求非常大，需要加强与丝绸之路国家农产品领域的合作。此外，在诸如制造业、金融、人力资源、科技研发等方面，西亚的合作需求也非常大。印度融入丝绸之路经济带将有助于缓解能源短缺，而且可以获得更为广阔的市场空间与吸引投资的能力，这为其发挥人口红利，削减人口重负，打造完整的产业体系，缩小悬殊的贫富差距，改善基础设施具有重要意义。

2. 跨大陆板块交通经济带合作模式

（1）交通经济带组织模式

在“五通”（政策沟通、道路联通、贸易畅通、货币流通、民心相通）理念的指引下，以主要城市为节点，以线连点，陆桥为轴，高铁突破，空中快运，海上大运，海陆空并举，点轴推进，连线成网，扩网成带，打造跨大陆板块的交通经济带。

交通经济带的基础骨架包括以第二亚欧大陆桥为骨架的中部主通道、渝新欧大通道、中印蒙缅通道、空中快速通道和海上运输通道。以陆上通道为主，以 120 千米为半径生成辐射范围，以 7 大城市带为载体建设交通经济带：以中国两横三纵交通网络连接长三角、京津冀、珠三角、成渝城市群、关中城市群和中原城市群而成；以陆上主通道连接的阿拉木图—塔什干—杜尚别—阿什巴哈德都市区而成的中亚经济带；依托海陆空交通网，以德黑兰和巴格达为核心，分别向西北延伸至阿勒颇，向东南延伸至迪拜的中东经济带；以陆空网络为基础，以伊斯坦布尔为核心，辐射安卡拉、布加勒斯特等城市的地中海经济带；以海陆空网络为基础，以柏林为核心，以鹿特丹为海上门户，辐射华沙、布达佩斯等城市的西欧经济带；以陆空通道为基础，以莫斯科为核心，辐射明斯克、基辅等东欧城市和伏尔加格勒、巴库等环里海城市的中东欧城市带；以中印孟缅陆上和海上通道为基础，以达卡和加尔各答为核心，向西延伸到德里都市区，向东延伸到曼德勒、中国昆明，直至重庆的南亚经济带。

（2）交通经济带发展路径

继续改善铁路与公路交通条件的同时，提高区内空中航线、能源管道及信息网络等基础设施水平，打通从太平洋到波罗的海的海上运输大通道，形成高效、便利的互联互通网络。

交通经济带的推进，将塑造出区域内资源、商品等要素流动的生产国—过境国—消费国及相关企业的复杂博弈关系，进一步加强区域内国家间的相互联系，增强合作竞争关系。俄罗斯、印度、伊朗等国提出的“北—南”国际运输走廊方案、欧盟的“欧洲—高加索—亚洲运输走廊”计划以及“泛欧亚铁路干线”投入运营，将重新开启阻滞多年的亚欧经济交通大动脉，实现各国互联互通，重构亚欧经济政治新空间，大国的空间辐射效应将显著增强。对欧盟来讲，既可在政治上扩大对中亚和外高加索地区的影响，又可在经济上进入这个资源丰富的能源产地。对俄罗斯来讲，作为丝绸之路经济带的主要枢纽国家，将进一步提高区域影响力；对中国而言，大大提高进入欧亚腹地以及欧盟的便捷性，是提高政治、经济辐射能力的重要契机。对于落后的中亚国家而言，资源获得了更为便捷的渠道进入东西两端的发达经济圈，将开启加快中亚发展的新格局。

3. 打造“丝绸之路经济共同体”

（1）塑造区域共同市场，积极推动人民币国际化

各国就经济发展战略进行交流，协商制定区域合作规划和措施，以政府间政治互信与务实合作为条件，探索在丝绸之路经济带内实现人民币自由兑换和结算。首先，扩大人民币支付结算的范围和对象，能源领域的人民币国际支付与结算是突破重点，尤其是中国与中亚、西亚以及俄罗斯在石油天然气上的人民币结算；其次，推进中国—中亚区域金融一体化、中国—东南亚人民币区域化以及中欧双方之间的货币清算机制与双边结算机制。

（2）条件成熟的国家之间建立自由贸易区

一是国家间谋求政治修好，缓解矛盾冲突，促进贸易投资便利化，深化经济技术合作，推动人才、技术、资源等要素自由流动，形成统一、开放大市场。推动丝绸之路国家签订《自由贸易协定》，规定在若干年内逐步削减商品进口（包括农产品）关税和非关税壁垒，取消对服务业关税限制，开展公平、自由能源贸易。推动上海合作组织发展为自由贸易区，推动中国—中亚—俄罗斯经济一体化。在中国—中亚—俄罗斯经济一体化实现的基础上，进一步将自贸区范围向欧亚两端伸展，积极对接独立国家联合体自由贸易协定。

（3）积极推进丝绸之路经济共同体建设

丝绸之路经济带国家历史上已自发形成了密切联系的经济活动，这种以市

场为动力的一体化，已绕过了影响贸易、资本流动和其他经济交流的制度和法律障碍，基于上述基础，建议成立“丝绸之路经济合作共同体”。

丝绸之路经济合作共同体的远期目标是加强外联，加快与北美自由贸易区、欧盟建立新的战略合作伙伴关系；核心辐射东盟、南方共同体市场、墨西哥与中美洲自由贸易区、中部非洲国家经济共同体、东非共同体、西非国家共同体、南部非洲发展共同体。从中国的视角看，这一阶段应在东亚经济合作既有基础上继续加强与日本、韩国及东盟各国的经济合作，提升东亚经济整体一体化水平；在金砖国家及G20合作机制的基础上，强化与印度、巴基斯坦等国的一体化合作；在能源矿产、先进制造、高新技术等领域加强与西亚国家的一体化合作；切实利用成熟的欧亚大通道强化与欧盟国家的全方位经济合作。

三、沿线区域合作重点领域

1. 交通领域

通过加强机场之间的合作，鼓励航空公司之间重组，积极发展支线航空，将西安和乌鲁木齐机场建成为西部枢纽辐射机场，形成干线和支线配合的运输体系，促进交通管理、交通技术发展，加强交通基础设施的建设，扩大运输能力和开拓铁路新通道，如加强新疆过境口岸基础设施建设，加快陇海铁路技术开发，研究南疆铁路继续向西延伸的过境铁路建设问题；优化交通运输结构，做到各种运输方式协调发展，互相促进，互为补充。主要是尽快建成连云港—霍尔果斯高等级公路，完成徐州、郑州、西安、兰州、乌鲁木齐等干线机场的改造和扩建以及新修一批支线机场。

从沿线交通领域合作来看，目前新疆境内多条正在建设和规划建设出境铁路线、公路线的建设将极大地改善中国向西贸易的交通束缚，乌鲁木齐的国际交通地位得到较大提升。未来西安与丝绸之路沿线城市在交通领域中的合作内容，完善陇海兰新和连霍高速系统延伸线和节点规划建设，提升西安和乌鲁木齐之间的道路通行力，协调西部机场与新疆机场管理和运营，将乌鲁木齐的国际交通枢纽功能与西安的国内交通枢纽功能结合起来，与乌鲁木齐签署港口协作协议，充分发挥西安国际港务区的保税物流中心作用，积极争取将西安国际港务区建设成为国家综合保税区，简化出入境手续，发展国际贸易，提高中国在丝绸之路沿线的国际战略地位，开拓中亚市场，提升中国西部经济发展速度。

2. 贸易领域

依托西安国际港务区为沿线城市发展外向型经济服务，以航空货运、国际中转、多式联运、批发配送、信息服务等为主体，以国际物流为重点、区域物流为基础、城市配送物流为支撑，提供信息、通关、内陆堆场等一体化服务的内陆港。

加强西安与乌鲁木齐在物流中心场地租赁、物流互通、信息共享、管理标准化、港口建设等方面协作协议，保持丝路国内段的沿线物流通畅。加强与伊宁、塔城和博乐等 3 个国家级边境经济合作开发区的分工合作，促进西安商品快速进入国际市场。

探讨与比什凯克自由贸易区的协作，打通中国商品在中亚市场通道，提升西安国际物流规模效益。

图 4–12　黑河边境经济合作开发区

3. 能源领域

截至 2016 年底，中国已同哈萨克斯坦、埃塞俄比亚等 27 个国家签订了国际产能合作文件，与东盟10国发表《中国—东盟产能合作联合声明》，与湄公河5国发表《澜沧江—湄公河国家产能合作联合声明》，开展了规划、政策、信息、项目等多种形式的对接合作。

着力在西安建设丝绸之路能源精细加工转换与中转基地和科技服务基地，协助沿线进行能源开发与勘探，研究扩展能源产业链，培养能源研发人才，加强沿线能源供求交流合作。在西安成立“丝绸之路能源合作委员会”，制定丝绸之路区域能源合作发展总体规划、组织开展丝绸之路沿线各国、地区及城市能源合作双边多边谈判、帮助落实能源合作项目计划，协调能源市场供求，促进各国的能源自给和保障各国的能源安全。加大西安与丝绸之路沿线城市在石油管线铺设和石油供应方面合作，铺设兰州到西安的石油管线，建立西安石油储备基地，协调沿线城市石油供求。

4. 旅游领域

中国与“一带一路”沿线国家互办“旅游年”，开展各类旅游推广与交流活动，相互扩大旅游合作规模。举办世界旅游发展大会、丝绸之路旅游部长会议、中国—南亚国家旅游部长会议、中俄蒙旅游部长会议、中国—东盟旅游部门高官会等对话合作，初步形成了覆盖多层次、多区域的“一带一路”旅游合作机制。中国连续3年举办“丝绸之路旅游年”，建立丝绸之路（中国）旅游市场推广联盟、海上丝绸之路旅游推广联盟、中俄蒙“茶叶之路”旅游联盟，促进旅游品牌提升。体育合作也在蓬勃发展。

中国与巴基斯坦、俄罗斯、菲律宾、塞尔维亚等“一带一路”沿线55个国家缔结了涵盖不同护照种类的互免签证协定，与哈萨克斯坦、捷克、尼泊尔等15个国家达成19份简化签证手续的协定或安排，阿联酋、伊朗、泰国等22个国家单方面给予中国公民免签或办理落地签证入境待遇。

探索成立沿线国家和城市组成的“丝绸之路旅游合作开发委员会”，以加强丝绸之路沿线区域旅游合作的研究，构建具体的运行机制，组织、协调沿线城市的愿望和利益，倡导和服务沿线城市积极参与丝路旅游整体规划建设，磋商解决丝绸之路跨国旅游签证通关问题，研究整合沿线旅游资源，加强丝绸之路旅游市场一体化建设和旅游基础设施和配套建设合作，寻求多方资金支持，完善沿线旅游开发运营的制度体系，促进沿线国际旅游合作逐步深入。

5. 金融领域

加强沿线金融机构建设，优化区域金融资源配置，构建多层次区域资本市场体系，为沿线能源矿产资源开发和生态治理积累稳定的资金，为沿线承接东部产业转移提供资金支持。推动金融业务创新，搞活区域金融市场，创新人才机制，引进和培养各类金融人才。发挥政府作用，完善金融合作的各项政策，实施金融信息化建设，提高业务效率。建设丝绸之路沿线金融发展研究中心，旨在对加快西部地区金融业发展、区域金融合作与发展、金融持续协调发展、优化金融生态环境、金融风险防范和金融监管等问题进行专业化跟踪研究和政策战略上的对策研究。建设西北金融人才培养基地，为丝路沿线及西北地区培养各类高端金融从业人员。建设丝绸之路金融信息网络共享平台，以便更有效地为金融信息消费者服务，使投资者在第一时间获得海内外第一手的金融资讯。组建亚欧大陆桥国际金融合作委员会，为丝路投资项目多途径融资。

2015 年 12 月 25 日，中国倡议的亚洲基础设施投资银行（亚投行）成立，截至2016年底，已为9个项目提供17亿美元贷款，涉及印度尼西亚、塔吉克斯坦、巴基斯坦、孟加拉国等国的能源、交通和城市发展等急需项目。截至 2016 年底，中国出资 400 亿美元设立丝路基金，已签约 15 个项目，承诺投资额累计约 60 亿美元，项目覆盖俄罗斯、蒙古国以及中亚、南亚、东南亚等地区，涵盖基础设施、资源利用、产能合作、金融合作等领域。丝路基金还出资 20 亿美元设立了中哈产能合作基金。中国提出中国—中东欧协同投融资框架，包括 100 亿美元专项贷款、中东欧投资合作基金在内的多种融资机制共同发挥作用，为中东欧地区提供融资支持。

中国工商银行牵头成立中国—中东欧金融控股有限公司并设立中国—中东欧基金。中国国家开发银行在“一带一路”沿线国家签约项目 100 余个，金额超过 400 亿美元，发放贷款超过 300 亿美元；中国进出口银行在“一带一路”沿线国家签约项目 1100 余个，金额超过 1000 亿美元，发放贷款超过 800 亿美元；中国出口信用保险公司承保“一带一路”沿线国家出口和投资超过 3200 亿美元。截至 2016 年底，共有 9 家中资银行在“一带一路”沿线 26 个国家设立了 62 家一级分支机构，“一带一路”沿线 20 个国家的 54 家银行在华设立了 6 家子行、20 家分行和 40 家代表处。2017 年 1 月，中国金融期货交易所等与巴方伙伴合作收购巴基斯坦证券交易所 30% 的股权。上海黄金交易所和迪拜黄金与商品交易所签署协议，在国际金融市场首次应用“上海金”。中国于2016年1月正式加入欧洲复兴开发银行，通过高层交往、联合融资、贸易投资合作和政策沟通等方式，不断加深交流合作。

6. 文化领域

定期举办丝绸之路沿线文化领域多层次交流活动，以丝路沿线民俗和生产、生活文化为主线，围绕会展、出版、影视、演艺、广告传媒、艺术品交易、动漫游戏、互联网等8大行业展开丝绸之路沿线文化资源的挖掘研究与合作，促进丝绸之路沿线地区少数民族文化交流，借助西安会展经济推广宣传丝路文化，为沿线文化产业发展融通资金，加强丝路沿线文化的感染力和对经济发展的促进作用。

7. 装备制造领域

共建产业园区，启动沿线国内城市间装备制造业整合，淘汰过时的生产线，与中亚市场需求挂钩，按需定制发展装备制造加工业。根据各城市基础确立专业化发展方向，协调沿线装备制造产品之间的关系，形成互为零部件的产品生产体系，确保沿线城市装备制造系统稳定、协调。对西北装备制造业整合规划，合作布展丝路国际装备制造业配套协作与技术合作交易会。

8. 科技领域

联合开展区域科技发展战略研究，把自主创新作为推进结构调整和提高区域竞争力的中心环节。实施人才定向培养战略，帮助沿线城市和区域发展培养人才，引导和鼓励更多的企业加入到人才培养的行列中来。建立起委培模式，提升委培人才素质，可以采取“公司+学校+专业”的委培模式，由各个企业和各科研院所合作，指定专业实施定向培养。

鼓励技术入股，加速科技成果的转化，将无形资产转化为经济效益。从技术引进发展到技术输出，关注市场需要何种技术，西安就应该能够提供相应的技术，打造自己的技术品牌，变无形资本为经济效益。鼓励西安与丝绸之路沿线城市大中专院校、科研单位和企业研发机构开展多层次、多形式的科技交流和联合攻关，强化高新技术和先进技术联合开发和应用；加强各地科技中介服务机构的合作，促进科技资源共享。加强知识产权保护，促进科技创新，提升企业竞争力。

建立科技项目合作机制，发展多层次的合作模式，鼓励和支持丝绸之路沿线高校、科研院所、企业联合承担国家重大科技项目，展开相互考察、合作研究、联合设计、联合调查、合办试验室和研究所等。构建技术交流与技术交易信息平台，提升技术市场的信息化服务水平，强化相关科技中介机构的服务功能，促进技术市场的成熟发展，加快科技成果转化。

第四节　沿线区域经济合作准则

随着亚欧陆桥功能完善和经贸物流的发展，区域市场竞争越来越深入，各城市参与区域竞争的愿望与意识日趋强烈。只有通过合作制度建设，完善约束区域合作的行为规范，建构区域合作的开放性合作策略，政府体制、金融体制和企业改革逐步深化，才能促进城市之间联系日渐密切，逐渐形成一种互相依赖、互相促进的大经济竞争协作带。

一、城市合作规制化

1. 各省市间统筹合作

对西北地区乃至中亚各国来说，要摒弃各自内部名誉之争，理性启动城市间的合作性竞争，启动沿线企业、市场、民众互动，加快发展，使得区域的经济基础不断强大起来。

丝路沿线区域合作中由于合作主体众多、合作内容广泛，合作机制应该灵活多样。如西安与沿线国家的合作，需要启动政府对市场的引导，从地区利益出发，与国际组织和国家签署框架合作协议；西安与国内城市的合作，政府不但要制定,区域协调发展的规划和目标，还要为企业合作提供完善的制度环境。依据区域发展规划，协调城市在市场中的分工，建设城市合作制度环境，确保城市合作建立在公平、公正的基础上，对不同城市在整个区域合作中多方利益如何分配、共建配套设施如何实施等方向性、战略性的共同问题，约定相关的解决途径和办法。此外，根据合作过程中出现的需要共同面对和解决的问题或者项目，按照“问题导向”或者“项目约定”制定相应的合作协议，也是确保各方权益的有效保障。尤其是在环境保护问题、重复建设问题、区域统一市场问题、灾害预防和突发事件的应急解决、跨地区大型基础设施建设项目、水电项目、资源开发项目等方面，适合运行问题导向或项目约定建立合作协议。

2. 各国之间务实合作

当今世界，日益加深的市场化改革趋向为区域经济深化合作提供了体制基础。越来越多的国家认识到，只有融入区域经济，全球经济才能为市场化改革找到新的出路，而融入区域合作一体化进程，需要以政府间政治互信与务实合作为条件。其具体内容包括：一是国家间谋求政治修好，缓解矛盾冲突，稳定地区局势。二是各国努力推进各国体制改革步伐，推动国内经济向市场经济转型。三是谋求区域层面的政治保护以抗衡其他区域集团经济冲击。

针对世界经济领域三大突出矛盾，即全球增长动能不足、全球经济治理滞后和全球发展失衡，中国方面按照“一带一路”策略打造“四大模式”（富有活力的增长模式、开放共赢的合作模式、公正合理的治理模式和平衡普惠的发展模式）提供具体平台和实施空间。沿线各国和各民族要通过不断制造各种合作平台、机制和举措，满足不断扩展又能够不断深化彼此合作，实现更多更大的互利共赢，共同创造世界经济的美好未来。务实合作应建立在因地制宜的基础上，进而真正发挥比较优势和资源互补。如乌克兰等国家可寻求航空领域务实合作，中亚各国可寻求农业和能源方面对口合作，基辅、罗马、莫斯科可寻求交通枢纽方面的合作。

二、产业合作协调化

丝路沿线城市合作目的是加强资源、要素、市场的流动和互通，实现以“横向经济联合”为主的互通有无，扩展外围市场和发展规模经济。从长远来看，“横向经济联合”会逐步过渡到通过企业间“产权联合资产重组”来实现，企业之间产权整合与资产重组，改变城市企业运营的管理体系，转变企业发展的目标和方向，能快速完成沿线产业整合的企业化运作过程。但是，丝路沿线的城市产业多是军工企业和国有大中型企业，所以在丝路沿线城市产业整合、结构调整及优化的过程中，单纯的市场经济行为难以实现“产权联合资产重组”。需要建立相关的政府协调机构，由各城市政府相关人员组成设立西北产业协调机构，加大对沿线城市产业特征、规模、技术、资金等方面的研判，强化对各省或城市的整体调控，可更容易完成单个政府或者企业不能胜任的经济规划工作，加速产业集群和结构调整的步伐。

三、基础设施一体化

基础设施建设具有所谓“乘数效应”，即能带来几倍于投资额的社会总需求和国民收入，基础设施完善是经济长期持续稳定发展的重要基础。丝路沿线是中国基础设施欠账较多的地区，无论是铁路、高速公路都处于全国偏低的水平，交通瓶颈的制约是束缚沿线城市合作发展的一大难题。如西安与银川、兰州、西宁等省会城市之间，至今高速公路都还不完全畅通，也就制约了西安对西北地区的辐射能力。从合作基础设施建设来看，不仅需要尽快建成西安、兰州、西宁的高速公路，完善沿线省会城市到各省二线城市之间的高速公路网络，加强西安与咸阳城市主干交通路网的对接，加强在生态、供水、供电、商业服务、园林绿化、环境保护、信息通道等市政公用工程设施和公共生活服务设施方面的合作与探讨，完善投资环境，推动丝路沿线城市经济的发展。

四、机制体制持久化

城市合作的根本动力在于利益分享，因合作带来的规模经济效益、交通信息成本降低、腹地资源劳力等生产要素保障、市场空间扩大、产业集群互补协作带来技术协作及成本降低等，都能够给参合城市带来比单打独斗更稳定、更高的比较利益，从而促进城市各阶层产生合作发展的动力。因此城市或园区合作，不仅是产业合作的载体，也是各种产业形式聚合体。但城市或园区发展与合作，不可避免地存在政策对接方面的制约和影响，需要体制机制持久性扶持和保障。

1. 消除整体发展与个别区域的冲突

城市或园区合作中，不可避免会因整体发展目标而使得个别城市产业发展进行调整。如关中–天水经济区产业结构调整与整合，会导致众多优势强势企业流向西安各大产业园区，资源要素会随着市场竞争和需求流动，产业布局调整也会导致各地区收益分配呈现不均衡的状态，容易造成城市合作中摩擦与冲突，因此，以政府为主导的利益协调机制非常关键。利益协调方式多种多样，可以支援基础设施共建、人才委培、上下游和关联产业链的培育，议制合理的直、间接补偿方案等等，调动参合城市参与合作的积极性和持续性，制定利益分享与分配制度，明确各自的功能地位以及利益目标，保障合作顺利展开。

2. 消除各国政策对区域发展的冲突

在各国合作的城市和区域，要在各种国际惯例和公约基础上，探索适合各国实际，有相对优惠的政策扶持优秀企业的发展。虽然目前有成功的案例，但是举步维艰的情况也需要及时解决。境外自由贸易区作为各国公认的、最为开放的园区和平台，却因各国之间政策的差异，在推进过程中依然“几家欢乐几家愁”。如尼日利亚奥贡广东自由贸易区是中国首批八个国家级境外经贸合作区之一，是落实 2006 年北京中非高峰论坛倡议、促进中非经贸合作决定、加强中非贸易交流的具体成果，作为中国首批落户非洲的国家级对外经济贸易区，以及广东省政府对外经济的重点项目，中国政府和尼日利亚政府高度重视，但是由于体制机制不顺畅，十多年时间一直走走停停，发展严重受阻。

3. 不断创新体制机制

城市区域或园区合作发展本身是一种新生事物，需要政策和体制创新，才能不断适应产业发展和合作的需要。这种创新可能是土地、财税方面的创新，也可能是运作模式和理念的创新，而且需要不断探索和修正。如新加坡苏州工业园区是中国和新加坡重要的国际合作项目，自 1997 年创建以来，主要经济指标年均增幅超过 30%，综合发展指数位居中国国家级开发区第 2 位，成为跨国合作的亮点和典范。“借鉴、创新、圆融、共赢”的园区经验已成为园区建设的“法宝”，为满足园区发展需要，管理机构规范性文件 103 件，构建了“小政府大社会、小机构大服务”和“精简、统一、效能”的管理体制，成为园区发展保驾护航的根本。境外园区和城市合作，政策体制机制方面不可预测、不可控制因素等等，是制约发展的重要瓶颈，维有不断创新，才能不断破解发展中的难题和障碍，推动城市和园区内企业不断发展重大。

五、合作领域立体化

1. 能源及附带开发领域合作

能源合作是国家关系之中的重中之重。加快推进“新丝绸之路”能源一体化进程符合中国与中亚各国的长远国家利益，是区域经济一体化战略的实施重点。然而，当前中亚地区的地缘政治环境严重阻碍着能源一体化的进程。

大国地缘政治压力和地缘经济压力是能源合作深化的主要障碍之一，民族宗教问题、边界问题等多重矛盾交织，地缘安全形势较差，严重影响能源合作。另外，能源合作的一些具体问题，如技术问题、投资问题、规范问题及协调问题都亟待解决。因此，加快推进“新丝绸之路”能源一体化进程，需要与新一轮西部大开发战略密切配合，调整西部发展思路，改变西北由单纯的能源开发区向储备基地和能源战略大通道转变；强化本地能源开发与利用境外能源兼顾的能源战略；加快与中亚各主要产油国之间跨境石油管道的建设，为“新丝绸之路”能源一体化奠定基础。此外，应继续强化上海合作组织在能源合作与能源安全方面的协调和保障作用。弘扬“互信、互利、平等、协作，尊重多样文明，谋求共同发展”的“上海精神”，为“新丝绸之路”能源一体化战略保驾护航。

2. 交通运输及附带领域合作

丝绸之路经济带作为陆桥经济带，属于典型的交通经济带，畅通高效、保障运输是其基本目标。新亚欧大陆桥开通运营 20 年来，不仅促进了中国海铁联运的发展，使物流经济发展模式得以更新，推动了沿线城市的频繁交往和密切合作，带动了沿线经济带的较快发展，还强化了亚太地区与中亚乃至欧洲的经贸合作，但目前陆桥经济带交通运输一体化程度仍然偏低，并存在许多突出问题：

铁路运输能力和物流基础设施不能满足快速增长的物流需求；国际协调机制欠缺和国内协调机制不完善，使瓶颈问题得不到有效解决；公共统计欠缺和基础研究不足，影响国际、国内政府和官方组织的重视程度；国内外政策和法规建设严重滞后，影响大陆桥物流行业的可持续发展；各部门信息系统不能互联互通，多个信息孤岛使物流信息化服务体系支持能力较弱。因此，应加快陆桥通道铁路运输能力建设和关键节点物流基础设施的建设速度；加快完善国内协调机制，尽快建立综合性的国际协调机制；逐步开展行业公共统计，建立官、产、学、研相结合的行业研究机制；尽快出台促进大陆桥物流行业发展的政策，推进行业保护的国内法规和国际公约的立法进程；加强信息化体系建设，实现全程信息系统互通互联。

第五节 沿线区域经济合作内容

一、西北 5 省（自治区）之间的合作

1. 西安与乌鲁木齐的合作

港口战略合作。西安与乌鲁木齐的合作，最有效的结合点就是西安国际港务区与乌鲁木齐签署站场合作协议。西安是中国从区域协调发展角度制定的国际化大都市，西安国际港务区是中国西北唯一的国家级物流中心和中国 18 个集装箱中转站之一、17 个保税物流中心之一，也是中国西北地区发展国际贸易的主要基地和陆港港口。西安国际港务区发展中西亚国家与中国西部国际贸易，必然依托新丝绸之路实现其货物流通。但新丝绸之路在中国境内西北沿线路线较长，依托乌鲁木齐铁路枢纽、国际航空运输节点、与新疆边贸城市的交通联系等优势，以西安国际港务区建设内陆港和保税区为契机，开展外向型的经贸合作，打开西安与中亚国家合作的窗口。将零散消费品借助乌鲁木齐众多的国际集散市场提供给中西亚等地，扩大中国西部的出口型经济份额，将大宗货物借助乌鲁木齐区域物流中心职能，打包中转分运。

图 4-13 西安咸阳机场

能源战略合作。在能源领域，西安及其北部的能源虽然品种齐全，但是规模有限。中国经济快速发展需要从中亚和俄罗斯、中东地区进口石油、天然气。中国作为能源消费大国，能源产地与消费地不匹配导致中国能源输送管线较长。鉴于乌鲁木齐的延边多民族特征及周边国家政局的不稳定性，西安作为西能东运的要冲，必然承担中国能源储备与中转基地的功能，这也是西安与乌鲁木齐合作的主要内容。

机场战略合作。目前西北地区航空机场分属于西部机场集团和新疆机场集团公司。西部机场集团隶属于陕西省人民政府，管辖着西安咸阳国际机场、榆林、延安、安康、汉中、天水、西宁（曹家堡）、格尔木、玉树、银川、固原（在建）、中卫等13个机场及14家控（参）股公司子公司，横跨陕甘宁青4省（自治区）。新疆机场集团公司管辖着乌鲁木齐机场、喀什机场、伊宁机场、阿勒泰机场、和田机场、库尔勒机场、克拉玛依机场、塔城机场、库车机场、且末机场、阿克苏机场、那拉提机场、喀纳斯机场等13个省内机场，未来计划新增吐鲁番机场、哈密机场、石河子机场、博乐机场、奎屯机场、塔中机场、楼兰罗布泊机场、富蕴机场等8个机场，而且乌鲁木齐机场是国际门户（口岸）机场，向阿塞拜疆、塔吉克斯坦、阿富汗、乌兹别克斯坦、吉尔吉斯等国开通定期航班。两大机场集团公司的整合将有利于促进丝路沿线航空运输的便利化建设，西部机场集团的航空公司能够提供通往东部市场的更佳路线，而新疆机场集团则在通往中亚市场上占优势，因此两者航空公司的结盟可起到协同效应。西安是欧亚经济论坛永久会址，也是享誉世界的历史文化名城和外国人首选地中国旅游目的地，规划建设为西北地区的国际客流集散地，向国家申请在西安设立使馆区和开办面向中西亚地区的旅游签证。在中国扩大内需的过程中，国内旅游业也逐步兴旺起来。西北丝路沿线因景点间距较远，旅游组织中以支线小飞机为主。只有更好地发挥支线航空作用，才能将西安国际旅游目的地和集散地的功能充分发挥出来，将丝路旅游效益扩大。

旅游战略合作。两市分属丝绸之路中国段的西端和东端，在古丝路历史文化遗产、和旅游探索、旅游宣传、旅游线路组织方面具有非常高的合作潜力。尤其是在历史文化探索和研究中，两地具有高度关联性和相互渗透。

此外，西安的开发区可以与乌鲁木齐的开发区进行对接，进行产业上下游协作与技术交流。西安科教实力雄厚，可依托其科研院所与高科技企业，为乌鲁木齐的能源开发、化工产业发展提供技术支持和服务，两地联合攻关开拓外向型经济。西安及周边的蔬菜、粮食、农副产品、轻工产品、电子仪器设备、大型装备、高科技产品等商品可通过乌鲁木齐的重要节点，直接通过铁路与航空转运到中亚国家，中亚国家的原材料、农副产品也可进入西安，满足本地工业及消费的需要。两市可在产业方面进行优势互补，深化企业合作，齐心打造优势产品与服务，共同开拓国内市场和中亚市场。

2. 西安与兰州的合作

旅游战略合作。作为古丝绸之路起点的西安和商贸重镇的兰州，历史文脉上的一致性将其不可分割地连为一体，共同对丝路文明做出了重大的贡献。如今，以丝路为主体的旅游开拓和联合申报世界文化遗产的活动，再次将两座城市紧密联系在一起，加大旅游精品线路的组织和旅游文化的挖掘和宣传，是两市展开合作的切入点。而深化旅游资源的管理和开发，将是未来两地长期共同发展的合作要点。

产业互助战略。兰州工业发展的重点是石油化工、冶金、机械，在原油加工、乙烯生产、碳 5 分离、冶铝、特种泵、建筑机械、矿山传动机械装置、皮革和棉毛精纺等产业方面实力较强，与西安精密仪器、电子信息、渭北现代化工、生物医药、新材料研发、物流加工等领域具有较好的互补特征，建立两市之间的产业互助关系，有助于将西安的产业科技优势和兰州的产业生产优势结合起来，发挥产研共振效果，促使两地的产业发展获得新的突破，延长石油化工下游合成橡胶、合成树脂、精细化工、医药、香料、环保型发泡剂等几十个行业链，发展产业集群带动陕甘两省众多中小城市的发展。

物流战略合作。兰州作为工业城市，其原材料运输和产品外运都离不开现代物流发达的服务体系和便捷的交通运输设备条件。西安是西北唯一的国家级物流中心城市，以现代物流为主的服务体系与兰州有着非常高的合作潜力。依托西安国际港务区内陆港和保税区的建设，两市联合与沿海港口开展通关合作，发挥西安的服务功能，为兰州的工业发展开拓更广阔的市场空间的同时，也有助于西安以现代服务为主的加工业、信息业、商贸市场开拓和物流规模化、网络化、专业化发展。

科技战略合作。兰州是中国冰川冻土研究、沙漠研究和高原大气物理研究的中心以及寒区旱区环境工程研究中心，还是中国化工涂料工业研究、重离子加速器研究中心的主要阵地。兰州的科研实力与西安的科教实力之间形成很好的合作面，展开试验基地的建设，在节能减排、新材料研发、科技人才培养、西北生态治理等方面开展广开言路、取长补短的合作研究，有助于指导西北地区在落实西部大开发战略、承接东部和国际产业转移方面科学发展。

3. 西安与西宁的合作

科技合作战略。目前西宁的工农业体系以原材料生产为主，如原煤、电力、化肥、水泥、钢材、生铁、铁合金、原铝、金属切削机床、乳制品、纺织，硅铁、机床、轴承、绵纱、骨胶、蚕豆、量刃具等十余种商品出口。从西宁产业体系和门类特征来看，目前单纯的原材料生产出口还处于比较低端的产业体系，西宁未来产业开发的潜力非常广阔，尤其是建立在原材料深加工、特种生物资源基础上的生物医药、盐湖和矿产基础上的化工和农业肥料生产，市场需求面大而且产品附加值高。西安与西宁的合作，应该先从产业体系的培育入手，西安科技资源非常发达，人才众多，西安出人才和技术，在西安建立研发基地，在西宁建立资源储备和加工生产场地，展开西宁资源开发和研究基地，可以发挥西安的科技人才优势，帮助西宁完善产业体系，既体现西安服务西部的高姿态，同时有助于西安完善自身创新研发基地的功能。

图 4–14　唐蕃古道遗址

物流合作战略。西宁是丝绸之路青海道的通衢、沟通中原与西部边地的重要城镇，也是历史上“唐蕃古道”必经之地。如今西宁市为兰青铁路终点、青藏铁路和青藏公路起点，依然是通往青藏高原腹地的交通要冲，是沟通西北、西南和关中地区的重要节点和青藏高原的门户，也是青藏高原地区的商品集散地和商业贸易中心。共建仓储物流市场，共享现代交通资源，西宁与西安加强现代物流合作，一方面借助西安国际港务区优势地位，扩大西宁特色高原产品的国际市场空间，引导西宁特色资源的产业化、规模化发展，另一方面也完善西安国际大都市的知名度和西北服务基地功能。在新规划建设的物流园区为西宁安排一定面积的物流仓储用地，积极支持西宁市物流企业投资西安集装箱中心站及物流园区建设，独立或参与物流园区的运营和管理，出台优惠政策支持西宁企业在西安建立商贸服务设施；双方支持和管理两地企业在对方设立办事机构，拓展市场。

4. 西安与银川的合作

基础设施合作战略。银川与西安现状下的交通条件制约着两市的深入合作，以合作需求促动两市基础设施建设，尤其是两市之间的道路交通规划和信息通道建设，为深化两市在先进制造产业、高新技术产业、现代物流业、商贸旅游业和农副产品加工出口等重点领域的合作铺平道路，鼓励和支持两市大集团、大企业相互支持、参股投资，共建市场、共享资源，通过虚实两方面的合作，发挥西安的服务功能和带动功能，加快银川融入西北丝绸之路沿线的国际化市场中。

文化合作战略。宁夏是中国回族最集中的居住区，而西安的回民街是中国西北地区清真寺最为集中的社区之一，是清真传统饮食借助西安国际化地位走向世界的窗口。西安在皇城复兴计划中，规划该地区为回族风情街。西安与银川的合作，可以共同开发清真食品和穆斯林用品、工艺品、旅游纪念品，并带动西安和银川的商贸联动，扩大其在中亚、西亚等穆斯林国家中的影响力和市场占有率。

二、与沿线国外地区的合作

1. 与中亚 5 国的合作内容

科技合作。西安科技资源优势突出，尤其是在航空航天、生物、信息、新材料和新能源等领域具有较强的科研和生产能力。西安具有庞大的科研研发群体和丰富的研发人力资源。西安是中国重点高等院校最为集中的城市之一，R&D 指标居西部地区之冠，在全国也处于领先地位，研究与试验发展投入强度比东部发达省份都高。西安市各类科研机构众多，是中国重要的科技教育中心，重大科技创新和科技产业的培育、孵化中心。中亚地区因地缘关系动荡，经济发展受阻，经济基础、科教研发等方面也都相对较为落后。中亚国家大多是资源富集的小国家，由于深处亚欧大陆中心，缺少与外界交流的通道，国家整体经济实力都不强。在当今科技创新及自主知识产权技术成为区域核心竞争力的时代，没有丰富的高科技人才和发达的多学科综合研究机构，以及产学研一体化的发展机制，国家图强的梦想就难以实现。中亚 5 国自独立后也都意识到了发展的软肋，极力改变科技领域落后的状况，较为重视与中国发展科技文化教育等方面的合作。如在中国的帮助下，哈萨克斯坦建立了科技园以及中哈通信设施和信息网站，而且建立了中国同中亚 5 国（除塔吉克斯坦外）留学生交换协议，中国和中亚国家每年互派留学生和进修生，哈、乌等国科学院与中国科学院和社会科学院签订了双边交流协议，每年都有学者互访交流。所以，从中亚 5 国的需求上来看，中亚 5 国在科技、教育、高新技术方面比较弱，西安丰富的科技资源和发达的教育资源是最容易、最具优势的合作突破口，科技输出、有偿转让、技术入股都将是与中亚各国展开合作的具体内容。

资源合作。中亚 5 国资源充足，在发展以能源和矿产资源出口发展的过程中，受阻于其西边的中东局势和资源同构性竞争抑制，中亚国家资源经济的出口转向与东部的中国市场和借道中国转口出口到东亚等能源稀缺国家。西安国际港务区是位于新丝绸之路沿线与中亚 5 国唯一相连的具有保税物流中心的陆地港口，也是中亚各国能源输出中转储备中的主要储备基地和中国市场的集散地。通过西安国际港务区，利用西安贸易集散地功能，加快中国与中亚各国间的贸易港口交流与合作，通过西安国际港务区免税国际港口的便捷服务和中转功能，对接哈萨克斯坦的经济自由贸易区，加快中国和中亚国家间的快速发展。中国政府也提出了区域经济合作发展规划和一系列新亚欧大陆桥运输管理办法，明确了依托新亚欧大陆桥交通干线，发挥中心城市作用，有重点地推进中国西部大开发等重大决策。西安作为亚欧大陆桥沿线最重要和影响力最大的城市，必然担当起中亚合作的中国城市的代表，代表国家开展与中亚地区的交流与合作。

装备制造业合作。以西安为核心的关中—天水经济区目前已经形成以交通运输设备制造业（航空航天、重型汽车整车及配件）、电气机械设备制造业（光机电、机械）、石油钻采（钻机、泥浆泵）、数控机床、冶金重型设备、工程机械（液压挖掘机、推土机、沥青混凝土搅拌机、摊铺机、山地拖拉机）、能源化工（石油化工、煤化工）、电子设备制造等为主的产业主体，是中国航空、航天、机械、电子、仪器、仪表、农业高新技术等领域重要的科研基地，也是西北乃至全国先进装备制造业基地。这一产业体系与中亚国家需求形成较强的互补性。中亚各国发展能源和矿产资源经济的过程中，需要大量的地质勘探、石油钻探、采掘挖掘、重型运输、冶炼压延、电子仪表等方面的机械设备。此外，中亚各国交通等基础设施较为落后，目前在大规模开展铁路、公路等交通系统建设的过程中，对各类工程机械的需求也是非常迫切。这为西安及关中—天水经济区的装备制造业走出国门，打开国际市场，提供了非常好的发展机遇。

2. 与欧洲国家合作内容

以俄罗斯、德国、荷兰为主的欧洲国家，经济发达，技术先进，在工业产业化、标准化、自动化领域和农业机械化、生态化、规模化、经济化、科技化发展方面各有许多成熟的经验。如德国的农业高新技术和工业标准化发展、荷兰花卉生态产业和新能源研发、俄罗斯航空航天技术等方面具有比较强的优势，也能为西北5省发展航空航天装备制造业和现代服务业提供宝贵经验。

图 4–15　荷兰花卉市场

荷兰是西方10大经济体之一，双方可以在水利、农牧业等领域进行广泛深入地合作，在高端制造、航空航天、生物医药、新能源、智慧城市、“互联网+”、第三方市场合作等领域深入挖掘合作潜力，打造新的产业合作增长点，继续在银行、保险等领域深化合作，创新投融资模式。荷兰可加强在城镇化、清洁能源、环境保护、医疗卫生、老龄化等领域合作。双方要继续保持海运领域的合作优势，着力做大做强铁路和航空运输，为中欧和亚欧大陆互联互通发展提供有力支撑，并在大熊猫保护、博物馆管理、文化创意、影视、教育、体育等领域加强交流合作。

德国是高度发达的工业化国家，经济实力居欧洲首位，是世界第一大出口国，也是欧洲对华技术转让最多的国家，截至2017年5月，中国从德国引进技术合同累计金额768.2亿美元。中国经济转型升级和巨大市场需求将为德国企业提供大量商机；德国先进设备和管理经验也是中国推进产业升级可以借鉴的重要依托。2016年中欧班列运行1702列，仅中德之间就占1034列。杜伊斯堡作为“一带一路”重要枢纽，几乎每天都有一班来自中国的中欧货物班列抵达。中国与德国合作的主要内容，表现在中国制造2025与德国工业4.0等发展战略更好对接，深化制造业、能源、航空、创新、中小企业等合作，中方不断在数字化、先进制造业、智能制造等方面跟德国合作，两者是相辅相成、相互补充的。关中—天水经济区中大多数县市的产业结构以农业为主，而杨凌是中国农业科技示范城，开启杨凌、西安与德国在农业领域合作，借鉴德国先进的农业经营管理经验，提高关中地区农业的科技化、企业化、标准化、机械化、效益化生产，能够快速通过杨凌示范区的示范作用和西安通达的信息网络推广到国内众多地区，解决中国三农问题。

三、重要合作领域

1. 经贸合作

古代丝绸之路是商贸之路，经贸合作是丝绸之路经济带建设的基础和先导，立足丝绸之路，深化交流合作，实现互惠共赢，是丝路沿线各国的共同愿景。经贸合作的重中之重，在于加强政府往来，推动政府之间的互访互动。建立稳定的沟通联络机制，增加人员往来，带动民间商会、协会、社会团体和企业对接交流，加深彼此了解。扩大经贸合作的抓手在于积极组织和参与区域经济贸易活动，推动本国、本地区政府制定贸易投资便利化措施，降低企业交易成本，营造公平的市场环境。

（1）国内各区域

一是加强沟通协商。发挥政府作用，在政府及其有关部门之间交流信息，增进共识，促进企业合作，为推动企业合作搭建多方沟通协商的平台。二是拓展合作领域。在巩固和扩大前期合作成果的基础上，努力向基础设施建设、扩大投资贸易、科技人文交流、开辟旅游市场等领域拓展。政府及其部门之间可在发展规划等方面进行沟通，形成合作框架，引导企业发现新机会、进入新领域、实现新发展。三是强化政策服务。继续深化外贸管理体制改革，在提高贸易便利化水平、改善融资服务、扩大信用保险规模和覆盖面、完善财税政策、支持跨境电子商务和现代物流、推进跨境贸易人民币结算、发展服务贸易等方面为企业合作创造良好环境和条件。

（2）中国与各国之间

一是深挖贸易增长潜力，优化对外贸易结构。各国各地区要深化海关、质检、电子商务、过境运输等全方位合作，为各国企业家寻找更多商机。创新贸易方式，推动企业在经济带沿线交通枢纽建立仓储物流基地和分拨中心，完善区域营销网络。优化贸易结构，稳定劳动密集型产品出口，扩大机电和高新技术产品出口；扩大非资源类产品的进口；推动服务贸易和货物贸易协调发展。

二是统筹走出去和引进来，扩大双向投资合作。引导传统优势产业和装备制造业、高新技术产业到经济带沿线国家投资设厂，在拓展发展空间的同时，帮助经济带沿线国家增加就业和税收、提升工业化水平。加强与经济带沿线国家能源资源和农业合作开发，扩大深加工合作，延伸产业链。在有条件、有意愿的国家共建一批经贸合作园区，吸引各国企业入园投资，形成各国优势互补、良性互动的产业带。同时，中国将稳步推进边境经济合作区和跨境经济合作区建设，吸引经济带沿线国家企业来华投资兴业。

三是推动国际大通道建设，促进基础设施互联互通。积极推进亚欧大陆桥、新亚欧大陆桥、孟中印缅经济走廊、中巴经济走廊等骨干通道建设，规划一批重大项目，成熟一项开工一项。加强各国之间交通规划、技术标准体系的对接，推进建立统一的运输协调机制，降低国际货物运输成本，提高运输效率。

四是加快自贸区建设，深化区域、次区域合作。积极与经济带沿线更多国家和地区发展自贸关系，为深化经贸合作创造更好条件。充分发挥现有区域、次区域合作组织的作用，加强政策沟通，推动务实合作，落实重大项目，及时协商解决经贸合作过程中遇到的困难和问题。

2. 投资合作

中国对中亚国家的直接投资快速增长，已成为乌兹别克斯坦、吉尔吉斯斯坦第一、塔吉克斯坦第二大投资来源国。在其他国家的投资也呈现快速发展势头。金融投资领域合作是丝绸之路经济带建设的重要支撑，很多重大项目资金需求量大、投资周期长，需要长期、大额、稳定的投资合作，以市场化方式提升项目可持续、以投融资可持续促进区域经济可持续发展至关重要，大有可为。

当前，中国正在积极推动与各国之间建成铁路、公路、航空、电信、电网、能源管道的互联互通网络，发展与各国间资金流、物流、人流和信息流等方面的合作，激活新的经济增长点。在中国政府优惠贷款和援助支持下，中国企业在中亚地区承揽了公路、电信、电力等基础设施建设项目。中吉乌公路、塔乌公路、塔境内输变电线等一批经济合作项目已经成功启动，并在积极落实中。随着区域内基础设施的不断完善，连接本地区的能源、交通、电信等网络已初显轮廓。

各国各地要遵循国际惯例和市场规则，把业务发展与风险防范相结合，在项目运作中注重推动完善市场机制和信用建设，在项目管理中加强国别、法律、市场、项目的风险评估与日常监管，在融资方案设计中以市场化为导向、以互利共赢及风险共担为原则，确保投融资的可持续性，为“一带一路”建设提供长期、稳定、可持续的金融支持。

第一，加强政策沟通，以银政合作凝聚发展共识。以重大外交活动为契机，增进与合作国在发展经验、投融资体制等领域的沟通交流，持续强化对政府间优先合作领域和重大项目的融资支持。坚持“规划先行”，积极推进丝绸之路经济带核心区系统性融资规划编制，以及各国政策的对接，与政府、企业共同探讨金融支持产能合作的新路径。

第二，助力设施联通，以基础设施引领互联互通。积极推动各地和各国基础设施互联互通项目建设，全力推动跨境基础设施及边贸园区建设，支持相关经济开发区、经济特区等园区基础设施建设，发挥基础设施建设对互联互通的引领推动作用。

第三，支持贸易畅通，以银企合作深化共建共享。支持企业“走出去”，扶持战略性成长型企业向境外投资，实现产能转移；吸引国外优秀企业来华投资，共建丝绸之路经济带。

第四，促进资金融通，以银银合作带动经贸合作。开展双边合作，不断深化与主权基金战略合作，支持各相关领域创新发展，以银行、基金等方式促进经贸发展。创新开展跨境人民币业务，不断探索实践人民币走出去战略和模式。

第五，增进民心相通，以信用建设提升战略互信。加强“合作共赢”理念，促进合作国间人文交流、密切双方战略互信。支持民生建设作为金融可持续发展的实践，促进当地群众增加就业及民生改善，实现互惠互利。

3. 园区基地建设

产业合作园区是产能合作的重要模式。产能合作是“一带一路”倡议的重要内容，而产业园区建设是产能合作的优先领域，产业园区和基地精准落地更能够充分体现共商、共建、共享的丝路原则。目前，中国建设的境外经济贸易合作区，成为国内优秀企业发挥综合优势、以境外投资带动国内外相关业务的发展、打造和提升海外业绩品牌、推进中国产品输出及向资源丰富国家或地区产业转移的重要平台，在国际产能合作中发挥了重要作用。

据商务部统计，截至 2017 年 3 月，中国企业已在“一带一路”沿线 20 个国家建有 56 个经贸合作产业园区，累计投资超过 180 亿美元，入园企业 1082 家，总产值 506.9 亿美元，为东道国创造超过 10 亿美元的税收，超过 16 万个就业岗位。中国与“一带一路”沿线国家工业合作园区建设，有力地推动了东道国工业化进程和相关产业发展，特别是轻纺、家电、钢铁、建材、化工、汽车、机械等重点产业，不断发展和升级。代表性园区有中白工业园、泰中罗勇工业园、苏伊士经贸合作区、西哈努克港经济特区等。标志性项目支撑，成为“一带一路”建设能够行稳致远的重要尝试。

在“一带一路”建设中，沿线国家对工业园区特别是中国改革开放的经验和模式有兴趣、有需求。沿线国家也希望在境内借鉴中国企业建设园区模式，增强对外开放水平，增强招商引资力度，聚集人才，打造品牌，培育国际合作示范区，创新综合“试验田”。在此背景下，相关国家希望积极借鉴中国经验，邀请中国企业在其国家建设工业园，以吸引更多中国以及其他国家优秀企业的资金和技术。

四、重点合作项目

区域经济合作重点大体可分为产品合作、产业合作和区域（城市）合作三个层面，依次对政策和机制体制依赖性不断增强，而对市场依赖相对减弱。在产品和产业合作层面，中国对外出口主要是电子产品和日用品，而进口产品包括能源、农产品等，产能合作是近年来中国政府对外合作的重点。经济合作的本质在于优化资源配置和激活市场，使得“洼地”“高地”得到有效平衡，积极发挥应有的作用。根据这个思路，提出如下重点项目。

1. 丝绸之路合作发展基金

项目由沿线政府部门合作发起成立，政府持股并向社会和企业公开发售，募集部分资金。目标是为沿线民营经济发展和创新型技术就地转化提供资金支持，帮扶和贷款支持丝路沿线贫穷地区基础设施建设，给沿线区域性生态治理和新材料研发提供资金支持。

2. 西北能源期货交易所

以合理发挥西北能源优势为目标，建设中国能源期货交易平台，平衡国内对煤炭、石油、天然气、电力等常规能源的供求，协调能源供求与价格关系，确保中国能源价格与能源价值之间的一致性，为新能源技术研发提供资金支持，为能源生态开发和科技化发展提供资金支持。

3. 丝绸之路国际服务中心

在西安建设丝绸之路国际服务中心的目的是借道西安国际港务区发展现代服务业，为沿线旅游、商务活动人士提供签证、出入境、旅游集散等中心服务功能，为西安外包服务业提供信息服务，为沿线国际合作建桥搭梁。

4. 丝绸之路科技人才培养基地

项目以充分发挥西安科教优势为沿线服务为目标，为丝绸之路沿线农牧业发展培养实用技术人才、服务型人才、企业技术人才，并建立高层次人才库，完善人才共享机制，组织区域间专家学者进行科技、学术等方面的交流与合作，开展科技互动。

5. 丝绸之路旅游博览园

借助西安世园会契机，深化沿线城市旅游合作。以母子园（母园设在西安渭河以北，以唐风建筑和唐诗文化、唐代运动等内容和丝路沿线重要景点微缩景观为主，通过西安旅游集散功能，让丝绸之路旅游概念走向全球。子园分设在沿线各重要景点，协助母园做好宣传和旅游接待、旅游服务）。将丝绸之路沿线旅游资源组合，扩大丝路旅游知名度，创造沿线城市交流与互动机会，提升沿线服务性经济水平。

05 第五章 通道建设

第一节 通道与国际通道研究

一、相关概念

1.“通道”的定义及界定

早在远古时期，我国勤劳、勇敢的劳动人民不断地跋山涉水、修路搭桥，开辟了一条条四通八达的路径，从事着商业和贸易活动。丝绸之路横跨亚欧而闻名于世。中国古代“道路”一词很早就开始使用，古时又称“驿传”或“驿道”。西周开始，中国已经建有较为完善的道路体系。秦朝时，修建了著名的“弛道”，并以咸阳为中心，延伸到各地，形成第一个贯通全国的道路网，有的“驿道”至今仍然存在并发挥着作用。“通道”虽然有“道路”的作用，但并不等同于“道路”。

在世界经济地理中，“通道”与“交通线”经常混用。世界各国有关运输通道的概念很多，有江河、湖泊、运河、海洋、航线、水路或水道、公路、道路、铁路、管道、航空线等。

“通道”一般有狭义和广义两种内涵。狭义的通道又包括两层含义：一是指通道的地带，即运输服务活动经历的“带”状地区；二是线路系统，即带状地区里的交通基础设施。而广义的通道除了包含前两个要素以外，还要加上载体系统，即流动在交通基础设施上的运输工具和管理系统，也就是维持正常运作的软系统。综上所述，我们可以将通道定义为：客流、货流的流经地、线路、运载工具以及管理系统的总和。

2.“国际通道”的定义及界定

世界上存在有两个国际通道系统，其中一个大部分分布在海洋上，叫做“海洋通道”。另外一个分布在陆地上，叫做“陆上通道”，这两个系统在欧亚大陆的外围地带衔接。本书研究的国际通道为陆上国际通道。

所谓陆上国际通道是由不同国家共同兴建跨洲的、以陆路交通为基础的立体交通网络，其本质是满足全球日益增长的自由贸易与国际分工需要，是全球范围内市场经济成为主流和经济一体化成为趋势的必然结果。国际大通道是在开放经济的基础上，国家间建立了贸易之后，为了使国家间商品能够自由跨境流动而创建出来的。它能有效地实现市场资源的优化配置，减少不必要的成本浪费。国际大通道的建设有助于国家之间的开放，减少关税及其他方面对产品、服务、原材料等流通的阻碍，保障两个经济贸易顺畅地进行，有助于国与国之间的经济贸易往来，实现两国经济的共同发展。

国际通道作为跨国交流的主要通道，是国际贸易的基础，同时也可以极大促进国际物流的发展。国际通道的建设不仅保障了两国之间正常的贸易往来，而且可以吸引投资，在无形中扩大国际物流流量。

二、国际通道建设特征

1. 利益特征

国际通道的建设及运行与相关国家的经济和安全利益紧密相关，是相关国家意志和共同利益的产物。因此，互利双赢乃至多赢是其存在的内在基础。随着通道运行效果所影响的国家间关系的变化，双方乃至多方的利益交集很可能超越单纯的运输利益与贸易利益。国际通道具有明显的利益特征，是国家利益的集中体现。

2. 区位特征

国际通道连接两个或两个以上国家，其构成范围必然涉及双方或多方领土。而处于双方边界地带对应位置的贸易口岸，凭借其重要而独特的地理区位，顺理成章地成为国际通道上的运输枢纽和交接控制节点，担负运输组织、过载换装、关检处理、安全控制和技术协调的任务。国际通道也因口岸的布局形成较为鲜明的区位特征。

3. 系统特征

一般来说，双方产业布局和人口集聚区均不会过于靠近边境线，因此主要承担国家间经贸活动与人员往来的运输需求的国际通道，不可能是一条孤立的封闭线路，它必须连接双方的内陆运输干线网络及其主要运行枢纽，从而形成一个相对完整的运输系统，才能实现使其功能向国土纵深范围扩展的目的。

4. 需求特征

全球经济一体化和我国整体国力的显著提升，使我国与它国间经贸活动和人员往来产生大量的需求，同时中国经济的发展对于能源和重要原材料的需求规模也在日益上升，这些需求都需要通过大能力的国际运输通道加以实现。因此相关国家间现实或潜在的大能力运输需求，无疑将构成国际通道存在和运行的现实基础。

5. 形态特征

由于国家间接壤地区（包括海上相邻）环境、条件、地理和功能的差异，目前世界上现已形成和可能形成的通道可分为许多不同的形态。按照自然地理条件，可分为天然通道（如边境山口通道）和人工通道（如著名的巴拿马运河）；按照形成过程可分为传统习惯通道（如边民往来形成的通道）和后续建设通道（如国家建设的通道）；按照运输方式构成可分为水运、空中和陆上（公、铁）通道；按照其功能划分可分为常规通道（即经济贸易与人员往来通道）和特殊通道（如油气管道和安全通道）。

三、国际通道建设作用

世界经济社会发展的实践充分表明，国际通道既是经济发展重要的基础设施，又是国家经济的先导性产业。许多发达国家和地区的发展和振兴，都是以加强交通建设为先导，从而带动整个经济社会的持续快速健康发展。

1. 带动沿线区域经济

发展国际物流通道加快了商品与服务在不同国家间的流通，扩大了本国产品的销售范围，满足了世界各国消费者的需要。还极大地加强各国对外开放程度和经济贸易联系，充分实现优势互补，繁荣各国的经济。

2. 引领沿线节点城市发展

国际通道的建设增强了节点城市辐射与集聚功能，提升区域服务能力，大大缩短产地与销地之间时空距离，使节点城市的枢纽地位和区位优势得到进一步加强。国际通道的建设有利于节点城市间的便捷联系和优势互补，发挥整体联动效应。同时节点城市的发展促使该地区核心城市之间的密切联系和明确的职能分工，加强城市带内各城市间的经济联系。

3. 支撑地区经济协作发展

国际通道的建设大大提高沿线城市的竞争力。使若干“节点”形成一种区位优势，吸引资金、技术、劳动力等生产要素向这些点位聚集；随着一批支柱产业或骨干企业的建立，金融、保险、运输、房地产、饮食、医疗等相关行业也会聚集到附近，形成更为强大的集聚效应。在空间上表现为以这些高经济密集点为中心，向外梯度扩散。同时，国际通道的物资集散作用将促使枢纽型基础设施得到充分利用和各种运输方式的无缝衔接，完善物流功能的综合配套设施，构建社会化、专业化、区域化的现代物流服务网络体系。

四、国际通道建设规则

1. 制定和完善相关法律协定

目前，国际通道合作建设面临的问题主要是缺乏规范的政府间合作组织，缺乏具有约束力的条约和协定等国际法律保障机制。各国政府也在不断交流、接洽，构建完善的国际通道运输法律协定。

2016 年 12 月，在亚太经合组织交通问题部长级会议上，俄罗斯、中国和蒙古签署了 3 国国际公路货运快速通道的政府间协议。俄罗斯交通部副部长阿萨乌尔表示：连接俄中蒙 3 国的公路路线将成为重要的公路货物运输交通大动脉，而签订这份协议的 3 个国家将成为一个大型贸易领域的合作伙伴。他指出：发展交通走廊是俄中蒙 3 国国家战略的一部分。该协议为各国运输企业打开了新机遇，将促进大型物流中心的建设，从而加快各种外贸货物直接送货的速度。

2017年4月1日，阿塞拜疆、哈萨克斯坦和格鲁吉亚3国铁路运输部门在巴库签署跨里海国际运输通道协议，明确了加入该协议的资格条件，确认了推动该通道建设的联合工作组成员，并制定了2017年行动计划。这标志着3国联合推动的欧亚大陆交通走廊建设又向前迈出一步。2017年5月15日，国家发改委和海关总署与国际道路运输联盟（IRU）先后签订战略合作文件和行动计划，共同推动国际道路运输事业发展，促进国际物流大通道建设，进一步发挥丝绸之路经济带战略下互联互通的潜力，积极促进丝绸之路经济带沿线各国在交通和贸易等领域的交流与合作，鼓励和支持更多国家加入相关的便利化协议和公约，实现共赢发展。同时，各方将共同推动国际公路运输系统（TIR系统）在中国的实施，提升丝绸之路经济带各国过境运输便利化水平，促进贸易畅通。

2. 建立政府组织的合作机制

（1）将通道建设摆在各国政府间合作协议的突出位置

丝绸之路经济带沿线主要国家的共同目标是加快国际运输通道建设，促进本地区的运输便利化和区域经济发展。利用改造或新建的交通运输走廊发展集装箱铁路班列、不定期铁路服务、民航领域合作等方面，尽快形成完善的合作框架并达成共识。如中国分别于2001年7月和2002年12月与俄罗斯、哈萨克斯坦签署了《中俄睦邻友好合作条约》、《中哈睦邻友好合作条约》，为国际合作的持续稳定发展奠定了牢固的法律基础。

（2）建立国家高层定期互访机制和交通合作委员会

为了推动国际合作示范区跨境互联互通战略通道建设，我国应与丝绸之路经济带各国建立双边高层领导定期会晤机制，支持各国经济实体广泛挖掘过境运输潜力，推动建设国际运输通道，以保障欧亚地区的货物运输。同时，建立交通合作委员会，推动各方发展具有竞争力的现代交通通讯基础设施，通过加强边防、海关、检验检疫及铁路部门的协作，完善物流服务，优化运输条件，实现货物快速通关，促进欧亚交通运输可持续发展。

（3）建立多元化的国际交通合作投入体系

在各国法律框架下，为各国银行在对方境内开展各项交通基础设施建设创造平等和便利条件，支持各国银行建立合作伙伴关系并开展代理业务。借助丝路基金、亚洲基础设施投资银行、中国国家开发银行等资金，建立多元化资金投入渠道，保障沿线各国国际合作示范区跨境互联互通战略通道建设的顺利进行。

3. 发挥非政府组织助推作用

非政府组织因其独特优势，能够有效地助推丝绸之路经济带共同体的建设，要有效发挥其作用，应以科学理念为指导，树立明确的合作理念，估量潜在的政治风险，了解沿线国家非政府组织法律法规和相关政策以及与沿途合作国家建立可行的对话合作机制。

（1）中国非政府组织与沿线国家非政府组织的合作理念

“加强交流，深化合作，互学互鉴，互信互助，共同发展”应成为我国非政府组织进入丝路经济带沿线国家并与之合作的指导理念。以“加强交流”为基础，以“深化合作”为途径，以“互学互鉴”为方式，以“互信互助，共同发展”为宗旨。我国与丝路沿线国家有着悠久的经济贸易往来和文化交流历史，这为我国非政府组织进入沿线国家并发挥作用奠定了良好基础。

（2）了解和研究国外非政府组织的法律法规及政策

虽然中国与丝绸之路经济带沿线国家有着悠久的民间贸易往来和文化交流史，但各国在社会制度和社会管理体制方面存在差异，关于非政府组织发展的法律法规及政策也各不相同。对国外的非政府组织或者由国外力量资助的非政府组织，有的国家持欢迎支持态度，有的国家则采取严格审查和管控措施。比如俄罗斯针对外国非政府组织在俄开展活动进行管理的法律主要有 3 部，分别是《联邦社会联合组织法》《俄联邦慈善组织与慈善活动法》和《非营利组织法》。此外还有 2014 年 6 月 4 日通过的《俄联邦关于调整对非政府组织外国代理人管理的若干法律》，这些法律的立法目的和调整范围都各有差异又相互联系，共同构成了俄罗斯管理非政府组织的法律体系。我们需要对这些法律法规详细了解和研究，以期使“走出去”的非政府组织更具环境适应性和灵活性，从而获得发展空间。

（3）建立与丝绸之路经济带沿线国家及第三国非政府组织体系的对话合作机制

我国和丝绸之路经济带沿线大多数国家的社会制度和管理体制不同，加之非政府组织发展的法律法规及政策的差异性，非政府组织就会面临与当地非政府组织冲突与合作方面的问题。要实现合作，不仅需要了解东道主国家关于非政府组织的法律法规和政策，还需要建立系统持续的对话合作机制。此外，发达国家在丝绸之路经济带沿线国家非政府组织发展领域处于优势地位，我国作为后来者不可避免地会与其碰撞。因此，在实行非政府组织“走出去”战略时，不仅要处理与东道主国家非政府组织的各种关系，也会面临与第三国的合作竞争博弈关系，因此，建立与第三国非政府组织体系的合作对话机制不容忽视。

4. 优化国际通道建设的资源

（1）完善物流环境

积极建设国际物流园区、国际无税保税物流港区，构建现代化国际多式联运物流体系。通过政府间协商和企业化运作，依托物流通道建设，由中方投入资金、技术、设施，合作国给予土地、财税政策扶持，集中资金、技术、人才优势，在丝绸之路经济带沿线国家及我国重点对外口岸，建立一批高标准、现代化国际物流园区。全面引领和辐射带动区域物流发展，同时通过发挥积极的国际示范作用，不断扩大我国海外国际物流园区投资建设规模和数量，完成覆盖丝绸之路经济带沿线主要国家核心物流城市的国际物流园区体系。加强政策对接，在中亚5国、蒙古国等内陆国家的主要城市、工业基地、交通枢纽，选址建设若干国际保税物流港区，对接国内出海港口，建立“一对一”“门对门”的专业物流服务机制，实现双赢发展。同时完善货运物流相关法律法规，建立打破地区封锁和行业垄断的长效机制，促进物流要素的自由流动。继续深化铁路货运组织改革，逐步建立以市场为导向的运价浮动机制。推进物流行业诚信体系建设，制定并落实守信激励和失信惩戒制度。

（2）信息技术创新

优选核心物流枢纽城市，建立国际物流云计算服务中心，整合国际物流信息服务、金融结算与支付服务、战略咨询服务、综合外包服务、商务服务等多项功能，集成丝绸之路经济带沿线各国物流数据信息，打造能够为丝绸之路经济带沿线各国提供实时物流综合服务的国际物流云计算信息服务基地。配合建立覆盖丝绸之路经济带沿线国家的信息终端服务中心和服务平台，链接各国物流信息平台，整体上形成以我国为主导的丝绸之路经济带国际物流信息服务网络体系。鼓励技术创新与应用，开展交通物流通道建设在网络优化、多式联运设施装备、车型标准化、智慧绿色等共性关键技术的研究和示范应用。鼓励车联网、船联网技术开发和推广应用，推动北斗导航、不停车计重收费（货车ETC）等技术集成应用，推动移动化联网、大数据、云计算等在交通物流通道建设和运营管理中的广泛运用。建立物流政务信息跨部门协调机制，提高政务信息资源跨区域、跨部门共享交互水平。依托交通运输物流公共信息平台，构建交通物流通道基础公共信息交互网络，推动多式联运公共信息平台建设。依托通道内各地区域路网运行监测与服务支撑系统，完善基础设施、路网运行状态等信息公开机制，提高通道公共信息服务水平。

（3）配套标准建设

推进设施装备标准化体系建设。统筹各种运输方式装备标准协同应用，推广普及运载单元，制造研发推广适应多式联运发展的专用载运装备和快速转运设备，完善特种、专业运输装备技术标准体系。提高标准化托盘在交通物流通道重点企业中的普及率，循环共用。研究出台多式联运电子单证、铁路货票等物流单证类标准及多式联运规则。

第二节　国际通道分布格局

许多国家都提出国际通道建设的战略构想，包括美国“新丝路计划”、俄罗斯“欧亚联盟”、印度“亚非增长走廊”等。中国立足国际视野，提出丝绸之路经济带的发展战略，旨在借用古代丝绸之路的历史符号，秉承共商、共享、共建原则，积极发展与沿线国家的经济合作伙伴关系，致力于亚欧非大陆及附近海洋的互联互通，建立和加强沿线各国互联互通伙伴关系，构建全方位、多层次、复合型的互联互通网络，实现沿线各国多元、自主、平衡、可持续发展。丝绸之路经济带依托国际通道，以沿线中心城市为支撑，以重点经贸产业园区为合作平台，共同打造新亚欧大陆桥、中蒙俄、中国—中亚—西亚、中国—中南半岛等国际经济合作走廊。

一、国际通道建设现状

1. 铁路通道

（1）亚欧大陆桥通道

亚欧大陆桥是中国、日本、韩国及东南亚各国的货物经海运至俄罗斯，再经西伯利亚铁路及连接亚欧各国的铁路网运至欧洲的海铁联运通道。目前亚欧大陆桥共有 3 条线路。

第一条陆路通道为西伯利亚大陆桥，由苏联和日本发起，于 1967 年试运行，是亚欧大陆桥中最早实现通运的陆桥。西伯利亚大陆桥东端起点为日本，西端终点为英国。随着亚欧大陆桥优势的发挥，1970 年苏联与日本协商进一步推动西伯利亚大陆桥的发展，将其正式转入运营阶段。日本、东南亚、中国香港等地运往欧洲、中东地区的货物由海运运至俄罗斯的东方港或纳霍德卡后，经西伯利亚大陆桥有 3 种联运方式：

铁路 / 铁路线：经西伯利亚大铁路运至俄罗斯西部国境站，经伊朗、东欧或西欧铁路再运至欧洲各地，或按相反方向的运输。

铁路 / 海运线：经西伯利亚大铁路运至莫斯科，经铁路运至波罗的海的圣彼得堡、里加或塔林港，再经船舶运至西欧、北欧和巴尔干地区，或按相反方向的运输。

铁路 / 公路线：经西伯利亚大铁路运至俄罗斯西部国境内，再经公路运至欧洲各地，或按相反方向的运输。

第二条亚欧大陆桥指经我国陇海铁路、兰新铁路与哈萨克斯坦铁路接轨的亚欧大陆桥（新亚欧大陆桥），是亚欧大陆桥东西最为便捷的通道。新亚欧大陆桥跨越欧亚两大洲，联结太平洋和大西洋，全长约 10800 千米，通向东亚、中亚、西亚、东欧和西欧 40 多个国家和地区。东起我国黄海之滨的连云港，向西经陇海铁路的徐州、商丘、开封、郑州、洛阳、三门峡、渭南、西安、宝鸡、天水等站（由东向西），兰新铁路的兰州、武威、金昌、张掖、酒泉、嘉峪关、哈密、吐鲁番、乌鲁木齐等站（由东向西），再向西经北疆铁路到达我国边境的阿拉山口，进入哈萨克斯坦，再经俄罗斯、白俄罗斯、波兰、德国，西止荷兰的世界第一大港鹿特丹港。

新亚欧大陆桥在中国段的铁路网主骨架已基本形成。2012 年 12 月 31 日，兰新铁路全线实现了电气化并顺利通车，标志着新亚欧大陆桥在中国段全部实现了双线电气化，极大地提高了新亚欧大陆桥中国段的运输能力。随着霍尔果斯口岸的启用，中国新疆霍尔果斯至哈萨克斯坦阿腾科里铁路正式开通，中国西部再添一条国际铁路货运通道。2013 年 7 月 18 日开通的郑欧国际铁路货运班列，开启了中国与欧洲的“新丝绸之路”，短短约 3 年的时间，它共享了丝绸之路经济带建设的机遇，成功连通了中国和欧洲，服务的境内外企业也越来越多，是沟通世界的国际铁路物流大通道。

第三条亚欧大陆桥起点始于以深圳港为代表的广东沿海港口群，沿途由昆明经缅甸、孟加拉、印度、巴基斯坦、伊朗，从土耳其进入欧洲，最终抵达荷兰鹿特丹港，横贯亚欧 20 多个国家，全长约 15000 千米，比目前经东南沿海通过马六甲海峡进入印度洋行程要短 3000 千米左右。第三亚欧大陆桥已有相当基础，它沿线地区分布有密集的铁路网，由东至西分别是中南半岛铁路网、南亚次大陆铁路网、西亚铁路网、欧洲铁路网及北非铁路网。我国国内部分已经基本形成了完整的铁路网络，境内只要修建大理到瑞丽段即可到达缅甸边境，境外只需修建瑞丽至腊戌段就可与缅甸铁路网相连，缅甸只需修建至孟加拉国吉大港的铁路，就可从吉大港连接到印度已有的铁路网，实现整个大陆桥的贯通。

表 5–1　新亚欧大陆桥铁路基础设施建设情况

<table>
<tr><th>通道</th><th>到达口岸</th><th>线路</th><th>区段</th><th>概况</th><th>长度 / 千米</th></tr>
<tr><td rowspan="7">陇海—兰新通道</td><td rowspan="3">阿拉山口</td><td>陇海线</td><td>西安—兰州</td><td rowspan="2">既有双线电气化铁路</td><td rowspan="3">3045</td></tr>
<tr><td rowspan="2">兰新线</td><td>兰州—精河</td></tr>
<tr><td>精河—阿拉山口</td><td>既有单线电气化铁路</td></tr>
<tr><td rowspan="4">霍尔果斯</td><td>陇海线</td><td>西安—兰州</td><td rowspan="2">既有双线电气化铁路</td><td rowspan="4">3254</td></tr>
<tr><td>兰新线</td><td>兰州—精河</td></tr>
<tr><td rowspan="2">精伊霍线</td><td>精河—伊宁</td><td>既有单线电气化铁路</td></tr>
<tr><td>伊宁—霍尔果斯</td><td>既有单线内燃铁路</td></tr>
<tr><td rowspan="12">陇海—兰新南疆通道</td><td rowspan="6">吐尔尕特</td><td>陇海线</td><td>西安—兰州</td><td rowspan="2">既有双线电气化铁路</td><td rowspan="6">4050</td></tr>
<tr><td>兰新线</td><td>兰州—吐鲁番</td></tr>
<tr><td rowspan="3">南疆线</td><td>吐鲁番—库尔勒</td><td rowspan="3">单线内燃铁路</td></tr>
<tr><td>库尔勒—阿克苏</td></tr>
<tr><td>阿克苏—喀什</td></tr>
<tr><td>中吉乌线</td><td>喀什—吐尔尕特</td><td>单线内燃铁路</td></tr>
<tr><td rowspan="6">红其拉甫</td><td>陇海线</td><td>西安—兰州</td><td rowspan="2">既有双线电气化铁路</td><td rowspan="6">4340</td></tr>
<tr><td>兰新线</td><td>兰州—吐鲁番</td></tr>
<tr><td rowspan="3">南疆线</td><td>吐鲁番—库尔勒</td><td rowspan="4">单线内燃铁路</td></tr>
<tr><td>库尔勒—阿克苏</td></tr>
<tr><td>阿克苏—喀什</td></tr>
<tr><td>中巴线</td><td>喀什—红其拉甫</td></tr>
</table>

渝—新—欧为实际第三条建成的欧亚大陆桥，运行路径从重庆始发，经达州、安康、西安、兰州、乌鲁木齐，向西过北疆铁路到达我国边境阿拉山口，进入哈萨克斯坦，再转俄罗斯、白俄罗斯、波兰，至德国的杜伊斯堡，全程11179千米。

丝绸之路经济带战略对中欧铁路大通道建设提出了新需求，建立南部通道对于密切中国与环里海、黑海国家以及南欧国家的经贸往来至关重要。中国与伊朗一直有着历史悠久的传统商贸联系，在今天更有着稳定正常的政治关系和广泛的经济合作关系。伊朗是中国进口石油最大来源国之一，从伊朗进口的石油占中国全部进口石油总额的10%。2014年中国和伊朗的贸易额达到了历史最高，约520亿美元，在中国倡导的“一带一路”战略规划中，伊朗是必经之路，任何连接东亚至欧洲的公路、铁路、油气管道和通讯网络，都将使伊朗受益。

除了伊朗以外，土耳其也是中国重要贸易伙伴之一，2015年中国与土耳其双边贸易额突破250亿美元，除了贸易领域，中国企业越来越重视在土耳其进行投资，仅2015年投资额就超过16亿美元。矿产品、化工产品、纺织原料、机电产品一直是土耳其对中国出口的最主要产品；土耳其自中国进口的主要商品为机电产品、纺织品和轻金属及制品、化工产品、家具玩具制品等。中国为土第19大出口市场和第2大进口来源地。因此，发展南部运输通道与发展东、中、西运输通道一样，对深化我国与西亚、东欧和南欧国家的交流合作具有重大战略意义。同时南部通道也是中欧运输大通道可以绕开俄罗斯的一条新的战略通道，目前南部通道有3条经路：

第一条全铁路运输：从阿拉山口或者霍尔果斯出境，经哈萨克斯坦、乌兹别克斯坦、土库曼斯坦入境伊朗，并延伸至土耳其甚至欧洲大陆。运行路径为多斯特克（哈）—萨雷阿加什（哈）共1722千米、克列斯（乌）—瑟尔达雷斯卡亚（乌）共114千米、巴赫塔拉尔（哈）—杰蒂萨（哈）共37千米、伊尔扎尔斯卡娅（乌）—霍查达夫列特（乌）共532千米、法拉普（土）—萨拉赫斯（土）共469千米。因此，中国口岸到达伊朗边境（宽轨段）运输里程共2874千米。这条路径经过国家和口岸站较多，线路的运行区间短，哈萨克斯坦和乌兹别克斯坦之间有一段铁路还需要二次过境，沿途查验与口岸交接严重影响作业效率。另外这条路径基础设施较差，特别是乌兹别克斯坦和土库曼斯坦境内铁路线路陈旧，运行速度很慢，而且全程价格也比较高。经由这条通道自阿拉山口至德黑兰里程为3921千米（萨拉赫斯到德黑兰1047千米），费率达到1.8美元/（40尺箱·千米），远远高于西部通道去程方向0.6~0.7美元/（40尺箱·千米）的价格。

第二条通道为海铁联运：从阿拉山口或者霍尔果斯出境，穿越哈萨克斯坦到阿克陶港下里海，通过轮渡可以发往伊朗安扎利港，然后转运至德黑兰或者伊朗其他内陆城市；也可以发往阿塞拜疆阿丽亚特港，运抵巴库，以及过境阿塞拜疆、格鲁吉亚（波季港）再次下海（黑海）运输至土耳其伊斯坦布尔或者保加利亚、罗马尼亚、乌克兰、希腊、意大利等东欧或者南欧国家。2013 年哈萨克斯坦、伊朗、格鲁吉亚和阿塞拜疆等国成立了跨里海国际运输通道发展协调委员会，致力于推动该运输通道建设，线路为：中国—哈萨克斯坦—伊朗/高加索国家—土耳其。多斯特科至阿克陶港运输全程在哈萨克斯坦境内，里程为 3095 千米，运输时间为 3~4 天左右；到阿塞拜疆巴库轮渡航行时间约 18~20 小时；阿塞拜疆阿丽亚特港到格鲁吉亚的波季港之间铁路运输里程为 781 千米，其中阿塞拜疆境内 419 千米，格鲁吉亚境内 362 千米，过境运输时间 2~3 天。高加索曾经是，并且将来也是丝绸之路的参与者，格鲁吉亚和阿塞拜疆、土耳其铁路公司为此已经完成连接东西方的另一条过境线路，即巴库—第比利斯—卡尔斯铁路的建设，线路全长 800 多千米，年运力 2000 万吨，将成为欧洲—高加索—亚洲高速走廊的一部分，对增加过境运输量创造了良好环境。

2015 年 7 月 28 日，“游牧特快”号集装箱班列从中国新疆石河子出发，经阿拉山口口岸入境哈萨克斯坦，抵阿克套港后装船，过里海到达阿塞拜疆巴库阿利亚特港再换火车，转抵巴库附近的吉舍勒站，线路全长近 4000 千米，耗时仅 5 天。2015 年 11 月 29 日，经连云港至伊斯坦布尔班列首发，经哈萨克斯坦、阿塞拜疆、格鲁吉亚至土耳其伊斯坦布尔，全程历经铁路国际联运、海铁联运、公铁联运等多种运输方式，由中铁集装箱公司全程代理，班列运行 15 天。“游牧特快”号班列和连云港至伊斯坦布尔班列的试运成功，意味着跨里海国际运输通道正式投入运营。哈萨克斯坦国家铁路公司总裁马明在接车仪式上表示，跨里海运输通道拥有巨大潜力，将积极推动哈萨克斯坦和阿塞拜疆过境运输的发展，并成为连接亚洲和欧洲的桥梁。到 2020 年，跨里海运输通道过境运输潜力会达到 30 万 TEU。

阿克套港是第二条通道枢纽，该港隶属于哈萨克斯坦铁路总公司下属的哈铁快运公司，是里海东岸最大的港口，航线主要通往伊朗、格鲁吉亚、阿塞拜疆等国，2015 年吞吐量超过 1000 万吨，其中大宗货源有石油 600 万吨，钢材 120 万吨，粮食 20 万吨，其他均为散杂货。集装箱主要采取轮渡的方式运输，轮渡船分别为伊朗和阿塞拜疆的航运公司所有，每次可以驳运 52 车。到阿塞拜疆巴库港航行时间约 18~20 小时，到伊朗安扎烈港航行时间约 40 小时。

第三条经路是新开通的全铁路运输经路，从阿拉山口或者霍尔果斯出境，穿越哈萨克斯坦到达哈边境站巴拉沙克，过境土库曼斯坦到达伊朗以及波斯湾国家。这条经路南端连接阿巴斯港，也是哈萨克斯坦、土库曼斯坦等中亚国家货物的出海口，该铁路直通项目是 2007 年 10 月 16 日 3 国总统会晤时确定开工建设的。2013 年 5 月 11 日哈土铁路口岸巴拉沙克（哈）/ 谢尔赫佳卡（土）开通运营，2014 年 12 月 3 日，土伊铁路口岸阿卡伊拉（土）/ 尹切布鲁（伊）开通，标志着哈土伊南北运输走廊全线贯通，新走廊的开通比绕行萨拉赫斯口岸运输里程减少 400 千米，中亚的商品，特别是哈萨克斯坦的货物可以更加快捷地运抵波斯湾，该线路经哈萨克斯坦境内多斯特克至巴拉沙克运输里程为 3417 千米，土库曼斯坦境内里程为 700 千米，伊朗境内尹切布鲁至阿巴斯港运输里程为 2054 千米。2015 年 10 月 15 日，伊朗、哈萨克斯坦与土库曼斯坦 3 国铁路首脑在德黑兰举行会晤，计划在 2016 年对这条经路上运输的整车货物以及集装箱货物制定本国境内的优惠价格。但是截至目前该线路仍处于试运营阶段，尚未通过该线路组织开行集装箱班列，中国运往伊朗的货物从巴拉沙克站进入土库曼斯坦后仍绕道萨拉赫斯口岸进入伊朗，土库曼斯坦境内里程增加到 1156 千米。2016 年 1 月 28 日上午，由中铁集装箱公司全程代理的首列义乌至德黑兰班列，从中国浙江省义乌西站出发，经哈萨克斯坦、土库曼斯坦，抵达伊朗首都德黑兰，全程 10399 千米。

（2）“丝绸之风”通道

该项目的基础是欧盟 1993 年启动的欧洲—高加索—亚洲运输走廊计划 (TPACE — KA)，共有 13 个国家参与，包括哈、吉、塔、乌等 4 个中亚国家、南高加索 3 国、伊朗、蒙古等，该项目旨在减少新独立国家交通上对俄罗斯的依赖。2010 年因欧盟对伊朗实施制裁，停止了该项目对伊朗的技术和财政支持。该项目的主要内容包括：改造和修建中国—哈萨克斯坦—吉尔吉斯斯坦—乌兹别克斯坦—土库曼斯坦—阿塞拜疆—格鲁吉亚—黑海—欧洲的铁路和公路；改造里海的阿克套、巴库、土库曼巴什和黑海的波季、巴统等港口；修建支线道路基础设施；培训高水平的国际运输业人才；制定统一的关税和税率规则，促使项目参与国加入有关国际公约和协定。该项目主要由欧盟资助实施，其余赞助商包括欧洲复兴与发展银行、世界银行、亚洲开发银行和伊斯兰开发银行等。

在哈萨克斯坦的倡议下，土耳其、格鲁吉亚、阿塞拜疆、哈萨克斯坦于2012年达成一致，利用哈萨克斯坦东西铁路通道，来自中国的货物被运送到里海港口阿克套港后，通过大型的轮渡穿越里海到达阿塞拜疆的巴库，然后经过巴库—第比利斯—卡尔斯铁路到达土耳其，跨越博斯普鲁斯海峡输往欧洲，实现跨欧亚大陆的中国—中亚—高加索—欧洲运输，这就是“丝绸之风”封闭集装箱多式联运列车项目。4国在联运中将实施统一的货运运费，简化海关和边境手续，提高商品的运输效率。由于该项目的内容与欧盟倡议相符，布鲁塞尔甚至协助准备了该项目的技术文件。“丝绸之风”项目在2015年7月进行了第一次试运行，名为“Nomad Express”的中国—哈萨克斯坦—阿塞拜疆集装箱列车从中国石河子，经过哈萨克斯坦多斯特克祖—阿克套港，到达阿塞拜疆。列车用6天6夜走了长达4276千米的距离。测试表明，在各方协调下，可以确保该路线交货日期为6~7天，并保持有竞争力的运价。目前由于巴库—第比利斯—卡尔斯铁路尚未建成，从格鲁吉亚开始，货物必须从黑海港口波季和巴统上船前往欧洲。

巴库—第比利斯—卡尔斯铁路总长为826千米，最高车速每小时120千米。项目投资近15亿美元，由阿塞拜疆和土耳其出资，其中，阿塞拜疆向格鲁吉亚提供优惠贷款7.75亿美元金额作为建设资金，该贷款的归还期限为25年；3国对这个合作项目寄予厚望，预计在初始阶段每年运送600~700万吨货物和100万旅客；在后续阶段，这个项目将达到每年运送3000万吨货物的能力。阿塞拜疆运输部指出，该线路将增加货物特别是集装箱、灌装和其他类型的欧亚间货物运量。由于该铁路在格鲁吉亚和阿塞拜疆境内已有基础，大多数线路可以由原铁路升级改造而成，新建的铁路仅是卡尔斯和阿哈尔卡拉基之间长105千米的线路，其中76千米在土耳其境内。最为复杂的工程是土耳其和格鲁吉亚边界上2.5千米长的隧道。该铁路的交付期限一再被推迟。目前阿塞拜疆和格鲁吉亚段施工已经完成，仅差土耳其区段的路线。

（3）克拉玛依—塔城—阿亚古兹铁路通道

中国—哈萨克斯坦两国陆路之间自北向南现有阿黑土别克、吉木乃、巴克图、阿拉山口、霍尔果斯、都拉塔和木扎尔特等7个口岸。其中，阿黑土别克和木扎尔特尚未正式对外开放。其余5个正式开放的口岸，均为国家一类常年开放口岸。在7个口岸中，阿拉山口、霍尔果斯口岸和巴克图口岸，中国将建设成为集公路、铁路和管道为一体的综合性运输国际大通道。

图 5–1 巴克图口岸

博乐—阿拉山口—阿克斗卡和伊宁—霍尔果斯—阿拉木图两条综合性国际大通道目前运行比较正常，但受到运量的影响，两条铁路通道运能未完全发挥。例如，2014 年霍尔果斯铁路口岸共向中亚及欧洲市场进出口货物量 335 万吨，其中出口为 169.44 万吨，同比增长 2.6%。阿拉山口铁路口岸进出口货物 1316.16 万吨。

位于塔城巴克图口岸的克拉玛依—塔城—阿亚古兹国际铁路，由国内段克拉玛依至塔城铁路和国外段巴克特至阿亚古兹铁路两部分组成，国内段于 2008 年列入《国家中长期铁路网规划》，定位为资源性铁路，煤运通道，但随着丝绸之路经济带战略的发展，新疆规划打通 3 条出境大通道，因此，该通道规划拟在国内段形成克塔—克五哈—哈临—包兰—京包—京沈铁路，成为贯通我国北部及延伸至东北亚的北部通道，设想由哈国新建巴克特至阿亚古兹铁路与哈萨克斯坦铁路土西铁路联接或新建阿亚古兹至卡拉干达铁路后与哈铁路网衔接形成国际铁路通道，在规划中被定位为中国通往中亚及欧洲的又一条铁路大通道，仅次于陇海—兰新铁路。新疆境内段克塔铁路已列为新疆铁路发展规划的北通道。克塔铁路已于 2014 年开工，并计划在 2019 年完成建设。

（4）中哈乌土伊铁路通道

将中亚铁路网与伊朗铁路网相连的捷詹—萨拉赫斯—马什哈德铁路于1992年5月开始修建。1996年5月，土库曼斯坦与伊朗的铁路实现对接，1997年开始过货。乌鲁木齐—多斯特克—阿拉木图—齐姆肯特—塔什干—阿什哈巴德—德黑兰—伊斯坦布尔国际铁路联运项目费用便宜，运输能力较强。该路线的潜在运输量为30万个集装箱，是同类运输中最强的项目。如果能够对其投资20亿美元进行技术改造，则集装箱运输费用可能降至1800美元。但是该线路也存在着诸多问题，如设施老化、技术落后、效率缓慢等，特别是，它还存在着很难改善的体制机制问题，如哈萨克斯坦向伊朗出口轧钢和粮食，本可过境乌兹别克斯坦和土库曼斯坦直抵伊朗，但由于乌兹别克斯坦和土库曼斯坦制定了高昂的过境费率，使哈萨克斯坦望而却步，舍近求远绕道其他线路。由于各自的利益所致，中亚各国间的铁路运输很不顺畅。

2007年土库曼斯坦、哈萨克斯坦与伊朗签署了建设乌津（哈萨克斯坦）—格济尔卡亚—别列克特（土库曼斯坦）—艾特列克—戈尔甘（伊朗）铁路的政府间协议。随后3国各自展开本国境内铁路的建设工作。2014年12月，哈土伊铁路全线投入运营，3国总统在德黑兰出席了开通仪式。哈土伊铁路项目使来自中国的货物只需经过哈萨克斯坦、土库曼斯坦就能到达伊朗，免除了很多过境环节。2016年1月底，由浙江义乌开出的首班中国—哈萨克斯坦—土库曼斯坦—伊朗铁路集装箱货运试行专列从新疆阿拉山口出境，向西横穿哈萨克斯坦，然后向南沿哈土伊铁路开往伊朗德黑兰。该列车途中进行了两次换轨，用2周时间行驶了1万千米，比海运节省一半时间，免除了多次转运等繁琐环节。

（5）“杰兹卡兹甘—别伊涅乌”铁路

“杰兹卡兹甘—别伊涅乌”铁路横贯哈萨克斯坦中部，全长约1000千米。穿过哈沙克斯坦卡拉干达州、克孜勒奥尔达州、阿克纠宾斯克州和曼吉斯套州，将国家中部地区与西南部地区连接起来，是中国边境—阿克陶港—巴库—格鲁吉亚—土耳其—欧洲国家运输走廊的一部分。2012年开工，该线通车后，列车从中国新疆阿拉山口至哈萨克斯坦的阿克陶国际港口可以不再绕道阿斯塔纳，里程减少约1200千米，只需12天即可到达欧洲。

（6）土库曼斯坦—阿富汗—塔吉克斯坦3国铁路

土库曼斯坦—阿富汗—塔吉克斯坦3国铁路简称为土—阿—塔铁路，共分为土、阿、塔3段。土段为“阿塔穆拉特—阿基纳”，2013年已开工；阿段从下喷赤地区接入塔南部库尔干秋别铁路网。预计全线 2018 年前后建成，届时列车可以从杜尚别经过阿富汗、土库曼斯坦直通伊朗。塔段于 2015 年被确定，该段全长 55 千米。从科尔霍扎巴德区延伸到喷赤河下游并跨越喷赤河连接到阿富汗的昆都士省。该铁路的主要投资方是亚开行。

（7）俄—哈—吉—塔铁路

俄—哈—吉—塔铁路 2013 年由吉总统阿坦巴耶夫提出，由于俄—哈—吉已通铁路，只需将吉塔两国首都连接即可全线贯通。

（8）国际“北—南”运输走廊

国际“北—南”运输走廊是环里海通道，从北向南始于西欧、经过俄罗斯、里海最终达到波斯湾、印度洋。目前有 14 国参与，分 3 条线：中线经过俄罗斯的马哈奇卡拉港穿过里海直通伊朗；东线即哈—土—伊铁路；西线为马哈奇卡拉（俄）—阿斯塔拉（阿伊边境）—拉什特（伊）。相比苏伊士运河，国际“北—南”运输走廊可以缩短约 1/3 的距离。

（9）中缅皎漂—昆明铁路通道

中缅在铁路、公路、管道等方面已有许多规划。2010 年 6 月 3 日中缅石油天然气管道工程正式开工建设，2013 年建成投入运行。2010 年中缅两国规划修建皎漂—昆明铁路。皎漂—昆明铁路是中缅共同实施的皎漂—瑞丽通道计划的一部分，铁路起于缅甸若开邦面对印度洋的皎漂深水港，从西南向东北贯穿缅甸中北部，经由云南瑞丽进入中国，直通昆明。铁路贯通后，将成为我国运送物资到海外的大通道，线路中间点，缅甸曼德勒和皎漂市将建设相应的物流设施，中国将在皎漂港投资兴建开发区。2011 年 3 月 8 日，中国商务部宣布，由于缅甸国内问题和铁轨尺寸差异，原定于 2011 年开工修建连接中缅两国的铁路线暂缓施工。2011 年 4 月，中国铁路工程总公司与缅甸铁道运输部签署该项目的谅解备忘录，规定工程建设须在签署之日起的 3 年内启动。工程原计划投资 200 亿美元，2015 年前建成，中方负责筹措大部分资金，相应拥有 50 年运营权。2014 年 5 月 24 日，缅甸铁路运输部表示，由于昆明—胶漂铁路项目未取得当地民众同意，一些民间组织反对声音较大多次向缅甸政府抗议，并称工程建设将给地方造成负面影响，有关项目暂缓推动。

中缅交通合作原来一直处于比较好的发展状态，但由于缅甸复杂的政治局势和国际势力的干扰，自 2011 年缅甸政府单方面突然宣布搁置中缅两国密松电站合作项目后，中缅许多合资项目处于搁置状态，难于进一步推进。就中缅国际通道建设而言，合作出现的问题主要来自两个方面，一是外部势力的干扰，由于缅甸历来被视为中国与印度的“缓冲国”，中国与缅甸交通、能源等合作的不断加深，无疑让印度分外眼红。2007 年 2 月，缅甸《时报周刊》报道，印度计划向缅甸实兑港投资 1.3 亿美元改造扩建，以开拓一条通往东南亚的新的贸易通道。此外，美国与日本也不希望看到中国在缅甸一方独大的投资，因此，多种外部干扰因素导致缅甸政府观望与投机态度增强。特别是，中外各方都过分强调中缅通道南出印度洋的战略意图，使得缅甸提高了谈判筹码，使得原有的两国区域合作建设机制不能得到落实；二是缅甸国内局势复杂，缅甸政府军和民间地方武装各自有管辖的势力范围，而且在不断的争夺中，不稳定的局势使得与缅甸政府方面签署的协议不能对地方政府形成约束。

（10）中国—俄罗斯同江铁路通道

中俄同江铁路通道是中俄两国继满洲里—外贝加尔斯克铁路、绥芬河—格罗捷阔沃铁路后又一正在建设的铁路通道，中俄同江铁路通道由中国同江地方铁路同江北站，向北经哈鱼岛跨黑龙江后进入俄罗斯境内，与列宁斯阔耶与比罗比詹至列宁斯阔耶铁路支线相接后连通远东铁路。中俄同江铁路通道需建设跨黑龙江的铁路大桥。根据中俄两国政府签订的协议，大桥主桥由中俄双方按对等比例投资建设，而引桥等桥梁基础设施则在中俄境内各自施工，设计一期过货能力 520 万吨，二期拟达到 2000 万吨。中方投资估算为 20.26 亿元人民币，俄罗斯部分的工程造价约 90 亿卢布（约 9 亿人民币）。大桥拟于 2014 年底前通车。俄罗斯计划通过铁路桥向中国出口铁矿石、煤炭、化肥、林业产品和其他商品。大桥建成后将成为中俄间第 3 个铁路过货口岸。

从 2008 年中俄双方签署共同建设、使用、管理和维护铁路界河桥协定，到 2014 年中俄双方在中俄总理第十九次定期会晤联合公报中又明确提出双方保证“按照业已达成的共识推动同江—下列宁斯阔耶跨境铁路桥如期建成”。中俄同江铁路大桥受到中俄两国中央政府的高度关注，我国部分已于 2014 年开工建设，计划 2018 年 6 月建成通车。2016 年 6 月初，俄方完成建设承包合同签署，承包商为俄桥梁建设控股公司。俄方施工企业已经完成建设区域封闭、路基和场地清理以及临时码头建设等工作，正在建设 4 个桥墩。大桥建成后，必将为“龙江陆海丝绸之路经济带”建设打开新的通道，为双边开放开发战略升级创造更好条件。

图 5-2 中俄铁路大桥

2. 公路通道

2014 年，我国国际道路运输货物运输量为 3958 万吨，同比增长 10%。出入境货车 155 万辆次，增长 30%。2015 年，我国已与毗邻 11 个国家的 70 对边境口岸开通了 289 条客货运输线路，线路总长度 4 万千米左右，基本建成了以重点城市为中心、边境口岸为节点、覆盖沿边地区并向周边国家辐射的国际道路运输网络。2016 年 6 月，中国加入《国际公路货运公约》（即《关于国际公路货运通行证制度下国际货运海关公约》），中国与欧洲之间的平均运输时间为 28 天。公路运输将会在此基础上减少一个星期的时间，铁路运输可减少两个星期的时间。《国际公路货运公约》所制定的机制将为陆路运输提供极大的便利条件,将在中国与欧洲之间创造新的更具效率、更快捷的运输机遇和运输路线。

（1）西北方向

截至 2014 年底，新疆全区公路总里程达 17 万千米。目前，新疆已与毗邻 5 个国家的 15 对边境口岸开通了 107 条客货运输线路，其中客运线路 53 条、货运线路 54 条，基本建成了以重点城市为中心、边境口岸为节点、覆盖沿边地区并向周边国家辐射的国际道路运输网络。2015 年，新疆国际道路运输完成货物运输量 414.85 万吨。2016 年 2 月，新疆已经与周边国家开通国际道路运输线路 107 条，占全国 43%。开通乌鲁木齐到哈萨克斯坦、土耳其、格鲁吉亚的货运班车，内地货物到欧洲仅需 16~18 天。

中哈国际合作示范区所在的塔城地区已经形成了以克塔高速公路、奎阿高速公路、连霍高速公路（塔城境内段）、国道 G217 线、国道 G312 线、省道 S221 线、省道 S222 线、省道 S201 线、省道 S317 线、省道 S318 线等干线公路为骨架的道路交通网。而在哈萨克斯坦的毗邻地区，不仅公路等级普遍较低，而且路网稀疏。

（2）东北方向

黑瞎子岛地处东北亚经济圈腹地，与俄罗斯远东中心城市哈巴罗夫斯克一江之隔，是黑龙江省国家一类客货口岸，是对俄经济贸易和多边合作的最前沿，也是黑龙江省推进东部陆海丝绸之路经济带建设的重要节点。通车之后，将进一步完善黑龙江省的交通网络，有力推动黑瞎子岛基础设施建设和旅游开发等事业加快发展，让抚远口岸成为中俄贸易的重要平台。2016 年 8 月，全长 215 千米的建黑高速公路（G1012）开通。建黑高速通车之后，中国的货物可直达俄罗斯远东第一大城市哈巴罗夫斯克。形成了公路、水运、航空、铁路有效衔接、相互补充、四位一体的立体化交通格局。

（3）西南方向

云南的中老泰公路、中越公路、中缅公路以及中印公路国内段大部分目前已建成高速公路。2016 年 5 月，位于西南腹地的重庆正式开通至东盟的公路班车，这标志着中国西部地区又增添了一条连接海上丝绸之路的南向国际公路物流大通道。

3. 空运通道

（1）西安咸阳国际机场

西安咸阳国际机场位于西安市中心城区西北方向，占地 564 公顷。机场设计能力为年飞行 10 万架次，年旅客吞吐量 5000 万人次，货邮吞吐量 50 万吨，高峰小时 32 架次航班保障能力。“十二五”期间，陕西依托国家丝绸之路经济带战略构想和西部大开发战略规划，延续经济持续快速发展的步伐，地方产业结构与外向型经济发展逐步完善，国际（地区）航空业务发展环境日趋优化，航空业迎来高速发展的良好机遇。同时，西安咸阳国际机场也在枢纽建设过程中，通过国际（地区）航空运输业务发展，不断增强航空业对地方经济的带动作用，加快与国家战略和地区经济文化发展的匹配度。

表 5-2 2010-2016 年西安咸阳国际机场国际（地区）业务统计表

	2010	2011	2012	2013	2014	2015	2016
航线数量 / 个	8	9	21	28	28	28	41
国际（地区）旅客量 / 万	29.9	36.4	57	80	109	160	218
总旅客量 / 万	1801	2116.3	2342	2604.5	2926	3297	3700
占总旅客量比重 /%	1.66	1.72	2.4	3.1	3.7	4.8	5.9

作为关中城市群目前唯一的国际机场，西安咸阳国际机场是中国重要的门户机场，为西北地区最大的空中综合交通枢纽，也是中国大陆第 8 大机场，与北京首都、上海虹桥、海口美兰、三亚凤凰及宜昌三峡共为现时内地综合评级最高的航空港。

（2）兰州中川国际机场

兰州中川国际机场位于兰州新区中川镇。机场枢纽工程位于中川机场 T2 航站楼和中川铁路站房之间，总占地面积 4.5 万米 ^{2}，总投资约 9.5 亿元。总建筑面积约 12 万米 ^{2}，主要包括 6 万米 ^{2} 的综合换乘枢纽和 6 万米 ^{2} 的停车楼。该项目将一站式交通换乘功能与延伸服务功能融于一体，实现铁路、公路、民航 3 种交通方式的零换乘，为旅客提供陆空联运、无缝衔接、舒适便捷的出行环境。

兰州中川国际机场三期扩建工程将于 2018 年初开工建设，2020 年底建成投运。该工程近期规划目标至 2025 年，中川机场旅客吞吐量将达到 3000 万人次，货邮吞吐量 20 万吨，飞行区等级 4E，跑道 2 条，航站楼面积 34.3 万米 ^{2}，站坪机位数 69 个，配套建设 T3 综合交通枢纽。远期规划目标至 2045 年，旅客吞吐量 6000 万人次，货邮吞吐量 100 万吨，跑道 4 条，航站楼面积约 58.7 万米 ^{2}，站坪机位数 119 个。

（3）乌鲁木齐地窝堡国际机场

乌鲁木齐地窝堡国际机场始建于 1939 年，是中国面向中亚、西亚和连接欧亚的国家门户枢纽机场。与昆明长水国际机场并列为我国两大国家门户枢纽机场，是联结亚欧的重要国际航空通道。2016 年 12 月 28 日，乌鲁木齐地窝堡国际机场旅客吞吐量首次突破 2000 万人次，跻身全国大型繁忙机场行列。

（4）阿拉木图国际机场

阿拉木图国际机场是哈萨克斯坦最大的国际机场，位于哈萨克斯坦最大的城市阿拉木图东北处，距离市中心约 18 千米，承载了哈萨克斯坦一半的旅客交通和 68% 的货物交通。

（5）莫斯科谢列梅捷沃机场

谢列梅捷沃国际机场（1980 年开始运营）位于莫斯科西北部 28 千米，属于俄罗斯莫斯科的民用机场，为俄罗斯航空枢纽港，也是俄罗斯的第二大机场。有两座相距 10 千米的航站楼。因此也有人把它们视为两个机场。谢诺梅杰沃机场是目前莫斯科地区运量最大的机场，世界排名第 63 位。

图 5-3　莫斯科谢列梅捷沃机场

（6）英迪拉・甘地国际机场

英迪拉・甘地国际机场位于印度德里，主要服务首都新德里，是该国主要的航空港，也是南亚第二繁忙的空港。目前国际航线目的地城市主要有：莫斯科、基辅、沙迦、阿拉木图、北京、巴黎、芝加哥、迪拜、法兰克福、香港、吉达、伦敦、纽约、大阪、巴黎、利雅德、旧金山、上海、东京、迪拜、斋浦尔、勒克瑙、路易港、喀布尔、首尔、维也纳、达卡、伦敦、曼谷、台北，罗马，广州、纽华克、不丹、帕罗、特拉维夫、阿布扎比、杭州、亚的斯亚贝巴、赫尔辛基等。

（7）塔什干国际机场

塔什干国际机场是乌兹别克最重要的航空港，也是中亚最繁忙的航空港。由于乌兹别克为内陆国，因此航空运输扮演着重要的对外交流角色。目前国际航线目的地城市主要是莫斯科、矿水城、顿河畔罗斯托夫、索契、圣彼得堡、伯力、阿拉木图、阿斯塔纳、里加、首尔、比什凯克、北京、乌鲁木齐、布拉格、欧木茨克、德黑兰—柯梅尼、新西伯利亚、喀山、伊斯坦布尔、车里亚宾斯克、加里宁格勒克拉斯诺达尔、克拉诺亚尔斯克、萨马拉、叶卡捷琳堡。

（8）法兰克福国际机场

法兰克福机场位于欧洲的心脏地带——德国莱茵河区域，与欧洲主要的经济区空中距离 2 小时航程，是欧洲最重要的四大枢纽机场之一，也是欧洲连接各国际航线的主要枢纽机场。

图 5-4 法兰克福机场

（9）慕尼黑国际机场

慕尼黑国际机场位于慕尼黑市区东北 29 千米，是欧洲重要的机场之一，位于德国第 3 大城市——东南方巴伐利亚州的慕尼黑，是德国第 2 大机场（仅次于法兰克福国际机场），欧洲第 9 大机场。

（10）维尔纽斯国际机场

位于立陶宛首都维尔纽斯以南 7 千米处，是立陶宛最大的民用机场。维尔纽斯国际机场的管理机构是维尔纽斯国际机场公司，为一家国有公司，1991 年 9 月 30 日由立陶宛交通部设立。

4. 多式联运

多式联运是指由两种及以上的交通工具相互衔接、转运而共同完成的运输过程。这里所指的至少两种运输方式可以是：海陆，陆空，海空等，各种运输方式均有自身的优点与不足。一般来说，水路运输具有运量大、成本低的优点；公路运输则具有机动灵活、便于实现货物门到门运输的特点；铁路运输的主要优点是不受气候影响，可实现货物长距离的准时运输；而航空运输的主要优点是可实现货物的快速运输。由于国际多式联运严格规定必须采用两种和两种以上的运输方式进行联运，因此这种运输组织形式可综合利用各种运输方式的优点，充分体现社会化大生产大交通的特点。我国依托交通物流通道，推进铁路—水运、公路—铁路、公路—水运、航空—陆运等联运发展，全面推进集装箱、半挂车和大宗物资等多式联运体系建设。

中欧班列自开通以来，一直承担着中国与欧洲大陆货运的重要角色，也是多式联运体系建设的关键环节。

2013 年重庆开始试运行重庆到杜伊斯堡首列中欧班列——“渝新欧”集装箱班列。紧接着，郑欧、蓉欧、汉欧、湘欧等相继开通了直达欧洲的集装箱班列，目前已经直通欧洲 10 个国家的 15 个城市。据统计，目前中国内地已有成都、重庆、郑州、武汉、苏州、义乌、哈尔滨、长沙、连云港、沈阳、长春、营口、大连、广州、厦门、乌鲁木齐、兰州等多个城市开通了中欧班列。

5. 能源通道

目前，我国西北、东北、西南和海上 4 大油气进口通道打通，不仅拉动了我国经济发展，推进了转型升级和环境保护，保障了能源安全，而且带动了沿线地区的经济发展。

（1）中国—俄罗斯能源通道建设

近年来中俄能源合作战略协作伙伴关系得到进一步深化，从中俄石油管道的顺利运行，到天然气管道的正式开工建设，再到中国油企成功进入俄罗斯油气上游领域的合作项目，两国能源合作深度、广度进一步增强。2014 年 5 月 21

日，中俄在上海签署两国政府东线天然气合作项目备忘录、中俄东线供气购销合同两份能源领域重要合作文件。根据合同，从 2018 年起，俄罗斯开始通过中俄天然气管道东线向中国供气，输气量逐年增长，最终达到每年 380 亿米^3，累计合同期 30 年。

（2）中国—中亚能源通道建设

中亚是距我国最近的、最安全的能源产区。近年来，中亚国家特别是哈萨克斯坦不断升温的国际油气合作推进了经贸多元化进程，与中国的经贸合作日益加强。

中国与哈萨克斯坦互利互惠的油气合作关系日趋紧密，合作前景持续向好。2011 年 6 月，国家主席胡锦涛访问哈萨克斯坦，与哈萨克斯坦总统纳扎尔巴耶夫签署《中哈关于发展全面战略伙伴关系的联合声明》，将两国的关系进一步提升为“全面战略合作伙伴关系”，标志着中哈战略合作进入了一个新的阶段，也使中哈油气合作进入一个全新的跨越阶段。2011 年 2 月，中石油与哈萨克斯坦国家油气公司签订《关于哈萨克斯坦乌里赫套项目合作的原则协议》，双方按 50% 的权益联合勘探开发乌里赫套气田。2014 年 12 月，中国石油与哈萨克斯坦国家石油天然气公司签署了扩大油气领域科技合作协议，进一步深化中哈油气在上、下游领域的一体化业务合作。2015 年 8 月，哈萨克斯坦总统纳扎尔巴耶夫访问中国，中哈双方共同发表《全面战略伙伴关系新阶段的联合宣言》。双方表示将就“丝绸之路经济带”倡议和“光明之路”新经济政策进行对接开展合作，将进一步拓展和深化中哈全面能源伙伴关系，开展油气田勘探开发、原油加工等领域新项目合作，扩大对华能源出口。双方将共同加快中哈原油管道扩建、中哈天然气管道二期（别伊涅乌—巴佐伊—奇姆肯特）建设，以及奇姆肯特炼化厂现代化改造项目，哈方愿就建设第四炼化厂同中方开展合作，研究在中国西部地区进行原料加工合作的可能性。

中国与土库曼斯坦的天然气合作由来已久，2006 年 4 月，土库曼斯坦总统尼亚佐夫访华，与国家主席胡锦涛签署了《关于实施中土天然气管道项目和土库曼斯坦向中国出售天然气的总协议》。根据该协议，自 2009 年起 30 年内土库曼斯坦每年将经过天然气管道向中国输送 300 亿米^{3}的天然气。如今，中国已经成为土库曼斯坦最大的天然气进口国家，中国—中亚天然气管道已成为土库曼斯坦天然气最安全、最稳定的出口通道。

（3）中国—缅甸能源通道建设

2007年1月，中石油与缅甸石油天然气公司签订合同，获得缅甸若开邦近海AD—1、AD—6和AD—8三个深水区块石油天然气勘探开采权，总面积1万千米²。2008年12月，中石油与大宇联合体签署为期30年的缅甸海上A1、A3区块天然气购销协议，通过输气管道从缅甸引进天然气资源，并在缅甸境内沿途分流部分天然气，满足当地用气需求。2015年1月底中缅原油管道开始投入使用，这条油气管道南起孟加拉湾，北抵昆明，绕行马六甲，自此来自中东、北非的石油，开始通过一条新的线路进入中国。中缅原油管道与2013年7月投产通气的中缅天然气管道平行，两者同属中缅油气管道项目。全长2402千米的中缅原油管道，有1/3在缅甸境内。

二、国际通道建设存在的问题

1. 丝绸之路经济带沿线政治局势复杂

从国际关系角度分析，中国提出的建设丝绸之路经济带发展战略虽然受到相邻各国的支持，但在实际的建设上，各国对通道的建设理念与中国尚存差距。众所周知，大国势力的影响使周边国家在与中国国际通道互联互通方面存在着投机与观望。因此，中央明确提出了两个有关利益方面的新理念：一是利益惠及理念，即中国与周边国家发展关系不仅不奉行唯利是图的原则，而且要强调“亲、诚、惠、容”的新理念。

丝绸之路经济带沿线国家的整体风险水平依然较高，部分国家政治与安全局势持续动荡，经济发展水平差异明显，大国博弈程度有增无减。交通物流通道是地缘政治的核心内容。未来地缘政治风险依然较高，经济增长动力有待提升，经贸合作任重道远。部分国家风险水平趋于波动，部分国家政治、安全、经济形势的不确定性较大，个别国家存在发生影响较大的突发性事件的可能。

2. 过境自由与国家主权的矛盾

国家之间存在着领土划分，因此受制于一国主权，从理论上说，未经该国同意，一项国际运输不得经过该国领土。因此，是否享有过境自由、以何种方式享有过境自由就成为国际运输的条件和前提。事实上，国际铁路运输早在19世纪早期就已经存在，但是直至“一战”以后，国家之间互相享有过境自由才正式被确立。为了加强各国经济联系，避免战争再次爆发，国际联盟缔约国于1921年在巴塞罗那签订了铁路运输自由的巴塞罗那公约和规则——《巴塞罗那公约》。该公约第一次确定了缔约国之间过境自由这一普遍原则，要求缔约国为通过其境内的最便捷路线的铁路或水路进行的国际运输提供便利，不得因国籍、船籍、出发地、到达地、货物所有权、船舶所有权等因素而有区别。《巴塞罗那公约》目前仍然有效，尽管其缔约国只有50个，且我国也从未加入该公约，但是其规定的货物过境自由，为其后的GATT 1947与GATT 1994第5条奠定了基础。经过长期实践，过境自由已经发展成为一项国际习惯。

关于过境自由的范围，《巴塞罗那公约》第5条规定，本公约不要求缔约国对其禁止入境的旅客或禁止入境的货物给予过境自由，无论是出于公共健康还是安全考虑；《巴塞罗那公约》第6条规定，本公约自身并不强迫缔约国为履行过境自由而承担新的义务；另外，该公约也包含了对缔约国关于运输线路的选择、关税制度等方面的尊重。

铁路自产生之初就具有重要的战略地位，关系到国计民生，因此各国均将铁路运营权视为政府特许经营权的一种，可以说铁路运输具有鲜明的属地性；并且各国对于运输合同的制定、运输合同的履行、承运人的责任等都有强制性规定，运输自由或者过境自由原则并不影响这些规定。

因此，通常来说，在国际通道货物联运中，托运人需要在一个国家边境车站，重新办理托运手续，更换下一个国家的铁路承运人继续运输，并且适用不同的运输规则，除非两国均参加了统一的国际铁路运输公约，该公约允许继续按照同一单证、同一的运输合同继续运输。

3. 国际通道运输建设十分薄弱

丝绸之路经济带沿线的公路、铁路基础设施比较薄弱，运输能力较低。公路运输存在着口岸的公路交通条件差，公路等级水平低的问题。在丝绸之路经济带的国内段口岸公路主要是二级、三级及以下等级的公路，国外段的口岸公路交通条件普遍较差。目前，我国有8个铁路口岸，而客运和货运一般都集中在满洲里、阿拉山口、二连浩特、绥芬河4个口岸。中国与哈萨克斯坦、蒙古、俄罗斯相连的铁路，在阿拉山口、二连浩特、满洲里3个口岸的后方，近几年才开始复线电气化改造。铁路运输境内外轨距的标准是不统一的，因此铁路的货运就需要进行换装换轨，运输周转环节多、时间长、效率低，同时又增加了铁路的运输成本。

丝绸之路战略主要是开放我国的中西部地区，形成向西开放的格局，面向的是发展中国家。我国的中西部地区属于欠发达地区，自身发展能力较差，交通基础设施建设薄弱，尤其是口岸建设落后，这将会阻碍丝绸之路向西开放的发展。而且与中国相邻的发展中国家由于基础设施建设投入长期不足，整体的交通基础设施都比较落后，实现互联互通困难重重。

现有各种运输方式结构不合理且衔接不够紧密，中哈国际合作示范区所在的塔城地区目前主要以公路运输为主，铁路运输为辅，民航运输作为补充，油气管道运输基本上处于空白。在客运运输中，公路和民航占了绝大比例；而在货物运输中，主要以铁路运输为主。从公路、铁路和民航的理想级配来看，铁路和民航的运量比例远低于公路运输，所以运输方式、运量比例不尽合理。而且，塔城地区目前尚未有先进的综合客运枢纽站将公路、铁路、民航、客货运站场，城市公交等运输方式尚未能有效地衔接起来，形成一体化的综合交通运输枢纽。

4. 国际通道的建设标准体系不完善

从区域经济发展角度分析，经济走廊内通道建设可以促进经济走廊内的国际间的国际贸易，但是，由于周边国家大多为欠发达国家或联接的区域为经济较落后的地区，中国与这些国家间经济上的差距性远大于互补性，因此，经济走廊内贸易与运输规模与规划的运输通道能力间不匹配，并且存在着较严重的单边运输格局。

目前规划建设的各种国际通道主要有两种状况，一种是“通”而不“畅”，即现有的通道设施能够联通，但通道技术标准较低；另一种是无直接联接通道需要新建通道。但在国内建设规划中，无不以建设综合性、大运量、高标准通，道作为建设的标准，通道建设存在着与实际运量不相符、追求高等级、高速化的问题，与国际贸易需求反差很大。如我国铁路采用的是国际标准轨距，而俄罗斯采用的是宽轨，东南亚一些国家则采用的是窄轨。这种轨距的不一致，使得铁路货物过境时，增加了货物装卸搬运的时间和成本，从而造成物流成本上升，限制了国际物流运输的快速发展。

5. 国际通道运输组织水平有待提高

通道的货物运输组织水平决定了国际物流通道的利用效率，但当前运输组织水平偏低，有待提高。

从国际物流通道的运输方式实现来看，主要是以陆路的铁路运输方式和海陆联运方式为依托的。陆路的铁路运输通道方面，以我国内陆城市为起点，经亚欧大陆桥向西到达欧洲大陆的主要国家。由于整个铁路线路较长，横跨亚欧等很多国家和地区，各国家相关的铁路货物运输制度和标准不统一，协调难度较大，而且所涉及的不确定性因素较多。而在海运方面，由于各港口的货物集散能力和与陆路运输的衔接能力不强，受各国海运体制的限制，无法保障运力的有效调配，从而严重影响了国际物流通道的稳定性。

从我国目前的国际货物运输量角度来看，海运通道的运输量比重较高，而陆路通道的运输量比重仍然偏低，还没有充分发挥陆路通道运输速度快和距离短的优势。从货源组织和运力调配方面来看，欧洲和西亚的货源难以组织，造成铁路回程空驶。如渝新欧铁路和蓉新欧铁路都存在着回程货源不足的现象。铁路的回程空驶是最不合理的运输方式之一，运力没有得到充分的利用，导致铁路运力严重浪费。另外，渝新欧和蓉新欧两条铁路大通道，大多都是从我国以满列货物起运的，途中其他国家节点仍然只是过境站而已，当地的货源组织不足，没有充分带动当地的货物运输。货源组织不足，说明我国物流企业境外物流组织的能力偏低，也没有很好地与国外相关物流企业加强合作，难以吸引大量货源。

6. 国际货运企业的业务水平偏低

国际物流通道的运营主要是依靠国际货运企业进行的，通过国际货运企业以实现货源的组织和货物的跨境运输。但是我国的国际货运企业规模较小，业务水平依然偏低，缺乏在国际货运市场的影响力和组织力，国际竞争力偏弱。大多数国际货运企业主要从事诸如简单仓储、运输、装卸搬运和配送等低附加值的物流服务，缺乏提供物流信息整合、物流金融和供应链管理等高附加值物流服务的经验。而且企业管理体系不健全，提供的物流服务质量不高，企业之间的恶性竞争时有发生，严重影响了我国货运市场和物流行业的健康发展。另外，国际货运企业的国际信息化水平有待提高，很多货运企业都已经建立了自己的物流信息系统，能够实现一些初级的信息查询和处理功能，但跨境信息平台尚未建立。由于货物跨境运输，给物流信息的交流与共享带来不小困难。目前，对于跨境运输的信息查询不及时，货物跟踪不到位，物流信息不能及时交换与共享，严重影响了货主的使用感受，影响了运输效率和业务处理效率。

三、国际通道建设发展趋势

1. 国际通道运输体系一体化

新经济发展空间战略提出了不同层次、不同辐射范围的交通运输通道建设要求，而且需要实现高效互联互通，以适应新的经济发展和产业布局对匹配的运输能力需要，应重点强化国内、国际两个层次和辐射范围的运输通道设施建设。

为发挥丝绸之路经济带的区域经济联系功能，需要在既有全国性和区域性运输通道布局建设的基础上，强化由各种运输方式构成的综合运输通道体系的支撑，需要调整相关规划，以便在规划指导下，推进沿长江、进出疆、出入藏，以及与这些通道联通度高的中、西部地区综合运输大通道建设，需要加强与沿海重要港口物流枢纽联系的综合运输大通道建设。

国际通道与丝绸之路经济带沿线规划建设的国内通道联系紧密，符合国家战略要求的陆上国际运输通道的建设，包括推进中—巴、中—哈、中—蒙、中—俄、中—塔—阿—伊、中—吉—乌等铁路建设，以及泛亚运输走廊，中—老—泰、中—越和中—尼—印等铁路建设和相关公路通道的建设，构建以中国为枢纽衔接欧亚、打通欧亚联系的高速陆上运输走廊，推进交通运输走出去，积极打造国际海上港口物流枢纽，形成国际海上运输通道系统。

2. 国际通道运输服务一体化

运输通道设施仅仅解决了国内区域之间、国内与国际间的互联互通问题，要在互联互通的基础上实现国家新的经济发展空间格局的调整，必须在通道上承载具有一体化特征的国际、国内高效运输服务，为我国产品和产业走出去提供强大的高效运输服务支持。

在我国国内运输一体化尚存在地区分割和运输方式之间壁垒的情况下，需要通过扩大对外开放和提升国际运输服务能力的倒逼机制，加大各种方式联运服务的发展力度，积极发展多式联运，依托运输通道和运输枢纽构建有效打破各种运输方式界线的综合运输服务系统。

运输服务必须站在国际化发展的高度，通过体制机制创新、投融资模式创新和“走出去”方式的创新，适应国际化发展的需要。以适应内需与外需紧密结合的现代产业链、产业集群化布局发展，以及流通方式在电子商务与物流的支撑下向网络化、集约化、一体化运作方向转变的需要，使区域运输服务系统具备提供多成本组合模式、多方式选择便利性的多元化物流服务特征。

第三节 国际通道战略布局

一、通道走廊建设思路

1. 充分利用原有设施

考虑到丝绸之路经济带辐射范围地域辽阔、国家众多的特点，各国受政治、经济、文化及铁路基础设施水平、轨距、标准等因素影响，短期内形成通达完备的国际通道面临众多问题和不确定因素。建议近期充分利用已经形成的第二亚欧大陆桥通道，发挥阿拉山口、霍尔果斯口岸功能，对外积极协商解决通关难题，加强回程货源组织，降低运营成本；对内整合货运资源，搭建中欧国际班列运营平台，按照“统一组织、多点集结、直达优先、稳定开行”的原则组织运输，确保货源稳定和可持续运营，率先开通中国—中亚和中国—中亚—欧洲的国际货运班列，尽快形成品牌和示范带动效应，推动和促进其他通道的建设运营。

2. 快速推进我国内部及国际通道建设

根据境内后方通道的形成要求，近期建设中吉乌铁路、中巴铁路，加快推进格尔木至库尔勒、罗中至若羌、哈密至将军庙、北屯至富蕴至准东等铁路建设，尽早实施精伊霍铁路伊霍段电气化改造、南疆线阿克苏至喀什段增建二线工程。远期随着客货运量进一步增长，适时建设南疆环线若羌至和田段、兰新线精河至阿拉山口段增建二线、精伊霍铁路增建二线、南疆线库尔勒至喀什段电化改造、兰新线张掖至哈密段适时开行万吨列车、新建北屯至喀纳斯铁路等项目，早日形成“两主两辅”的路网格局，进一步提高通道运输能力和质量。同时将伊宁至巴伦台、布尔津至吉木乃、阿克苏至乌什别迭里等相关铁路纳入国家铁路网规划，推进项目前期研究工作。

3. 加快重要节点城市及口岸建设

加快西安、兰州、乌鲁木齐、伊宁（精河）、喀什等铁路枢纽、地区相关配套工程建设，重点开展集装箱运输、国际联运、综合型国际物流中心的建设。实施阿拉山口铁路口岸站扩能，提高口岸运输能力。运用伊霍电气化改造技术对霍尔果斯铁路口岸站点实施电气化改造。配套中吉乌铁路和中巴铁路的建设，同步建设吐尔尕特、红其拉甫铁路口岸站，形成我国西出 4 大口岸。

4. 加强国际沟通

加强丝绸之路经济带国家间的铁路规划、建设和运输协调，是沿线铁路运输通道形成与畅通的重要基础。建立各相关国家共同参与、高层次、政府间的铁路协调机制，共同研究探讨铁路运输通道的规划、建设、运营和管理。从法规层面和操作层面充分发挥相关国际组织的民间作用，促进经济带沿线国家优化国际联运、通关、检验检疫程序，优化通关环境，加速实现通道运输的便利化。启动丝绸之路经济带综合交通体系规划的研究工作，做好综合交通体系中各种交通运输方式的分工协调、紧密衔接和无缝对接，构建丝绸之路经济带综合交通运输体系。

二、通道走廊建设目标

根据丝绸之路经济带的辐射范围，构筑中国至欧洲大西洋沿岸、中国至欧洲波罗的海沿岸、中国至欧洲黑海沿岸、中国至西亚黑海沿岸、中国至非洲地中海沿岸、中国至亚洲阿拉伯海沿岸 6 大国际通道；加强阿拉山口、霍尔果斯、吐尔尕特、红其拉甫 4 大边境口岸建设，充分利用当前既有设施，解决通关难题，加强货源组织，统一运价，开行国际货运班列，加快推进中吉乌、中巴、格尔木至库尔勒、南疆环线等铁路项目建设，加快实施西安、兰州、乌鲁木齐等铁路枢纽（地区）及相关铁路口岸配套工程建设，争取早日形成国内综合运输通道网，进而构建出以我国为中心，联通世界的陆上丝绸之路综合运输体系。

三、通道走廊建设原则

1. 以建设区域合作通道替代国际战略通道

区域合作通道指面向边境区域合作的通道，既然建设国际运输通道将面临诸多困难，并且实质性的运输需求又不大。因此，从互联互通角度看，我国对外运输通道首先以建设区域国际通道实现边境区域联通为首要目标，通过我国边境贸易，带动通道运输的发展。同时，区域合作通道大部分为传统边贸通道，通道有基础，仅是通道的等级较低，通行能力较小。因此，应积极利用既有通道设施，通过局部通道改扩建，实现边境区域通道互联互通。重点是加强区域运输便利化合作等制度性建设，完善国际运输合作机制，充分培育通道市场经济，在此基础上，根据联通国的意愿逐步改善通道设施，逐步扩展区域互通范围。

2. 坚持区域通道互联，推动关键项目的建设

区域通道的互联互通是未来培育通道经济、建立沿线国家间的政治互信、贸易互通的基础。重点通过关键性大项目全面支撑我国“一带一路”战略的实施。利用我国丝路基金、亚投行的投资资金，建设在欧亚经济体间起到重要联通作用的国际通道，实现我国产业走出去的战略目标。同时，通过关键性通道的建设，向外界宣传我国“一带一路”发展战略的信心和建设理念。

3. “规划超前、建设有序”，把控建设时序

在《推动共建丝绸之路经济带和21世纪海上丝绸之路的愿景与行动》中，中国提出建设6大经济走廊，这显然是一个战略性的布局。为达成战略布局的目标，采取“规划超前”的谋略彰显我国经济走廊建设理念，以全局谋动来破解单一通道被动局势。采取“建设有序”决策机制，以战略与市场需求有序进行建设安排，在合理的经济回报前提下把控建设时序，提高我国在国际通道建设上的主导权。从区域国际通道的作用看，大部分国际通道均为历史上形成的贸易与资源性通道，由于战略的推动而上升为国际大通道。通过建设资源线或者专用线实现联通，并且根据实际运输规模确定通道建设标准，通过回归企业主导，实现投资市场化和投资渠道多元化的建设模式，减轻中央政府投资压力。

四、通道走廊战略布局

1. 中—亚通道空间布局

在我国内部通道走廊的基础上向西到阿拉木图，向北到哈尔滨，进而达到俄罗斯伯力，向南达到越南河内。中—亚走廊向西经杜尚别抵达德黑兰分南北

两个方向，向南抵达埃及开罗，进而达到非洲大陆，向北抵达埃里温，进而抵达欧洲。中—亚走廊向南经河内，到万象、曼谷，最后抵达楠榜港。中—亚走廊向北经北京，到沈阳、哈尔滨，进而进入俄罗斯。

2. 亚–欧通道空间布局

在原有的欧亚大陆桥的基础上扩建提升运输功能，加强基础服务设施建设，构建 3 条亚欧通道。第一条从俄罗斯海参崴出发经伯力—赤塔—新西伯利亚—彼得罗巴甫洛夫斯克—莫斯科—布列斯特—华沙—柏林，最后抵达鹿特丹。第二条从连云港出发，经郑州—西安—兰州—西宁—乌鲁木齐—阿克斗卡—阿雷斯—索利列茨克—布良斯克—布列斯特，最后抵达鹿特丹。第三条从深圳出发，经昆明—达卡—新德里—克尔曼—德黑兰—伊斯坦布尔—索菲亚—萨拉热窝—巴黎，最后抵达鹿特丹。

3. 亚–欧–非通道空间布局

欧亚非走廊，南向取道巴格达—大马士革—开罗—阿斯马拉—亚德斯亚贝巴—摩加迪沙—内罗毕—纳卡拉—布兰太尔—好望角—罗安达—利伯维尔—洛美—蒙罗维亚—班珠尔—努瓦克肖特—拉巴特，最后抵达鹿特丹。

4. 全球通道空间布局

融合构建的欧亚非走廊，中亚走廊，欧亚走廊，向北抵达俄罗斯奥莫隆—乌斯季别拉亚穿越白令海峡，到达加拿大，之后到达美国大陆，连接拉美国家，形成全球通道网络。

第四节　节点城市布局

一、节点城市形成条件

世界上所有的资源流向都以城市为中心，但一个城市资源流向的地位要与其经济地位与交通地位相适应。所谓节点城市就是在多种国际交通运输方式综合作用下形成的交通枢纽。国际节点城市是物流、信息流、资金流的重要转换点，一般具有以下特点：国家级综合交通运输网络中的重要节点城市；一个地区或国家的重要经济中心城市；国家物流网络中的重要节点，物流业规模大，水平高，拥有比较完善的综合物流服务体系，是大规模物流、信息流和资金流的转化点。因此，要成为节点城市，必须具备以下基本条件：

1. 优越的经济区位

经济中心城市是指一定区域内的城镇体系中等级最高的城市，是一定区域的交通、政治、经济、文化、生活的中心。世界上几乎所有的节点城市，除了具有良好的地理区位外，更应该有较强的经济实力和广阔的经济腹地。比如香港作为国际性区域物流中心，除了自身的经济实力很强外，还有中国内地作为经济腹地。可以说，经济腹地覆盖范围的大小、经济实力的强弱是决定区域内的城市是否能成为节点城市的重要前提。一般说来，物流枢纽城市往往也是经济中心城市。因为经济实力增强了，一方面市场广大，物流总量大幅度增加，另一方面也有条件改善物流设施，向周边地区辐射。

2. 多种运输方式融合

为满足区际贸易与交通转运的需要，由两种或两种以上不同的运输方式交汇，并能承担客货运输作业（中转、发送、到达），有广大吸引和辐射范围，对区域内交通运输的衔接顺畅和高效运行具有全局性和重要影响。一般节点城市的运输发展模式是由铁路、公路、水运、航空、管道、通信等多种运输方式汇集而形成陆港（以铁路、公路综合客运枢纽为核心）、水港（以港口为核心）、空港（以机场为核心）、信息港等“多港”综合发展。以城市客运系统、道路集疏运系统为支撑，满足未来城市对外客货运枢纽之间的便捷联系与多式联动的要求。以通信网络体系重要枢纽节点为支撑，为构建城市综合运输信息平台，承担国家级客货运输功能，具有较强的辐射作用。

3. 完善的综合服务网络

节点城市的发展自然离不开发达的代理、信息、金融、结算、保险、仲裁、理赔等行业的支持，因此，要有完善的信息网络。物流资源信息网络能沟通各地之间的货源信息、运力信息、交通信息、仓储信息、口岸报关查验信息等，能最大限度地优化物流运输过程，实现物流合理化、高效化。完善的物流信息网络就像身体内的神经系统，把物流系统的各个部分连接成一个整体。同时，还应该有比较发达的服务业，特别是金融业，如当今国际上的物流中心城市，纽约、伦敦、东京、香港和新加坡，同时也是国际性或区域性的金融中心城市或者服务业中心城市。

4. 良好的物流业发展环境

现代物流业是一个新型的跨行业、跨部门、跨区域、渗透性强的复合型产业。良好的产业发展环境，是现代物流业发展和物流枢纽城市建设的重要保障。政府的积极支持、政策引导和配套服务以及完善的法规体系，对建设物流枢纽城市十分重要。如物流运输市场的管理、重大交通设施的规划、物流业的投资体制及资金援助、信息网络的规划和建设等等，都直接影响到物流枢纽城市中心的建设。而与国际惯例衔接的法律规则是形成国际性物流中心的必要条件。

二、节点城市空间布局

国内节点城市空间布局主要依托丝绸之路经济带进行空间拓展与延伸，当前，关于丝绸之路经济带空间延伸较为明确的观点主要基于 3 种方法：线路走向、国家构成、网络分布。第一种线路走向由中国科学院地理所提出，丝绸之路经济带可以有 3 条线路，即在空间走向上初步形成以欧亚大陆桥为主的北线、以石油天然气管道运输为主的中线、以跨国公路为主的南线。这种以线路走向描述空间延伸的方法，优点在于空间走向上较为清晰，并且提供了主要运输方式，但缺点是忽略了对国际贸易往来以及区域经济合作的范围界定。与之相比，第二种国家构成的分析方法相对准确，按照习近平总书记提出丝绸之路经济带战略时所讲的“覆盖 30 亿人口规模”为依据，即“中国约 13 亿，俄罗斯 1.4 亿，中亚约 6000 万，印度 12 亿，巴基斯坦约 2 亿，伊朗 7500 多万，阿富汗约 3000 万，白俄罗斯约 1000 万，加起来，正好是 30 亿出头”，但这种算法只是估计了丝绸之路经济带所依托的基本框架，而不是它最终的边界。第三种网络分布的方法则认为，丝绸之路经济带实质上是欧亚大陆空间内各国互利合作的网络，应当以中国为出发点，以俄罗斯和中亚地区为桥梁和纽带，以欧洲为落脚点，以北部非洲为延长线。

显然，上述 3 种方法各具优势，也存在不同的空间走向和界定范围，网络分布提出的空间范围最大，不仅包括欧亚大陆，还包括欧洲和非洲国家；国家构成所计算的空间走向相对准确，但覆盖范围较小，而线路走向虽然方向清晰，但在沿途国家定位方面显得略为模糊。综合考虑丝绸之路经济带的空间发展延伸特征与国际通道自身特性，将国际通道的节点城市分布划分为3条主要线路：

第一条（北线）共8个城市：沿第一亚欧大陆桥分布，包括中国、俄罗斯、欧洲等国家和地区。节点城市为：北京、大连、哈尔滨、乌兰巴托、莫斯科、华沙、鹿特丹、布达佩斯。

第二条（西线）共13个城市：沿第二亚欧大陆桥分布，包括中国、中亚、西亚、波斯湾、地中海等国家和地区。节点城市为：郑州、西安、乌鲁木齐、阿克都卡、阿斯塔纳、阿拉木图、塔什干、伊斯坦布尔、基辅、布达佩斯、伯尔尼、巴黎、伦敦。

第三条（南线）共25个城市：包括中国、东南亚、南亚、欧洲地中海沿岸、非洲等国家和地区。节点城市为：上海、厦门、广州、深圳、南宁、昆明、万象、曼谷、新加坡、成都、重庆、加尔各答、新德里、孟买、德黑兰、安卡拉、罗马、马德里、开罗、蒙巴萨港、内罗毕、约翰内斯堡、罗安达、阿布贾、阿尔及尔。

三、节点城市建设要求

1. 增强运输设施支撑保障能力

（1）加强流通基础设施建设

健全流通规划体系，发挥规划引领作用，引导国内外资金投向流通设施建设，增强流通基础设施支持保障能力。鼓励社会资本参与公共服务平台、流通基础设施等项目建设。调整优化流通基础设施空间布局，推进流通设施网络化、系统化建设。支持建设重要集散地和主销地的专业批发市场、物流园区、快递园区、大型公共仓储配送设施、公共信息服务平台等。大力加强粮食仓储及物流设施、大型农产品批发市场、国家重要商品储备库、中继型农产品冷链物流系统、农村邮政物流设施等公益性和公共性流通设施建设。规范大型商业设施及其配套设施建设，引导购物中心、商业综合体、商业聚集区等有序发展。鼓励商品交易市场改造升级，拓展服务功能。

（2）提升综合运输支撑能力

构建便捷高效的综合运输服务体系，优化综合交通基础设施网络布局，合理配置综合运输通道资源。加快铁路、公路、水运、航空枢纽等基础设施建设，加快推进中西部地区、老少边穷地区综合交通建设，促进东、中、西部基础设施的互联互通。优化运输组织，完善综合运输标准体系，推进集装箱多式联运、甩挂运输、陆海联运等先进运输组织方式，促进各种运输方式高效衔接，提高主要流通节点城市之间干线运输效率和组织化水平。依托货运枢纽拓展现代物流服务功能，提高交通运输对流通节点城市发展的保障能力和服务水平。整合城市交通资源，建立和完善城市绿色货运服务体系，完善城市物流园区、分拨中心、配送中心和一般货运装卸站点等设施网络布局，优化车辆通行管控措施，提高城市配送服务效率和水平。

（3）整合物流设施资源

优化物流设施资源配置，促进资源整合与功能衔接。结合特大型城市功能疏解需求，打破地区和行业界限，整合现有物流园区及其他物流资源，推进跨行业、跨部门、跨地区的物流设施系统整体规划和建设。结合流通节点城市实际，有针对性地拓展货运枢纽型、商贸服务型、生产服务型、口岸服务型和综合服务型等不同类型物流园区的流通和物流服务功能，提高产业集聚能力和集约化水平。大力发展冷链物流，积极发展公共仓储、城际物流、邮政服务、快递服务、共同配送和第三方物流，完善城市物流中转分拨场站、社区集散网点的配置。鼓励具备条件的大型连锁零售企业、大型批发企业建设配送中心。

（4）加强金融信息设施配套建设

加强金融基础设施建设，增强金融服务功能，保障商品市场高效稳定安全运行。加快推进互联网、物联网、移动通信等信息基础设施建设，加强光纤接入网、宽带无线移动通讯网建设，推动电信网、广播电视网和互联网融合发展，构建区域性公共信息服务平台，促进信息资源整合和共享。

2. 发挥节点城市功能作用

（1）提升节点城市集散中转功能

依托节点城市交通运输通道优势和枢纽地位，合理布局大宗商品交易市场、重要商品和物资储备中心、物流园区、多式联运中心、公路港、区域配送中心、快件分拨中心和其他物流场站设施。培育大型批发、仓储、运输、货代、配送、邮政、快递、第三方物流企业和专业化、社会化的物流快递平台，增强商品集散能力。大力发展区域共同配送、直达干线运输、高铁快件及电商快递班列运输、甩挂运输和多式联运，提高货物中转和运输效率。优化特大型城市流通基础设施布局，促进流通节点城市集散中转功能整体提升。

加强中西部地区流通网络建设，增强与东部沿海地区的联系，加强生产资料、工业消费品流通渠道及配套设施建设，建立联系东西部、沟通国内外的重要商品物资流通大通道。

（2）提升节点城市生产服务功能

依托节点城市生产要素聚集地和产地市场等优势，围绕生产资料采购、产品分销，大力发展货运代理、加工贸易、创意设计、服务外包、产品展销、邮政服务、快递服务、区域配送、电子商务等生产性服务业，提升流通服务和引导生产的功能。依托节点城市网络，完善农产品跨区域产销链条，提升农产品产地市场组织能力，统筹优化产地、集散地、销地批发市场布局，加强全国性、区域性农产品市场建设，规范“田头市场”建设，提高产地市场流通效率。

（3）提升节点城市消费促进功能

依托节点城市人口聚集地、商品销售地等优势，规划建设好城市商业中心、交通枢纽商业、商业街等商业聚集区，以及购物中心、百货店等大型商业网点，完善装卸作业和停车场等配套设施。加快完善社区商业功能，引导电子商务进入社区，提供高效、便捷服务，实现便民消费。引进国内外知名品牌和大中型零售商，优化购物环境，引领和带动消费。促进商业、旅游、文化产业融合发展，提升住宿、餐饮、购物、娱乐、休闲等消费服务功能。

（4）提升节点城市外贸服务功能

依托节点城市对外贸易通道和口岸优势，发挥综合保税区等海关特殊监管区域的作用，大力提升保税仓储物流、保税加工制造、国际采购和分拨配送、转口贸易等功能。加快发展服务贸易，培育内外贸结合市场，大力发展跨境电子商务、邮政服务、快递服务、金融服务、航运服务，初步建成一批区域性国际贸易中心、国际结算中心、国际物流中心和旅游集散中心。以重点开发开放试验区为先导，加强沿边地区节点城市与周边国家或地区的互联互通，推动边境经济合作区、跨境经济合作区建设。

（5）提升节点城市应急保障功能

加强市场供应和市场监测功能建设，强化市场运行保障和预测预警，增强市场调控的前瞻性和预见性。综合运用信息引导、储备调节、进出口调剂等调控手段，维护市场稳定。发挥公益性流通设施和骨干流通企业在满足消费需求、保障市场稳定、提高应急能力方面的重要作用。继续加强应急商品数据库建设，逐步实现跨地区信息共享，打造布局合理、经济高效的应急投放网络。

3. 推进节点城市流通创新

（1）积极推进流通信息化

围绕流通信息化建设，提升流通专业化、社会化、规范化和智能化水平。加快推广互联网、物联网、云计算、电子标签等技术在流通领域的应用，推动营销网、物流网、信息网有机融合。鼓励流通企业利用现代信息技术加快流通创新，提高管理水平，大力发展移动终端消费等新兴流通模式。鼓励运用大数据等信息集成和数据应用技术，结合智慧城市建设，提高流通自动化、智能化水平。推进流通节点城市肉类、蔬菜、中药材等重要商品流通追溯体系建设，研究智能冷链仓储技术。加快推进流通领域公共信息向社会公开，提升各类信息资源的共享水平和利用效率。

（2）加快发展电子商务

加快建设一批集研发、设计、配套服务于一体的电子商务基地，完善技术、物流、支付、认证、数据等电子商务支撑体系，打造中小电子商务企业孵化器，扶持一批电子商务企业发展，提高流通企业电子商务应用水平，加快电子商务与咨询、广告、营销等服务业的创新协作，推动电子商务衍生服务业快速发展。培育一批电子商务龙头示范企业、示范基地和示范城市，推动建设一批大宗商品、文化体育、旅游营销、医药配送、网上供销等全国性电商平台。鼓励扶持涉农电子商务应用项目，加强中西部地区、东北等老工业基地的电子商务应用。加快电子商务公共服务体系建设，大力发展电子商务服务商，完善电子商务产业链。鼓励网络购物创新发展，促进线上线下融合发展，支持电商企业、邮政和快递企业加强战略合作，加快推进电子发票应用。

（3）全面提高流通组织化程度

加强节点城市市场主体培育工作，支持大型流通企业发展，提高大型流通企业市场占有率和流通产业集中度，形成若干具有国际竞争力、区域资源整合力和品牌影响力的企业集团。激发中小流通企业市场活力，引导中小批发商、零售商、代理商向专、精方向发展。加强流通企业与生产企业的价值链、供应链、产业链紧密融合，优化业务流程，提升资源利用效率。推进节点城市流通标准化。加强产销合作，规范发展经销代理模式，大力发展多渠道流通，减少流通环节。大力扶持专业大户、家庭农场、农民合作社、农业企业服务公司和农业产业化龙头企业等新型农业经营主体向流通产业延伸，发展农产品商品化处理、冷藏保鲜、仓储配送，提高农产品流通组织化程度。

（4）着力提升城市开放水平

鼓励国际知名流通企业在境内设立企业总部，依法合规参与流通网络建设。进一步发挥外商投资产业导向和商业网点建设指导目录的作用，科学引导外资流向，提高商业领域利用外资质量和水平。鼓励有条件的企业“走出去”，建设国际营销网络，深度开拓国际市场。支持内外贸企业之间的战略合作与兼并重组，培育一批产业链整合能力强、具有国际竞争力的大型流通企业集团。面向东南亚、南亚、中亚和东北亚 4 个战略方向，完善双边和多边合作机制，加强多式联运、口岸管理、通关协作、信息互换、监管互认、执法互助等方面协作，培育一批经贸合作平台，加强能源资源、交通运输、国际贸易、文化旅游、邮政服务、快递服务、金融服务等领域合作，打造对外经贸合作升级版。着力提升沿边口岸流通节点城市与周边国家和地区合作水平，促进沿边地区开发开放。加快推进中西部地区和内陆流通节点城市口岸通道建设，提高通关效率和贸易便利化水平。健全与国际接轨的流通规则体系，发挥对外开放先行先试区域的制度创新作用，加强流通节点城市与国际标准、国际惯例等方面的接轨，提升对外开放水平。

（5）积极倡导绿色、低碳发展

倡导文明节约、绿色低碳的生产方式、流通方式和消费方式，推动节点城市流通领域节能减排，引导产业结构调整升级。加强物流园区及其他物流基础设施的规划整合，认真做好规划环境影响评价工作，推进合理布局。加快旧货流通网络和再生资源回收分拣集聚区建设，实现与国家“城市矿产”示范基地等衔接。加快完善和实施流通领域节能环保标准，积极开展节能、环保和低碳认证。推进商业建筑和设施节能减排，抑制商品过度包装。大力推广节电、节水、环保技术和设施设备，降低物流运输过程中的消耗与排放。鼓励绿色消费和采购，打造绿色低碳供应链，培育一批示范企业。

4. 促进区域协调发展

（1）引导节点城市分工协作

支持一批国家级流通节点城市建设成为有较强国际竞争力，融入国际流通网络、发挥国际流通节点作用的商贸中心城市，形成对其他流通节点城市的引领作用；优先发展中西部国家级流通节点城市，加快完善流通基础设施，提升集散能力、辐射功能和中转效率。支持区域级流通节点城市发展，着力培育一批具有较强区域辐射带动能力的商业中心城市，引导区域资源优化配置，发挥区域级流通节点城市承上启下的骨干支撑作用。鼓励地区级流通节点城市发展，提升其连接和拓展流通网络的基础保障作用。发挥流通节点城市的比较优势，实现相互依托、错位发展、分工协作、功能互补，促进全国骨干流通网络系统功能提升。

（2）建立区域流通发展协调机制

加强区域协调发展的顶层设计，做好各层级、各区域相关规划衔接。统筹流通节点城市流通基础设施规划布局，推进流通节点城市之间基础设施共建共用，防止盲目投资、重复建设。推进流通资源共享、信息平台共建、企业战略合作，最大程度发挥协同效应，促进区域流通健康发展。根据流通节点城市的资源禀赋、产业基础、交通条件、区位优势、功能定位以及与周边城市的互补性，优化流通节点城市商业分工，建立跨地区、跨部门的协调机制，引导相邻区域、相关城市实现合作共赢。

（3）打破地区封锁和行业垄断

全面清理和取消妨碍公平竞争、设置行政壁垒、排斥外地产品和服务进入本地市场的规定，建立健全统一的市场准入和检验检测标准体系。鼓励大型流通企业跨地区、跨行业、跨领域、跨所有制兼并重组，依法实施集中，扩大经营规模。大力规范节点城市市场秩序，加强反垄断和反不正当竞争执法，促进公平有序竞争。加强行政执法与刑事司法有效衔接，推动建立跨地区跨部门执法协作机制。规范流通领域市场监管行为，提高监管执法能力与依法行政水平。加强商务诚信体系建设，建立健全商务领域企业信用信息平台，完善打击侵犯知识产权和制售假冒伪劣商品工作机制，推进法治化营商环境建设。

06 第六章　生态建设

丝绸之路经济带沿线涉及众多国家和地区，文化传播、商品贸易等需求及其利润的巨大吸引力，是古代丝绸之路长盛不衰的根本原因。然而，丝绸之路经济带的发展不仅是纯经济问题，应对气候变化、保护环境等也使区域内各国形成共同体，这些问题甚至成为丝绸之路经济带健康、可持续发展的首要因素。

丝绸之路经济带，被认为是“世界上最长、最具有发展潜力的经济大走廊”，沿线各国的生态环境变化不仅直接影响自身发展，并且由于其涉及国家多、经济体量大、生态环境特点明显，因此，对全球的生态平衡也举足轻重。

当前，从全局角度对沿线主要国家的生态环境变化的研究较为缺乏，现有研究资料多是围绕本国国内及其周边地区的生态环境特征而开展，对于贯穿全线的系统研究较少。并且，由于各国所掌握相关数据以及研究方法之间的差异，相互之间缺乏衔接性和可比性，从而导致对丝绸之路经济带沿线国家和地区的生态现状和变化缺乏总体格局的把握。

第一节　生态环境现状

全球气候变暖、生态系统退化或被破坏，是全人类面临的共同挑战，攸关人类未来。丝绸之路经济带沿线地区生态系统，作为全球生态系统重要组成部分，其自身与其他地区生态环境是有机的整体。两千年来，由于自然因素的演变（自然侵蚀、河流侧蚀及自然灾害等）和人为因素的影响（人口增加、植被减少及过度开垦等），该地区环境遭到严重破坏。总体而言，丝绸之路经济带沿线地区生态环境较为脆弱，大气和水环境污染存在跨界传输的通道，是全球气候变化的敏感地区，加上越来越迫切的发展需要，局部地区环境不断恶化。

随着丝绸之路经济带建设战略的实施，沿线地区人类活动将不断加剧，工业化、城镇化对生态环境的压力将明显增强，部分地区生态环境所面临的威胁不容忽视。

图 6-1　全球气候变暖

丝绸之路经济带整体性的生态环境问题及其跨国迁移特征，对环境保护提出了全新挑战：其一，丝路文明复兴不能走传统工业文明老路，而是要发挥先进生态文化的感召作用，以生态文明统领丝绸之路经济带建设，引领全球率先进入生态文明时代。其二，探索建立丝绸之路经济带生态环境与可持续发展合作机制，共同应对全球变化和极端气候事件，协同推进生态修复工程，加强沙漠化和荒漠化治理技术合作，加强水资源科学配置高效利用和农业节水灌溉技术合作，共同应对长距离污染物传输问题。

一、丝绸之路境内段

历史上的丝绸之路沿线地区，曾经是林草丰茂、生机盎然，但受气候变化、人类活动等很多复杂因素影响，部分地区荒漠化加剧，也有不少农田、道路以及城市与村庄被淹没，很多人不得不迁往他乡。

1. 水资源匮乏

丝绸之路断续2000多年来，沿线不少文明因为水资源匮乏而消失。以中国为例，境内丝绸之路沿线的自然环境相当恶劣，除黄土高原外，均属干旱或极干旱区，生态环境十分脆弱。同时，中国作为世界上荒漠化最严重的国家之一，荒漠化的土地面积达173万多千米^2，占全部国土面积的18%。其中80%分布在丝绸之路经济带上，受影响人口超过全国总人口的1/3。“土地荒漠化不仅是生态问题，也是政治问题、经济问题、社会问题和安全问题。丝绸之路经济带沿线很多都是荒漠化的土地，如不科学应对和解决，势必将影响‘一带一路’建设的推进”（全国政协常委、亿利资源集团董事长王文彪《关于将沙漠治理纳入国家“一带一路”战略规划的提案》）。

2014年，西北5省水资源总量2080.9亿米^3，占全国水资源总量的7.63%，全国人均水资源量1998.5米^3/人，甘肃省人均水资源量为767.0米^3/人，而宁夏回族自治区人均资源量仅为153.0米^3/人，仅为全国的8%左右。新疆地区人均水资源3186.9米^3/人，为全国人均占有量的1.6倍，但是单位面积径流深仅50毫米，为全国倒数第3位，并且，相关数据显示，青海柴达木盆地年均降水量还不到25毫米，但年蒸发量竟高达1000毫米之多。

表6-1 中国西北5省（自治区）淡水资源状况对比

省区	评价面积/万千米^2	总量/亿米^3	地表水量/亿米^3	地下水量/亿米^3	重复量/亿米^3	人均水资源/（米^3/人）
陕西	20.56	351.6	325.8	124.1	98.3	932.8
宁夏	5.15	10.1	8.2	21.3	19.4	153
甘肃	39.58	198.4	190.5	112.6	104.7	767
青海	72.27	793.9	776	349.4	331.5	13675.5
新疆	164.74	726.9	686.6	443.9	403.6	3186.9

资料来源：国家统计局《环境统计数据2014》。

而在历史上，新疆塔里木盆地塔克拉玛干沙漠南部，曾是当时发达地区之一。早在新石器时代就有了灌溉农业，公元前2世纪张骞出使西域时，曾看到沙漠中的城郭和农田。今天，古代大片良田已沦为流沙，古城成为废墟，曾经浩瀚的罗布泊全部干涸。罗布泊西南的楼兰古城（公元4世纪后废弃），已成为一片荒凉的风蚀土丘、风蚀低地，沙丘环绕的古楼兰绿洲变成不毛之地。尼雅河下游三角洲上的古精绝国（在唐代以后废弃），只留下在干涸的河流和枯死的胡杨林，而古城已被5~15米高的沙丘包围。汉唐轮台古城、焉耆古城、龟兹古城等亦均荒弃。丝绸之路上的碉堡和烽火台，而今只有残垣断壁，丝绸之路沿线的古文明已消失在荒漠之中。

丝绸之路沿线环境变迁和古文明消失，固然与气候变迁、降水量减少、冰川融水萎缩、河流断流、水系改道等自然因素波动有关；但土地过度开垦、水资源和生物资源的不合理利用、天然植被破坏以及盛唐以后民族纷争不断、灌溉兴废不常等人为因素也不可忽视，而实际上，人为因素是这里古文明消失的主要原因。

图6–2　楼兰古城遗迹

2. 水土流失加快

西北地区是中国荒漠分布面积最广的地区，沙漠、戈壁占全国荒漠面积的65%，占全区面积的28.3%。据统计，青、宁、甘3省份水土流失面积分别为4.65万千米^2、1万千米^{2}和13.44万千米^2，分别占到各自全省总土地面积的46%、71%和85.73%。西北黄土高原水土流失总面积约43万千米^2，其中属于黄河中游面积有34.7万千米^2。黄土高原坡耕地每年每公顷土地土壤流失量为5~10吨。高原年侵蚀总量22亿吨，经黄河流入渤海为16亿吨。黄河中游河口镇至潼关一段，流域面积29万千米^2，年输沙量平均为15亿吨，占黄河年输沙量的93.6%，是黄河中上游地区水土流失最为严重的区域。严重的水土流失造成生态恶化，如山洪危害、淤积危害、破坏土地、干旱加剧及相关产业水平低下等。严重的水土流失，不仅破坏着当地的生产和生活环境，而且直接威胁着黄河下游等地人民的生命和财产安全。

近年来，尽管植树造林防治荒漠化成就显著，但人为破坏也同步进行，治理的速度甚至赶不上荒漠化的速度。在沙漠地区由于滥伐林木，过度放牧，沙漠化面积在不断扩大。遇有大风，飞沙满天，沙逼人退，沙埋道路和农田。在黄土高原，由于森林奇缺，黄土疏松，夏季多暴雨，故水土流失严重。土壤贫瘠，土地生产力下降，黄河下游泥沙堆积，河床淤积，形成了“地上河”。有些地方出现了“大雨洪灾、无雨旱灾”，遇有连续大雨，山洪暴发，常冲毁耕地和水利设施。遇到长时间旱灾，则出现人畜饮水困难，农业欠收。

3. 草地退化严重

由于人为因素诸如放牧超载、滥垦乱伐，人工草场建设缓慢，草地大面积退化、沙化、盐碱化，从而导致沙尘暴，旱灾与自然灾害频繁，严重影响了当地畜牧业的持续、稳定发展。

西部草地的脆弱性主要表现在其地表组成物质和地形特征的脆弱性和气候水热因子的匹配性差两个方面。1998年至2005年间，藏西北高寒牧区草地退化了39.64%，草场退化面积每年以3%~5%的速度扩大。其中轻度退化面积最多，占退化总面积的65.96%，其次是中度和重度退化，分别占退化总面积的25.2%和8.84%。

据2015年《中国荒漠化和沙化状况公报》数据显示，我国荒漠化土地主要分布在新疆、内蒙古、西藏、甘肃、青海等5省（自治区），面积分别为107.06万千米 ^{2}、60.92万千米 ^{2}、43.26万千米 ^{2}、19.50万千米 ^{2}、19.04万千米 ^{2}，占全国荒漠化土地总面积的95.64%；沙化土地也集中在这5省（自治区），面积分别为74.71万千米 ^{2}、40.79万千米 ^{2}、21.58万千米 ^{2}、12.46万千米 ^{2}、12.17万千米 ^{2}，5省（自治区）沙化土地面积占全国沙化土地总面积的93.95%。

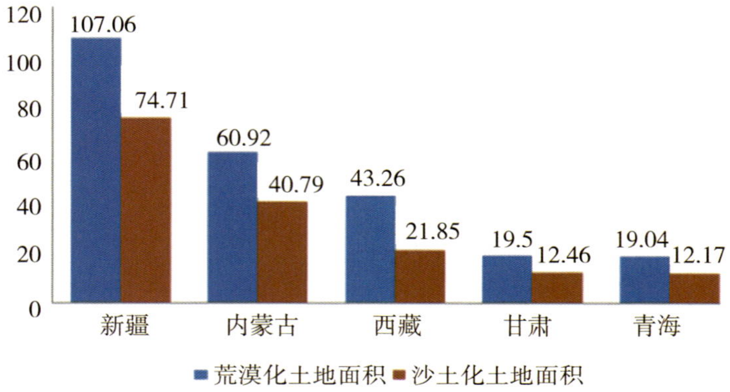

图 6-3　西部5省（自治区）荒漠化、沙化土地面积

资料来源：2015年《中国荒漠化和沙化状况公报》

西北地区不仅沙化土地面积广大，而且沙化土地扩展速度也很快。土地盐渍化也呈加速扩展趋势。新疆土壤盐渍化面积约为1.45万千米 ^{2}，占耕地面积的45%。宁夏回族自治区耕地中盐渍化面积8.67万千米 ^{2}，占灌区耕地面积的26.6%；陕西、甘肃和青海也不同程度地存在着盐渍化问题。所有这些，致使土地退化，产出率降低或丧失生产力，已成为当地经济落后、农民贫困的根源之一。

二、丝绸之路境外段

丝绸之路经济带横跨亚、欧、非三大洲，沿线地区的生态环境均较为脆弱。2012年，世界粮农组织发布的世界土壤数据显示，丝绸之路经济带地区包含30个土壤组类型。其中薄层土占的面积最大，约占12%，始成土约占9%，钙积土和灰壤土各占8%。中国西北、蒙古、中西亚、北非地区因沙漠戈壁和荒漠土地所占比重较大，土壤总体比较贫瘠。

利用数字高程模型数据，对不同高程上丝绸之路经济带沿途地形分析显示，海拔在3500米以下区域占95.96%，海拔在1000米以下区域占77.33%，200米以下占31.30%。地貌由平原、高原和部分高山组成。从气候数据分析显示，丝路沿途大部分地区年均降水量在500毫米以下，一半地区在200毫米以下，降水总体偏少，水资源短缺。亚欧大陆北部地区年平均气温较低，南亚、东南亚及北非地区年平均气温较高。

表6–2 丝绸之路沿线主要地理地貌

地域类型	地理位置	地貌特征
黄土高原	世界上黄土覆盖面积最大的高原，位于中国中部偏北。黄土高原东西1000多千米，南北750千米。位于中国第二级阶梯，面积约62万千米^2，海拔800~3000米	由于植被稀疏，夏季降水集中且雨量大，流水冲蚀作用强，在流水侵蚀作用下地表支离破碎，形成沟壑交错其间。黄土地貌总的特征是地面非常破碎，地面频繁的出现200~300米的起伏
柴达木盆地	高原型盆地，地处青海省西北部青藏高原北部，东西长约800千米，南北宽约300千米，面积25万千米^2，为中国三大内陆盆地之一，地势最高，内有盐水湖5000多个	地势由西北向东南微倾，海拔自3000米渐降至2600米左右。地貌呈同心环状分布，自边缘至中心，地势低洼处盐湖与沼泽广布。盆地东南沉降剧烈，冲积与湖积平原广阔
青藏高原	中国最大、世界海拔最高的高原。分布在中国和多个国家，总面积近300万千米^2。中国境内257万千米^2，是亚洲许多大河发源地	周围大山环绕，平均海拔4000~5000米，高原内山脉海拔大多超过6000米，喜马拉雅山等超过8000米。高原内部被山脉分隔成许多盆地、宽谷。湖泊众多，盛产食盐、硼砂、芒硝等
塔里木盆地	位于中国西北部的新疆，是中国面积最大的内陆盆地。大致在北纬37°~42°的暖温带范围内。东西长1500千米，南北宽600千米，面积达53万千米^2，盆地的中部是著名的塔克拉玛干沙漠，边缘为山麓、戈壁和绿洲	地势由西高东低，并稍微向北斜，海拔高度在800~1300米之间，边界受到东西向和北西向深大断裂控制，成为不规则的菱形，并在东部以70千米宽的通道与河西走廊相接。居亚洲大陆中心，气候干燥，雨量特少，蒸发量却很大
帕米尔高原	地处中亚东南部、中国的西端，横跨塔吉克斯坦、中国和阿富汗，是亚洲多个主要山脉的汇集处。该高原是地球上两条巨大山带（阿尔卑斯—喜马拉雅山带和帕米尔—楚科奇山带）的山结，也是亚洲大陆南部和中部地区主要山脉的汇集处，雪峰群立，号称亚洲大陆屋脊	东帕米尔地形较开阔坦荡，由两条西北—东南方向的山脉和一组河谷湖盆构成，绝对高度5000~6000米，相对高度1000~1500米。西帕米尔由若干条大致平行的东北—西南方向的山脉谷地构成，山脊高出谷底达3000~4000米，各种冰川地形广泛发育

续表

地域类型	地理位置	地貌特征
托罗斯山脉	位于土耳其南部，由东南、中、西三段组成，成雁行式排列。全长约1200千米。西段宽75~150千米，海拔2000米；中段为山脉主体，宽50千米，有3000米以上高峰；东南段最长，直达大阿勒山	西起埃里迪尔湖，东至幼发拉底河上游，呈弧状，与地中海岸平行。中部阿拉山和外延支脉努尔山中的埃尔吉亚斯山最高。此外，还有许多海拔3000~3700米的山峰
阿尔卑斯山脉	位于欧洲中南部，覆盖了意大利北部、法国东南部、瑞士、列支敦士登、奥地利、德国南部及斯洛文尼亚等	山脉呈弧形，长1200千米，宽130~260千米，平均海拔约3000米。其中有82座山峰超过4000米的海拔，最高峰是勃朗峰，海拔4810米，位于法国、意大利和瑞士的交界处
亚平宁半岛	南欧三大半岛之一。从波河地区向南伸展960千米左右，最宽处240千米，面积25万千米^2。东为亚得里亚海，南临爱奥尼亚海，西濒第勒尼安海和利古里亚海。全长约1400千米，宽40~200千米	大体可分为北、中、南三段。山脉东坡平缓，西坡较陡。北段由砂岩组成，森林茂密。中段地势崎岖，为山脉最宽、最高的部分，主要由石灰岩组成。南段由花岗岩、片麻岩与云母片岩组成。覆盖有栗、栎、山毛榉与松等植被
东部大沙漠	紧接尼罗河三角洲东南方，向东南延伸至苏丹东北部，又从尼罗河各地向东达苏伊士湾和红海。面积约22万千米^2	由起伏的沙土高原组成，高原从尼罗河流域起骤然高耸，并在尼罗河以东入红海丘陵，由一系列南北走向的火山链组成

1. 中亚地区：干旱少雨，湖泊消失

该区域主要位于欧亚大陆中部，气候为典型的温带沙漠、草原的大陆性气候，其突出特征是雨水稀少、极其干燥，一般年降水量在300毫米以下，日光充足，蒸发量大。荒漠、半荒漠和草原占据从里海到天山山地之间的巨大面积，卡拉库姆沙漠（35万千米^2）和克孜尔库姆沙漠（30万千米^2）是中亚最大的沙漠。极度干旱、贫瘠、缺少植被，如克孜尔库姆沙漠东南部就被称为“饥饿草原”。中亚地区与我国西北地区的水资源、生物多样性及整个北方的气候息息相关。

水资源利用矛盾和冲突不断。中亚地区的水资源天然禀赋较差，区域单位面积产水量不足5万米^3/千米^2，相当于我国平均水平的1/6，水资源开发利用程度超过70%。另外，该区域大多河流为跨界河流，水资源分布不均，处于上

游的塔吉克斯坦和吉尔吉斯斯坦两国的产水量超过中亚五国的 2/3，而处于下游的乌兹别克斯坦、哈萨克斯坦和土库曼斯坦 3 国的水产量刚刚接近 1/3。随着该区域经济的恢复和发展，跨界河流的水资源利用和生态保护问题不断突出，甚至成为外交的焦点领域。最为突出的为“咸海生态危机”，并已成为全球关注的生态问题。咸海拥有 550 万年历史，目前流域开发利用程度超过了 90%，咸海水位比 20 世纪 60 年代下降了 20 多米，面积萎缩了 3/4，预计到 2020 年将完全消失。

据联合国粮农组织消息，50 年以前，咸海面积为 6.6 万千米 ^{2}，相当于斯里兰卡国土面积。当时，咸海丰富的水资源，给当地带来巨大的农业和渔业收入，当地渔业年捕捞量曾达到 4 万吨，其支流形成的三角州有几十个小湖，生态丰富的沼泽和湿地 55 万公顷。20 世纪 60 年代开始，前苏联因发展农业灌溉所需而分流咸海，灌溉面积从 1960 年 450 万公顷扩大到 1980 年近 700 万公顷，当地人口从 1400 万增加到 2700 万，取水总量几乎翻番。另外，过量农药和化肥污染了地表和地下水，三角洲生态系统遭到毁灭。1990 年 95% 以上沼泽和湿地变成沙漠，50% 以上的三角洲出现干涸。

随着咸海面积不断缩小，流域周围气候不断改变，夏季更短、更炎热、无雨，冬季更长、更寒冷、无雪。生长季节缩短到平均每年 170 天，每年沙尘暴持续 90 天以上。慢性气管炎、肾病和肝病，特别是癌症发生率增加 30 倍，关节炎增加 60 倍，并且是世界上婴儿死亡率最高的地方之一。

2000 年以后，哈萨克斯坦和乌兹别克斯坦分别采取一系列措施挽救咸海，但迄今仍没有出现根本扭转。在 NASA 卫星图片中可以看到，2014 年咸海已经萎缩到原来的零星部分。咸海基金会官网的消息显示，咸海面积已经萎缩 74%，水量减少近 85%。

人为活动加剧，严重威胁脆弱的自然生态系统。野生动物自然生态环境受到较大影响，图蓝虎、猎豹、布哈拉鹿的数量急剧减少甚至灭绝；排入阿姆河的污水已占到其流量的 35%，每年向锡尔河不断流入的生产与生活污水高达 120 亿 ~140 亿米 ^{3}，伊犁河下游的巴尔喀什湖每年要接纳约 7.7 亿米 ^{3} 的废水和大量肥料、农药和重金属等污染物；风蚀和过牧导致的水土流失和沙漠化未能得到有效遏制，咸海流域土地荒漠化特别是盐化问题严重，地下水位下降，沙（盐）尘暴问题突出。此外，重工业、能源加工、采矿等产业导致多个城市大气污染严重。

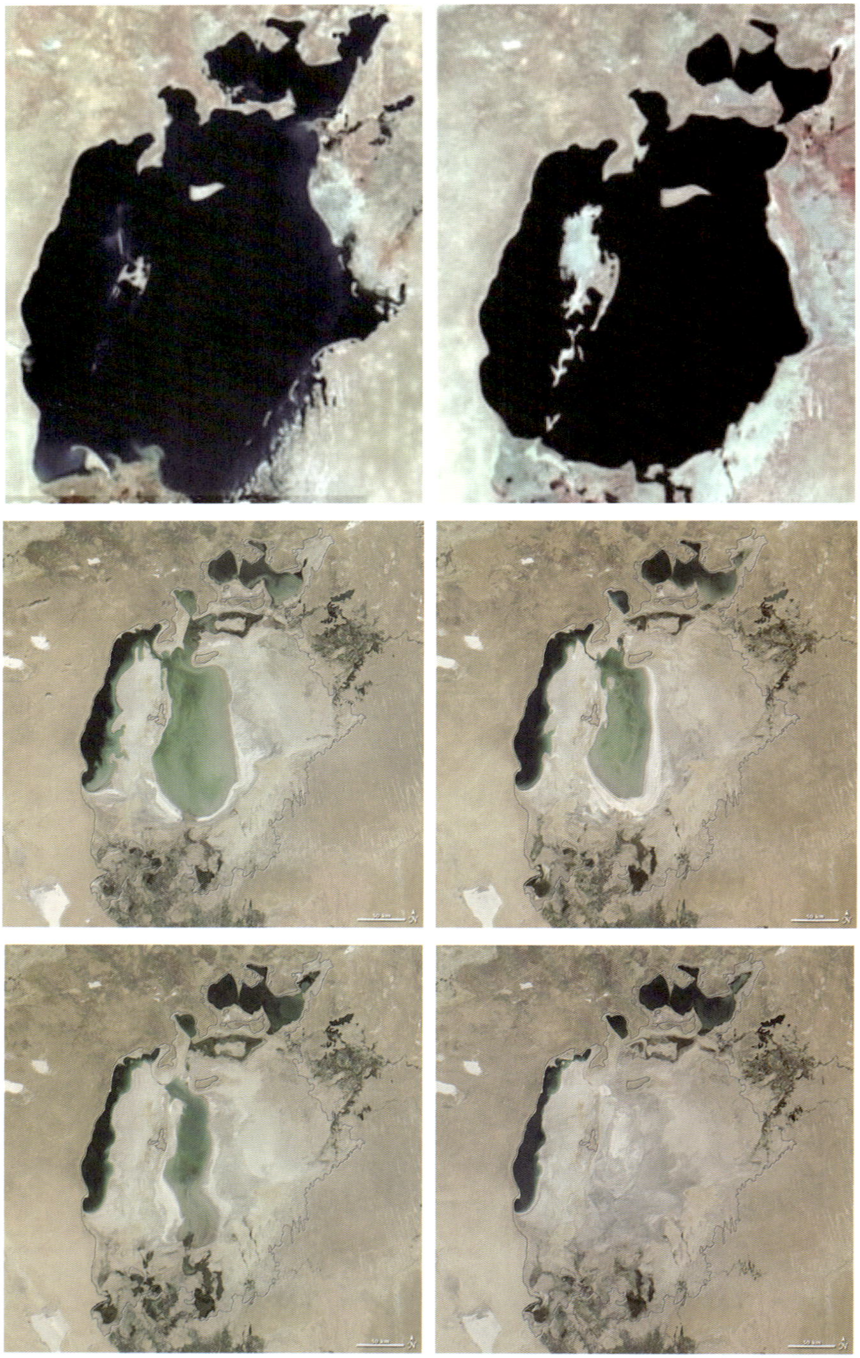

图 6-4　1973 年、1987 年、2002 年、2006 年、2010 年、2014 年咸海水域变化

据不完全统计，1913年到2004年中亚地区的人口从1287万增加到5904万，增长了3.59倍。预计到本世纪末，整个中亚地区的总人口可能要达到2亿。人口的过度增长引起城市化进程加快，住房、就业、土地供应等一系列社会问题。在高强度的人类活动影响下，环境质量不断下降，水土流失严重，荒漠化加剧。周可法等的研究结果表明：中亚地区生态环境正在不断恶化，哈萨克斯坦生态环境退化严重主要分布在靠近克孜勒库姆沙漠的咸海以东区域、穆云库姆沙地、巴尔喀什湖东南面区域以及与里海相邻的西哈萨克斯坦等区域。乌兹别克斯坦生态环境退化主要分布在卡拉库姆沙漠和克孜勒库姆沙漠边缘、阿姆河三角洲、以及内陆河的两岸。土库曼斯坦生态环境退化主要分布在沙漠边缘、绿洲边缘、河流两岸等区域。吉尔吉斯斯坦生态环境退化主要发生在谷地和山间盆地等区域。塔吉克斯坦生态环境退化主要分布在靠近乌兹别克斯坦的西南部，东南部以及西北部的河谷区域。

气候变化影响严重。气候变化引起了冰川融水的加快，天山和阿尔泰山区的冰川在近40年内已缩减15%~30%，有研究表明天山冰川可能在50~60年后大面积消失，将对区域水循环、农业系统和生态系统产生重要影响。同时，暴雨洪涝、高温、暴风雪、低温和严寒等极端天气增加，例如，2008年初的低温、雨雪和冰冻天气导致中亚地区逾千人死亡。

2. 南亚地区：污染严重，灾害频发

城乡环境污染严重。在南亚，工业废水排放是陆地与水体污染的主要源头，纺织印染业与印刷等行业排放到季节性河流中的污水已经污染了流域下游地区的地表水和地下水。由于城市发展与相对落后的工业化生产，南亚地区的空气污染程度在世界范围内位居榜首，大气棕色云（ABC）已经覆盖了南亚大部分地区。

台风、洪水、山体滑坡等自然灾害频发。印度易受洪水淹没地区约占国土面积的1/8；孟加拉国每年约有1/3的土地被洪水淹没，大水年份达到2/5。2007年，南亚多国洪灾造成至少3000人死亡，6000万人受灾。2013年，超强台风“海燕”袭击菲律宾造成6000多人死亡。另外，亚洲还是全球地质灾害高发地区，因灾害死亡人数约占全球的2/3，崩塌、滑坡、泥石流灾害是印度尼西亚、菲律宾等地最为常见和频发的地质灾害。2005年菲律宾南来特省的滑坡直接导致了1800多人死亡。该地区还是世界上受气候变化影响较为严重的地区之

一。仅孟加拉国就有1.2亿人居住在恒河、布拉马普特拉河和梅格纳河的复杂三角洲地区，约25%的人居住在低于海拔3米的等高线。如海平面快速上升，将严重威胁沿海地区民众生计和区域粮食安全。

图6-5 超强台风“海燕”过后的菲律宾

3. 中东欧地区：土壤退化，气候突变

该区域受海陆位置影响，过渡性质是该地区气候最主要的特征。北部各国属于温带海洋性气候和温带大陆性气候间的过渡性气候；南部的前南斯拉夫各国、阿尔巴尼亚、罗马尼亚、保加利亚等国位居巴尔干半岛北部，属于地中海型气候和温带大陆性气候之间的过度性气候。从植被类型上看，从北向南依次是严寒的苔原带、比较寒冷的森林带、气候适中的森林草原带、最南边的草原带，其中森林带占了平原总面积的一半以上。中东欧地区与我国距离较远，直接的生态环境影响相对南亚和中亚两个区域而言比较小。

部分区域土地退化。由于过度开垦、过载放牧、山地农业管理不善、干旱、土地退化、战争、土地污染等原因，中东欧地区普遍存在土地退化的问题。罗马尼亚一半以上土地退化，保加利亚80%的土地有不同程度的退化；捷克过度开垦土地占国土面积的74%，耕地中50%受潜在水蚀威胁，10%受风蚀影响；斯洛伐克和匈牙利耕地受水蚀侵害严重；波黑因战乱时期遗留的大量雷区、荒地，约占全国国土面积的6%，爱沙尼亚受苏联军队留下的土地污染，约占全国土地总面积的2%，还有大水漫灌造成的土壤板结以及矿区废地。

气候变化影响较为剧烈。近年来，中东欧地区暴雨洪涝、高温热浪、暴风雪和寒流等极端天气频发。2012年底，欧洲中部和东部出现罕见寒流暴雪天气，部分地区出现百年来最低温度，造成东欧逾650人死亡。另外，农业是对气候变化最敏感的部门之一，气候变化使得灌溉水的获取量严重减少，而区域内极端气候事件的增多增强，可能进一步加剧对农业生产的影响，威胁到该地区许多国家的粮食安全。

三、跨境污染问题

1. 大气污染物跨境传输

丝绸之路经济带对流层中上层大气环流完全受西风带控制，中高空全年受西风带控制，丝绸之路经济带从西向东，风速越来越大。丝绸之路经济带周边春季沙尘天气非常频繁，大气污染物主要分布在东亚、印度和欧洲等地区。沙尘沿着北非、西亚一直到中国形成一条传输通道，其中非洲撒哈拉大沙漠周边最为严重；硫酸根主要分布在中国东南沿海、印度、西欧及俄罗斯西部。丝绸之路经济带的东亚、西欧部分是全球硫、氮主要排放源地和沉降区。通过硫、氮的干湿沉降与排放通量分析表明，硫的人为排放源主要在东亚和西欧，干湿沉降通量的最高峰值也在东亚和西欧。氮的排放和沉降源除了东亚和西欧，还包括东南亚（主要是印度）。

丝绸之路经济带沿线存在明显的污染物和沙尘跨界传输和复合污染问题。高空的西风带在自西向东的传输过程中能把北非、中东的沙尘和欧洲的污染物携带到东亚甚至更远的地方。如吉尔吉斯斯坦本国污染源对汞沉降的影响值仅为总量的10%，有大约1/3的沉降来自哈萨克斯坦，还有6%来自欧洲，3%源自美洲。哈萨克斯坦铅沉降的外部污染源中，俄罗斯和欧洲的贡献分别为27%和15%。

2003年3月25日，在日本发生的沙尘暴污染物来源中，50%和30%分别来自北非和中东。丝绸之路长程越境空气污染物主要包括氮、硫和重金属等。

1990—1991年的海湾战争，油井燃烧产生的烟尘向外扩散，产生的污染物在中国喜马拉雅山北坡的达索普冰芯和珠峰北坡的河水中已有记录。2003年3月21日海湾战争又一次爆发，3月25日9口油井被点燃，在科威特边境前后有 680 口油井被点燃，污染物经西风带传输到日本，在日本的降水中已有记录。同样，2003 年海湾战争中油井燃烧产生的烟尘，也在青藏高原冰芯中被记录下来。携带污染物和沙尘的气团在长途传输过程中，不断地携带和吸收沿途的各种污染物和粉尘，形成复合污染。

中国气象局数据显示，目前世界上最主要的沙尘暴是亚洲沙尘暴，影响范围覆盖了蒙古、中国、日本、韩国、哈萨克斯坦等国家，主要有 3 大源区，包括蒙古南部、中国塔克拉玛干沙漠及其南部周边地区、内蒙古西部巴丹吉林沙漠及其周边地区。由这些源区产生的沙尘暴占亚洲沙尘暴总量的 70%，其中仅蒙古南部一处就占了 40%。从 2000 年至 2003 年，中国境内共发生 53 次沙尘天气，其中有 33 次源于蒙古中南部戈壁地区。

2. 跨界河流水域环境堪忧

丝绸之路经济带沿线的大河湖泊和陆间海主要有：伏尔加河、多瑙河、莱茵河、地中海、里海、黑海、贝加尔湖、黑龙江、长江和黄河等。从主要地表水环境比较分析可以看出，欧洲的多瑙河水质最好，重金属含量很低，其次是伏尔加河，而东部的长江中各类重金属含量较高。地中海中各类重金属含量最高，其次为黑海，里海最低，但比长江重金属含量还要高出 10 倍以上，陆间海水环境堪忧。

国际跨界河流的水域污染影响深远，因此受到了广泛关注。国际河流重大突发性水污染跨界传输事故并不少见，而且有更加频发的趋势，其中以莱茵河水污染事故和多瑙河水污染事故最为典型。

1986 年 11 月 1 日，位于瑞士巴桑多兹化学公司仓库发生火灾，将 1246 吨各种化学品带进莱茵河，事故造成约 160 千米范围内多数鱼类死亡，约 480 千米范围内的井水受到污染影响不能饮用。污染事故警报传向下游瑞士、德国、法国、荷兰等 4 国沿岸城市，沿河自来水厂全部关闭。2000 年 1 月底，罗马尼亚多瑙河支流蒂萨河附近一处金矿的污水沉淀池因积水暴涨发生漫坝，致使 10 多万升含有大量氰化物、铜和铅等重金属的污水冲泄到蒂萨河，最终进入多瑙河，污水流经之处，几乎所有水生生物迅速死亡，河流两岸的鸟类、野猪、狐狸等陆地动物纷纷死亡，植物渐渐枯萎。历史教训警醒人们，推进共同保护跨界流域生态环境是十分迫切的任务。

综上所述，丝绸之路经济带沿线地区土壤、植被等重要生态要素存在明显的地带性梯度变化规律，大气环境和水环境污染存在跨界传输的通道，全球气候变化和人类活动共同影响生态环境变迁。沿线国家很有必要在跨国污染治理、生态建设方面开展政府间的合作，统一行动起来，共建丝绸之路经济带生态文明。

第二节 生态环境保护合作进展

习近平总书记在十九大报告中指出，“建设生态文明是中华民族永续发展的千年大计”，而这同样也是丝绸之路经济带沿线国家乃至全人类的千年大计，他强调要“像对待生命一样对待生态环境”，同时将“坚持人与自然和谐共生”作为新时代坚持和发展中国特色社会主义的基本方略，足见生态保护在我国发展中的重要地位。而作为利益共同体、命运共同体和责任共同体，中国与丝绸之路经济带沿线国家属于“一荣俱荣、一损俱损”的关系，对于共同面临的环境危机，我国自进入21世纪以来，尤其是“一带一路”战略实施以来，本着“绿水青山就是金山银山”的理念，与丝路沿线国家在双边合作、水资源保护与利用以及荒漠化治理等方面的合作不断加深，取得了一系列的成就。

一、沿线国家生态环境管理体制概况

东南亚和南亚各国具有较强的生态环境保护文化传统，且多数国家原为英国殖民地，受英国自然保护理念的影响，对生态环境保护立法较早。1992年，联合国环境和发展大会后，各国纷纷强化生态环境保护政策，借助国际多边组织和非政府组织的力量，采取一系列措施，保护本国的自然资源。中亚大多数国家都颁布了生态环境保护法规，但由于其管理体制及政治经济的原因，生态环境保护政策未能顺利执行，有关国际间合作与开发的相关政策约束力不强，对外又缺乏连贯性和持续性。欧洲具有自然保护的传统，如爱沙尼亚最早可追溯的森林保护法起源于1327年，并于1924年建立了国内最早的森林群落自然保护区，许多东欧国家都经历从强调资源的经济效益到推动可持续发展的一个转变。近年来，中东欧国家纷纷制定或修订生态环境相关法律法规，签订国际公约，强调可持续发展理念。

沿线各国的生态环境管理机构各有不同，大部分国家强调生态环境的统一协调和管理，设立统一的管理机构，以更有效地保护自然资源和生态环境，如印度、哈萨克斯坦、巴基斯坦等国，也有一部分国家根据管理对象和具体职能

划分，如印度尼西亚、缅甸等国设有独立的林业部，而越南关于水资源的管理机构较多，其中自然资源和环境部是水资源行政主管部门，灌溉、排水防洪和农村供水由农业与农村发展管理部管理，城市给排水由建设部管理，水质则由健康部管理。在防灾减灾管理机构方面，印度尼西亚和泰国由交通运输部管理，新加坡、越南由自然资源和能源部门管理，孟加拉国由国防部管理，印度由地球科学部管理。中亚国家受俄罗斯影响，都设立了灾害紧急状态部，负责全国的灾害管理和灾害应急工作。在应对气候变化方面，印度尼西亚、泰国、柬埔寨、老挝等多国成立了国家气候变化委员会或国家气候变化办公室，菲律宾、新加坡也成立了气候变化综合工作组，越南则主要依靠国家资源与环境部的相关司局协调国家气候变化工作。

由于各国行政体制不同，其管理体制也不一样。大致可分为垂直管理型和松散管理型或地方自治型。多数国家建立了自然资源和生态环境垂直管理体制，少数联邦国家根据国家的管理制度，采取松散管理型或地方自治型，地方部门具有较大的自主权。

二、重点领域合作情况

1. 环境保护

我国与印度先后签署了《中印关于应对气候变化合作的协定》和《中印关于绿色技术合作的谅解备忘录》，建立中印应对气候变化伙伴关系、中印气候变化工作组和中印气候友好的绿色技术对话交流机制。与巴基斯坦、斯里兰卡已签署环境合作双边协议。另外，在中印战略经济对话框架下，与印度签订中印污水处理领域备忘录。在具体项目上，重庆三峰以 BOT 模式在印度孟买投资了总额为 20 亿元的垃圾发电项目，浙江菲达环保的燃煤电站配套电除尘器在印度具有较高市场占有率，福建龙净环保在环保领域也获得了很多商业机会。

在上海合作组织框架下，我国大力推动与中亚地区的环保合作，建立了中国–上海合作组织环境保护合作中心。与哈萨克斯坦签署了两国政府间《环保合作协定》《跨界河流水质保护协定》，与乌兹别克斯坦签署了《中乌环境保护合作协定》和《环境保护合作谅解备忘录》，与吉尔吉斯斯坦签署了《环境保护谅解备忘录》，与塔吉克斯坦签订了两国政府间的环保合作协定。

我国与欧盟建立了中欧环境政策部长对话机制，截止 2016 年 5 月，已召开

6次；与罗马尼亚、保加利亚、波兰签署合作备忘录并进行人员交流。

2. 水资源保护利用

在水资源保护与利用方面，与印度建立了跨境河流合作机制，开展了水文、科研、防洪减灾等领域的合作；与中亚相关国家重点开展跨界河流利用和保护合作。与哈萨克斯坦建立了跨界河流合作机制，联合建设了霍尔果斯河友谊联合引水工程。在中哈环保合作委员会下设立了跨界河流水质监测与分析评估工作组。与吉尔吉斯斯坦、塔吉克斯坦等国联合声明，将采取必要措施防止污染，确保包括跨界水等自然资源保护和合理利用；为中东欧多个国家和地区提供了高效的小水电技术咨询服务，并积极与保加利亚等国开展政府层面的全国水能资源和小水电资源总体规划。

图 6-6　中哈跨界河——伊犁河

3. 荒漠化治理

通过《联合国防治荒漠化公约》、亚信组织、联合国粮农组织等多边合作平台或机制，中国与南亚区域有关国家进行了土地退化检测技术的培训并开展合作；与土库曼斯坦签署了《林业与荒漠化防治合作协议》，在《联合国防治荒漠化公约》框架下开展技术交流和人员培训，加强划入世界自然保护区的生态保护以及干旱区生态环境演变规律、土地沙漠化盐渍化治理等重点问题的研究。

4. 应对自然灾害和气候变化

中国与哈萨克斯坦、吉尔吉斯斯坦等国签署了双边气象合作协议，建立了联合气象工作组会议机制。开展国家间、区域间的防灾减灾和应对气候变化专家交流和教育培训活动；中东欧方面，与相关国家在欧盟框架下开展多边合作。2005 年，中欧双方发表《中国和欧盟气候变化联合宣言》，建立了气候变化双边合作伙伴关系。2010 年，建立了中欧部长级气候变化对话机制和部长级气候变化热线，促进双方信息交流，推进务实合作，形成中欧气候变化双边对话与合作新框架。

三、推进合作的主要问题

由于项目资金、协调机制和政策环境等方面的因素，我国与丝绸之路沿线国家的合作遇到了诸多问题。

在项目合作方面，目前，我国与相关国家的环保合作主要停留在资金与技术支持、人员交流和设备援助等方面，实质性的合作项目少，与实际需求关联不紧密。

在资金方面，从政府合作层面看，多个行业都存在无专项资金支持的问题，很多合作项目仍停留在意向上，而少数国际资本虽对部分生态环境合作项目表现出一定的兴趣，但由于对该区域政治稳定性和国家执行能力缺乏信心而持观望态度。

从鼓励国内社会资本参与的角度看，由于国内外标准不统一，相关企业的资质条件不适用于部分国家的情况，限制了一批有竞争力的企业“走出去”的步伐。同时在金融、信贷方面，国内金融机构尚未形成支持企业参与环保、林业、农业等方面的专项支持政策体系。

在协调机制方面，目前的合作缺乏国与国之间的实质性合作细则，主要基于各国部门间的业务往来，已签署的双边协议也无实质性、规模性的项目推进，缺乏统一的对话协调框架，使我国的优势没有形成合力，一直较为松散。

在对相关国家的研究认识方面，我国企业对相关国家的政治条件、民族文化、宗教信仰、法律法规和政策要求等方面的研究认识仍不足，部分企业的社会责任意识不够强，一些项目的环境影响评价还不够充分。同时，我国参与或主导的生态环保国际合作时间较短，经验不足，由于部分国家政局动荡、政策不连续等原因而出现的项目合作被叫停的现象时常有之。

第三节 加强生态环境保护的重要性

在古丝路文明中，中华文化、印度文化、伊斯兰文化和古罗马文化相互交融，四大文化体系中都蕴含着深刻的生态文化内涵，生态文化是丝路沿线各主流文化的结合点和共通点，是生态文明建设的灵魂。

因此，以生态文明统领丝绸之路经济带建设，具备深厚的文化基础。弘扬古丝路文明先进文化，构建丝绸之路现代生态文明，把丝绸之路建设成为全球生态文明之路，将为人类文明进程做出更大贡献。

一、有利于共同应对全球气候变化

全球气候变化是人类共同面临的环境问题，从 1853 年世界布鲁塞尔第一次国际气象会议，到 1992 年里约的国际环境与发展大会，再到 2015 年的巴黎气候变化大会，各国共同应对气候变化的历史悠久。但随着全球竞争格局和地缘局势的变化，气候变化问题逐渐演变成为一种事关各国政治、经济、社会等国家利益的综合性问题。

丝绸之路经济带区域跨越亚、欧、非三洲，面积约 5500 万千米^2，占全球面积的 43%，人口达到 46.7 亿人，占全世界的 66.9%，沿线多为发展中国家，发展方式较为粗放，资源利用方式不合理，环境污染严重，是全球环境问题较为集中的地带，而中国作为最大的发展中国家，与其他发展中国家一样，也同样面临着严重的环境退化危机，尤其是西北地区的水土流失和荒漠化问题。

习近平总书记在十九大报告中指出，要“积极参与全球环境治理，落实减排承诺”。在应对全球气候变化问题上，我国作为全球负责任的大国，与丝路沿线国家进行环境保护合作，共同应对气候变化问题，有利于与其他发展中国家形成互补，凭借资金和技术上的优势，兼顾各国国情，讲求务实有效，帮助其他国家在环境治理上取得进展，使资源利用方式趋于合理，同时也可推动双方环保产业的发展和技术的进步。

二、有利于加强环保技术的交流与合作

丝路沿线国家所处发展阶段各有不同，面临挑战各异，但在区域环境问题

上有诸多共同点。面对全球气候变暖、化学品污染、土壤荒漠化以及生物多样性减少等共同问题，绿色低碳可持续发展成为各国的共同诉求。各国在生态治理和环保技术方面拥有不同优势和经验，加强丝绸之路沿线国家的生态环保合作，有利于推动发展中国家的环保技术进步和环保设备产业的发展，提高利用、改善和保护环境、自然资源的能力和资源利用水平；有利于分享成功经验和实践，构建环保产业合作平台，进一步推动环保技术交流和创新，提高区域环境污染防治技术水平，实现经济绿色转型。

三、有利于解决跨区域的环境问题

丝绸之路经济带沿线国家在生态环境方面的利益紧密相联，特别是中亚、南亚部分，作为丝绸之路经济带主要的陆路通道，也是全球生态问题最突出的地区之一，在跨界水资源利用、水环境污染、冰川融化、土壤沙化以及草地退化等方面面临诸多挑战。

一是跨界水资源利用矛盾突出。中亚多数国家水资源依赖于跨界河流，各国水资源情况不一，哈萨克斯坦和乌兹别克斯坦的净入境水量多达 342 亿米^{3}和 341 亿米^3。水电建设和水资源开发利用体系的国家间不平衡调度，直接导致上游发电和下游灌溉需求的矛盾，以及区域生态环境恶化，同时也导致农业生产受到极大损害。

二是水环境状况不容乐观。由于过度开发利用，中亚地区河流水质出现矿化度升高问题。咸海流域的阿姆河山区水矿化度已由 0.4~0.5 克 / 升增至 2.0 克 / 升。乌兹别克斯坦水质较差的地区占 44%，仅有 2.3% 的居民生活在水质良好的地区。在南亚地区，印度河流域的污染 80% 源于污水排放，3/4 的地表水受到污染。巴基斯坦大量化学物质、工业和生活污水未经处理就排入河流和其他公共水域。

三是流域生态环境恶化。干旱区内陆河流域多属灌溉农业，大规模的水土开发，导致河流径流量减少，河流长度缩短，入湖水量减少，湖泊大面积干涸，如咸海自 1960 年以来水位下降了约 15 米，95% 的沼泽和湿地变成了盐漠。中亚 40%~60% 的灌溉用地受盐渍化影响，咸海流域约 200 万公顷土地受盐渍化影响。印度和巴基斯坦无序的农业灌溉导致了土地大量浸水，降低了水的质量和流量，而工业污染和地下水的过度抽取又造成河水的高盐度。

四是气候变化对水资源和生态的影响日益突出。全球变暖加剧了区域缺水问题。天山山脉和青藏高原的冰川储存着中亚和南亚所有的水源，而目前这些冰川正在急速融化。联合国开发计划署的调查数据显示，在20世纪的100年间，塔吉克斯坦的冰川减少了20%~30%，阿富汗的冰川减少了50%~70%；近50年来受气候变化影响，哈萨克斯坦冰川已经融化了60%，气候学家预测，按照目前速度，2050年前哈萨克斯坦冰川有可能全部融化，整个中亚地区都将遭受严重的生态灾难。

五是土地退化和沙漠化危害严重。丝绸之路经济带沿线沙漠面积500多万千米^2，据不完全统计，沙化面积每年增长1~3万千米^2，每年约有1/3的农田遭受风沙危害，每年因风沙危害造成的直接经济损失约在300亿元人民币。草场退化也是该区域严重的荒漠化问题，72%以上的草场出现了不同程度的退化，森林草原、典型草原、山地草原、荒漠草原的牧草生产量下降达30%~50%，严重影响了畜牧业的发展和生态环境保护。

跨境生态资源关系到多国共同利益，因此，在跨界水资源、水环境流域生态环境以及土壤退化沙化等严峻的生态挑战下，加强丝绸之路经济带沿线国家的生态保护合作，有利于明确各方责任利益，建立常态对话机制，制定形成更加合理有效政策模式；依托各国资源禀赋，发展具有特色的环保型产业，为生态保护合作提供物质基础和保障，实现产业和环保的双赢；科学处理生态环境与国家利益、区域经济发展的关系，推动建立区域生态保护联盟，形成命运共同体。

第四节 生态保护合作策略

丝绸之路经济带沿线国家自然地理条件相差较大，经济社会发展水平不一，开展生态保护合作必须坚持全面谋划、统筹推进、有的放矢、互利共赢的原则，通过优化生态治理模式、建立协同保护机制、开展多领域合作研究、共同推进重大项目建设、支持培育生态产业发展等举措，共同推进丝绸之路经济带绿色可持续发展。

一、优化生态治理模式

丝绸之路经济带涉及面积广，生态问题复杂多样，做好生态治理和保护，需要沿线各国广泛建立共识，共同组建协调机构，发挥各层面的主观能动性，实施区域产业升级，实现治理模式科学化、主体多元化和产业绿色化，推动协议、政策以及项目的切实执行和不断落地。

1. 鼓励不同主体参与，实现综合治理

习近平总书记在十九大报告中指出，中国将“构建政府为主导、企业为主体、社会组织和公众共同参与的环境治理体系”。丝路沿线区域生态协同治理涉及政府、企业和公众多方面主体，其中政府主要负责生态治理的整体顶层设计，具体包括政策的制定，生态工程的建设，地方利益的协调以及监管、监测等责任，但要实现丝路沿线地区生态环境的改善，还需要以企业为主体，推进生产方式的转变，通过区域一体化的路径来促进产品、要素流动，在促进丝路沿线贫困带脱贫的同时，形成符合生态环保要求的产业体系。此外，通过水权交易、排污权交易等方式来实现生态资源的分配，保障生态治理中的“公平”。生态环境的治理还需要公众的积极参与，通过鼓励公众参与来促进生活方式的转型，同时利用大众传媒、环保非政府组织等社会公众监督来形成自下而上的生态治理机制，从而形成政府、市场和社会共同参与生态治理的良好局面。

另外，在全社会范围要大力弘扬丝路文化，倡导生态文化核心价值观。倡导生态文明，营造全社会关心、支持、参与生态建设与环境保护的文化氛围，以多形式、多方位、多层面宣传生态文明知识、政策和法律法规，弘扬生态文化。建立丝路生态文化传播机制，从思想观念上影响人类价值观，逐渐消除人类的“主人”意识，从根本上实现人与自然的和谐共处，鼓励各种主体参与环境保护。

从政府层面看，里海周边国家合作是在丝绸之路经济带生态治理的成功案例。在丝绸之路沿线的里海，位于亚欧交界处，是世界最大的内陆湖，拥有丰富的石油和天然气资源，是仅次于波斯湾和俄罗斯西伯利亚的世界第 3 大油气产区。以往数十年来，油气资源开发为里海沿岸国家带来了经济繁荣，但相关勘探、开采和运输活动让里海受到日益严重的污染威胁。为此，里海沿岸的阿塞拜疆、伊朗、哈萨克斯坦、俄罗斯和土库曼斯坦 5 国，在联合国环境署倡议下，于 2003 年 11 月在伊朗德黑兰签署《保护里海海洋环境框架公约》，这是全球第一个具有法律约束力的区域性海洋环境全面保护协议。2011 年，里海沿岸五国在哈萨克斯坦港口城市阿克套召开《保护里海海洋环境框架公约》缔约国第三次会议，通过了《有关区域石油污染事件防备、应对和合作议定书》，为加强区域合作、共同维护当地生态环境免遭石油污染奠定了历史性的里程碑，

5国首先合作制订出台一整套有关石油泄漏事故的防范应急措施。

来自中国的亿利资源集团，为企业参与生态治理树立了良好的基础。2015年12月，在巴黎世界气候大会上，一份来自中国的“生态厚礼”被联合国相关机构郑重推荐——《中国库布其生态财富创造模式和成果报告》。该报告分析认定，亿利资源集团创造了4600多亿元生态财富，修复、绿化沙漠1.27万千米^2（其中库布其治理修复1.1万千米^2，绿化面积6000余千米^2），生态减贫超10万人，为100余万人（次）提供就业机会。更为重要的是，通过实践创新，亿利资源集团形成并输出了一个成功的模式——“库布其沙漠生态财富创造模式”，走出了一条立足中国、造福世界的沙漠综合治理道路。

图6-7 第六届库布其国际沙漠论坛

“库布其生态财富创造模式”核心内涵是：创新了“治沙、生态、经济、民生”平衡驱动可持续发展的商业模式；创新了“政府政策性支持、企业商业化投资、农牧民市场化参与的PPP+合作机制”；构筑了“防沙治沙，生态修复，土地整治，沙漠生态产业开发，即‘绿土地、绿能源、绿金融+互联网’的沙漠生态循环产业体系”，实现了“投资有收益，产品有市场，农民有收入，政府有税收，生态环境有保障”的可持续发展。

内蒙古库布其沙漠是中国第7大沙漠，也是距中国首都北京最近的沙漠，总面积1.86万千米^2。亿利资源集团自20世纪80年代末期起在此开展沙漠治理实践，逐步走出了一条从“治沙”到“减贫”再到创造生态财富、应对气候变化的道路。

公众层面的参与主要通过居民个人和环保团体两种形式来实现。在发达国家，环保团体已经成为推动环境治理的重要力量，但目前丝路沿线的一些国家和地区生态治理仍然是以政府为主导的，公众参与程度低。因此，一方面，政府应搭建公众参与生态治理的平台，如重大环境政策的听证制度、民意调查制度；在基层地区加强宣传工作，提高居民的环保理念，促进居民形成环保的生活方式。另一方面，政府也应鼓励各种非政府环保团体的活动，支持环保团体在基层开展环保社会活动；同时积极接受环保组织监督，并鼓励环保组织参与生态治理政策设计，围绕环保开展社会动员活动、监督生态治理政策的落实，形成对政府和市场的有益补充。此外，立法机关也应进一步完善相关法律法规，完善环境公益诉讼制度，保证公众通过合法途径来推动生态治理和保护。

建立公众参与的生态民主机制对于丝路沿线国家来说很有必要，只有宣传到位，把环保意识建立在每个公民心中，才能真正地落实到每一方面、每个细节，让每个公民都参与到生态环境保护工作之中，才能保证生态环境协调治理的成功，配合政府完成每一项任务，每一条法令，在政府的强大推动力下进一步落实具体工作。

2. 加强治理机构建设，加大治理力度

习近平总书记在十九大报告中已明确表示中国将“加强对生态文明建设的总体设计和组织领导，设立国有自然资源资产管理和自然生态监管机构，完善生态环境管理制度”，此举对沿线多数国家形成了示范。未来，各国应以各自的国家生态监管机构为主体，搭建机制，携手合作，共同应对全球变化和极端气候事件，共建环境监测预警体系，加强极端气候事件可预报性以及风险评估研究，建立跨国防灾减灾应急机制，坚持预防为主、综合治理，以解决损害群众健康突出的环境问题为重点，强化水、大气、土壤等污染防治，以稳定生态安全格局，确保优质环境质量。

（1）总体模式。丝绸之路经济带生态文明建设总体模式是：以保护生态空

间为基本前提，以良好的生态环境为重要支撑，以繁荣的生态经济为发展动力，以先进的生态文化为思想指引，以完善的生态制度为重要保障，以高品质的生态人居为直接表现，建设六位一体的丝绸之路生态文明体系。

严守生态环境风险底线，协同推进重大跨国生态修复工程，加强沙漠化治理技术合作，推进荒漠化、水土流失等综合治理，扩大森林、湖泊、湿地面积，保护生物多样性。加强水资源科学配置高效利用和农业节水灌溉技术合作，促进干旱半干旱地区可持续发展。共同应对长距离大气污染物传输和跨界水污染问题，建立远距离跨国界大气污染防治机制和跨界水污染防治机制，利用发达国家成功经验，开展污染治理和替代技术交流与合作。

（2）机构设置。在双边环境保护合作协议的框架下，设立环境保护合作中心，不能建立具体合作机构的，要建立定期对话机制。机构负责研究环保合作政策、制定完整的生态建设总体规划和具体的专项规划、推动跨国环境问题共同研究、推进环保技术交流与产能合作和加强环境保护对外宣传。制定行之有效的环保合作行动计划，搭建环境保护对话机制和平台，促进双边在环保技术和产业领域的人员培训，建立合作示范基地和项目等。

（3）治理机制。丝路沿线生态治理机构的建设包括两个层面：一是丝路沿线跨区域生态治理机构的建设，通过该机构进一步明确生态治理中不同主体的地位、权力与职责，并利用法律法规对该机构的决策机制、管理权限和职责范围等进行明确界定，这对于保障跨区域生态治理机构的运作效率和独立性是非常必要的。具体而言，该机构一方面为丝路沿线地区生态治理制定统一的规划和目标，组织跨区域生态工程的建设；另一方面按照公平原则协调不同地方利益，并监督区域内地方政府生态治理的效果。二是各国或地区原有的环保部门要进一步明确其职责，特别是在国家、地方二级政府分别建立协调机制，避免原有部门与跨区域生态治理机构的管理出现冲突。同时，不同地区环保部门通过跨区域生态治理机构实现联动，并实现监测信息共享以及监管上的协同。

3. 实现区域产业升级，减少污染物排放

习近平总书记在十九大报告中指出："加快建立绿色生产和消费的法律制度和政策导向，建立健全绿色低碳循环发展的经济体系。"丝路沿线各国应大力构建以循环经济支撑的丝绸之路生态经济带，在维护自然生态系统结构和功能的基础上，按照降低能耗、物耗、污染物排放量和提高效率的原则，加快产

业结构调整，构建循环经济体系，助推产业升级；大力推广无公害、绿色和有机农业种植；倡导生态旅游，传承优秀的传统文化，繁荣文化产业；逐步形成产业结构、生产生活方式与资源环境相互协调的循环、绿色和低碳发展模式，培育生态文明建设的基本动力。

以自然保护区和国家公园的形式，保育丝绸之路沿线重要生态空间。按照人口资源环境相均衡、经济社会生态效益相统一的原则，合理控制丝绸之路开发强度，调整空间结构，优化空间开发格局，保护生态空间山清水秀，给自然留下更多修复空间，给子孙后代留下天蓝、地绿、水净的美好家园，借助丝绸之路申遗成功之势，建立相关自然保护区和国家公园，重点保护丝路沿线河流、湖泊等湿地生态系统和森林、草地生态系统，保育丝路可持续发展的生态安全屏障。

图 6-8　祁连山国家级自然保护区

发展生态循环经济是丝路沿线地区经济发展的客观要求和必然趋势。丝路沿线地区地域广阔，资源丰富，人口稀少，地大物博，有着发展生态经济的巨大优势和潜力。要大力发展循环农业、生物质产业、节能环保产业、新一代信息产业以及新能源产业等环境友好型产业，逐渐实现生产资料的绿色化、生活方式的绿色化、生产方式的循环化，通过发展生态的循环经济，使丝路沿线地区的经济、环境统筹兼顾，使经济效益、生态效益和社会效益得到充分发挥，能够把生态资源的社会效益转化为经济效益，实现经济发展与生态环境建设之间的正回馈，使丝路沿线地区经济社会发展走上可持续发展的良性轨道。

生态的循环经济发展模式注重经济、环境和社会的协调发展，注重自然资源的合理开发利用和循环利用，其基本概念是注重生态环境的可持续发展经济。该模式是建立在科学技术高度发达的基础上，建立在人类的环境和资源意识非常强的情况下，最大限度地合理、充分利用自然资源，极大地发展社会经济，实现资源的经济、节约利用，环境优先，尽可能地保护人类居住的生态环境，实现工业发展和农业资源的充分开发利用，实现生物物质链的循环利用，在经济发展的同时，使生态环境得到很好的保护，实现资源利用、经济、社会、环境协调、友好发展，为人类生存创造美好的居住环境。尤其是对于产业发展、园区建设、城镇建设等都要全面考虑地理、地形、气候与环境等条件，做到科学合理，坚守生态底线。

同时，城镇是经济发展的主要载体，在城镇建设规划方面，要依据各地的自然禀赋、空间形态、传统文化、经济基础，充分考虑可持续发展因素及其各方面的承载能力，错位地、有针对性地规划发展不同功能、不同等级、不同特色的城镇。建设的空间结构和区域整体布局，要坚持生态导向和环境保护的原则，努力做到人口资源环境相均衡、经济社会生态效益相统一，控制开发强度，调整空间结构，促进生产空间集约高效、生活空间宜居适度、生态空间山清水秀。

实现丝路沿线区域产业升级必须在区域一体化的基础上进行，这主要由于丝路沿线区域内部不同地区的发展阶段不同，其产业升级的方向也存在差异，因此产业升级必然会导致区域内产业的重置，而这必然要求实现区域的一体化。为保证区域内部生态环境的优化，对于一些污染严重的企业建议进行产业升级，尽可能地减少工业污染物的排放，保障地区生态环境安全，还有一些严重污染的工业则需要产业迁出，虽然产业迁出在短期内会造成当地政府税收收入的减少，但从长远看，优势产业的发展会弥补甚至超过这部分损失。另外丝路沿线地区还可以承接其他地区的产业转移，改造传统产业，淘汰落后产能，当然必须注重生态农业的发展，积极发展绿色农业和特殊农业，将传统农业转型与生态治理结合起来。

二、完善多层面的协作载体

1. 建立跨区域生态治理联合机构

丝路沿线国家的政府应成立一个跨区域生态治理机构，面对共通以及利益相关的重大生态问题进行集体讨论和决策。由政府牵头设立该机构主要是为了避免地方利益对机构运行的影响，以保证该机构的相对独立性和权威性，即提升到国家战略的层面。在行政关系上，该机构直接对各国政府负责，对丝路沿线整个区域生态治理具有管辖权，此时丝路沿线生态治理对该机构而言是作为一个整体来实施的。各国政府需要移交一部分行政权力给该管理机构，此时丝路沿线地区内部不同国家政府在生态治理上变为合作关系，各国政府之间的利益冲突也由跨区域生态治理机构来协调，而一些跨区域生态治理政策则由该机构来制定和实施，不同地区的诉求也可以直接向该机构反馈。建立一个规定沿线各国基本义务与权力的框架公约，以实现在公约下，各国之间对于在保护生态环境方面的行动约束和互相监督。在重点关切的跨界河流、荒漠化蔓延、生物多样性影响、气候变化以及区域生态环境信息共享等方面，国与国之间可在公约框架下，制定符合各自实际，有利于构建更加畅通沟通渠道双边或多边的具体协议。

在具体职责上，目前跨区域生态治理机构的具体职能主要通过立法、规划、协议等方式来确定，其中以立法方式最具强制性。鉴于丝路沿线地区生态治理协调难度较大，这里强调通过国家立法形式来确定该生态治理机构的权限和职能，这意味着丝路沿线各国政府必须移交一部分权力给该机构。

具体来看，丝路沿线跨区域生态治理机构主要按照兼顾效率和公平原则进行统一决策、统一管理和统一协调。其中，统一决策主要指为丝路沿线区域生态治理设定统一的目标和行动规划，并且在法律、法规上采用相同的标准，避免各国政府变相放松生态保护标准来谋求地方利益；统一管理则是在生态治理中按照相同的标准进行监管与监测，统一监管主要是保证生态治理强度上保持统一，避免集团行动中“搭便车”行为的出现；而统一监测则是通过信息公开的方式来实现各国政府间的相互监督，也便于对各国政府绩效考核。统一协调主要包括两方面，其中共享信息和基础设施主要是从效率角度避免区域内生态治理工程的重复建设，提高投入效率；而财政补偿机制则主要是基于公平原则，针对生态治理成本在空间上分配不均的现实，由受益地区向受损地区通过财政转移支付、技术产业援助、对口扶贫的方式来进行补偿，是实现生态治理中的区域公平。

2. 建立生态示范基地

西部地区历来是中国生态脆弱的地区，该地区生态治理与保护一直也是制约区域发展的主要因素，阻碍区域可持续发展。生态示范基地建设是推动可持续发展的一场重大革命，是中国贯彻可持续发展的重要举措，也是实施可持续发展战略的具体行动，既有利于环境保护，又能够促进经济的持续发展。因此，对于生态脆弱的西部地区来说，要想保持可持续发展的能力，实现经济、环境、资源协调发展，建设生态示范基地其意义就显得尤为重要。鉴于西安的生态产业优势以及其他优势，将西安定位为丝绸之路循环经济示范中心、丝绸之路生态科技研究中心、西北生态示范城市、国家生态保护基地。

（1）丝绸之路循环经济示范中心

循环经济是一种以资源高效利用和循环利用为核心，以“三 R”（即减量化 Reduce、再使用 Reuse、再循环 Recycle）为原则，以低消耗、低排放、高效率为基本特征，以生态产业链为发展载体，以清洁生产为重要手段，达到实现物质资源的有效利用和经济与生态的可持续发展。循环经济与生态经济既有紧密联系，又各有特点。从本质上讲，循环经济就是生态经济，就是运用生态经济规律来指导经济活动。也可称是一种绿色经济，“点绿成金”的经济。它要求把经济活动组成为“资源利用—绿色工业（产品）—资源再生”的闭环式物质流动，所有的物质和能源在经济循环中得到合理的利用。

丝绸之路沿线城市目前属于城市化发展的初期阶段和工业经济起步阶段，都建立了工业园区，城市工业发展中需要确立循环可持续的发展思想，而这一思想具体如何实现，园区内如何组织产业布局，才能较好地形成循环产业链，还没有可资借鉴和参考的实际标榜。在西安市可以建设丝路沿线循环经济示范试验点，通过中间资源的回收利用以及各种新能源的使用，推进资源、能源节约、资源综合利用和推行清洁生产，以便把经济活动对自然环境的影响降低到尽可能小的程度，带动西北地区生态经济发展，实现经济发展与生态环境的协调发展。

（2）丝绸之路生态科技研究中心

通过开辟专门的实验研究区域，产、学、政府部门共同研究废弃物处理技术、再利用技术和环境污染物质合理控制技术，为企业开展废弃物再生、循环利用提供技术支持。

丝绸之路生态科技研究中心主要进行生态承载力与生态安全预警系统研究、湿地生态系统的监测、维持与修复技术研究、水资源保障与水体生态修复技术与示范等项目，以便尽快建立生态保护、安全和预警保障体系，推动生态产业化和产业生态化格局的形成。

此外，丝绸之路西端的欧洲大陆，经过多年的工业化革命，发展经验丰富，科技水平较高，在农业、生态、循环产业组织等方面都有较丰富的经验和成熟的技术，可以考虑借助欧亚论坛上各国参会的契机，发展欧亚生态合作，在浐灞建设欧洲生态产业示范园或者循环经济示范园、农业科技示范园，加强亚欧大陆间更多领域的实质性交流与合作。

（3）西北生态示范城市

丝绸之路沿线生态承载力有限，靠着人为治理和人口集聚，发展现代商务、现代服务业、现代工农业，是丝绸之路沿线国内众多中国城市发展中的主要方向。如同东南沿海地区那样乡镇企业遍地开花的发展模式和工业化大开发的发展途径，在西北地区没有生命力，生态环境也承受不起。

如西安的生态治理，目前已经卓有成效，加快西安城市扩建和改造的步伐，尽快形成浐灞泾渭四水穿城，城在水间，水涤静城的和谐互动局面，城市功能分区与自然生态环境相协调，可以成为西北城市生态的表率，成为丝路沿线城市生态示范园区。

在具体的生态化建设举措中，可按照西安地区自然生态环境空间分异规律，分区分片进行植被和水环境重建，因地制宜地实施林、草、农、灌、水建设，努力恢复由于人类活动所改变的原始自然植被状况。按照生态城市和谐性、高效性、持续性、均衡性、区域性的要求，结合西安山、塬、河、田、城各区域环境特点和规划落实，使西安生态经济协调、人与自然和谐，社会安全、环境优美，成为具有较强科技创新和市场竞争力国家级园林城市、环保模范城市，兼备自然山水景观与历史人文景观等地域特色的丝路生态示范城市。

（4）国家生态保护基地

秦岭，横贯甘、陕、豫3省，是黄河和长江水系的分水岭和中国南北的分界线。陕西的秦岭被誉为“生物基因库”，是众多中国珍稀濒危野生动植物生活的乐园，秦岭山地是多种生物区系成分的交汇过渡地区，生物多样性丰富，是中国与东亚地区暖温带—北亚热带生物多样性最丰富的地区之一。据调查，秦岭地区有种子植物 2931 种，约占全国种子植物总数的 12%；有兽类 144 种，鸟类 399 种，分别占全国同类总数的 29% 和 34%，其中国家重点保护植物 60 余种，有国家重点保护动物 50 余种。

图 6-9 秦岭四宝——大熊猫、朱鹮、金丝猴、羚牛

秦岭山区不仅生物资源、水资源、矿产资源丰富，而且旅游资源独具特色，开发潜力大。秦岭山区是西安市森林的集中分布区，除骊山森林覆盖率低于 50% 外，其他山地森林覆盖率均超过 60%，像周至、户县山区的森林覆盖率已超过 80%，森林除经济价值外，其保持水土、涵养水源、改善区域小气候的功能是相当显著的。

将秦岭山区建设成为国家生态保护基地，对于保护生物的多样性和各种资源具有重要的意义，另外为城市建设和发展提供更好的生态和环境保障，而且这将使西安成为名副其实的世界上唯一的相对高差最大的城市。

3. 大力发展生态农林产业

发展生态农业，增强环保能力。根据丝路沿线地区的生态条件，在全面了解自身生态的前提下，确定科学合理的发展战略，改变传统的产业结构，大力发展生态农业。生态农业是依靠生态系统中的可再生资源，利用系统内物质和能量的循环、各种生物之间的相互供给，并合理利用化学药品，建立起一个多级别转化、良性循环的高效农业体系。它既实现了高产稳产，提高了农业效益，又重视了生态系统的良性循环与自然生态环境的保护，促进了经济的持续发展。发展生态农业，应该作为农村产业结构调整的重要方向，也是把农业生产和农民增收、保护自然生态环境结合起来的有效途径。

图 6–10　以色列节水灌溉技术

丝路沿线地区农村必须将改善生态环境与发展农业生产、将脱贫富民与减轻并停止生态破坏等结合起来，走生态农业道路。一是兴修水利，推广节水灌溉技术。二是长期不懈地开展全民植树种草活动。三是提倡使用人畜粪肥，挖掘间种、套种、秸秆还田等传统的有机农业耕种技术的潜力。四是建立严密的优良种子服务系统，推广成熟的生态农业技术。五是优化农业结构，重点发展无污染畜牧业、农产品深加工工业，促进农村产业生态化发展。

推进植树造林，防止水土流失。丝路沿线地区植被差，导致自然灾害频繁，生态环境恶劣。为了建设和营造绿色家园，改善生态环境，造福于子孙后代，本着“心目于木，世守植被”和“因地制宜，合理布局”的原则，丝路沿线地区应该走退耕还林、还草，发展林业或牧业的道路。

森林、植被有涵养水源、保持水土、调节气候、防风固沙的重要作用，对西北地区生态环境建设和经济的持续发展起着非常重要的作用。因此，要进一步完善和强化植树造林、种草种树工程，全民动员，开展植树造林，植树种草。进一步加强林地和草地管理，开展荒漠、沙漠土地的综合治理，逐步实现沙漠绿洲化，使西北地区人均绿地面积有大幅度的提高，以加快改善生态环境的步伐。

图 6-11 治理后的毛乌素沙漠

开源节流，优化丝路沿线地区水资源配置。水是丝路沿线地区最为短缺的资源，但在丝路沿线地区对水资源的浪费又非常严重。所以，在丝路沿线地区生态环境的改善过程中，有必要对水资源的利用给予特别的关注，将水资源的开源与节流结合起来。要特别重视上下游、生产用水与生活水、农业与非农业用水之间的协调。

丝路沿线地区水源不足，既有自然原因（如气候干旱、降水偏少），又有人为原因（如生活用水浪费，传统农业灌溉用水浪费）。丝路沿线地区的用水主要是以农业用水为主，就目前来看，主要采用大水漫灌的落后方式，水资源浪费严重。为了保护和修复自然生态环境，节约地下水资源，一定要建立节水性经济。大力支持技术上的创新，大力推广管灌、喷灌、滴灌等方式，提高灌溉效率；在生活用水上，可提高水价来控制用水量。总之，要确保生态用水，维持自然植被，保护绿洲，防止荒漠化扩大；要积极建设山区小水库，既能保证缺水季节的用水，又能拦蓄洪水，减轻洪涝灾害。要加强对水资源的统一管理，实行“计划用水、定额配水、量水到户、按量收费”的管理办法。

4. 建立区域生态补偿机制

巩固丝路沿线地区生态环境协同治理的关键在于建立完善的生态补偿机制。在实践过程中，丝路沿线地区在生态保护方面还存在着结构性的政策缺位，特别是有关生态建设的经济政策严重短缺，存在受益者无偿占有生态效益、保护者得不到应有的经济激励、破坏者未能承担破坏生态的责任与成本和受害者得不到应有的经济赔偿的现象。

实现生态资源的合理配置也是丝路沿线生态治理的重要方面。丝路沿线地区生态资源的地域分布不均匀，生态资源合理定价机制的缺失也使得不同地区生态治理的成本和收益不匹配。因此，应建立区际生态补偿制度以弥补地区之间不平等资源配置的缺陷，具体可采用公共财政支付、设立区际生态补偿金、建立政府引导下市场交易机制、实施异地开发、开展技术援助等多种补偿形式，制定合理的补偿标准，保证丝路沿线地区的公平发展。

建立生态补偿机制是落实新时期环保工作任务的迫切要求，党中央、国务院对建立生态补偿机制提出了明确要求，并将其作为加强环境保护的重要内容。《国务院关于落实科学发展观加强环境保护的决定》要求：“要完善生态补偿政策，尽快建立生态补偿机制。中央和地方财政转移支付应考虑生态补偿因素，国家和地方可分别开展生态补偿试点。”国家《节能减排综合性工作方案》也明确要求改进和完善资源开发生态补偿机制，开展跨流域生态补偿试点工作。

为探索建立生态补偿机制，可不断研究、探索更多更好的模式和政策。但是，生态补偿涉及复杂的利益关系调整，目前对生态补偿原理性探讨较多，针对具体地区、流域的实践探索较少，尤其是缺乏经过实践检验的生态补偿技术方法与政策体系。因此，有必要通过在重点领域开展试点工作，探索建立生态补偿标准体系，以及生态补偿的资金来源、补偿渠道、补偿方式和保障体系，为全面建立生态补偿机制提供方法和经验。

三、全面开展生态治理合作研究

以共建丝绸之路经济带为合作平台，为防范跨国生态环境风险转移，针对区域重点生态问题，进一步加强与相关国家政府、企业及研究机构的合作，重点围绕水资源科学调度和高效利用、受损流域生态恢复与综合整治、跨境生物多样性和水资源保护、地缘生态科技合作研究的资金保障等方面开展全面研究合作。

1. 加强水资源科学调度和高效利用技术合作研究

咸海流域各国利益与环境保护矛盾突出、情况复杂，主要原因是区域水资源利用开发协调不足，现有的区域水资源利用协定基本为苏联计划经济时代制定，已经不符合区域发展的需求。建议在中亚地区，就水资源信息监测、流域水量调度管理模式、农业高效节水、农田水利设施工程建设等方面，开展合作研究，推进跨界河流水资源的分配和协调。

2. 加强受损流域生态恢复与综合整治合作研究

针对中亚风沙、盐碱和植被衰退等严重的生态问题，开展沿线生态修复技术研发和试验示范，推广我国在流域综合整治、盐渍化改造、荒漠化治理等方面的成功技术，促进区域环境保护。在南亚区域合作中，重点开展跨境洪水管理和跨境生物多样性维护工作，在跨境河流合作中，推广我国鱼类人工增殖技术，逐步减少和恢复受人类活动干扰的鱼类种群数量，增进上下游生态恢复的区域合作。

3. 开展跨境生物多样性和冰川资源保护

南亚地区、印缅地区和西高止山区是国际生物多样性热点区，天山和帕米尔高原是我国与中亚国家间共同的水源地，这些地区有着丰富多样的生物资源、矿产资源和冰川资源，是人类涉足最少的“人间净土”。建议各国间在政府层面成立生物多样性和冰川资源保护工作委员会，可以通过签署跨境生态安全合作框架，重点开展气候变化影响下的水资源和生态环境跨区域联合研究，制定互惠互利的资源开发与生态环境保护规划。

4. 设立地缘生态科技合作研究基金

苏联解体后，大批科学家移民欧美，科研投入很少，仪器、设备和设施陈旧，很多野外观测站面临废弃，在国际先进监测技术方面设备和资源匮乏。建议国家层面设置地缘科技合作研究基金，积极推进沿线国家间的科技合作、学术交流和民间交往，重点推广国产高分辨率卫星数据在生态环境领域技术应用，使我国资源卫星应用走向国际化。另外，建议联合中亚国家开展中亚地区自然资源、生态环境等数据的综合调查，联合建立资源共享的网络信息平台，全面掌握丝绸之路经济带各国资源禀赋和环境状况，利用信息化技术推动丝绸之路经济带资源与环境建设。

四、共同推进关键领域重大生态环境治理项目

丝绸之路经济带沿线国家具有多样性的生态环境，推动重点项目的合作，既有利于当地和我国的生态系统稳定，也有利于减缓重大工程和基础设施建设以及气候变化对生态环境造成的不利影响，促进丝绸之路经济带各国的可持续发展，在生态环境上形成利益共同体。因此，我国应积极与相关国家开展双边合作，系统规划和推进生态环境保护工作。

1. 生物多样性保护

分析沿线各国生物多样性分布格局和优先保护区域，设计保护区网络，在保护区之间建设若干生物廊道，促进物种迁徙和基因交流，形成若干具有全球意义的生物多样性保护走廊。开展沿线国家生态系统和生物多样性调查，建设观测网络，对重要生态系统、物种开展观测，构建生物多样性数据库和信息平台，实现生物多样性信息资源的管理、共享与开发应用。重点加强涉及巴基斯坦、印度、尼泊尔、吉尔吉斯斯坦、塔吉克斯坦等国家的中巴喀喇昆仑—帕米尔地区跨国生物多样性保护与可持续利用项目的推进。以具有国际重要意义的保护区为重点，开展保护区规范化建设，提高保护区管理水平，确保主要保护对象不因丝绸之路经济带建设而受到影响。

2. 水资源合理利用和水环境保护

充分利用我国在资金、技术等方面的优势，围绕水利水电、节水灌溉、防

洪减灾、水环境保护等领域，开展具有影响力的跨界河流水资源示范合作项目。鼓励我国企业参与合作开发和后期运营，但在与相关国家在开展能源资源和产业合作时，要统筹考虑水资源问题，避免上游对水资源的大规模开发。重点开展水资源综合规划、战略规划、专业规划和工程规划合作项目、水资源科学研究重点实验室合作、工业废水治理能力建设、城市水环境合作、跨国界水环境监控预警与综合决策支持平台等项目。

3. 重点区域环境污染治理

针对相关国家的大气污染、水污染等城乡环境污染问题，积极开展示范项目，努力弘扬生态文化，传播生态文明，提高公众生态保护意识，促进人与自然和谐相处。加快推进咸海流域生态环境治理项目、重点区域环境风险评估和环境风险防控设施建设项目、上合区域污染防治交流和科研合作项目以及上合组织环保信息共享平台建设项目等。

4. 荒漠化防治

中亚、南亚和中东欧国家广泛面临荒漠化威胁，尤其是中亚地区的地表植被状况、草原类型与我国新疆极为类似，生态问题也基本一致，要充分发挥我国在荒漠化治理方面的经验，加大与相关国家的技术和项目合作。重点推进沙尘暴预防和尘源地生态系统综合治理项目、水蚀沙漠化形成机理和防治模式研究推广项目、干旱地区或类似条件下的集水节水造林技术推广项目等。

5. 重要湿地保护

积极开展湿地资源调查，加强重要湿地和流域综合保护技术交流与合作，促进重要生态区域湿地与河湖生态系统保护与恢复，以及相关国家保护与管理能力的提高。重点推进湿地保护及流域综合管理伙伴关系战略规划研究项目以及高原湿地保护和可持续利用能力建设项目。

6. 应对气候变化

丝绸之路经济带沿线国家在气候变化方面与我国的共同利益较多，大部分国家和地区在气候变化国际谈判重大问题上的立场与我国基本一致。要进一步巩固现有合作基础，加强与沿线国家在极端天气预报预警、生态资源保护开发与可持续管理等适应气候变化领域的交流与务实合作，加强与中亚国家在温室气体与大气污染物协同控制和生物多样性适应气候变化等领域的交流合作。加强与山区内陆发展中国家集团的协调，积极开展双边、多边对话与合作。在中国—欧盟框架下，围绕碳排放交易能力建设等领域开展务实合作，加强气候变化政策交流，开展气候变化联合研究，充分利用现有多边机制开展气候变化合作，进一步加强气候变化领域的基础研究工作，将项目合作、人员培训交流与应对气候变化相结合，加深交流与沟通，共同构建应对气候变化的利益联合体。

五、全面支持培育生态产业发展

习近平总书记在十九大报告中指出，“构建市场导向的绿色技术创新体系，发展绿色金融，壮大节能环保产业、清洁生产产业、清洁能源产业”。我国与丝绸之路经济带沿线国家，同样面临着发展经济和保护环境的双重挑战，所遇到的生态环境问题和发展目标有共通之处。另外，相关国家在水资源保护与合理利用、生态农林产业发展方面都有着现实的市场需求，而我国在相关行业上具有技术、资金、经验等方面的比较优势，围绕相关国家市场需求，加大对环境保护、水利、农林、气象等行业的政策扶持力度，实施生态环保产业“走出去”战略。

1. 加强对沿线国家生态环境方面的援助力度

借鉴发达国家和国际机构对我国开展官方援助经验，针对重点国家和重点行业编制相关国家或行业环境报告，促进环境管理理念和标准的统一。对能源输出国、能源通道沿线国家和环保产业输出重点国家实施绿色援助贷款或赠款，支持其建设环境公共设施，安排对外援助时优先考虑节能环保项目，重点推动环境基础设施建设，支持国内大型环保企业参与建设和运营，提供相应的技术服务和配套的产品设备，建立具有高效生态过程及和谐生态功能的集团性产业。支持企业运用生态技术和循环经济技术，建设环境项目示范工程，树立良好企业形象，增强企业设备或服务在当地的影响力和美誉度。

2. 夯实生态环保企业走出去的资金保障

设立环保、水利、农林、气象企业国家化发展专项资金，运用贷款贴息、以奖代补、设立海外投资基金、并购资金、亏损准备金等多种方式，鼓励相关产业海外投资。设立海外项目先期投入补贴资金，对先期市场开拓费用按一定比例进行项目补贴。建立公共服务平台，对“走出去”企业提供法律、语言、技术、商务、专利等方面的服务，对企业商务和技术人员定期进行业务培训，对相关国家的政府官员、技术人员等重点人群开展技术、标准、管理等培训和国内项目考察服务。

3. 加大金融和政策支持力度

鼓励各类银行向企业提供海外投资贷款，结合我国的投融资体制改革，设立海外生态环保投资担保机制，加大对资质好、管理规范的企业信用担保机构的支持力度。积极探索适合内保外贷、境外资产抵押、境外消费信贷等多形式抵押贷款方式，扩大贷款抵押品范围，提高现有资产抵押率。允许符合条件的企业依照国家有关规定发行企业债券。严格落实已出台的节能环保、资源综合利用税收优惠政策，完善环保企业境外税收抵免的适用范围，避免双重征收。政府与鼓励投资国签订协定和谈判时，设立税收抵免条款，保障企业享受到东道国的税收优惠政策；对未签订独立税收优惠协议国家投资的企业，实行单独的税收抵免政策，鼓励企业申请境外所得税优惠。参照高新技术行业，降低企业境外红利抵免限额税率。对于拥有多层子公司的国有大型企业，降低各层抵免的持股比例，以扩大可抵免的各层子公司范围。

4. 鼓励生态环保企业全球化发展

鼓励企业进入境外资本市场融资，推动完善生态环保企业境外上市法规制度，适当降低境内企业到境外上市的门槛，规范对已境外上市企业的监管。鼓励优秀企业建立海外研发基地，支持国内品牌在境外注册商标，促进品牌国际化。鼓励环保企业合作、并购、参股国内外先进生态环保研发和设备制造业，整合战略资源，促进产业升级，增强企业核心竞争力。

第五节　生态治理合作重点项目建议

一、打造丝绸之路绿色廊道

1. 丝绸之路绿色发展对全球意义重大

无论从人口、经济还是能源角度讲，丝绸之路经济带对全球来说意义可谓十分重大，但同时，其沿线生态环境在全球生态格局中也同样具有重要战略位置，可谓“一荣俱荣，一损俱损”。

丝绸之路沿线既是发展水平落后区，又是发展方式粗放区。从总体上看，沿线国家经济发展水平较低。GDP 总量约占世界的 1/3，人均 GDP 只有世界平均水平的一半左右，经济发展方式比较粗放。单位 GDP 能耗、原木消耗、物质消费和二氧化碳排放高出世界平均水平的一半以上，单位 GDP 钢材消耗、水泥消耗、有色金属消耗、水耗、臭氧层消耗物质是世界平均水平的 2 倍或以上。

沿线既是自然资源集中生产区，又是自然资源集中消费区。丝路沿线总体上矿产资源比较丰富，互补性较强。就能源供应和消费而言，提供了世界 57.9% 的石油、54.2% 的天然气和 70.5% 的煤炭、47.9% 的发电量，但是也消费了世界 50.8% 的一次能源，包括 41.1% 的原油、47.1% 的天然气、72.2% 的煤炭、40.1% 的水电。就钢铁而言，生产了世界 71.8% 的粗钢，但消费了世界 70.7% 的粗钢和 70.3% 的成品钢材。就水泥而言，生产量占世界的 81.8%，而消费量则占世界的 83.2%。另外，还分别生产和消费了世界 40.3% 和 43.6% 的纸和纸板，50.9% 和 52.4% 的原木。

沿线既是人类活动强烈区，又是生态环境脆弱区。丝绸之路经济带沿线国家的国土面积不到世界的 40%，人口却占世界 70% 以上。人口密度比世界平均水平高出一半以上。除了是世界上自然资源的集中生产区外，其年境内水资源量只有世界的 35.7%，但年水资源开采量占世界的 66.5%，同时用去了世界 60% 以上的化肥，因此水资源和水环境面临的压力高于世界平均水平。沿线国家还排放了世界 55% 以上的二氧化碳和温室气体。

同时，沿线的生态环境也比较脆弱。不少国家处于干旱、半干旱的环境，其森林覆盖率低于世界平均水平，有世界 39.1% 的哺乳类物种、32.2% 的鸟类、

28.9% 的鱼类和 27.8% 的高等植物受到威胁。该地区的人均生态足迹虽然低于世界平均水平，但也超出了生态承载力的 80% 以上。

目前，丝绸之路经济带建设所面临的最大问题是荒漠化。丝绸之路经济带沿线国家以温带大陆性气候为主，大多国家位于内陆地区，比较干旱，且大多数是发展中国家，生态环境比较脆弱。中国国家林业局强调，在"一带一路"建设目前涉及的国家中，超过 60 个国家正遭受着荒漠化、土地退化和干旱的危害。"一带一路"沿线的中亚、北亚、南亚、中东等地区，均不同程度地遭受着荒漠化和干旱的威胁，包括吉尔吉斯斯坦、蒙古、巴基斯坦、埃及等国。

从"一带一路"的大格局看，其所包含的 6 大经济走廊中，有 4 个走廊带存在不同程度的荒漠化问题。其中，"中蒙俄经济走廊"约 400 千米路线位于荒漠区；"中国—中亚—西亚经济走廊"路线总长超过 6000 千米，大约一半位于荒漠区；"新亚欧大陆桥"（从中国江苏连云港到荷兰鹿特丹），干旱和荒漠是主要的生态约束因素；"中巴经济走廊"的南段，干旱和大面积荒漠分布也是其主要的生态环境约束因素。尽管不同经济走廊及每个走廊的不同分段的主要生态约束性因素不尽相同，但均包括干旱、荒漠、高山、严寒和珍稀生物生态环境保护。

"中蒙俄经济走廊"严寒区段总计长约 2300 千米，山地区段长约 650 千米，荒漠区段长约 400 千米，且自然保护区广布。"新亚欧大陆桥"全长超过 1 万千米，其中中亚段有长约 1800 千米的生态敏感地段。"中国—中亚—西亚经济走廊"的中国—中亚段 2240 千米穿越荒漠区、360 千米穿越天山山脉，西亚段 820 千米穿越荒漠区、1400 千米穿越山区。"一带一路"沿线陆域自然地理条件复杂，森林、草原、农田等生态系统多样，具有明显的地带性，区域差异大。

"中国—中南半岛经济走廊"北段约 700 千米穿越海拔高于 2000 米的区域，南段有各类自然保护区 259 个。"中巴经济走廊"全长约 3000 千米，其中北段约 940 千米穿越海拔普遍高于 4000 米的喀喇昆仑山脉和帕米尔高原，南段的巴基斯坦南部全长约 490 千米穿越干旱和荒漠区。"孟中印缅经济走廊"全长近 4000 千米，中缅段长约 1500 千米，穿越云贵高原和缅甸北部山地，印孟段孟加拉湾地区降水多、洪涝灾害频发，沿线自然保护区分布广泛。

根据中国科技部遥感中心的报告，东南亚区、南亚区、中东欧及俄罗斯远东地区生态条件良好，生态资源丰富，经济发展潜力大，是"一带一路"推进中应重点关注的区域。但是，在这些区域中，东南亚区和南亚区热带雨林与亚热带山地森林是全球生物多样性保护的关键区域；欧亚大陆高纬度地区的亚寒带针叶林生长缓慢，自身恢复能力差，一旦破坏难以恢复。

2. 中国坚持绿色可持续发展理念

“生态兴则文明兴，生态衰则文明衰。”生态环境保护是功在当代、利在千秋的事业。建设生态文明，关系人类福祉，关乎全球未来。中国将生态文明建设提升至国家战略高度，并具体落实到国民经济“十三五”规划之中，在2017年5月举办的“一带一路”国际合作高峰论坛上，国家主席习近平指出，要秉承“绿水青山就是金山银山”、“要像爱护眼睛一样爱护生态环境”的一贯精神。他提出“我们要践行绿色发展的新理念，倡导绿色、低碳、循环、可持续的生产生活方式，加强生态环保合作，建设生态文明，共同实现2030年可持续发展目标”。他还曾在多个场合提出“要倡导人类命运共同体意识”，“为全球生态安全作出新贡献”，中国“要向发展中国家提供绿色援助、向发达国家借鉴有益经验，以促进维护全球生态安全”。

2015年3月，国家三部委联合发布《推动共建丝绸之路经济带和21世纪海上丝绸之路的愿景与行动》，专门强调了突出生态文明理念，加强生态环境、生物多样性和应对气候变化合作，共建绿色丝绸之路。2017年5月，习近平主席在“一带一路”高峰论坛中指出，中国“将设立生态环保大数据服务平台，倡议建立‘一带一路’绿色发展国际联盟，并为相关国家应对气候变化提供援助”。

2017年5月11日，环境保护部发布了《“一带一路”生态环境保护合作规划》，强调了“一带一路”沿线国家多为发展中国家和新兴经济体，普遍面临工业化和城镇化带来的环境污染、生态退化等多重挑战，加快转型、推动绿色发展的呼声不断增强。中国和一些沿线国家积极探索环境与经济协调发展模式，大力发展绿色经济，取得了一些成功经验。开展生态环保合作有利于促进沿线国家生态环境保护能力建设，推动沿线国家跨越传统发展路径，处理好经济发展和环境保护关系，最大限度减少生态环境影响，是实现区域经济绿色转型的重要途径。

3. 建立《丝绸之路经济带绿色发展国际公约》

绿色发展已成为世界各国发展的共识，联合国2030年可持续发展议程明确提出绿色发展与生态环保的具体目标，旨在共同提高全人类福祉，为未来十几年世界各国可持续发展和国际发展合作指引方向。“一带一路”生态环保合作将有力促进沿线国家实现 2030 年可持续发展议程环境目标。

以生态文明理念来建设“一带一路”，在一开始就将环境成本内化，发展的每一步都考虑到环境的承载能力。中国以“生态兴则文明兴，生态衰则文明衰”的理念来推进“一带一路”的经济建设和产业发展，其目的是号召沿线各国共同参与，惠及沿线各国人民。只有把“一带一路”相关国家和地区的人口都带入生态文明的发展轨道，整个地球才有希望减缓工业文明所引起的生态退化和恶化。

跟多数“一带一路”沿线国家相比，中国在环保方面的优势首先在于积累了更多教训和经验。过去 30 多年，中国在实现经济快速发展的同时，环境问题也呈现出集中爆发的态势。水源、土壤、空气都遭到不同程度的污染。对以牺牲环境为代价的经济发展所带来的结果和成本，保护和治理环境的紧迫和难度，中国人有着深刻的理解和认识。中国的优势还在于在区域内较早借鉴并探索了绿色发展。“一带一路”沿线的大多数新兴经济体和发展中国家，都可以通过中国得到先进的环保技术和实用理念。

中国已经把生态文明放在了前所未有的高度。在《推动共建丝绸之路经济带和 21 世纪海上丝绸之路的愿景与行动》中，中国政府明确表示在投资贸易中要突出生态文明理念，加强生态环境、生物多样性和应对气候变化合作，共建绿色丝绸之路。

搭建《丝绸之路经济带绿色发展国际公约》。以“一带一路”绿色发展国际联盟为主体，联合沿线国家，共同制定《丝绸之路经济带绿色发展国际公约》，倡导沿线国家共同在应对全球气候变化、荒漠化治理、水环境治理以及生物多样性保护等多方面进行双边和多边合作并共同遵守，共筑横贯亚欧大陆的绿色廊道。

建立丝绸之路荒漠化治理理事会。目前，联合国环境规划署参与荒漠化防治体现在两方面：一是探索荒漠化生态系统下，能否找到绿色发展的模式；二是探索全球荒漠化问题有没有变化趋势或威胁趋势，作科学监测和评估，为决策者、政策制定者提供科学预警。联合国环境规划署在非洲、中亚、中国等地区开展了一系列的合作项目。因此，可借助联合国环境规划署平台，针对丝绸之路经济带广泛存在的荒漠化问题，建议由库布其国际沙漠论坛发起成立丝绸之路荒漠化治理理事会，邀请沿线广受荒漠化威胁的国家和地区加入，共同为沿线各国人民造福，并积极推广我国在治理荒漠化问题方面的技术和经验。

二、加强青藏高原地区生态治理

1. 青藏高原是世界“第三极”

青藏高原位于我国西部，是中国最大的高原，世界海拔最高的巨型构造地貌单元，包含冰川、积雪、冻土、森林、草原、荒漠和湖泊等多种自然景观。青藏高原的隆起，深刻地影响了高原及其邻近地区环境的演化，被视为南极和北极之外的世界“第三极”。青藏高原特殊的地形及其独特的热力和动力循环系统作用，不仅在青藏高原地区形成了独特的天气气候系统，对我国、亚洲地区甚至全球的气候也产生了重要的影响。由此，青藏高原被称为“全球气候变化的驱动机与放大器”和“全球变化与地球系统科学统一研究的最佳天然实验室”。

青藏高原地势高耸，平均海拔超过4000米，最高海拔超过8800米，构成全球独一无二的“第三极”主体骨架，也是地球独特的寒旱高极。然而，随着全球气候变暖，青藏高原正变得越来越温暖、湿润。不仅如此，由于其独特的地理环境，它也成为了全球气候变化的预警区、敏感区。近30年来，青藏高原地区的变暖明显早于中国其他地区及全球，且升温幅度是全球平均升温幅度的两倍，是过去2000年中最温暖的时段。

青藏高原因其独特的自然地域格局和丰富多样的生态系统，被定义为国家生态安全屏障。青藏高原丰富的水量对我国未来水资源安全和能源安全起着重要的保障作用；其次，它自东向西横跨9个自然地带，是全球生物多样性最为丰富的地区之一，同时也是全球生物多样性保护的热点地区之一；此外，青藏高原所拥有的高寒草甸、高寒草原和各类森林是遏制土地沙化和土壤流失的重要保障；再次，青藏高原主要生态系统在碳循环中均表现为碳固定大于碳释放，青藏高原作为重要的碳汇，还影响着区域气候变化。

从20世纪90年代至今的近30年来，青藏高原升温幅度最大的地区，每10年升高0.60℃。随之而来的便是冻土融化，冰川退缩，湖泊和湿地面积扩大。

2. 青藏高原对全球生态影响显著

青藏高原气候变化将影响整个东亚和南亚。青藏高原的气候变化目前并不会像极地地区那样产生全球范围内的效应，但青藏高原气候变化可能影响其周边区域的气象状况。近年来，我国夏季雨带的分布总体上是呈北移趋势的。由于地势高，夏季青藏高原上空大气更容易被加热，气流上升，气压降低，这加速了陆上低压的形成，使得海洋吹向陆地的夏季风势力增强。理论研究和数值模拟都表明青藏高原热力作用与东亚夏季风的变异有密切联系。因此，青藏高原本身所产生的热力作用会直接影响东亚季风环流。

20 世纪 80 年代至 20 世纪末，青藏高原的热力作用持续减弱，东亚夏季风偏弱，我国东部总体呈现“南涝北旱”的格局；之后青藏高原热源强度有所恢复，夏季我国东部雨带整体北移。不过，由于江淮流域是东亚夏季风主雨带的所在位置，与青藏高原热力作用关系最强的信号还是夏季江淮流域的降水。高原大气热源偏强，江淮流域降水也会偏多。一个可能的影响是，由于青藏高原所处的纬度带基本受西风带的控制，增暖的空气平流至下游地区，一方面有利于江淮流域大尺度上升运动的增强，加强季风主雨带的降水；另一方面可加强东亚季风区与周边海洋的热力对比，从而加强季风环流。

因此，我们可以得到一个重要启示，气候变化导致的青藏高原生态演变不仅事关中国生态安全，与日本、韩国等东北亚国家以及菲律宾、马来西亚、印度尼西亚等东南亚国家，甚至是印度等南亚国家也同样息息相关。

青藏高原冰川消融事关亚洲大部分国家水资源安全。青藏高原气候变化对周边地区的另外一个重要影响是水资源。青藏高原素有“亚洲水塔”之称，这是因为它向南、向东、向西倾斜，成为了长江、黄河、怒江、澜沧江、雅鲁藏布江以及恒河、印度河等国际主要大江大河的发源地和分水岭。

气温的持续变暖，使得青藏高原的冰川总体呈消融的趋势。长期的遥感及地面观测显示，过去约 30 年间，青藏高原及其相邻地区的冰川面积由 5.3 万千米 ^{2} 缩减至 4.5 万千米 ^{2}，退缩了 15%。更重要的是，冰川是加速退缩的。

短期内，冰川退缩，融水增加，将使河流水量呈增加态势。而随着冰川的持续退缩，冰川融水将锐减，到时，以冰川融水补给为主的河流，特别是中小支流将面临逐渐干涸的威胁。

以印度河为例，印度河上游 40% 左右的水量来自冰川融水，一旦冰川消失殆尽，将对印度北部人民的生产生活造成严重的影响。再如新疆地区的喀拉喀什河、玉龙喀什河、叶尔羌河，35%~45% 的水量来自冰川融水。由于河流周边地区的发展依靠的就是绿洲经济，如果河流干涸，它们就可能像楼兰、雅尼一样被抛弃。

中国与东南亚和南亚国家存在多条跨界河流，在水资源利用、管理等方面存在共同利益和共同责任，青藏高原的冰川资源攸关多个国家的可持续发展，因此，各国均有义务对青藏高原冰川资源的保护高度重视并付出努力。

3. 实施青藏高原生态保护修复计划

气候变暖引起的区域和局地气候变化，已引发生态环境保护、水资源安全等一系列生态安全问题，尤其是气候显著变暖导致冰川持续退缩、冻土加速融化，不仅会对水资源平衡和安全产生深远影响，而且还可能引发重大衍生灾害，给农牧业生产、工程质量和生命安全带来重大威胁。

高寒草地退化威胁全球高寒物种生存。温度是控制或影响青藏高原地区植被生长的重要条件之一，随着气候变暖，高原植被群落分布界线向更高海拔迁移，高寒草原群落出现向南扩张的趋势。高寒草地植被覆盖度与生产力大范围下降，群落组成发生改变，原生植被群落优势种群减少，草地沙漠化、水土流失和草场退化加剧。在未来气候进一步变暖的情况下，草地退化趋势若得不到有效的遏制，草地演替的不可逆性将大大增加，草地生态系统的恶性循环的风险也将加大。

青藏高原高寒草地生态系统的结构和功能简单，生态安全阈值幅度窄、脆弱性大，高寒草地严重退化使得草地生态屏障功能下降，以草地为基础的高寒生态环境受到深刻影响，气候变化进一步加剧了生态安全问题。同时，青藏高原也是具有全球意义的高寒物种形成、演化及生物多样性的基因库之一，分布特有植物物种 950 余种，特有野生动物物种 300 余种，草地退化直接导致一些生物的多样性和丰度下降，大量物种由于不能适应新环境而迁移或消亡。草地是青藏高原畜牧业生产的前提条件，也是藏区少数民族生存发展的基础，草地质量变化对青藏高原的地区经济社会发展、藏区稳定和安全都有十分重要的影响。

冰川退缩、冻土退化威胁周边国家水安全形势。随着近几十年气候变暖的加剧，青藏高原冰川末端出现快速退缩，以高原东部和南部边缘山地的冰川变化幅度最大。气候变暖已经引起了高原冻土严重退化，冻土面积减少，多年冻土下界升高，季节性冻土活动层增加。

冰川消融和冻土退化影响了当地及下游地区的水资源平衡，导致区域水循环状态恶化，威胁中国及周边国家水安全形势，并引发众多生态安全问题。此外，冰川退缩将引起冰川末端冰湖的急剧增多和水位上升，使冰湖决堤溃坝的灾难风险加大。由于冻土不断退化，冻胀、融沉作用将影响各类工程结构的稳定性，引发冻土区工程地质问题，严重威胁建筑物和工程基础及运行安全。在未来气候持续变暖的情况下，高原冰川的加速退缩和冻土持续退化带来的生态与环境及社会经济影响将更加严重和突出。

湿地萎缩威胁三江源保护区生态平衡。气候变暖，蒸发增强使部分三江源湿地逐渐萎缩，这对长江、黄河、澜沧江的水源补给和高原生物多样性都会造成影响，是湿地生态系统退化的表现。高原湖泊普遍处于退缩状态，表现出湖泊面积不断缩小，湖水矿化度增加，进而出现湖泊盐碱化，直至湖泊消亡。气象资料显示，青海玉树、果洛藏族自治州和玛多县自 20 世纪 60 年代以来，气温呈上升趋势，冻土区地温也明显抬升，而降水量则呈下降趋势。三江源区的蒸发量因气温升高而显著增加，干暖化速度趋于加快，造成冰川不断退缩，冻土不断消融退化，湖泊趋于萎缩，湖水内流化和盐碱化现象较严重。

因此，针对以上所陈述的种种生态问题，有必要从全球生态安全格局的高度出发，实施“青藏高原生态保护修复计划”，加强对青藏高原地区生态安全的重视程度，加大对其生态环境保护力度。

成立青藏高原全球理事会。青藏高原是世界第三极，关于青藏高原一系列问题的解决，单靠中国是远远不够的，而是需要更大范围的国际社会的共同努力。青藏高原的生态安全事关全球各个国家，不只属于几个国家，而是要由全人类共享、共建、共治。对这样一个具有全球生态意义的地区，各国应形成一种合作机制，联合国要在其中发挥更大作用。因此，一个开放的青藏高原理事会可为青藏高原的生态安全问题的解决带来新的契机。

共同保护冰川资源。冰川退缩和冻土融化将直接影响水资源状况，并对当地生态环境产生重大的影响。为此，应以流域为单元实行水资源统一规划、统一调度、统一管理。逐步加大配套水利基础设施的建设力度，积极研究开发新型节水与利用技术，广泛开展有利天气的人工增雨作业，开源节流，充分提高水资源利用率。

加强冰川冻土动态监测，开展其次生和衍生灾害的调查，建立灾害监测管理体制，重点监测冰湖堤坝的稳定性、冰川融化的速度与趋势。坚持重大工程的气候可行性论证程序，科学规划高原特殊地理环境条件下的重大工程建设。

加强高寒草地保护与修复。以恢复草地植被、遏制草地退化为重点，加大保护力度，严格以草定畜、控制牲畜总量。优化放牧方式，开展围栏封育、划区轮牧、季节性休牧。加强三江源、藏北高原、“一江两河”和青藏铁路沿线重点地区草地退化管理措施的落实与实施。

考虑气候变化的影响，加大对三江源重点核心区域和生态脆弱区实施退牧还草、退耕还林、退化草场治理、森林草原防火、草地鼠害治理、水土保持等生态环境保护建设，尽快实现和恢复三江源生态功能、促进人与自然和谐可持续发展。加快发展人工草地，建立退牧还草、生态恢复及生态畜牧业综合实验示范区。完善生态补偿机制，创新草原管护方式，提高补偿标准，落实退牧还草。引导和调动牧民参与生态治理的积极性，减轻气候变化背景下畜牧业对高寒草地的依赖和压力，实现草地畜牧业的生态平衡与良性发展。

三、推动建立丝路低碳城市共同体

“一带一路”沿线国家的人口、GDP、能源消费和碳排放分别占全球的2/3、1/3、50% 和 60% 以上，该区域集聚了诸多最具增长潜势和活力的新兴经济体国家，中东等石油输出国，以及小岛国、最不发达国家等脆弱地区，是气候问题较为敏感的区域。在不断拓展和深化与沿线国家合作、打造命运共同体的进程中，应对气候变化是一个不容忽视的重大问题。

1. 建立丝路低碳城市共同体意义重大

人类活动排放的大量温室气体导致全球气候变化，给地球生态环境带来一系列负面影响，同时也将显著改变人们的生活和生产方式，加剧区域不稳定性，并有可能导致全球范围内环境灾难和社会危机。全球各国已经就应对气候变化达成了广泛的政治共识，并于 2015 年底在联合国框架下达成了里程碑式的《巴黎协定》，促进各国积极行动、携手合作。

丝路沿线国家在当前发展阶段都面临着相似的气候变化影响及减缓和适应的难题，都在寻求经济持续发展，科技、能源和产业变革的创新增长方式，降低发展带来的生态和气候代价，避免高碳路径锁定效应和伴生的发展陷阱，提升有质量的低碳投资和就业水平，分享低碳转型所带来的绿色效益。在“一带一路”战略下从城市角度积极开展应对气候变化城市间合作，打造丝路低碳城市共同体不仅为沿线城市、国家的共同发展与繁荣提供了机遇，还将有力地促进全球低碳转型。

首先，应对气候变化和低碳发展作为 20 世纪 90 年代以来的新世界秩序的产物，其治理体系和机制的建立集中体现了当今世界正在发生的复杂深刻变化，应对气候变化相关政策和行动涉及能源、工业、建筑、交通、贸易、金融等诸多现代化领域，也涉及国家和企业、城市、非政府组织等诸多治理主体，内容贯穿“五通”的方方面面，不仅是为了解决当下生态环境和社会民生问题，更是关系到“对子孙后代必须担负的责任”，是打造利益、命运和责任共同体的恰当载体，《巴黎协定》所展现的核心、自下而上的国家自主贡献模式特征也与五大共建原则高度契合。

其次，推动共建丝路低碳城市共同体可以充分展现中国在全球气候治理中的行动与决心。经过近30年的积极建设和努力，中国作为最大的发展中国家，在气候外交问题上有了更为清晰的方案和主张。随着美国退出巴黎气候协定，国际社会对气候变化治理模式变革以及中国引领未来进程充满期待。“一带一路”愿景和行动是恰当载体，既有议事平台，更能联合沿线各国的多种优势资源协同发力，既有利于打消目前国际社会对中国“高碳产能和资本输出”的质疑，又有利于提高国家自主贡献实施力度、提振应对气候变化国际合作的信心。

再次，推动共建丝路低碳城市共同体可以充分拓展沿线国家在低碳产能、资本、贸易等方面合作的广度和深度。以新能源装备、可持续基础设施、清洁产能、信息通讯技术、绿色金融等新兴产业为代表的低碳产业，因近年来气候外部性定价机制和规制政策尚不健全，以及相关市场化改革推进速度和民间投资过热涌入的错配，已经存在“结构性过剩”的问题，而丝路沿线国家拥有广阔的低碳产能合作需求和市场空间，随着近年来国有企业和民营企业各自探索和努力也已经具有一定的基础和条件，如果能进一步建立平台和机制，如气候变化南南合作基金、基于市场的国际减缓成果转让（ITMO）等，会有效促进对于沿线国家的低碳投融资，推动跨区域低碳要素自由流通，减少绿色贸易壁垒，助推人民币国际化。中国“十二五”期间每年的新增低碳投资约1.1万亿元，低碳产业产值规模更是已达到8.4万亿元，未来15年算上沿线国家的同类投资，每年预计新增量超过5000亿美元，总规模有望达到10万亿美元，市场空间巨大。

2. 丝路沿线国家碳排放规模将持续增大

丝路沿线国家能源强度和碳排放强度高，是未来全球能源消费和温室气体排放的主要增长源。沿线国家是能源、资源的集中生产区和消费区。根据国家气候战略中心的统计，2014年，69个沿线国家消耗了全球53.9%的能源（不含中国为 31.6%）、53.8% 的电力（不包含中国为 30.3%），但平均人均能源消耗仅为 1.56 吨标油（不包含中国为 1.29 吨标油），仅为世界平均水平的 82.7%（不包含中国为 68.2%），人均用电量是 2621 千瓦·时（缺阿富汗、不丹、老挝、马尔代夫、黑山、东帝汶、巴勒斯坦数据；不包含中国为 2083 千瓦·时），仅为世界水平的 83.4%（不包含中国为 66.2%），仍有较大的增长潜力。同时，“一带一路”沿线国家中的西亚（中东）国家、俄罗斯和中亚国家都是主要的化石能源生产国，面临较高的能源消耗和较大的转型压力。根据中国科学院此前对 38 个“一带一路”沿线国家资源环境绩效进行的评估，这些沿线国家单位 GDP 能耗、原木消耗高出世界平均水平的一半以上，单位 GDP 钢材消耗、水泥消耗、有色金属消耗、水耗等是世界平均水平的 2 倍或 2 倍以上。“一带一路”沿线国家提供了全球 57.9% 的石油、54.2% 的天然气和 70.5% 的煤炭，同时也消耗大量的一次性能源以及钢材、水泥、有色金属、原木等初级生产原料。

从温室气体排放看，丝路沿线国家既是重要的排放源，也是主要的排放增长区。根据国家气候战略中心的统计，2015 年沿线国家的 CO_2 排放占全球的比重达到 60.6%（不包含中国为 31.1%）。2000 —2015 年，“一带一路”国家的 CO_2 排放增长了 95.2%，是世界平均水平的 2 倍多。同时，沿线国家单位 GDPCO_2 排放量也相对较高，2015 年为 0.93 吨 CO_2/ 千美元（不包含中国为 0.77 吨 CO_2/ 千美元），约为世界平均水平（0.48 吨 CO_2/ 千美元）的 1.94 倍，经济发展呈现出高碳特征。但除个别国家外，沿线国家 2015 年总的人均 CO_2 排放为 4.6 吨 CO_2（不包含中国为 3.29 吨 CO_2），仍低于世界平均水平（4.91 吨 CO_2），南亚、东南亚、非洲等人口密集地区的人均 CO_2 排放则更是显著低于世界平均水平。

考虑到沿线国家未来经济发展趋势，其能源消耗和 CO_2 排放量可能仍将保持快速上升的态势。根据国际货币基金组织（IMF）的预测，“一带一路”沿线国家到 2022 年 GDP 年均增速会在 4% 以上，高于全球平均增速，其中如柬埔寨、缅甸、老挝和越南等东南亚国家、印度和埃塞俄比亚年均增速将超过 6%，甚至超过 8%。同时，根据国际能源署（IEA）预测，“一带一路”国家中印度和东南亚国家对煤炭的需求量将有可能大幅攀升，到 2040 年煤炭需求总量预计将超过美国；中东地区和除日、韩外的亚洲其他国家对石油需求总量将呈上升趋势，预计将超过欧美国家需求总和。

丝路沿线国家大多生态环境脆弱、基础设施建设水平不高、人口密集，部分地区自然条件严酷，生态承载力较低，对气候变化影响十分敏感。沿线国家面临的气候变化风险，包括自然生态影响、社会经济影响和安全稳定威胁三个方面。丝路沿线的海岸带国家主要面临海平面上升、海水侵蚀、沿海土地面积减小、海水酸化、风暴等威胁，大部分国家还面临干旱、极端高温的影响，南亚一些国家也会受到冰川融化、洪水等影响。气候变化社会经济影响包括种植业和渔业产量下降、慢性病和传染性疾病频发、淡水资源短缺、贫困和失业加剧等。气候变化安全稳定威胁是由于气候灾害引发的移民和难民数量增多、经济社会不稳定因素增加等问题，地区冲突有可能因此进一步加剧。

3. 在丝路低碳城市共同体下展开全面合作

“一带一路”国际合作高峰论坛的召开为该领域的国际合作注入强劲的政治动力。在当前“逆全球化”的复杂国际局势下，丝绸之路沿线的重点城市对联合开展应对气候变化合作、打造低碳共同体有着极其迫切的需求。亟需成立必要机构，明确重点任务，完善相关职能机构，并采取必要的措施。

成立丝路低碳城市理事会。考虑将沿线重点城市共建低碳共同体纳入“一带一路”战略框架和主要议程。在推动“一带一路”愿景和行动的基础上，研究和出台关于推动沿线主要城市共建低碳共同体、强化应对气候变化国际合作的指导意见，通过高层引领推动，不断增进理解、凝聚共识、深化合作，与相关城市一道，不断充实完善合作内容和方式，共同制定时间表、路线图，积极对接沿线国家长期低排放发展战略和规划。

研究制订丝路沿线城市共建低碳共同体的重点任务和需求清单。在《2030可持续发展议程》和《巴黎协定》的框架下，通过广泛合作推动沿线城市的自主贡献的有效实施，提升协同应对气候变化的能力。在充分考虑各方发展阶段的基础上，重点推动低碳基础设施、低碳工业园区、低碳能源、低碳交通、气候灾害预警预报和减灾防灾、气候金融、碳交易市场联接、能源互联网、低碳产品和服务贸易、低碳人才培训和交流、低碳技术研发、物资赠送与援助等领域的国际合作和联动发展。

逐步完善丝路低碳城市共同体的平台、机制和机构建设。利用“一带一路”现有的政府间合作平台及亚洲基础设施投资银行、丝路基金、中国气候变化南南合作基金等渠道，有效结合政府援助、国际贸易和投融资等手段，通过灵活的合作模式，广泛动员各利益相关方共同参与，让沿线各国人民共享丝路低碳城市共同体的共建成果，分享经济社会低碳转型的绿色效益。

07 第七章　城市群合作

第一节　城市群基本特征

城市群是城市发展到成熟阶段的最高空间组织形式，是在地域上集中分布的若干城市和特大城市集聚而形成的庞大的多核心、多层次城市集团，是大都市区的联合体。城市群的实质是产业与人口在相邻城市中的集聚与不断发展，是产业与人口的集聚体。

丝绸之路沿线国内城市群有陕西关中城市群、甘肃河西走廊城市群、青海东部城市群、宁夏沿黄城市群、新疆天山北坡城市群等。国际城市群有哈中北部城市群、伊犁河谷—哈东南城市群、费尔干纳城市群、德国莱茵—鲁尔城市群、法国大巴黎地区城市群和荷兰兰斯塔德城市群。

一、沿线国内城市群

1. 沿线国内城市群现状

（1）陕西关中城市群

关中城市群以西安为中心，包括咸阳、宝鸡、渭南、铜川和杨凌国家级农业高新技术产业示范区。关中城市群是陕西经济的核心区。

表 7-1 关中城市群城镇体系概况

地区	地级市	县级市	县	市辖区	镇	乡
西安	1	0	3	10	36	42
宝鸡	1	0	9	3	102	35
咸阳	1	1	10	2	106	60
渭南	1	2	8	1	111	72
铜川	1	0	1	3	24	10
杨凌	1	0	0	0	1	4

关中城市群是我国西北地区的经济文化中心和交通中心，也是关中—天水经济区的主体部分，其经济发展、社会进步对西部特别是西北有着极为重要的福射作用。关中城市群是全国生产力布局的重点区域，是我国西部地区唯一的高新技术产业开发带和星火科技产业带，是西北乃至西部地区的比较优势区域。目前已形成高等院校、科研院所、国有大中型企业相对密集且能够辐射西北经济发展的产业密集区，在全国区域经济发展中占有重要地位。

表 7-2 关中城市群主要城市经济指标（2015 年）

城市	土地面积 /10^4 千米^2	年末总人口 / 万人	GDP / 亿元	工业总产值 / 亿元	社会消费品零售总额 / 亿元	地方财政收入 / 亿元	全社会固定资产投资 / 亿元
陕西	20.58	3792.87	18171.86	9360.30	6578.11	—	20177.98
关中	5.54	2384.97	11652.38	5542.3	5247.76	1654.88	13432.5
西安	1.01	870.56	5810.03	2165.54	3405.38	1114.98	5165.98
宝鸡	1.81	376.33	1788.59	1151.55	612.84	195.51	2589.88
咸阳	1.02	497.24	2155.91	1240.41	601.58	218.7	3063.2
渭南	1.30	535.99	1469.08	737.22	503.25	72.06	2085.21
铜川	0.39	84.51	324.54	192.52	110.05	36.1	383.98
杨凌	0.01	20.34	104.23	55.06	14.66	17.53	144.25

关中城市群形成了以西安为核心的空间格局。城市间的联系以陇海铁路（西宝、西铜高速公路）、咸铜铁路（西铜一级公路）为主。关中城市群不是孤立的，

通过轴带的建设，关中与四川盆地城市群、郑洛汴城市群、河湟谷地城市群和晋中城市群的联系得到加强。围绕发展轴出现规模不等的城市群组，如西安—咸阳、铜川—耀县、兴平—七里镇、户县—余下、临潼—新丰、华阴—华山—孟塬等。

表 7-3　关中城市群各城市主要职能

城市	主要经济职能	备注
西安	以旅游、科研、军工、制药、高新产业等为主	丝绸之路经济带新起点，将建设成为国家重要的科技研发中心，区域性商贸、物流、会展中心，区域性金融中心，国际一流旅游目的地以及全国重要的高新技术产业和先进制造业基地，着力打造西安国际化大都市
宝鸡	以机械、电子、食品和有色金属等为主	西部工业重镇、陕西省第二大城市。处于西安、兰州、银川、成都 4 个省会城市的中心位置，是通往祖国西南、西北的重要交通枢纽，陇海、宝成、宝中铁路在此交汇，是中国境内亚欧大陆桥上第 3 个大十字枢纽
咸阳	以重工业、化工、煤炭、太阳能多晶硅等为主	一个新兴的工业城市，已形成纺织、电子、煤炭、石油化工、机械为主体的工业体系，已成为陕西最大的果品生产加工基地、畜产品生产加工基地、电子工业基地、能源化工基地、医药保健基地、纺织工业基地
渭南	以粮食、棉花、油料等为主	素以农业著称，土地广阔，气候温和，光照充足，降水适中，可耕地占总面积的 96%，为全面发展农林牧副渔，实现农业的区域化、商品化、现代化提供了有利条件，其中粮食、棉花、油料总产量居全省前列，号称“陕西粮仓”
铜川	以煤炭工业、建材工业等为主	交通便捷，地势开阔平坦，城市基础设施日臻完善，正在成为铜川的政治、经济、文化中心，是铜川吸引投资、聚集人才、开发创业的热土
杨凌	农业高新技术产业	1997 年 7 月国务院批准正式成立杨凌农业高新技术产业示范区，纳入国家高新区管理，是我国三大农业示范区之一，是中国唯一的农业高新技术产业示范区。享受国家级高新技术产业开发区的各项优惠政策、国家对农业的倾斜扶持政策及西部大开发各项优惠政策

事实上，关中城市群最早被提及是在 2006 年，它还曾一度跻身为中国 10 大城市群之一。但与中国其他 9 大城市群（京津冀城市群、长三角城市群、珠三角城市群、山东半岛城市群、辽中南城市群、中原城市群、长江中游城市群、海峡西岸城市群、成渝城市群）相比，关中城市群在经济总量和区域面积等方面均明显偏小，以致连续多年居于末位。

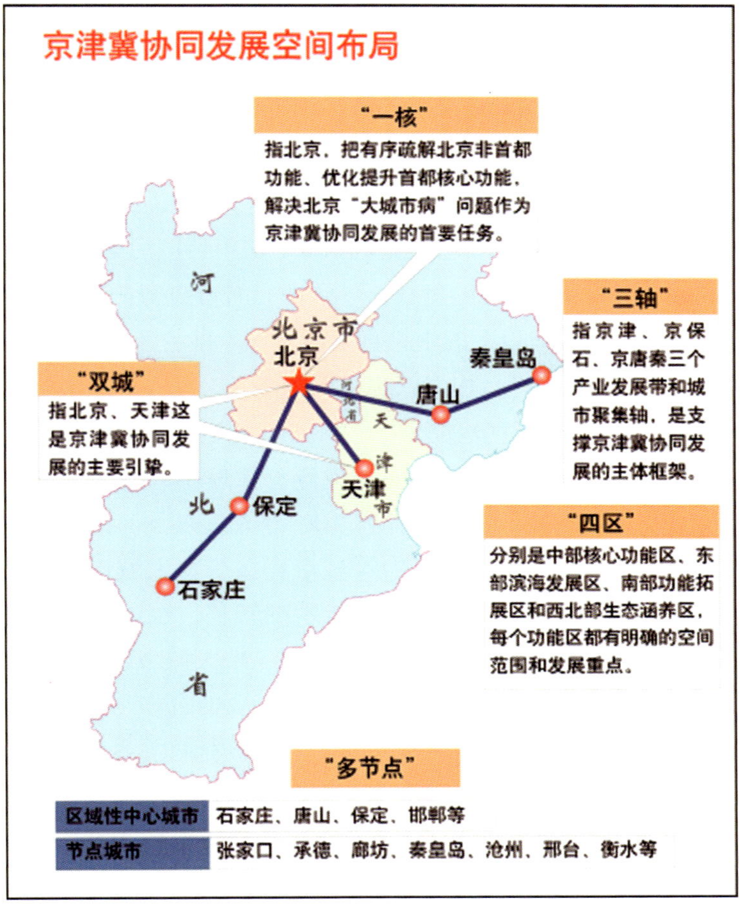

图 7–1　京津冀协同发展空间布局

表 7–4　关中城市群发展轴带

一级发展轴带	陇海铁路（陕西段）、西潼—西宝高速公路
二级发展轴带	西安—铜川—黄陵发展带、蓝田—西安—彬县—长武一线、陇县—宝鸡—凤县发展轴、韩城—西安线
三级发展轴带	东西向：西宝公路北线、周至—户县—蓝田线 南北向：周至—乾县、白水—渭南—蓝田线、澄城—大荔—罗敷线、三原—淳化—旬邑线、富平—耀县—七里镇线

近几年更是被哈长城市群赶超，跌落前 10 之外。此外，关中城市群还因为存在经济发展水平滞后、竞争力不高、城镇化水平低、城镇规模小、空间结构

不合理等问题，导致其发展不前。主要表现在：

中心城市缺乏竞争力。关中城市群自西部大开发以来，在发展上取得了巨大进步。然而目前，关中地区仅有地级以上城市5个，即西安、咸阳、宝鸡、渭南、铜川。与其他城市群相比，如珠三角城市群有地级以上城市9个，长三角城市群16个，京津冀城市群11个，成渝城市群11个，中原城市群9个，关中城市群的中心城市数量太少。作为中心城市的西安，城市环境污染加剧，市政建设、基础设施等严重不足，其过重的负载，导致中心城市自身的发展受到限制。西安市在全国25个百万人口以上的中央直辖市、省（自治区）首府和计划单列市中，综合实力处于偏下水平，加之缺少大城市支撑，导致整个城市群发展在全国区域协作和竞争中处于不利地位。

城市规模不合理。关中城市群城市规模总体偏小，除了西安市人口达到超大城市规模以外，其余城市规模都在100万人口以下。此外，关中城市群的城市结构不合理，大城市断层，中等城市直接受特大城市辐射，加之自身经济实力不足而难以消化产业、产品和技术的转移，也无法向西安市提供完善的辅助性产业和资源基础，这些都大大削弱了特大城市的辐射带动作用。

政策阻碍。关中城市群内各城市之间缺乏必要的合作与交流，各自为政，不相互协作。部门垄断和地方保护使得区域内政府行政关系复杂，给地区之间的协调带来很多制约因素，同时也阻碍了跨地区的经济合作和经济资源的自由流动。关中城市群地处中西部地区交界地带，除自身发展受到限制外，在西部大开发战略实施十多年来，作为其重要市场的西部地区靠能源、资源驱动的增长方式也遭遇着冲击，与此同时，中西部地区经济增速虽加快，但西部与东部地区间的差距并未缩小。

（2）甘肃河西走廊城市群

表7–5　河西走廊城市群规模等级结构

规模等级序列	城市数量	城市名称
大城市（50 ~ 100万人）	2	酒泉市、武威市
中等城市（20 ~ 50万人）	3	嘉峪关市、张掖市、金昌市
小城市（10 ~ 20万人）	0	
10万人以下	0	
合计	5	

河西走廊城市群位于甘肃省西北部，包括酒泉、威武两个大城市，嘉峪关、张掖、金昌 3 个中等城市。河西走廊城市群受地形及交通线路的影响，呈带状空间布局。各城市沿 G30（连霍高速）、G312（国道 312）沿线布置。河西走廊是古代“丝绸之路”的一部分，是中国同西方世界进行政治、经济、文化交流的重要国际信道。

表 7–6　2014 年河西走廊城市群各城市生产总值

地区	地区生产总值 / 亿元
嘉峪关市	260
酒泉市	634
张掖市	356.5
武威市	404.2
金昌市	245.64
河西走廊地区	1900.34
甘肃省	6835

目前河西走廊城市群发展面临的问题有：

生态环境问题。区域内流域存在较为严重的生态退化问题，主要表现在植被覆盖度和永久性雪盖面积的减少，部分地区生态问题激化。缺少水资源，天然灌木林枯萎、死亡，农田弃耕，部分已风蚀为沙漠现象明显。如敦煌西湖国家级自然保护区，因水资源匮乏逐年萎缩，库木塔格沙漠面积逐渐扩大；

规模结构不合理，城镇职能单一。超大城市缺位，中、小城市发展水平低，小城镇发展缓慢。各个城市职能大多以农业为主，产业结构趋同，职能重复严重，互补性较差；

缺乏统一的协调管理组织。各级城市均按行政建制独立发展，城市之间及其核心城市之间并无明显的经济联系，城市间关联度较低，这是城市群规模结构不合理、城市职能重复等问题的根本原因，也是制约城市群发展壮大的根本原因。

表 7–7　河西走廊城市群各城市主要产业

城市	主要产业	备注
兰州市	石油化工、装备制造、冶金有色、医药生物、高新技术产业	西北地区重要的工业基地和综合交通枢纽，西部地区重要的中心城市之一，丝绸之路经济带的重要节点城市
嘉峪关市	旅游、工业	嘉峪关位于甘肃省河西走廊的西端，嘉峪关市向西 5 千米处，是明长城西端的第一重关，也是古丝绸之路的交通要冲
酒泉市	新能源装备制造业、新材料产业、生物制药产业、信息技术产业和节能环保产业	酒泉市位于河西走廊西端的阿尔金山、祁连山与马鬃山之间，是甘肃省面积最大的城市。酒泉为汉代河西四郡之一，自古以来是中原通往西域的交通要塞，丝绸之路的重镇
张掖市	旅游、农业	古丝绸之路重镇，是新亚欧大陆桥的要道，是全国历史文化名城和中国优秀旅游城市，自古就有“塞上江南”和“金张掖”之美誉
武威市	旅游、农业	是“中国旅游标志之都”、“中国对外开放城市”、“中国历史文化名城”、“中国优秀旅游城市”、“中国葡萄酒城”，享有“西藏纳入中国版图的历史见证地”、“中国葡萄酒的故乡”、“世界白牦牛唯一产地”和“中国人参果之乡”等美誉
金昌市	有色金属、重化工	我国最大的镍钴生产基地和铂族金属提炼中心。已探明的镍储量在世界居第 2 位，仅次于加拿大，与铜镍伴生的其他稀有金属，储量及品味都居全国首位

（3）青海东部城市群

表 7–8　2014 年青海东部城市群人口统计表

地区	总户数 / 万户	总人口 / 万人			非农人口 / 万人
		合计	男	女	
西宁市	61.67	202.64	101.97	100.67	146.55
海东市	49.06	172.37	88.27	84.10	57.10
东部城市群	110.73	375.01	190.24	184.77	203.65
全省	177.17	580.16	293.48	286.68	278.20

青海东部城市群位于青海省东北部，包括西宁市及所辖大通回族土族自治县、湟中县、湟源县3县，海东市所辖乐都区、平安县、互助土族自治县、民和回族土族自治县、化隆回族自治县、循化撒拉族自治县6县（区）。

东部城市群地区农业主要以粮食作物、油料作物和蔬菜种植为主，牧业主要以肉牛羊、奶类和羊绒羊毛为主。工业结构层次偏低，按照规模以上工业总产值，轻、重工业比例为12.8∶87.2，重工业多为一些资源性、初级加工工业企业，技术含量较低。三产以传统流通服务业为主。

表7–9 青海东部城市群主要产业集群情况

产业集群	集中区域	代表企业
新能源产业	西宁东川工业园	青海神光新能源有限公司、青海聚阳能硅业有限公司、青海尚德尼玛太阳能电力有限公司、青海华硅能源有限责任公司
新材料产业	西宁东川、南川工业园和生物科技园	亚洲硅业（青海）有限公司、青海泰丰先行锂能科技有限公司、青海西旺高新材料有限公司
有色金属产业	西宁大通北川工业园、甘河工业园	西部矿业集团有限公司、中铝青海分公司、青海黄河再生铝业有限公司、平安鑫海资源开发有限公司、西宁特钢集团有限公司等、紫金矿业集团青海有限公司
化工产业	西宁及甘河工业园	青海宜化化工有限公司、青海桂鲁化工有限公司、青海化工设计开发有限公司
生物医药产业	生物科技园和东川工业园	青海晶珠藏药集团、青海金诃藏药集团有限公司、青海珠峰虫草药业有限公司
装备制造业产业	西宁、南川工业园和乐都	青海风发科技发展有限公司、青海洁神装备制造有限公司、青海康泰铸锻机械有限公司、青海精冶铸业有限公司
藏毯藏绒纺织产业	南川工业园	青海圣源地毯有限公司、青海柴达木绒业有限公司、青海藏羊地毯（集团）有限公司
特色工艺品、农产品加工产业	集中程度不高，各地均有	青海康普生物制品有限公司、青海互助青稞酒集团、青海可可西里实业开发集团有限公司、青海弘大农副产品加工有限公司、青海西北骄天然营养食品有限公司
建材产业	集中程度不高，各地均有	青海祁连山水泥有限公司、互助博川矿业公司

《青海省东部城市群城镇体系规划2014—2030》规划东部城市群将构建“两心、两带、三圈”的城镇体系空间发展框架。两心为西宁主中心和海东副中心；

两带为沿湟水兰（州）西（宁）城市发展带和沿黄河城镇发展带；三圈为以西宁为中心的城镇圈层（第一圈层由平安、湟中、大通、互助、多巴等城镇构成，第二圈层由乐都、化隆、湟源等城镇构成，第三圈层由民和、循化等城镇构成）。

目前青海东部城市群发展存在的问题：

区域发展不均衡，协作不紧密。作为省会城市西宁市的辐射带动作用不明显，各个地区与西宁市发展水平差别明显，城乡居民收入水平仍较低，县域之间发展也存在差异。经济互补性差，产业同质性高，竞争大于合作，未形成产业合作的格局。

城市首位度特别高。城市首位度（首位城市城镇人口 / 第二位城镇人口）高达 6.42，西宁市区的城市人口超过本区域其他全部城镇人口的总和。这表明西宁中心城市的经济社会发展实力遥遥领先，目前仍处于对周边地区强烈的吸引膨胀阶段。这样的首位分布在产生规模经济、集聚经济的同时，对区域经济的可持续发展、公平发展和相对均衡发展是不利的。

城镇之间总体上尚处于各自为政的独立发展阶段。受制于经济发展水平，中心城区和各县城以及各县城之间基本上都处于比较独立的产业发展阶段。西宁中心城市作为省会城市，有国家和省级投资，并能引进一些相关产业和技术人才，工业化和三产发展水平较高，发展后劲较大，但还不能将产业链扩散到周边城镇。各县城依托区域资源和现有基础发展，同类型产业较多，但相互之间很少联系，呈现出产业发展的初期阶段特征。

（4）宁夏沿黄城市群

宁夏沿黄城市群位于宁夏西北部，黄河两岸的平原地区，是中国西北部正在崛起的新的城市群，包括银川、石嘴山、吴忠、中卫 4 个地级市，灵武、青铜峡 2 个县级市，贺兰、永宁、平罗、中宁 4 个县，57 个建制镇。沿黄城市群以银川市为中心，向南北两个方向延伸，形成银川、吴忠、石嘴山 3 个城市组团和卫宁 1 个城市集群。

表 7–10　宁夏沿黄城市群各城市组团

组团名称	范围	备注
银川组团	以银川市为中心，包括贺兰和永宁两县及周边立岗、金贵、望远等建制镇	该组团城市化水平、经济发展实力最高，是城市群的核心区

续表

组团名称	范围	备注
吴忠组团	以吴忠市的利通区为中心，包括灵武市、青铜峡市及周边金积、青铜峡、九千米、小坝、崇兴、新华桥、叶盛、瞿靖、李俊等建制镇	
石嘴山组团	以大武口区为中心，包括石炭井区、惠农区、平罗县及周围的黄渠桥、大水沟、西大滩、姚伏、高仁、红果子、马太沟等建制镇	
卫宁城市集群	以中卫为中心，包括中宁县及周边鸣沙、石空、宣和、常乐等建制镇	中卫市和中宁县距离区域中心城市银川在150千米以上，是城市群中与中心城市联系最弱的城市，但是这两城市都是宁夏的交通中心

表 7–11 2013 年宁夏沿黄城市群各城市生产总值

地区	地区生产总值 / 亿元
银川市	1250
吴忠市	350
中卫市	278
石嘴山市	450
沿黄城市群地区	2328
宁夏省	2514

表 7–12 宁夏沿黄城市群各城市主要产业

城市	主要产业	备注
银川市	化学工业、机械工业、食品工业、建材工业	宁夏军事、政治、经济、文化科研、交通和金融商业中心，以发展轻纺工业为主，机械、化工、建材工业协调发展的综合性工业城市。中国—阿拉伯国家博览会的永久举办地
石嘴山市	材料、电力、重化工	宁夏回族自治区直属地级市、国家重要煤炭工业城市、宁夏能源重化工和原材料工业基地，号称“塞上煤城”。石嘴山市是宁夏典型的煤炭资源型工业城市，西北重要的工业城市
吴忠市	农业、旅游	宁夏沿黄河城市带核心区域。是河套文化的重要组成部分，是北方游牧民族与汉族文化的交汇点
中卫市	农业、旅游	宁夏中西部中心城市，沿黄城市带南部副中心，西北地区重要铁路交通枢纽，以发展商贸、旅游业为主导的滨河生态文化城市

目前发展存在的问题：

二元结构显著。沿黄城市群的中心城市银川人口超过了 80 万人，已步入大城市行列，但是小城镇的发展却远远落后于全国的平均水平，且小城镇工业发展落后，对周围农村带动作用非常弱，城乡二元结构矛盾突出；

单极中心突出。从沿黄城市群 4 个地级城市的 GDP 以及其非农业人口规模来看，宁夏沿黄城市群呈现出"单中心"的空间结构，即银川市是宁夏城市群的核心，其他城市与银川市之间有着较大的发展差距；

各城市各自为战。基础设施不联建、不共享，招商引资时互不通气，造成投资规模小且重复建设、产业低水平同构等不良现象。

（5）新疆天山北坡城市群

天山北坡城市群东起乌鲁木齐，西至伊宁，东西相距 600 多千米，包括乌鲁木齐、阜康、五家渠、昌吉、石河子、奎屯、乌苏、克拉玛依、博乐、伊宁 10 个市，呼图壁、玛纳斯、沙湾、精河、霍城等 9 个县，霍尔果斯、阿拉山口 2 个国家级口岸。

表 7–13　2014 年天山北坡城市群主要城市地区生产总值

地区	地区生产总值 / 亿元
乌鲁木齐市	2510
克拉玛依市	810
石河子市	398
昌吉市	1060
奎屯市	137.3
阜康市	143.17
乌苏市	166.82
天山北坡城市群地区	5225.29
新疆省	9264.10

依据相关城镇组群的优势与特色，天山北坡城市群功能布局如下：

乌－昌－石城市群作为国家重点培育的区域性城市群，无论经济规模、人才、资金，还是产业基础、公共设施基础等方面，在天山北坡城市群中都具有绝对优势，因此乌－昌－石城市群应加快城市职能更新，快速推进区域经济一体化进程，充分发挥对口援疆战略作用，积极承接东部地区先进制造产业的专业、积极争取更多国家政策，极力打造国际商贸中心、国际物流中心、国际金融中心、国际旅游胜地、西北制造业中心，培育西北核心增长极；

表 7–14 天山北坡城市群功能布局

名称	主要城市	中心城市	产业特征	功能布局
乌—昌—石城市群	乌鲁木齐市、昌吉市、五家渠市、阜康市、石河子市、呼图壁县、奇台县、吉木萨尔县、沙湾县、玛纳斯县	乌鲁木齐市、昌吉市、石河子市	多元结构型：农业以粮食、棉花、水果、甜菜等种植为主；工业以食品、医药、纺织、石化、机械制造、建材等为主；商贸、金融、旅游综合发展	国际性商贸中心、国际性物流中心和国际性金融中心、西北制造业中心、西部核心增长极，全国屯垦文化中心、国际旅游胜地
克—奎—乌城镇组群	克拉玛依市、奎屯市、乌苏市	克拉玛依市	工业主导型：以石油、天然气、煤化工、石油化工为主	国家战略能源基地、国家重化工基地
博—阿—精城镇组群	博乐市、阿拉山口口岸、精河县	博乐市	边境贸易主导型：以进出口贸易为主	国家战略能源通道、中亚核心贸易通道
伊—霍—察城镇组群	伊宁市、伊宁县、察布查尔县、霍城县、霍尔果斯口岸	伊宁市	边境贸易主导型：以进出口贸易为主	国际自由贸易区、国际旅游通道

克—奎—乌城镇组群作为国家西气东输、西油东送的源头，是国家战略能源库，随着我国与中亚国家能源合作不断加深，战略地位会进一步提升，因此克—奎—乌城镇组群应定位国家战略能源基地，并依托丰富石油、天然气、煤炭等资源，极力打造集石油化工、煤化工等于一身的国家重工业基地；

博—阿—精城镇组群作为最早开通的大陆桥口岸，已成为我国西向进出口贸易的重要通道，应充分发挥这一优势，极力打造国家战略能源通道、中亚核心货物贸易通道；

伊—霍—察城镇组群是国家在新疆开通的第 2 条国际铁路线口岸，在边贸、旅游、产品加工和货物中转等方面具有明显优势，应依托这一优势，积极争取国家政策，极力打造国际自由贸易区、国际旅游通道。

天山北坡城市群基本特征如下：

从区位上看，天山北坡城市群地处欧亚腹心地段，向东经兰新线、陇海线与我国东部发达地区、韩国、日本等东亚经济圈相连，向西经阿拉山口口岸到达哈萨克斯坦首都阿斯塔纳、经精伊霍铁路霍尔果斯口岸到达哈萨克斯坦乌拉尔河的里海入口阿特劳，再经东欧与发达的欧洲经济圈相连，是我国“东联西出、西来东去”最重要的战略要冲。

随着西部大开发战略的推进和对口援疆战略的实施，天山北坡城市群已成为承接东部产业转移和西向开放的重点战略区域，正逐步成为西部大开发的核心增长极。

从城市发展规模看，整体城市化水平还比较低，城市数量少、规模小，且分布分散，导致城市群空间组织紧凑度低、空间结构稳定性差、投入产出效率偏低，处于城市群发育雏形阶段。

2. 沿线国内城市群发展特征

丝绸之路沿线国内城市群作为中国西北地区经济发展的核心区，其作用日益明显，但与东中部城市群相比，城市群在总体发育程度、经济发展水平和经济集聚效应等方面还存在较大差距，这也是发挥城市群在丝绸之路经济带建设中的支撑作用需要迫切解决的问题。

（1）城市群总体发育程度较低

表 7–15　城市群发展规模比较

城市群名称	面积 /10^4 千米^2	人口 /10^4 人	节点城市	核心城市	城镇数
珠三角城市群	18.1	6481	珠江、佛山、惠州、肇庆、东莞、中山、澳门	广州、深圳、香港、	322
长三角城市群	35.4	22776.79	上海、苏州、无锡、常州、南京、镇江、扬州、泰州、南通、杭州、嘉兴、湖州、宁波、绍兴、舟山	上海	972
京津冀城市	21.6	11000	北京、天津、唐山、廊坊、保定、秦皇岛、石家庄、张家口、承德、沧州	北京、天津	980
中原城市群	5.88	4000	郑州、开封、洛阳、平顶山、新乡、焦作、许昌、漯河、济源	郑州	371

续表

城市群名称	面积 /10^4 千米^2	人口 /10^4 人	节点城市	核心城市	城镇数
成渝城市群	19.34	8678.7	成都、重庆、德阳、绵阳、广元、宜宾、乐山、泸州、南充、自贡、达州、眉山、内江、遂宁、广安、雅安、资阳、巴中、万州、涪陵	成都、重庆	1793
关中城市群	5.56	2300	西安、咸阳、宝鸡、铜川、渭南、杨凌	西安	633
甘肃河西走廊城市群	5.50	851.51	酒泉、武威、嘉峪关、张掖、金昌	酒泉	312
青海东部城市群	2.13	375.01	西宁、海东	西宁	150
宁夏沿黄城市群	2.87	483.8	银川、石嘴山、吴忠、中卫	银川	57
新疆天山北坡城市群	4.6	499.57	乌鲁木齐、阜康、五家渠、昌吉、石河子、奎屯、乌苏、克拉玛依、博乐、伊宁	乌鲁木齐	44

数据来源：根据 2014 年各城市统计年鉴和城市群相关资料整理。

与中、东部的城市群相比（表 7 — 15），丝绸之路沿线国内城市群所涉及的面积上相差不大，但在人口、核心城市规模与城镇数量方面，与中、东部还存在较大差距，除了关中城市群和甘肃河西走廊城市群人口在 500 万以上外，其他城市群人口均在 500 万以下，最少的为青海省东部城市群只有 375 万人，而中部和东部城市群的人口大部分都在 4000 万以上，长三角城市群更是有 2.27 亿人。丝绸之路沿线国内城市群节点城市、城镇数量远远小于中、东部地区城市群。在城市群的核心驱动力上，丝绸之路沿线国内城市群都是单核驱动，即只有 1 个核心城市，而东部城市群以双核或多核驱动为主，且核心城市竞争力远远大于丝绸之路沿线国内城市群的核心城市。因此，丝绸之路沿线国内城市群正处于发育阶段，丝绸之路经济带建设战略的提出为这些城市群的发展壮大提供了前所未有的机遇。

（2）城市群经济发展水平较低，核心城市带动作用有限

表 7-16 城市群经济发展水平比较

城市群名称	占全国 GDP 比重 /%	城镇化率 /%	核心城市	核心城市 GDP / 亿元
珠三角城市群	12.00	82.74	广州	16706.87
长三角城市群	15.00	70.52	上海	23560.94
京津冀城市群	10.40	59.95	北京	21330.80
中原城市群	1.83	45.73	郑州	6800.00
成渝城市群	6.00	45.66	重庆	14265.40
关中城市群	1.74	49.99	西安	5474.80
甘肃河西走廊城市群	0.60		兰州	1905.2
青海东部城市群	0.23		西宁	1065.78
宁夏沿黄城市群	0.40	54.06	银川	1250
新疆天山北坡城市群	0.67	87.84	乌鲁木齐	2510.00

数据来源：以上数据根据各城市 2015 年统计年鉴计算所得。

黄金川和陈守强根据城市群的规模大小和聚集程度，将中国城市群划分为 4 个等级，即国家级、区域级、次区域级和地区级，东部三大城市群（长三角、珠三角和京津冀）属于国家级城市群，丝绸之路沿线国内城市群只有关中城市群处于次区域级城市群，其他 4 个城市群都是地区级的城市群。

从表 7 — 16 城市群的经济发展水平，可以看出丝绸之路沿线国内城市群在经济总量上远远低于东部城市群，除了关中城市群经济发展水平较高之外，其他城市群 2014 年 GDP 占全国比重都在 1% 以下，而东部 3 大城市群就占到了全国 GDP 的 37.4%，东、中、西部城市群的经济发展水平差距较大。从城镇化率来看，西北城市群与全国城镇化率差距并不大，只有关中城市群低于全国城镇化水平，结合城市群的核心城市规模及经济发展情况可以看出，丝绸之路沿线国内城市群与东中部城市群的核心城市差距较大，这也是丝绸之路沿线国内城市群发展缓慢的原因之一，核心城市的带动作用不强，无法形成强有力的增长极。

（3）城市群内城市发展水平差异较大

根据成都市统计局对西部城市群的检测报告显示，丝绸之路沿线国内城市群的核心城市在检测的 5 项指标和综合指标上都存在较大差距。根据指标计算方法，指标值越大表示该项的发展水平越高，具体结果见表 7-17。

表 7-17 2014 年丝绸之路沿线城市群内城市发展水平

城市	综合指数		经济实力指数	城市影响力指数	基础设施保障指数	区域开放指数	城市品质及居民生活质量指数
	指数	位次					
西安	45.20	1	47.70	44.90	41.00	35.10	61.80
乌鲁木齐	37.20	2	38.40	29.90	26.80	60.60	44.30
兰州	19.60	3	24.70	15.60	7.20	24.20	36.80
银川	17.10	4	20.80	13.60	3.50	13.70	49.90
西宁	14.10	5	23.40	6.90	0.20	16.10	33.30

数据来源：成都市统计局，《成都市“五大兴市战略”及西部经济核心增长极统计监测（评价）体系》，2014 年。

从综合指标来看，关中城市群的核心城市西安处于首位，这与西安市在总体经济实力、城市基础设施建设等方面的优势相符合，而兰州、银川和西宁的综合指标得分都在 20 以下，城市综合实力较低；从经济实力、城市影响力和城市基础设施这 3 个指标来看，西安都处于相对较高的水平，而兰州、银川和西宁相对较弱，尤其是在城市基础设施建设方面，这也是丝绸之路沿线国内城市群整体发展水平不高的重要原因之一；从开放度来看，乌鲁木齐借助其区位优势，区域开放指数最高，而在生活质量方面，群内城市差距并不大。因此，有效提升丝绸之路沿线国内城市群核心城市在经济实力、城市影响力和城市基础设施建设这 3 个方面的发展水平，是丝绸之路沿线国内城市群成为丝绸之路经济带有力支撑的关键。

二、沿线国际城市群

1. 中亚城市群发展现状及特征

（1）哈中北部城市群

哈中北部城市群以阿斯塔纳为核心，包括卡拉干达（卡拉干达州）等城市，总人口约 180 万人。

阿斯塔纳是哈萨克斯坦的大型工业中心，有重要的机械加工企业（主要生产农机及其配件、牧业机械及饲料加工设备）、金属加工企业、磨粉碾米企业、食品加工企业，还形成了强大、发达的建筑业。市内有几十家外资和合资企业，出口商品以粮食及磨粉米业产品为主，销往俄罗斯、乌兹别克斯坦和吉尔吉斯斯坦。阿斯塔纳是连接哈国南北部、中亚与俄罗斯的铁路枢纽。

卡拉干达是哈国最大的工业城市，工业结构以钢铁、采煤和采煤机械业为主，此外金属、机械、化学、水泥等工业也很发达。

图 7–2 阿斯塔纳世博会

表 7–18 哈中北城市群主要城市列表

城市名称	人口 / 万人	主要职能
阿斯塔纳	100	哈萨克斯坦首都，被称为欧亚大陆的心脏，是世界上最年轻的首都之一，也是中亚最现代化、最发达且人民生活幸福指数最高的城市
卡拉干达	50	哈萨克斯坦主要的工业州之一

（2）伊犁河谷—哈东南城市群

伊犁河谷—哈东南城市群以阿拉木图为核心，包括哈萨克斯坦阿拉木图和中国新疆维吾尔自治区伊宁两市，总人口约 250 万人。

阿拉木图是哈萨克斯坦以前的政治、经济和文化的中心，在经济和科技等诸多领域属于中亚第一大城市，2014 年度“独联体文化之都”，也是独联体 5 大城市之一，人口 190 多万。阿拉木图是哈国最大的工业中心，食品和轻工业占很大比重，以面粉、肉类、纺织、毛皮、制鞋为主，此外还有机械制造、建筑材料和木材加工等。阿拉木图有铁路支线与土西铁路相连，为公路枢纽和重要航空港。

伊宁地处新疆西北部、伊犁河谷盆地中央，是新亚欧大陆桥中西部的主要窗口。伊宁是伊犁河谷内重要的物资集散地和工业中心，主要资源有煤、石油、金、银、铜等，产业以煤电、煤化工、矿产品加工、新型建材、农副产品深加工等为主。

表 7–19 伊犁河谷 – 哈东南城市群主要城市列表

城市名称	人口 / 万人	主要职能
阿拉木图	190	哈萨克斯坦前首都，在经济和科技等诸多领域属于中亚第一大城市
伊宁	52	伊犁河谷内重要的物资集散地和工业中心

（3）费尔干纳城市群

费尔干纳盆地位于乌兹别克斯坦、塔吉克斯坦和吉尔吉斯斯坦 3 国的交界地区，是中亚人口最稠密的地区之一。费尔干纳城市群以塔什干为中心，包括塔什干、费尔干纳、纳曼干、别卡巴德、苦盏、安集延等城市。

表 7–20 费尔干纳城市群主要城市列表

城市名称	人口 / 万人	主要职能	主要产业
塔什干	200	乌兹别克斯坦政治、经济、文化、交通中心	机械制造、冶金、电力、轧棉、纺织、食品加工为主，化肥、建筑材料工业
费尔干纳	20	乌兹别克斯坦铁路枢纽站	建有大型纺织联合企业，轧棉、缫丝、炼油、化肥、化纤、油脂、罐头厂及热电厂等
纳曼干	30	纳曼干州首府	工业以轧棉、纺织和食品加工（罐头，奶制品、酿酒）为主，还有化工厂、变压器厂、汽车修理和建筑材料厂

续表

城市名称	人口 / 万人	主要职能	主要产业
别卡巴德	8	锡尔河流经费尔干纳盆地的出口处两岸	建有炼钢厂、法尔哈德水电站，还有水泥联合企业、钢筋混凝土制品厂等
安集延	30	安集延州首府	乌兹别克斯坦的工商业中心之一、机械制造和金属加工业中心，有轧棉、针织和食品加工等工业
苦盏	15	苦盏是塔吉克斯坦第二大城，北塔吉克斯坦核心城市	轻工、机器制造、家具，食品工业

（4）中亚城市群发展特征

一是城市群等级体系不完善。城市群的发展需要不同等级规模的城市依据自身的地理、资源、产业结构等条件在城市群经济发展中承担不同职能。特大城市主要通过聚集效应和扩散效应向周围城市逐级进行辐射。大城市通过技术传播、商品贸易、服务贸易以及资本等要素流动方面在特大城市与中等城市之间起着承上启下的作用。中亚 3 个城市群除核心城市（阿斯塔纳、阿拉木图、塔什干）人口在 100 万人以上外，其余各城市人口偏少，致使城市群中大城市、中等城市缺失，城市群体系不完善；

二是小城市和城镇发展滞后。小城市和城镇的发展应适应城市群发展需要，形成自己的特色。然而，中亚城市群内小城市和城镇的数量偏少，发展水平严重滞后，这使得资源开发利用受到限制，不利于各城市群的发展；

三是城市群生态环境良好。区域内除城市用地外，还有大片的农田、林地、绿洲等，是获取新鲜农产品、提供游憩场所和改善环境的有机组成部分。如费尔干纳盆地是中亚地区最古老、也是最集中的绿洲灌溉农业区，是中亚最富饶的地区；伊犁河谷自然条件优越，气候温和湿润，天然草场总面积约 2000 多万公顷，森林面积 180 万公顷，森林覆盖率 16%，是新疆最湿润的地区，素有“西域湿岛”“塞外江南”的美称，是中国西部最富饶的土地之一。

图 7-3 伊犁河谷

2. 欧洲城市群发展现状及特征

（1）法国大巴黎地区城市群

法国大巴黎地区城市群是以巴黎为核心城市，沿塞纳河而形成的包括鲁昂、勒阿弗尔等城市在内的带状城市群，它是法国为了限制巴黎大都市区的扩展，改变原来向心聚集发展的城市结构，沿塞纳河下游在更大范围内规划布局工业和人口而形成。该城市群表现为以巴黎为核心的极核网络化模式，极核型城市群对空间外区域表现出超强的虹吸效应。

表 7-21 大巴黎地区城市群主要城市列表

城市名称	人口 / 万人	主要产业
巴黎	248.33	汽车、电器、化工、医药、食品
鲁昂	50	服务业、贸易、石油化工、精细化工、天然气、制药、食品、电机工程为主，还有部分航空、汽车制造、造纸、建筑、运输等工业部门
勒阿弗尔	—	法国北部海滨城市，是法国第 2 大港口（仅次于马赛），也是距离法国首都巴黎最近的大型港口

（2）荷兰兰斯塔德城市群

荷兰的兰斯塔德城市群是一个多中心马蹄形环状城市群，包括阿姆斯特丹、鹿特丹和海牙3个大城市，乌德支列、哈勒姆、莱登3个中等城市以及众多小城市，各城市之间的距离仅有10~20千米。兰斯塔德城市群约占荷兰国土面积的1/4，集聚的人口占荷兰总人口的近2/3，拥有超过600万的人口，是欧洲最大的组群城市之一。

图7-4 鹿特丹港码头

兰斯塔德城市群是一个相对典型的多核网络化城市群，该城市群的特点是把一个城市所具有的多种职能分散到大、中、小城市，形成既有联系、又有区别的空间组织形式，以保持整体的统一性和有序性。兰斯塔德城市群内的鹿特丹、海牙、阿姆斯特丹、乌得勒支等城市都是荷兰西部的重要城市，受荷兰地理条件、行政体制等影响，各城市土地当局对本城市范围内的土地有很强的控制权，地方政府具有高度自治权，使得这些在地理条件上有优势的城市在相互竞争中各有特色地发展，最终形成了目前区域内各城市相互独立、规模相似、专业分工明确的多中心网络化发展模式。

荷兰兰斯塔德城市群各城市有分工地承担着政治、经济、文化、科技等职能，这种分工明确、功能互补的城市体系，长期保持旺盛的发展活力。除了各城市产业分工互补发展外，最重要的是该地区内企业与欧洲乃至世界同行及其他产业集群紧密联系，互相合作、共同研发、共享知识、联合创新，构建出错综复杂、相互关联的创新网络，使得该区域的学术研究及各主导产业在全球始终处于领先地位。

表 7-22 兰斯塔德城市群主要城市列表

城市名称	人口 / 万人	主要产业	主要职能
阿姆斯特丹	110		荷兰首都，荷兰经济、文化中心
乌得勒支	110	生命科学，生物技术、制药和医药技术	阿姆斯特丹—莱茵河沿岸的重要水运中心，是荷兰的批发贸易中心和国际工业博览会所在地
鹿特丹	102.4	造船业，石油化工、家用电器、电子仪器、乳品加工	超过纽约港吨位的最大港口，石化业与造船业是鹿特丹的支柱产业
海牙	47.2		荷兰政治中心

（3）德国莱因—鲁尔城市群

德国莱茵—鲁尔城市群是个因工矿业发展而形成的多中心城市集聚区，是欧洲工业中心。该城市群以杜塞尔多夫为中心，北至埃森南至波恩，西至门登等城市及周边城镇，在长 116 千米、宽 67 千米、总面积约 5000 千米 ^{2} 的范围内有 20 多个城市，其中 50 万 ~100 万人的大城市有 5 个，分别是埃森、杜塞尔多夫、科隆、多特蒙德和杜伊斯堡（科隆人口近 100 万），10 万 ~50 万人口城市有 24 个。

莱茵—鲁尔城市群内各城市规模相对较小，发展均衡，数量众多，呈现独具特色的多点分布式网络模式。不管在经济、政治、文化方面，还是其他任何方面，莱茵—鲁尔区城市群内没有一个城市处于明显的支配性地位。尽管埃森、杜塞尔多夫、科隆、多特蒙德和杜伊斯堡是区域内的核心城市，但这些城市仍与其他众多政治独立、规模较小的城市处于平行竞争与发展地位。

莱茵—鲁尔城市群内各城市大多有各自的优势主导产业，无论是传统的钢煤、机械制造、食品加工等产业，还是精密加工、精细化工、现代交通网络等，

图 7-5　鲁尔工业区

无不利用信息技术提高市场竞争力和生产效率。城市间产业差异化发展、关联互补，使城市群持续保持强劲的竞争力。

（4）欧洲城市群发展特征

一是具有中枢的支配地位。欧洲的城市群往往都是洲际乃至世界的经济、金融中心，集外贸门户、现代化工业、商业金融、文化先导等职能于一身，具有发展国际间联系的最佳区位优势，是产生新技术、新思想的“孵化器”，对国家、地区乃至世界经济发展具有中枢的支配作用；

二是具有完整的城市等级体系。城市群中心城市是由 2 个以上大城市或特大城市组成。中心城市在城市群形成和发展中起着核心作用，是人口与产业集聚的引力中心。通过城市间的分工协作，形成了一个由大中小城市和市、镇构成的城市群体；

三是具有发达的区域性基础设施网络。城市群拥有由高速公路、高速铁路、航道、通讯干线、运输管道、电力输送网和给排水管网体系所构成的区域性基础设施网络，其中发达的铁路、公路构成了城市群空间结构的骨架。

四是总体产业结构呈现横向集聚分类、纵向链化分层的特征。城市群的产业结构并不单一，由于各核心城市的主导产业不同，形成了不同的产业集群，而相同的产业集群内不同层级的城市产业分工又有所不同。城市群各城市产业职能分工合理，有效提升了城市群整体经济实力。

第二节 合作优劣势分析

一、城市群合作优势分析

1. 沿线国家城市合作成效显著

随着《推动共建丝绸之路经济带和21世纪海上丝绸之路的愿景与行动》发布，以“政策沟通、道路联通、贸易畅通、货币流通、民心相通”5块基石铺就的合作大道日渐开阔。目前丝绸之路经济带已在欧亚地区深入人心，成为了双边经贸合作的主线。丝绸之路经济带在欧亚地区取得了突出成果。

一是政策、机制对接迅速。中国商务部已与欧亚地区8国签署了共建“丝绸之路经济带”部门间合作文件，与欧亚经济委员会签署《启动中国与欧亚经济联盟经贸合作伙伴协定谈判的联合声明》，并与俄远东发展部牵头合作成立了中国东北地区和俄远东地区地方合作理事会。

二是自贸区建设和贸易便利化工作取得突破。中国商务部与格鲁吉亚完成了自贸区协定谈判可行性研究，正式启动自由贸易协定谈判；推动上合组织建立了贸易便利化工作机制，启动了贸易便利化的制度安排进程；与欧亚经济联盟启动了经贸伙伴合作协定谈判，并确定了建立自贸区的长远目标。

三是大项目进展顺利。一批有影响的道路、跨境物流运输、能源基础设施、境外经贸合作园区建设等互联互通和产能合作项目相继竣工，成为丝绸之路经济带开局之年的重要早期收获。如吉尔吉斯斯坦伊塞克湖环湖公路连接线修复和达特卡–克明输变电项目、塔吉克斯坦艾尼–彭基肯特高速公路项目均已竣工等。

四是资金融通进展明显。中国与欧亚7国签署了总额为2107亿元的双边本币互换协议，尤其是2015年10月以来，中国人民银行与俄央行两次动用本币互换资金累计达100亿卢布，主要用于双边贸易结算。此外，欧亚7国成为亚投行意向创始成员国。丝路基金、中国—欧亚经济合作基金、中哈产能合作基金的组建，大大拓展了中方对该地区的投资平台。

图 7–6　中尼产能与投资合作论坛

2. 各类组织推动区域合作发展

“十一五”以来，国家要求从区域协调发展的角度编制区域规划，扩展区域合作，各地政府响应国家号召，通过自发联合成立各种区域经济合作组织，建立区域发展的制度化依托，使经济合作长期化、规范化、协调化。目前区域经济合作组织基本类型有省际的经济协作组织、省毗邻地区经济协作组织、省内经济协作组织和城市间经济协作组织 4 种类型。

国内主要区域经济合作组织有：西南 6 省（自治区、市）7 方经济协调会，西北 5 省（自治区）经济协调会，黄河经济协作区，武汉经济协作区，南京区域经济协调会，闽粤赣 13 地（市）经济协作区，闽浙赣皖 9 方经济区，湘鄂川黔边区经济协作区，淮海经济协作区，中原经济协作区，闽西南区域经济协作区，闽东北 5 地市经济协作区，辽宁中部经济区，滇中 8 地州协作区，长江沿岸中心城市经济协调会，长江三角洲城市经协会，江苏苏锡常通经济协作区，湖南长株潭经济协作区，丝路重镇经联会等等。国际政府组织组成的合作体有：亚太经合组织（APEC），亚太经社会，东盟 10 国，上海合作组织，博鳌论坛，欧共体等，加强了合作国之间的贸易关系，从关税、市场准入、投资互动等方面展开合作协商。

合作组织的主要活动形式包括组织合作区内不同地区之间开展双向经验交流和参观学习，高层领导互访；轮换地点定期召开高层领导人联席会议，建立省（自治区、市）长或市长专员联席会，正式设立协作区的常设办事机构等。这些合作组织为丝路沿线城市群合作、城市与区域合作提供了组织平台。

3. 沿线区域交通逐步提升改善

（1）沿线城市群航空发展现状

机场。目前丝绸之路沿线城市群内共有 16 个主要机场，其中国内 9 个，国际 7 个。机场位于城市群的核心城市或次中心城市。国内机场中西安咸阳机场等级最高为 4F 级，嘉峪关机场等级最低为省内支线机场。巴黎戴高乐机场为 16 个机场中旅客吞吐量最多的机场，旅客吞吐量为 10750 万人次。西安咸阳国际机场为国内 9 个机场中旅客吞吐量最多的机场，2015 年旅客吞吐量为 3297 万人次。

表 7–23　城市群主要机场列表

城市群名称	机场名称	等级	旅客吞吐量 / 万人次	简介
陕西关中城市群	西安咸阳国际机场	4F 级	3297	位于中国内陆中心，是中国西北地区最大的空中交通枢纽，中国 10 大机场之一
甘肃河西走廊城市群	嘉峪关机场	省内支线机场	22.18	位于中国甘肃省嘉峪关市东北 9 千米处，距离酒泉市较近。它是中国西北地区历史最为悠久的机场之一，是欧亚航路通信导航枢纽
	金昌机场	4C 级	10	位于金昌市以东 19 千米
青海东部城市群	西宁曹家堡机场	4E 级	400	位于青海省互助县高寨乡境内，距市中心 28 千米。西宁机场是国内 4E 级干线机场，是青藏高原重要交通枢纽和青海省主要对外口岸
宁夏沿黄城市群	银川河东国际机场	4E 级	539	位于宁夏银川灵武市北部，飞行区等级为 4E 级，属国内干线机场
	中卫香山机场	4C 级	15	位于中卫城区西北方向 9 千米，香山机场地理位置处于中国中心

续表

城市群名称	机场名称	等级	旅客吞吐量 / 万人次	简介
新疆天山北坡城市群	乌鲁木齐地窝堡国际机场	4E 级	1851	是中国面向中亚、西亚和连接欧亚的国家门户枢纽机场。与昆明长水国际机场并列为我国两大国家门户枢纽机场，联结亚欧的重要国际航空通道
	博乐阿拉山口机场	4C 级	20	博乐自古就是丝绸之路北道要冲。博乐通航标志着博州交通步入了一个新的历史里程，成为新疆乃至我国西北地区唯一集公路、铁路、航空、管道联运四位一体的区域性综合交通枢纽
	伊宁机场	4C 级	31.3	是乌鲁木齐机场外新疆航班起降最为繁忙的机场，旅客吞吐量排乌市、喀什后列第 3 位
哈中北部城市群	阿斯塔纳机场		83.4	是欧亚大陆最现代化的机场之一
伊犁河谷—哈东南城市群	阿拉木图国际机场		200	该机场在往返于东南亚国家和欧洲的国际航线上具有巨大的地理优势，是阿斯塔纳航空公司的主要基地，承载了哈萨克斯坦一半的旅客交通和 68% 的货物交通
费尔干纳城市群	塔什干尤日内机场		200	是中亚 5 国中最大的机场
德国莱茵—鲁尔城市群	杜塞尔多夫国际机场			德国第 3 大机场，莱茵—鲁尔区的主要机场
法国大巴黎地区城市群	巴黎戴高乐机场		10750	巴黎首要的机场，为欧洲主要的航空中心，也是法国主要的国际机场。主要负责接待国际航班
	巴黎奥利机场			主要负责接待国内航班和部分欧洲航班
荷兰兰斯塔德城市群	鹿特丹机场			是荷兰的第 3 大机场

航线。丝绸之路沿线各城市群的核心城市之间除嘉峪关外都有航线（甘肃河西走廊城市群嘉峪关只有到西安的航线）。从各个核心城市之间的航线疏密程度可以看出，国内城市群之间联系密切，与中亚城市群联系较为密切，与欧

洲城市群联系相对较少；中亚城市群之间联系较为便捷，与陕西关中城市群、新疆天山北坡城市群联系比与甘肃河西走廊城市群、青海东部城市群、宁夏沿黄城市群方便快捷；欧洲城市群内部核心城市之间航线往来密切，城市群外部核心城市之间航线较少。

中国与中亚航空互联互通现状。在民用航空领域，中国从 1993 年开始就陆续同中亚各国签订了民用航空协议，并在 2007 年着手与中亚各国共同建设“空中丝绸之路”。在国内，新疆作为丝绸之路经济带核心区，与中亚国家的航空来往最为密切，到 2015 年 6 月底新疆机场数量增加至 17 个。新疆民航方面将在此次建设中发挥重要作用，为推动空中通道的建设，应以乌鲁木齐西门户航空枢纽为核心，开通乌鲁木齐至中亚重要城市的国际航线，和至国内发达城市的国内航线及旅游城市航线。同时，也应开通中亚重要城市至北京、上海等中国重要城市的航线。初步形成覆盖面广、功能完善、布局合理的中亚区域航空体系。

表 7–24　中国与中亚国家签署的航空协定

签署时间	签署国家	签署协议
1993 年 10 月	中国与哈萨克斯坦	《中华人民共和国政府和哈萨克斯坦共和国政府航空运输协定》
1994 年 4 月	中国与乌兹别克斯坦	《中华人民共和国政府和乌兹别克斯坦共和国政府航空运输协定》
1996 年 7 月	中国与吉尔吉斯斯坦	《中华人民共和国政府和吉尔吉斯斯坦共和国政府航空运输协定》
1998 年 8 月	中国与土库曼斯坦	《中华人民共和国政府和土库曼斯坦政府航空运输协定》
2007 年 1 月	中国与塔吉克斯坦	《中华人民共和国政府和塔吉克斯坦共和国政府航空运输协定》

（2）铁路通道现状

中国与中亚。自 20 世纪 90 年代以来，在交通运输合作方面中国与中亚国家已取得一定进展，目前亚欧大陆上最为便捷的东西通道，是由中国陇海铁路和兰新铁路与哈萨克斯坦铁路接轨的新亚欧大陆桥（第二亚欧大陆桥）和“渝新欧”国际铁路，它连接了沿线的各大城市，促进区域的沟通交流，现有的铁路建设已然促进了中国与中亚国家的合作与交往。此外，由国内出发途径中亚国家的主要班列还包括“汉新欧”“蓉欧”“郑欧”“合新欧”“义新欧”等货运班列。中国的高铁项目实施“走出去”的对外投资战略，早在2009年就确定了欧亚高铁、中亚高铁和泛亚高铁3条高铁规划战略，其中中亚高铁与古老的“丝绸之路”重合，取道吉尔吉斯斯坦、乌兹别克斯坦等中亚国家，经过伊朗，再到土耳其，最后抵达德国，这将极大地促进中国与中亚国家铁路互联互通。

表 7-25　中国－中亚班列开通情况

班列名称	开通时间	国内出发地	经过口岸	途径国家	历时	长度
北京—中亚班列	2014 年 3 月	北京	阿拉山口	哈萨克斯坦	12 天	5038 千米
长安号	2014 年 6 月	西安	阿拉山口	哈萨克斯坦	3 天	3860 千米
宁波—中亚班列	2014 年 8 月	宁波	阿拉山口	哈萨克斯坦	8~9 天	—
天马号	2014 年 12 月	武威	阿拉山口	哈、乌、土	5 天	2646 千米
连新亚	2015 年 2 月	连云港	阿拉山口	哈萨克斯坦	10 天	5600 千米
南京—中亚班列	2015 年 6 月	南京	阿拉山口	哈萨克斯坦	7 天	4200 千米
青岛号	2015 年 7 月	青岛	阿拉山口 霍尔果斯	哈、乌、土	6~7 天	—

这些班列便利了中国不同地区与中亚国家的商品贸易往来，如通过“连新亚”班列出口来自中国长三角和珠三角地区的医疗设备、家用电器、板材等产品，与此同时，哈国铁公司也开行对华出口班列，向中国出口有色矿产等产品。此外，一些班列还采取便捷的通关方式，如长安号班列实现了进出中亚的货物在西安报关、结汇，大大提高了通关效率。

欧洲体系。著名的国际铁路有：一是“东方快车”干线，以伦敦为起点，穿越英吉利海峡海底隧道至巴黎，其中一支经慕尼黑—维也纳—布达佩斯—贝尔格莱德—索菲亚—伊斯坦布尔，南下至巴格达，或由贝尔格莱德向南抵至雅典。另一支经巴黎或布鲁塞尔—科隆—柏林—华沙—莫斯科，再接俄罗斯西伯利亚大铁路达中国，东去可至朝鲜平壤，南下可接越南河内。二是“南北快车”干线，由葡萄牙的里斯本出发，经马德里—巴黎—科隆—柏林—华沙—圣彼得堡，向北直抵芬兰赫尔辛基。

（3）公路网络现状

丝绸之路沿线国内城市群区域公路网络。丝绸之路沿线国内城市群分布区域共有 25 条公路干线，其中高速 12 条、国道 13 条。其中 G30、国道 312 经过的城市群最多，经过的城市群有陕西关中城市群、甘肃河西走廊城市群、新疆天山北坡城市群。

15 条交通主干线中经过陕西关中城市群核心城市西安的有 10 条，可见关中城市群与外界联系较为便捷；而经过青海东部城市群、宁夏沿黄城市群的交通线路相对较少，说明这两个城市群与外界联系程度较低；G7、G3011、G3014、G3015、G3016、国道 218、国道 217、国道 314 为新疆内部交通干线，可见新疆天山北坡城市群内部城市间联系较为便捷。

中国与中亚公路互联互通现状。公路运输是中国与中亚国家交通运输合作中起步最早的领域，目前，东起连云港，途经西安、乌鲁木齐、阿拉山口、巴克图、霍尔果斯等重要城市的“中国—中亚公路带”基本成型，这条公路带向外延伸至哈萨克斯坦、塔吉克斯坦、吉尔吉斯斯坦、乌兹别克斯坦、土库曼斯坦，大大缩短了中国与中亚 5 国之间的空间距离。目前，中国与中亚国家已经开通 87 条客货运输路线，在这些线路中，中哈 64 条（客运 33 条、货运 31 条），中吉 21 条（客运 10 条、货运 11 条），中塔 2 条（客运货运各 1 条）。中国对中亚国家在公路方面开放的口岸主要有阿黑土别特、吉木乃、巴克图、霍尔果斯、都拉塔、木扎尔特、别迭里、吐尔尕特、伊尔克什坦、卡拉苏、阿拉山口等 11 个边境公路口岸。这些口岸中，中国与哈萨克斯坦 7 个，与吉尔吉斯斯坦 3 个，与塔吉克斯坦 1 个。

4. 沿线极点城市增长带动凸显

“十二五”期间丝路沿线国内城市发展迅猛，西安、兰州、银川、西宁、乌鲁木齐经济社会发展取得了显著成就，城市创新驱动力、产业竞争力、综合承载力、辐射带动力及绿色发展力等方面能力大幅增强。

西安。“创文”成功，三星落户，渭北工业区建设全面启动，成功举办世园会，建成西部首个内陆港，丝路联合申遗取得成功，国家全面创新改革试验区和自主创新示范区正式获批。城市的承载力、影响力、美誉度进一步提升。

兰州。获批建设国家级兰州新区，正在成为西北地区重要经济增长极、国家重要产业基地、向西开放重要战略平台、承接产业转移示范区。建成运营兰州新区综合保税区，实现海关特殊监管区“零”的突破，成为兰州扩大开放、发展外向型经济的新平台。

图 7–7　兰州新区综合保税区

银川。建成银川通航产业园、西北首家国际商品保税展销中心，中阿卫星数据产业园挂牌成立，成功举办第二届 WCA 世界电竞大赛，产业规模和品牌影响力持续扩大。对外开放迈出扎实步伐，新开通国际客运航线 5 条，首个城市候机楼启用，空港口岸年出入境人数突破 10 万大关。与郑州等丝绸之路经济带沿线城市 9 个海关建立区域通关一体化。

西宁。城市扩容提质升级，基础设施建设不断加强，城市综合承载能力显著提高。先后实施一批基础设施重大项目，城市空间优化拓展，内涵和品位提升引领蝶变。

乌鲁木齐。综合交通枢纽建设实现大跨越，创造了西部地区交通建设发展的奇迹。成功举行四届中国—亚欧博览会，举办三届丝绸之路经济带城市合作发展论坛，“五大中心”建设全面启动，缔结友好城市总数达 27 个，乌鲁木齐成为丝绸之路经济带建设中倍受瞩目的城市。

二、城市群合作劣势分析

1. 沿线城市群合作秩序未确立

丝路沿线国内地区产业发展大都以资源型为主，具有不可持续的特点，需要在资源产业发展的过程中通过产业转型和产业结构升级、生态治理等措施增强地区和城市发展的经济基础。一般来讲，资源带来的高利润并不能给本地的发展带来明显的变化，由于生态环境相对脆弱，产业发展限制因素较多，很多资源企业通过利润转移将其收益转移到其他自然条件相对较好的区域。这就造成了资源富集地的没落与不满，也抑制了资源地城市的合作意愿。所以建立相应的合作规则，通过法规、制度等约束机制规范城市间的合作行为，通过政府的管理调节资源供给城市与资源消费城市之间的利益关系和社会关系，才能提升城市民众、企业等层面的合作意愿和合作活动。

2. 区际间合作缺乏实际性措施

由于历史、文化和体制等原因，政府依然是目前推动经济增长的主要力量。行政体制分割，各自为政，行政性区际关系替代了市场性区际关系，难以做到资源的优化配置及经济融合。丝路复兴龙头作用的巨大利益驱使，各地方政府或以公开的形式，或以隐蔽的形式实行地方保护主义。如区域间为争夺紧俏资源而展开的资源大战，构筑名目繁多的贸易壁垒和行政壁垒，互相实行资源、技术、人才、商品的垄断和封锁等来保护本地区的利益。不仅造成了流通渠道堵塞，各种商品和生产要素不能自由流动，而且使地区、行业、企业间的优势无法互补，造成资源浪费，难以形成统一的合作市场。这些都是推动丝路沿线城市群进一步合作的障碍。

3. 城市整体产业发展基础薄弱

沿线区域缺乏统一规划，中心城市主导产业带动作用不强。丝路沿线各城市自行开发，没有建立完整的产业链，且各区域重复建设，在开放引资上竞相出台优惠政策，在外贸出口上竞相压价，导致过度或恶性竞争，从而导致地区产业结构趋同现象不断加剧，经济增长缓慢，经济合作的向心力不足。中心城市主导产业的专业化协作水平无法支持促进产业链延伸。

产业链有待延伸，产业带的培育还有待加强。丝路沿线地区农业基础薄弱，第三产业发展滞后，多以重化型、政策导向型工业为主导产业。资源型城市也大多是依托重化工业的建立而创设。工业内部大都是以资源开发型的原材料工业为先导，而轻工业和加工业发展滞后，轻重工业比例严重失调。这样就面临着经济效益损失、地区分割、地区保护以及无序竞争、产业结构升级困难等问题。

4. 重大交通设施共建进程缓慢

中亚国家财力不足，一些基础设施仍然薄弱。中亚地区总体基础设施建设相对滞后，2012 年，中亚 5 国固定互联网宽带普及率仅为 3.1 户 / 百人，不到中国的 1/4；电话普及率为 12.3 户 / 百人，约为我国的 3/5。中亚国家基础设施老化严重，原有交通网络结构以南北方向和里海方向的通道为主，是一种放射型网络结构，这种结构既不符合中亚国家资源输出，也不利于中国与中亚国家的合作。但一些中亚国家本身经济发展较慢，又缺乏必要的融资渠道，导致对于基础设施的建设资金不足，这严重影响了中亚国家基础设施的发展。

制度框架不健全，缺乏有效的协调机制。在“丝绸之路经济带”建设的背景下，中国与中亚国家尚缺乏政府间的沟通与协调，各国法律法规差别很大，相互合作过程中难以做到协调一致。在交通合作中，中亚国家铁路均采用宽轨或窄轨，而中国为准轨，交通运输需要换轨，且通关环节多，联运手续繁杂，税费不规范，运输效率不高。

5. 资源能源开发缺少合理规划

旅游资源开发不够完善。丝绸之路有着丰富的文化历史遗产、独特的自然风光，对于旅游者有着不凡的吸引力。但由于丝绸之路线路长、地域广，致使沿路旅游资源开发不够完善。丝路旅游路线中，中国和欧洲发展好，中段发展弱。中小尺度发展比较好，而大尺度比较弱。国内比较好，跨国、跨洲的发展比较弱。航空发展较好，公路、铁路等地面交通较弱。相同相似文化圈来往较好，不同文化圈旅游发展较弱。

能源矿产开发不合理。丝路沿线地区是能源开发的优势地段，有着丰富的煤炭、石油、天然气等常规能源，且生物能源、电力制造、风电、太阳能、水电等非常规的、可再生的、生态的、经济型能源开发前景美好。然而，目前的能源开发项目仅限于石油、天然气等资源的开发。国内资源、能源开发的合作机制没有启动，就很难进一步推进国际合作并保持其持续性。

第三节 城市群合作内容

一、国内城市群间合作

1. 丝路沿线国内区域产业发展特点

（1）产业分工与合作向区域外围扩展

区域经济的发展不是封闭的，而是和周围相关区域存在紧密联系的。尤其在丝绸之路经济带国家宏观政策背景下，沿线城市成为沟通东部发达地区与中亚国家的重要桥梁。与区域外围相关经济利益共同体存在千丝万缕的联系。原有的区域内部产业分工与合作向外围扩展。一方面，丝绸之路经济带沿线城市区域要积极承接东部产业转移，利用本地区有利的区位因素实现本地区产业的发展。同时，丝绸之路经济带沿线城市区域要形成正确的地区定位，对东部地区要积极融入东部发展，充分利用东部地区先进的技术设备、雄厚的资本优势、高素质的人才队伍，提升本地区产业层次。西部中亚地区要积极开拓海外市场和合作领域，将丝绸之路经济带沿线城市区域打造成向西出口的生产基地。

（2）产业分工与合作伴随国家层面与省级层面的交流合作

丝绸之路经济带的提出，可有效打破过去单一省份各自为政的现状，丝绸之路经济带沿线城市区域合作与竞争并存，区域内部产业分工与合作能够得到较好的协调统一。国家对于西部地区兰州新区、西咸新区、贵安新区等国家级新区的批复，势必在国家层面对产业向丝绸之路经济带沿线转移及沿线区域产业分工与合作形成较为统一的规划，避免产生过度竞争。

（3）产业分工与合作伴随着基础设施快速建设

丝绸之路作为古代连接中国、中亚与欧洲的陆上大通道，本身就与交通基础设施紧密相联。而丝绸之路经济带同样伴随着我国交通等一系列基础设施的配套建设预升级。尤其是交通基础设施、通讯电力基础设施的建设，为区域内缩短空间距离，形成原材料与产品的紧密衔接。扩展了区域内产业分工与合作的范围与规模，提高了区域内产业分工的专业化水平。徐兰客运专线、兰新高速铁路等基础设施的建设为丝绸之路经济带产业分工与合作带来前所未有的机遇，为丝绸之路经济带沿线城市区域实现一体化协调发展提供了坚实的保障。

表 7–26　丝路沿线国内城市群主要城市产业比较表

城市群名称	主要城市或组团	主要产业或城市职能
陕西关中城市群	西安	以旅游、科研、军工、制药、高新产业等为主
	宝鸡	以机械、电子、食品和有色金属等为主
	咸阳	以重工业、化工、煤炭、太阳能多晶硅等为主
	渭南	以粮食、棉花、油料等为主
	铜川	以煤炭工业、建材工业等为主
	杨凌	农业高新技术产业
甘肃河西走廊城市群	兰州	石油化工、装备制造、冶金有色、医药生物、高新技术产业
	嘉峪关	旅游、工业
	酒泉	新能源装备制造业、新材料产业、生物制药产业、信息技术产业和节能环保产业
	张掖	旅游、农业
	武威	旅游、农业
	金昌	有色金属、重化工
青海东部城市群	西宁	新能源、新材料、有色金属生产和精深加工、化工、高原生物、藏毯绒纺、装备制造、民族特色文化
	海东	有色金属工业、农副产品加工业、物流业、生态旅游、设施农业、非金属采矿业
宁夏沿黄城市群	银川	化学工业、机械工业、食品工业、建材工业
	石嘴山	材料、电力、重化工
	吴忠	农业、旅游
	中卫	农业、旅游

续表

城市群名称		主要城市或组团	主要产业或城市职能
新疆天山北坡城市群	乌—昌—石城市群	乌鲁木齐、昌吉、五家渠、阜康、石河子	多元结构型：农业以粮食、棉花、水果、甜菜等种植为主；工业以食品、医药、纺织、石化、机械制造、建材等为主；商贸、金融、旅游综合发展
	克—奎—乌城镇组群	克拉玛依、奎屯、乌苏	工业主导型：以石油、天然气、煤化工、石油化工为主
	博—阿—精城镇组群	博乐市、阿拉山口	边境贸易主导型：以进出口贸易为主
	伊—霍—察城镇组群	伊宁	边境贸易主导型：以进出口贸易为主

2. 丝路沿线国内城市群合作内容

综合分析丝绸之路沿线国内 5 个城市群产业发展特点、经济增长规律、基础设施条件等因素，加强丝绸之路沿线国内城市群的合作，合理确定城市群合作对象。

陕西关中城市群。西安主要合作城市有兰州、张掖、武威、酒泉、西宁、银川、吴忠、中卫、乌鲁木齐、克拉玛依、阿拉山口、伊宁、石河子。主要合作领域为文化旅游、生态旅游、能源化工、机械制造、金融商贸、进出口贸易、现代农业。宝鸡主要合作城市有酒泉、金昌、海东，主要合作领域为装备制造、高新产业、有色金属。杨凌合作的主要城市有张掖、武威， 合作的领域主要为农业高新技术产业。

甘肃河西走廊城市群。兰州主要合作城市有西安、西宁、银川、乌鲁木齐、石河子、克拉玛依，主要合作领域为生态旅游、机械制造、能源化工、贸易金融、现代农业。张掖、武威主要合作城市有西宁、吴忠、中卫、石河子、伊宁，主要合作领域为现代农业。金昌主要合作城市有克拉玛依，合作的领域主要为能源化工。

青海东部城市群。西宁主要合作城市有西安、兰州、银川、乌鲁木齐、阿拉山口，主要合作领域为文化旅游、新能源、新材料、装备制造、民族特色文化。海东主要合作城市有克拉玛依、石嘴山，主要合作领域为能源化工、贸易金融。

宁夏沿黄城市群。银川主要合作城市有西安、兰州、乌鲁木齐、克拉玛依、阿拉山口，主要合作领域为文化旅游、机械制造、建材工业、现代农业、贸易金融。石嘴山主要合作城市有克拉玛依，合作领域为能源化工。

新疆天山北坡城市群。乌鲁木齐主要合作城市有西安、兰州、西宁、银川，主要合作领域有文化旅游、生态旅游、教育科研、高新产业、装备制造、生物医药。克拉玛依主要合作城市有西安、兰州、海东、石嘴山、金昌，合作的领域为能源化工。石河子主要合作城市有西安、兰州、张掖、武威，主要合作领域有生态旅游、机械制造、建材工业、现代农业。伊宁主要合作城市为西安，主要合作领域为贸易金融、生态旅游。

二、国内城市群与中亚城市群合作

1. 丝路沿线中亚城市群产业发展特点

中亚城市群产业发展总体特征：城市群中大城市主要以商品贸易、服务贸易、文化科教等产业为主；小城市数量偏少，经济发展水平严重滞后，尚未形成特色产业结构；大多数城市生态环境良好，区域内除城市用地外，还有大片的农田、林地、绿洲等，种植业较为发达。

2. 国内城市群与中亚城市群合作内容

丝路沿线国内城市群与中亚城市群的合作，主要以国内城市群省会城市、中亚各国首都、主导产业鲜明的城市为主。从合作对象和合作领域来看，各城市群合作内容如下：

陕西关中城市群的西安、宝鸡、杨凌、渭南分别与中亚城市群的阿斯塔纳、塔什干、阿拉木图、卡拉干达围绕文化旅游、机械制造、贸易金融、能源化工、教育科技、食品加工、棉纺织业开展合作；

甘肃河西走廊城市群的兰州、张掖、武威分别与中亚城市群的阿斯塔纳、塔什干、阿拉木图围绕文化旅游、生态旅游、物流、贸易金融、冶金、食品加工棉纺织业开展合作；

青海东部城市群的西宁主要与中亚城市群的阿斯塔纳、阿拉木图围绕文化旅游、贸易金融、能源化工开展合作；

宁夏沿黄城市群的银川、吴忠、中卫分别与中亚城市群的阿斯塔纳、阿拉木图、卡拉干达围绕文化旅游、贸易金融、棉纺织、食品加工、现代农业开展合作；

新疆天山北坡城市群的乌鲁木齐、克拉玛依与中亚城市群的阿斯塔纳、阿拉木图、塔什干、卡拉干达、别卡巴德围绕文化旅游、生态旅游、贸易金融、现代物流、食品加工、机械制造、能源化工、食品加工、现代农业开展合作。

表 7–27 丝路沿线中亚城市群主要城市产业列表

城市群名称	主要城市或组团	主要产业或城市职能
哈中北城市群	阿斯塔纳	哈萨克斯坦工农业的主要生产基地、全国铁路交通枢纽、贸易金融服务中心
	卡拉干达	哈萨克斯坦最大的工业中心、大型煤田的中心，许多大型工厂所在地，如矿井设备厂、橡胶帛品厂、碳化钙厂、合成橡胶厂、服装厂、制鞋厂、织袜厂等
伊犁河谷—哈东南城市群	阿拉木图	中亚第一大城市，中亚的金融中心，哈萨克斯坦最大的工业中心。以食品加工（肉类、奶制品、水果罐头等）和棉纺织为主，还有重型机械制造及火电厂等
	伊宁	市区内设立国家级边境经济合作区，伊宁市河谷的物资交流中心和商品集散地，是连接霍尔果斯口岸、伊宁市政府网官网都拉塔口岸、木扎尔特口岸的中心城市
费尔干纳城市群	塔什干	机械制造、冶金、电力、轧棉、纺织、食品加工为主，化肥、建筑材料工业
	费尔干纳	建有大型纺织联合企业，轧棉、缫丝、炼油、化肥、化纤、油脂、罐头厂及热电厂等
	纳曼干	工业以轧棉、纺织和食品加工（罐头，奶制品、酿酒）为主，还有化工厂、变压器厂、汽车修理和建筑材料厂
	别卡巴德	建有炼钢厂、法尔哈德水电站，还有水泥联合企业、钢筋混凝土制品厂等
	安集延	乌兹别克斯坦的工商业中心之一、机械制造和金属加工业中心，有轧棉、针织和食品加工等
	苦盏	轻工、机器制造、家具、食品工业

三、国内城市群与欧洲城市群合作

1. 欧洲城市群产业发展特点

表 7–28 丝路沿线欧洲城市群主要城市产业列表

城市群名称	主要城市	主要产业或城市职能
法国大巴黎地区城市群	巴黎	汽车、电器、化工、医药、食品
	鲁昂	服务业、贸易、石油化工、精细化工、天然气、制药、食品、电机工程为主，还有部分航空、汽车制造、造纸、建筑、运输等工业部门
	勒阿弗尔	法国北部海滨城市，是法国第 2 大港口（仅次于马赛），也是距离法国首都巴黎最近的大型港口
兰斯塔德城市群	阿姆斯特丹	生命科学、生物技术、制药和医药技术
	乌得勒支	阿姆斯特丹—莱茵运河沿岸的重要水运中心，是荷兰的批发贸易中心和国际工业博览会所在地
	鹿特丹	造船业、石油化工、家用电器、电子仪器、乳品加工
	海牙	荷兰政治中心
莱茵—鲁尔城市群	杜塞尔多夫	广告、服装和通讯业为重要产业支撑
	科隆	军工、冶金、机械、化学、制药、火电、纺织
	埃森德	传统产业是采煤、钢铁、机械等，经转型发展了商贸及教育、电子等新兴产业，成为鲁尔区服务密集产业中心
	多特蒙德	以保险、零售、物流、信息及微技术等为主的服务和技术产业，并依托德国最大的运河海港和足球队发展成为全国重要的贸易中心与体育中心
	杜伊斯堡	以吞吐煤、铁矿石、石油、建筑材料等为主
	波鸿	鲁尔区中部中心，有著名的德国矿山博物馆，凭借高校科研力量成为了科技中心

欧洲城市群产业发展总体特征：核心城市金融业、现代服务业发达；城市群中的大城市老工业基地及时地调整了产业结构，完成了现代化新兴工业城市的重建；在产业转型的同时，各大城市均传承和发扬传统特色产业，塑造了城

市内产业的差别性和多样性，体现了城市发展对历史的保护和传承。

2. 关中城市群与法国、荷兰、德国城市群合作

关中城市群既是西北地区的重要组成部分，也是联系我国东北、华北、中原与西南、西北的纽带，航空、铁路和高等级公路交通四通八达，陇海铁路（欧亚大陆桥陕西段）和宝鸡至潼关高速公路将东西长带分布的西安、咸阳、兴平、杨凌、蔡家坡、宝鸡、临潼、渭南、华山、潼关等大中城镇连接起来，在国家发展规划中占有重要的战略地位。关中城市群主要以旅游、科研、军工、制药、高新产业、有色金属、煤炭工业、建材工业、重工业、化工、煤炭、太阳能多晶硅、农业高新技术产业等产业为主。

与法国大巴黎地区城市群的合作。合作对象为西安、巴黎、鲁昂。合作领域主要为文化旅游、医药、高新技术产业、机械制造、食品加工、精细化工、航空、现代农业。

与兰斯塔德城市群的合作。合作对象为西安和阿姆斯特丹、鹿特丹。合作领域主要为贸易金融、生物医药、航空运输、能源化工。

与莱茵—鲁尔城市群开展的合作。合作对象为西安和科隆。合作领域主要为军工、机械制造、棉纺织。

3. 河西走廊城市群与荷兰城市群合作

河西走廊矿产资源丰富，区内有玉门石油、山丹煤田、九条岭煤矿、金昌镍矿及镜铁山铁矿等多处大型矿点，金属、非金属矿产资源储量十分丰富。区域内主要城市兰州是丝绸之路经济带的重要节点城市，以石油化工、装备制造、冶金有色、医药生物、高新技术产业为主。酒泉为汉代河西四郡之一，自古是中原通往西域的交通要塞，丝绸之路的重镇，以新能源装备制造业、新材料产业、生物制药产业、信息技术产业和节能环保产业为主。针对区域内城市产业发展特点，提出该城市群主要与兰斯塔德城市群、大巴黎地区城市群开展合作。

与兰斯塔德城市群的合作。合作对象兰州与阿姆斯特丹，合作领域主要为生物医药。

与大巴黎地区城市群的合作。合作对象兰州和酒泉市分别与鲁昂合作。合作领域主要为装备制造、石油化工、新能源、新材料、精细化工、节能环保产业。

4. 沿黄城市群与德国城市群合作

宁夏沿黄城市群处于西安、兰州、包头3大城市的引力平衡点上，交通比较发达，已形成航空、铁路、公路相互交织、紧密联系的立体运输网络系统。城市群中4个城市产业发展各具特色，银川是宁夏军事、政治、经济、文化、科研、交通和金融商业中心，是中国—阿拉伯国家博览会的永久举办地，是以发展轻纺工业为主，机械、化工、建材工业协调发展的综合性工业城市。石嘴山市是国家重要煤炭工业城市，宁夏能源重化工和原材料工业基地，号称“塞上煤城”。吴忠是河套文化的重要组成部分，是北方游牧民族与汉族文化的交汇点。中卫是沿黄城市带南部副中心，西北地区重要铁路交通枢纽，以发展商贸、旅游业为主导的滨河生态文化城市。针对宁夏沿黄城市群各城市的发展特点，提出与欧洲城市群的合作领域。

与莱茵—鲁尔城市群的合作。合作对象银川与巴黎、科隆，石嘴山与埃森德、鲁昂。合作领域主要为文化旅游、食品加工、装备制造、能源化工、精细化工、棉纺织。

5. 天山北坡城市群与法国、荷兰、德国城市群合作

天山北坡城市群依托独特的自然气候，已初步形成了一批粮食、棉花、水果、油料、甜菜、肉类等特色农产品生产基地；依托其特色的农产品资源，已初步形成了一批纺织、食品、医药、生物发酵等轻工业产业基地；依托丰富的煤、石油、天然气、铁、铜、锡等矿产资源，已初步形成了一批煤化工、石油化工、盐化工、钢铁业等重工业产业基地。另外，在农业结构和工业结构上，天山北坡城市群与丝绸之路经济带东段的关中城市群、青海东部城市群、中原城市群等兰新、陇海线主要城市群，以及与丝绸之路经济带西段中亚国家的主要区域都存在着很强的产业互补性。因此，天山北坡城市群在丝绸之路经济带建设中具有较坚实的经济优势。

与法国大巴黎地区城市群的合作。合作对象为乌鲁木齐和巴黎、鲁昂。合作领域主要为文化旅游、生物医药、装备制造、精细化工、现代物流。

与兰斯塔德城市群的合作。合作对象为乌鲁木齐与阿姆斯特丹、鹿特丹，克拉玛依与鹿特丹。合作领域主要为文化旅游、生物技术、现代物流、电子仪器、石油化工。

与莱茵—鲁尔城市群的合作。合作对象为克拉玛依与杜伊斯堡、石河子与埃森德。合作领域主要为能源化工、机械制造、现代农业、建筑材料。

表 7-29 丝路沿线城市群合作内容列表

国内城市群	合作城市群	合作城市	合作领域
关中城市群	河西走廊城市群	西安—兰州 西安—张掖、武威 西安—酒泉 宝鸡—酒泉 宝鸡—金昌 杨凌—张掖、武威	文化旅游、装备制造、高新产业、有色金属、农业高新技术产业等
	东部城市群	西安—西宁 宝鸡—海东	文化旅游、新能源、民俗旅游产品、农副产品加工
	沿黄城市群	西安—银川 西安—吴忠、中卫	文化旅游、机械工业、建材工业
	天山北坡城市群	西安—乌鲁木齐 西安—克拉玛依 西安—阿拉山口 西安—伊宁 西安—石河子	生态旅游、能源化工、机械制造、金融商贸、进出口贸易、现代农业
河西走廊城市群	哈中北城市群	西安—阿斯塔纳 宝鸡、渭南—卡拉干达	文化旅游、贸易金融、轻工、能源化工
	伊犁河谷—哈东南城市群	西安—阿拉木图 杨凌、渭南—阿拉木图	文化旅游、教育科技、食品加工、棉纺织业
	费尔干纳城市群	西安—塔什干	文化旅游、新材料、机械制造
	大巴黎地区城市群	西安—巴黎 西安—鲁昂	文化旅游、医药、高新技术产业、机械制造、食品加工、精细化工、航空、现代农业
	兰斯塔德城市群	西安—阿姆斯特丹 西安—鹿特丹	贸易金融、生物医药、航空运输、能源化工
	莱茵—鲁尔城市群	西安—科隆	军工、机械制造、棉纺织

续表

国内城市群	合作城市群	合作城市	合作领域
河西走廊城市群	东部城市群	兰州—西宁 张掖、武威—西宁	生态旅游、文化旅游、高原生物、高新技术产业、现代农业
	沿黄城市群	兰州—银川 张掖、武威—吴忠、中卫	文化旅游、石油化工、现代农业
	天山北坡城市群	兰州—乌鲁木齐 兰州—石河子 兰州—克拉玛依 金昌—克拉玛依 张掖、武威—石河子、伊宁	生态旅游、机械制造、能源化工、贸易金融、现代农业
	哈中北城市群	兰州—阿斯塔纳	文化旅游、物流、贸易金融
	伊犁河谷—哈东南城市群	张掖、武威—阿拉木图	食品加工、棉纺织业
	费尔干纳城市群	兰州—塔什干	生态旅游、装备制造、冶金、食品加工
	兰斯塔德城市群	兰州—阿姆斯特丹	生物医药
	大巴黎地区城市群	兰州—鲁昂 酒泉市—鲁昂	装备制造、石油化工、新能源、新材料、精细化工、节能环保产业
东部城市群	沿黄城市群	西宁—银川 海东—石嘴山	文化旅游、能源化工、新能源、新材料、装备制造
	天山北坡城市群	西宁—乌鲁木齐 西宁—阿拉山口 海东—克拉玛依	生态旅游、文化旅游、贸易金融、能源化工、民族特色文化
	伊犁河谷—哈东南城市群	西宁—阿拉木图	文化旅游、贸易金融
	哈中北城市群	西宁—阿斯塔纳	文化旅游、能源化工
沿黄城市群	天山北坡城市群	银川—乌鲁木齐 银川—克拉玛依 银川—阿拉山口 石嘴山—克拉玛依 吴忠、中卫—阿拉山口	文化旅游、机械制造、建材工业、现代农业、贸易金融、能源化工

续表

国内城市群	合作城市群	合作城市	合作领域
沿黄城市群	伊犁河谷—哈东南城市群	银川—阿拉木图	食品加工、现代农业
	哈中北城市群	银川—阿斯塔纳 吴忠、中卫—卡拉干达	文化旅游、贸易金融、棉纺织、现代农业
	大巴黎地区城市群	银川—巴黎 石嘴山—鲁昂	文化旅游、食品加工、装备制造、石油化工、精细化工
	莱茵—鲁尔城市群	银川—科隆 石嘴山—埃森德	机械制造、食品加工、棉纺织、能源化工
天山北坡城市群	哈中北城市群	乌鲁木齐—阿斯塔纳 克拉玛依—卡拉干达	文化旅游、生态旅游、贸易金融、现代物流、食品加工、机械制造、能源化工
	伊犁河谷—哈东南城市群	乌鲁木齐—阿拉木图	文化旅游、食品加工、现代农业
	费尔干纳城市群	乌鲁木齐—塔什干 克拉玛依—别卡巴德	生态旅游、机械制造、能源化工、
	大巴黎地区城市群	乌鲁木齐—巴黎 乌鲁木齐—鲁昂	文化旅游、生物医药、装备制造、精细化工、现代物流
	兰斯塔德城市群	乌鲁木齐—阿姆斯特丹 乌鲁木齐—鹿特丹 克拉玛依—鹿特丹	文化旅游、生物技术、现代物流、电子仪器、石油化工
	莱茵—鲁尔城市群	克拉玛依—杜伊斯堡 石河子—埃森德	能源化工、机械制造、现代农业、建筑材料

第四节 城市群合作体系

一、沿线城市群体系

1. 国内城市群

（1）陕西关中城市群

强化城市群的基础和公共设施及其持续发展能力建设，构建以现代交通网络为骨架的城市群空间体系，积极发展大城市，强化大型中心城镇的功能，建设一批具有良好发展条件的中等城镇，支持一批工业基础好、资源优势明显、区位条件优越、具有相当发展潜力的专门化特征突出的小城镇的发展。建立一个能与丝绸之路新起点、全国城镇体系相匹配的、拥有合理的等级规模序列、职能序列和空间布局序列的高效利用的城市群。战略重点侧重于：城市基础设施完善，生态环境保护与城镇建设的协调，城市发展政策因地制宜调整，注重重点城镇发展质量，重视城镇发展政策的导引作用，水资源开发利用策略与对策等方面。

强化发展以西安—咸阳中心主城为核心的陇海线城镇空间轴带，增强极化、扩展规模、南北并串、辐射带动。逐步形成省域内的关中主轴、南北副轴、中间发展轴组成的“王”字型城镇空间发展骨架，并以中心主城、都市区、区域性中心城市、城镇密集区、城镇带、分散的点状中小城镇组成的多层次空间耦合、开放式、疏密适当的城市群空间体系。关中城镇群总体上可分为西安—咸阳中心主城、陇海线城镇密集轴及外侧城镇发展区等 4 个空间结构层次。

关中城镇群的核心——西安—咸阳中心主城，包括西安原城 6 区（新城、碑林、莲湖、雁塔、未央、灞桥）及咸阳城 2 区（秦都、渭城）。关中城镇群的中心——西安都市区，除包括西安—咸阳中心主城外，还包括了阎良区、临潼区、蓝田县、长安区、鄠邑区、周至县（不包括哑柏以西 4 个乡镇）、兴平市、礼泉县、乾州市（乾县）、泾阳县、三原县等 11 个区、市、县及 140 多个建制镇。陇海线城镇密集轴，沿陇海铁路潼关至宝鸡段国道 G310 及 G245。

（2）甘肃河西走廊城市群

建设一批陆港、航空和边境口岸。围绕丝路经济带建设，着力打造兰州、敦煌、嘉峪关三大国际空港和兰州、天水、武威三大国际陆港。加快保税区、物流园区、集散中心和交通枢纽建设，重点建设中国（兰州）自由贸易园区和兰州国际港务区。提升“天马号”、“兰州号”、“嘉峪关号”国际货运班列运行水平，形成面向全国、面向“一带一路”的综合经济走廊和物流集散大枢纽。

围绕创新、绿色、集聚率先突破发展。推动兰州新区率先突破发展。同时，加快兰白科技创新改革试验区、兰白经济区承接产业转移示范区建设，打造天水军民融合创新示范区及兰州新区、白银军民结合产业示范基地，实施兰州市榆中、临夏州融合示范区建设，促进全省产业结构调整和转型升级。

推动省区互动合作，共建兰西经济区。继续深化省区互动合作，推动酒嘉、金武、张掖与哈密，蒙西共建资源型经济合作区，兰州与西宁共建兰西经济区，加强与宁夏沿黄经济区经济合作与交流，进一步深化河西走廊经济区与乌昌经济区合作，支持东部4市与关中—天水经济区、成渝经济区及长江经济带的合作，加强陕甘宁革命老区间的区域合作。

（3）青海东部城市群

以全面建设可持续发展的小康社会为目标，统筹城乡社会经济发展与生态环境保护协调，依托优势资源开发和特色产业发展，推动城市群的发展和体系结构的优化，强化城市群的整体功能，充分发挥东部城市群对区域社会、经济、文化的带动作用。

建设西宁—兰州城镇轴，完善区域城市群体系结构。以兰州和西宁为依托，接受辐射、提供服务，激发兰—西城镇轴的发展活力。以城镇轴、都市圈、独立城镇等多种形式组成适宜于东部城市群特点的体系结构。

以基础设施建设带动城市发展，提升城市的综合实力。交通建设、能源建设、水资源改善是提高城市群各个城镇宜居度、改善投资环境的重点。建设城际铁路和高等级公路，提升东部城市群丝路经济带的战略地位。

青海省东部城市群作为一个整体，可分为两个次区域层面。一个次区域层面是以西宁主城区为核心的西宁都市区，即规划距西宁市中心直线距离50千米左右的半小时通勤圈，包括西宁市区，湟中县，大通县、平安县、互助县的主要部分，还可以包括湟源县城，西宁都市区是东部城市群的主要组成部分。另一个层面是都市区东部以乐都副中心城市为核心的海东次区域，主体部分是沿湟水谷地的乐都、民和、平安3个城区，其中平安区是与西宁都市区的重叠部分，体现了经济吸引与行政辖区的双重作用；乐都副中心城市的行政经济影响范围还可扩展到互助、循化、化隆3个县。

（4）宁夏沿黄城市群

科学规划、有序推进、因地制宜、突出特色、分类指导、兼顾南北、强化重点。大中城市和区域性中心城市以及重点小城镇优先发展，注重城市功能的扩张和完善以及集约化和内涵型发展。通过城镇要素的聚集与扩散功能的充分发挥，带动城乡社会经济全面发展。将沿黄城市群打造成为全国重要的能源化工、新材料基地，清真食品及穆斯林用品和特色农产品加工基地，区域性商贸物流中心。

构建以银川—吴忠为核心，以石嘴山和中卫为两翼，以主要交通通道为轴线的空间开发格局；提升银川区域性中心城市地位，完善综合服务功能，培育发展金融、物流、信息等产业，提高产业和人口集聚能力，增强辐射带动作用。壮大石嘴山、吴忠、中卫等节点城市的规模，加强产业分工和城市功能互补；

加强宁东能源化工基地建设，建成全国重要的大型煤炭基地、“西电东送”火电基地、煤化工产业基地和循环经济示范区；保护和合理利用沙区资源，建设全国防沙治沙示范区，构建以贺兰山防风防沙生态屏障、黄河湿地生态带，以及自然保护区、湿地公园、国家森林公园等为主体的生态格局。

（5）新疆天山北坡城市群

优化乌鲁木齐的综合功能，强化乌鲁木齐都市圈的辐射带动作用，加快培育区域中心城市，有重点地发展各具特色的小城镇。充分发挥新疆在西部大开发中的后发优势和资源优势，逐步建设成我国西部经济发展、民族团结、社会政治稳定、具有地域民族特色的经济强区和具有一定国际意义的商贸活动中心区域。逐步建立一个职能类型协调、规模等级和空间布局合理、城乡协调发展、基础设施完善、生态环境良好的城市群体系。

天山北坡城市群是以乌鲁木齐市为核心，以吐—乌—大高等级公路、乌—奎高速公路和北疆铁路为发展轴。在城镇发展上要强化乌鲁木齐中心带动作用，重点培育克拉玛依、奎—独—乌区域、昌吉市、石河子市等二级中心城市，积极发展米泉市、阜康市、三道河子镇、呼图壁镇、奇台镇、玛纳斯镇、乐土驿镇、哈图布呼镇、安集海镇、甘河子镇、吉木萨尔镇、北泉镇、乌兰乌苏镇等各具特色的小城镇，提高城市质量，加快城镇化进程。

天山北坡城市群的乌鲁木齐、克拉玛依、石河子、昌吉、米泉、阜康、五家渠、玛纳斯、呼图壁、乌苏、沙湾、精河、奎屯、博乐、伊宁、阿拉山口、霍尔果斯等市、县、边境口岸和沿线兵团部分团场，已成为新疆的增长极，是新疆经济发展的核心地区，这些区域应依托资源丰富、经济门类齐全、科技力量集中的优势，建立雄厚的工业基础。首先在能源、交通、农牧业、化工、石油、冶金等方面形成自己的支柱产业，进而向西开放，特别是亚欧大陆桥贯通后，扩大与独联体中亚各国及西亚乃至东欧各国的经济联系，建立和发展大中型经济贸易合作关系。

2. 中亚城市群

中亚城市群中心城市规模较小，城市群等级体系不完善，中亚三个城市群除核心城市（阿斯塔纳、阿拉木图、塔什干）人口在 100 万人以上外，其余各城市人口偏少，致使城市群中大城市、中等城市缺失，各城市群体系不完善。小城市和城镇发展滞后，数量偏少，发展水平严重滞后，不利于各城市群的发展。

强化交通基础设施建设合作。由于经济落后和历史原因，中亚城市群的交通基础设施建设滞后，运输效率低下，成为制约城市群发展的重要因素之一。而国际铁路等交通基础设施建设周期长，投资巨大，技术含量高，对于中亚国家来说难以承担。中国在公路、铁路、机场、通讯等基础设施建设领域具有领先的技术和很强的竞争力，完全有能力参与中亚国家的基础设施建设，还可以带动中国制造业和工程建筑赴中亚国家投资，将钢铁、水泥等国内过剩产能转移出去。

深化城市群内外部交通网络联通。目前中亚城市与城市之间、城市与外部交通联系网络仍不发达。一些丝绸之路经济带上比较重要的交通线路的开通与建设遇到阻碍，如中吉乌铁路等。中国应充分考虑地区复杂地缘政治环境，加强与相关国家的沟通与协调，积极推进中吉乌、中哈、中塔阿伊等互联互通交通基础设施建设，促进交通运输由“跟跑型”向“引领型”转变，以适应未来丝绸之路经济带发展的战略需求，逐步建成中国与中亚国家间完善的交通运输网络。

3. 欧洲城市群

（1）德国莱茵—鲁尔城市群

莱茵—鲁尔城市群中各城市规模相对较小，发展均衡，数量众多，使城市群表现为独具特色的多点分布式网络模式。不管在经济、政治、文化方面，还是其他任何方面，莱茵—鲁尔区城市群内没有一个城市处于明显的支配性地位。尽管埃森、杜塞尔多夫、科隆、多特蒙德和杜伊斯堡是区域内的核心城市，但这些城市仍与其他众多政治独立、规模较小的城市处于平行竞争与发展地位。据欧盟区域统计资料显示，包括鲁尔区在内的西欧城市群区域航空乘客数量与铁路网络密度，远高于欧盟其他区域。城市群内密集的高速公路、铁路、航空与水路等交通网络，不仅使鲁尔区区域内各城市间车程在 30 分钟以内，也把城市群与欧洲乃至全球紧密联系起来，进而使其融入世界城市网络体系。

（2）法国大巴黎地区城市群

大巴黎地区城市群表现为以巴黎为核心的极核网络化模式，极核型城市群对空间外区域表现出超强的虹吸效应。巴黎作为处于西欧顶端的全球化城市，首位度高，且拥有高标准现代化基础设施与管理体系，在联系整个法国重要的公共与私人机构、银行、法院及中央政府中发挥主控作用，形成了庞大且复杂的网络体系。大都市圈内部实现了城市集约化与城市功能网格化。大巴黎地区以环城大道为界，包括巴黎市区、周边各卫星新城及其周围多个副中心。巴黎市区又分20个区，每个区都具备独特的产业与城市功能。依法国法律的规定，巴黎既是市镇又是省，且在行政隶属上，巴黎市和巴黎大区是相互独立的。科学的交通网络规划，加强了拥有悠久文化内涵和超强国际竞争能力的巴黎市区与周边地区的联系，使工业和拥挤的人口向周边疏散。巴黎发达的综合交通体系为市区向周边辐射及有序疏散提供了充分的可通达性条件。

（3）荷兰兰斯塔德城市群

兰斯塔德城市群大致呈新月形或链形，是一个相对典型的多核网络化城市群，它与大巴黎地区城市群有截然不同之处。兰斯塔德城市群内的鹿特丹、海牙、阿姆斯特丹、乌得勒支等城市都是荷兰西部的重要城市，受荷兰地理条件、行政体制等影响，各城市土地当局对本城市范围内的土地有很强的控制权，地方政府具有高度自治权，使得这些在地理条件上有优势的城市在相互竞争中各有特色地发展，最终形成了目前区域内各城市相互独立、规模相似、专业分工明确的多中心网络化发展模式。城市间的联系和流动是水平与非层级性的，各城市按照各自分工共同承担着全国政治、经济、文化中心任务。比如，阿姆斯特丹是荷兰的经济、文化中心，荷兰的首都；乌得勒支是阿姆斯特丹—莱茵运河沿岸的重要水运中心，是荷兰的批发贸易中心和国际工业博览会所在地；鹿特丹是超过纽约港吨位的最大港口，石化业与造船业是鹿特丹的支柱产业；海牙是荷兰名副其实的政治中心。荷兰政府因地制宜地推崇兰斯塔德制定多中心规划，建设有集中的分散组团式城市群，并加强网络城市与城市网络建设。中央政府制定优先发展包括兰斯塔德在内的6个国家级城市网络战略，高度城市化的地区借助基础设施网络联系各大城市和密集的小城市，形成网状城市体系。中央政府与地方政府签订合作协议，对关键城市网络节点和兰斯台德地区的节点城市进行投资建设，包括城市间在网络体系中的协调合作，统筹商业、服务业等产业布局与公园建筑，共建共享基础设施，不断提高区域内的可通达性，确保空间利用的高度集约与空间布局的多样性、差异性。国际化高速交通网络建设，又进一步推动了集聚经济的发展与区域一体化进程，推动兰斯塔德城市群融入全球城市网络体系。

二、自贸园区体系

1. 自贸区分类

（1）自贸区定义

自由贸易园区（free trade zone，简称 FTZ）是指在贸易和投资等方面比世贸组织有关规定更加优惠的贸易安排。在主权国家或地区的关境以外，划出特定的区域，准许外国商品豁免关税自由进出。实质上是采取自由港政策的关税隔离区。狭义的自贸区仅指提供区内加工出口所需原料等货物的进口豁免关税的地区，类似出口加工区。广义还包括自由港和转口贸易区。

表 7–30 中国自贸区建设现状

时间	名称
2013 年 9 月 2 日	中国（上海）自由贸易试验区
2014 年 12 月 26 日	广东、天津、福建 3 个自贸区，并扩展上海自贸区的实施范围
2015 年 4 月 2 日	中国（广东）自由贸易试验区、中国（天津）自由贸易试验区、中国（福建）自由贸易试验区 3 个自贸区，并扩展中国（上海）自由贸易试验区实施范围
2017 年 3 月 31 日	中国（辽宁）自由贸易试验区、中国（浙江）自由贸易试验区、中国（河南）自由贸易试验区、中国（湖北）自由贸易试验区、中国（重庆）自由贸易试验区、中国（四川）自由贸易试验区、中国（陕西）自由贸易试验区 7 个自贸区

（2）自贸区分类

就性质而言自由贸易区可分为：商业自由区和工业自由区。前者不允许货物的拆包零售和加工制造；后者允许免税进口原料、元件和辅料，并指定加工作业区加工制造。

就功能而言，世界自由贸易区的功能设定是根据区位条件和进出口贸易的流量而确定的，并且随着国内外经济形势的发展而调整和发展。其主要类型有以下几种：

1）转口集散型，这一类自由贸易区利用优越的自然地理环境从事货物转口及分拨、货物储存、商业性加工等。最突出的是巴拿马的科隆自由贸易区。

2）贸工结合、以贸为主型，这类自由贸易区以从事进出口贸易为主，兼搞一些简单的加工和装配制造。在发展中国家最为普遍，例如阿联酋迪拜港自由港区。

3）出口加工型，这类自由贸易区主要以从事加工为主，以转口贸易、国际贸易、仓储运输服务为辅，如尼日利亚自由贸易区。

4）保税仓储型，这类自由贸易区主要以保税为主，免除外国货物进出口手续，较长时间处于保税状态，如荷兰阿姆斯特丹港自由贸易区。

（3）自贸区发展特点

一是数量不断增加。最典型的是美国对外贸易区的迅速增长。20 世纪 60 年代末 70 年代初，美国在全球经济中的地位开始下降，与此同时，美元贬值，失业人数增加。在此情况下，为了刺激对外贸易发展，各州纷纷设立对外贸易区。到 1980 年，全美的自由贸易区增加到 77 个，到 1994 年底，自由贸易区已达 199 个，贸易分区达 285 个，总数为 484 个。

图 7–8　中尼奥贡广东自贸区

二是功能趋向综合。随着自由贸易区数量的持续增长，自由贸易区的功能也在不断扩展。早从 20 世纪 70 年代开始，以转口和进出口贸易为主的自由贸易区和以出口加工为主的自由贸易区就已经开始相互融合，自由贸易区的功能趋向综合化。原料、零部件、半成品和成品都可在区内自由进出，在区内可以进行进出口贸易、转口贸易、保税仓储、商品展销、制造、拆装、改装、加标签、分类、与其他货物混合加工等商业活动。因此，世界上多数自由贸易区通常都具有进出口贸易、转口贸易、仓储、加工、商品展示、金融等多种功能，这些功能综合起来就会大大提高自由贸易区的运行效率和抗风险能力。

三是管理不断加强。各国的自由贸易区在初创时由于条件不同，功能各异，管理水平也相差较大，但是经过几十年的竞争发展，各国自由贸易区的管理已逐渐趋向规范化。而且随着科学技术的进步，自由贸易区的基础设施和管理手段也大大改善，形成了各自颇具特色的管理体制。世界上 4 个主要的自由贸易区（阿联酋迪拜港自由港区、德国汉堡港自由港区、美国纽约港自由贸易区、荷兰阿姆斯特丹港自由贸易区）的管理机构权威性非常强。4 国对自由贸易区管理机构授权上大体相近，都是港区合一，成立经联邦政府授权的专门机构，负责管理和协调自由贸易区的整体事务，投资建设必要的基础设施，有权审批项目立项。特别是着眼于自由贸易区与城市功能的相互促进，超前进行整体规划和建设，极富特色和成效，带动了周边城市经济发展，尤其是在金融、保险、商贸、中介等第三产业发展上成效显著。

2. 自贸区选取条件

加快丝路沿线区域自贸区建设，丝绸之路沿线城市群中具备设立自贸区相关条件的区域，可以建立相应的自由贸易区或者经济合作区，通过自由贸易区更为开放的管理制度、海关政策、金融手段，结合新疆自身优势、产业特点、独特的资源禀赋和产业发展潜力，增强城市群在丝绸之路经济带贸易投资便利化进程中的作用。

丝路沿线自贸区选取条件：具有跨境物流运输的便利条件，具有开展国际合作的基础，具备设立跨境自贸区的地缘特点，具有海关特殊监管、出入境边防检查、出入境检验检疫等方面的前期制度准备和管理经验。

3. 沿线自贸区建设

根据以上条件建立丝路沿线城市群自贸区体系，主要包括新疆中国中亚自由贸易区、霍尔果斯自贸区、西安自贸区、杨凌自贸区、银川自贸区、宁夏中国—海合会自贸区先行区、兰州自由贸易园区、西宁自由贸易区、伊宁自由贸易实验区、阿斯塔纳自由贸易实验区、阿拉木图自由贸易实验区、塔什干自由贸易实验区、鲁昂自由贸易实验区、多特蒙德自由贸易实验区等 16 个。

7-31 丝路沿线城市群自贸区列表

<table>
<tr><th>自贸区</th><th>涉及城市群</th><th>性质</th><th>功能类型</th></tr>
<tr><td>西安自贸区</td><td>关中城市群</td><td>工业自由区</td><td>贸工结合、以贸为主型</td></tr>
<tr><td>银川自由贸易实验区</td><td rowspan="2">沿黄城市群</td><td>工业自由区</td><td>出口加工型</td></tr>
<tr><td>宁夏中国—海合会自贸区先行区</td><td>商业自由区</td><td>保税仓储型</td></tr>
<tr><td>兰州自由贸易园区</td><td>河西走廊城市群</td><td>工业自由区</td><td>出口加工型</td></tr>
<tr><td>西宁自由贸易区</td><td>东部城市群</td><td>工业自由区</td><td>出口加工型</td></tr>
<tr><td>新疆中国中亚自由贸易区</td><td rowspan="3">天山北坡城市群</td><td>工业自由区</td><td>贸工结合、以贸为主型</td></tr>
<tr><td>霍尔果斯自由贸易实验区</td><td>商业自由区</td><td>转口集散型</td></tr>
<tr><td>伊宁自由贸易实验区</td><td>商业自由区</td><td>转口集散型</td></tr>
<tr><td>阿斯塔纳自由贸易实验区</td><td>哈中北城市群</td><td>工业自由区</td><td>出口加工型</td></tr>
<tr><td>阿拉木图自由贸易实验区</td><td>伊犁河谷—哈东南城市群</td><td>工业自由区</td><td>出口加工型</td></tr>
<tr><td>塔什干自由贸易实验区</td><td>费尔干纳城市群</td><td>工业自由区</td><td>出口加工型</td></tr>
<tr><td>巴黎自由贸易实验区</td><td rowspan="2">大巴黎地区城市群</td><td>商业自由区</td><td>保税仓储型</td></tr>
<tr><td>鲁昂自由贸易实验区</td><td>商业自由区</td><td>转口集散型</td></tr>
<tr><td>鹿特丹自由贸易实验区</td><td>兰斯塔德城市群</td><td>工业自由区</td><td>贸工结合、以贸为主型</td></tr>
<tr><td>多特蒙德自由贸易实验区</td><td rowspan="2">莱茵—鲁尔城市群</td><td>工业自由区</td><td>贸工结合、以贸为主型</td></tr>
<tr><td>埃森德自由贸易实验区</td><td>商业自由区</td><td>保税仓储型</td></tr>
</table>

三、交通网络体系

交通体系是丝路沿线城市群深度合作的前提与保障。在尊重相关国家主权和安全关切的基础上，丝绸之路沿线国家和地区间应加强重大交通设施建设规划、技术标准体系的对接，共同推进国际骨干通道建设，抓住关键通道、关键节点和重点工程，优先打通缺失路段，畅通瓶颈路段，配套完善道路安全防护设施和交通管理设施设备，提升道路通达水平，构建连接亚洲区域以及亚非欧之间安全通畅的综合交通运输网络。丝路沿线城市群交通体系建设包括交通运输体系建设和交通枢纽建设。

1. 航空

（1）机场

改扩建原有机场，完成西安咸阳国际机场、兰州中川机场、西宁曹家堡机场、银川河东国际机场三期扩建工程、乌鲁木齐地窝堡国际机场四期扩建工程。提升金昌机场、中卫香山机场、博乐阿拉山口机场、伊宁机场等机场等级。新建宝鸡机场、克拉玛依机场、卡拉干达机场。

7–32 丝路沿线城市群主要机场列表

城市群名称	机场名称	建设性质
陕西关中城市群	西安咸阳国际机场	原有改扩建
	宝鸡机场	新建
甘肃河西走廊城市群	兰州中川机场	原有改扩建
	嘉峪关机场	等级提升
	金昌机场	等级提升
青海东部城市群	西宁曹家堡机场	原有改扩建
宁夏沿黄城市群	银川河东国际机场	原有改扩建
	中卫香山机场	等级提升
新疆天山北坡城市群	乌鲁木齐地窝堡国际机场	原有改扩建
	博乐阿拉山口机场	等级提升
	伊宁机场	等级提升
	克拉玛依机场	新建
哈中北部城市群	阿斯塔纳机场	原有改扩建
	卡拉干达机场	新建
伊犁河谷—哈东南城市群	阿拉木图国际机场	原有改扩建
费尔干纳城市群	塔什干尤日内机场	原有改扩建
	费尔干纳国际机场	原有改扩建
	纳曼干机场	原有改扩建
	安集延机场	原有改扩建
德国莱茵—鲁尔城市群	杜塞尔多夫国际机场	原有改扩建
法国大巴黎地区城市群	巴黎戴高乐机场	原有改扩建
	巴黎奥利机场	原有改扩建
荷兰兰斯塔德城市群	鹿特丹机场	原有改扩建

（2）航线

加密国内城市群核心城市与次中心城市、交通节点之间的航线，新开通国内城市群主要城市与国外城市核心城市、次中心城市的航线，加强丝路沿线城市与周边区域的联系，形成联通丝路沿线 11 个城市群 50 多个城市的 200 多条航线网络体系。

表 7–33　城市群核心城市间航线

城市群	核心城市	主要航线
陕西关中城市群	西安	西安—嘉峪关、西安—西宁、西安—银川、西安—乌鲁木齐、西安—阿斯塔纳、西安—阿拉木图、西安—塔什干、西安—杜塞尔多夫、西安—巴黎、西安—阿姆斯特丹
甘肃河西走廊城市群	兰州	兰州—西安、兰州—乌鲁木齐、兰州—阿斯塔纳、兰州—阿拉木图、兰州—塔什干、兰州—杜塞尔多夫、兰州—巴黎
青海东部城市群	西宁	西宁—西安、西宁—银川、西宁—乌鲁木齐、西宁—阿斯塔纳、西宁—阿拉木图、西宁—塔什干、西宁—杜塞尔多夫、西宁—巴黎
宁夏沿黄城市群	银川	银川—西安、银川—西宁、银川—乌鲁木齐、银川—阿斯塔纳、银川—阿拉木图、银川—塔什干、银川—杜塞尔多夫、银川—巴黎、银川—阿姆斯特丹
新疆天山北坡城市群	乌鲁木齐	乌鲁木齐—西安、乌鲁木齐—西宁、乌鲁木齐—银川、乌鲁木齐—阿斯塔纳、乌鲁木齐—阿拉木图、乌鲁木齐—塔什干、乌鲁木齐—杜塞尔多夫、乌鲁木齐—巴黎、乌鲁木齐—阿姆斯特丹
哈中北部城市群	阿斯塔纳	阿斯塔纳—西安、阿斯塔纳—乌鲁木齐、阿斯塔纳—银川、阿斯塔纳—西宁、阿斯塔纳—阿拉木图、阿斯塔纳—塔什干、阿斯塔纳—杜塞尔多夫、阿斯塔纳—巴黎、阿斯塔纳—阿姆斯特丹
伊犁河谷—哈东南城市群	阿拉木图	阿拉木图—西安、阿拉木图—乌鲁木齐、阿拉木图—银川、阿拉木图—西宁、阿拉木图—阿斯塔纳、阿拉木图—塔什干、阿拉木图—杜塞尔多夫、阿拉木图—巴黎、阿拉木图—阿姆斯特丹
费尔干纳城市群	塔什干	塔什干—西安、塔什干—乌鲁木齐、塔什干—银川、塔什干—西宁、塔什干—阿斯塔纳、塔什干—阿拉木图、塔什干—杜塞尔多夫、塔什干—巴黎、塔什干—阿姆斯特丹
德国莱茵—鲁尔城市群	杜塞尔多夫	杜塞尔多夫—西安、杜塞尔多夫—乌鲁木齐、杜塞尔多夫—西宁、杜塞尔多夫—阿斯塔纳、杜塞尔多夫—阿拉木图、杜塞尔多夫—阿拉木图、杜塞尔多夫—塔什干、杜塞尔多夫—巴黎、杜塞尔多夫—阿姆斯特丹
法国大巴黎地区城市群	巴黎	巴黎—西安、巴黎—乌鲁木齐、巴黎—银川、巴黎—西宁、巴黎—阿斯塔纳、巴黎—阿拉木图、巴黎—塔什干、巴黎—杜塞尔多夫、巴黎—阿姆斯特丹

续表

城市群	核心城市	主要航线
荷兰兰斯塔德城市群	阿姆斯特丹	阿姆斯特丹—西安、阿姆斯特丹—乌鲁木齐、阿姆斯特丹—银川、阿姆斯特丹—西宁、阿姆斯特丹—阿斯塔纳、阿姆斯特丹—阿拉木图、阿姆斯特丹—塔什干、阿姆斯特丹—杜塞尔多夫、阿姆斯特丹—巴黎

2. 铁路

依托中国陇海铁路和兰新铁路与哈萨克斯坦铁路接轨的新亚欧大陆桥（第二亚欧大陆桥），连接丝路沿线各大城市群，加强区域的沟通交流。加快启动欧亚高铁、中亚高铁和泛亚高铁 3 条高铁规划建设，促进与中亚、欧洲城市的合作与交往。维护原有中国到中亚、欧洲的“汉新欧”、“蓉欧”、“郑欧”、“合新欧”、“义新欧”等货运班列，新开通丝路沿线国内城市群主要城市到中亚、欧洲城市群主要城市的班列。

表 7–34　丝路沿线城市群班列

班列名称	国内出发地	经过口岸	途径国家 / 城市	性质
渝新欧	重庆	阿拉山口	哈、俄、白俄、波兰、德国	已开通
汉新欧	郑州	阿拉山口	哈、俄、白俄、波兰	已开通
蓉欧快铁	成都	阿拉山口	哈、俄、白俄、波兰	已开通
郑欧	郑州	阿拉山口	哈、俄、白俄、波兰、德国	已开通
粤新欧	东莞	阿拉山口	哈、俄	已开通
合新欧	合肥	阿拉山口	哈、俄、白俄、波兰、德国	已开通
义新欧	义乌	阿拉山口	哈、俄、白俄、波兰、德国	已开通
北京—中亚班列	北京	阿拉山口	哈	已开通
长安号	西安	阿拉山口	哈	已开通
宁波—中亚班列	宁波	阿拉山口	哈	已开通
天马号	武威	阿拉山口	哈、乌、土	已开通
连新亚	连云港	阿拉山口	哈	已开通
南京—中亚班列	南京	阿拉山口	哈	已开通
青岛号	青岛	阿拉山口 霍尔果斯	哈、乌、土	已开通

续表

班列名称	国内出发地	经过口岸	途径国家 / 城市	性质
长安Ⅱ号	西安	阿拉山口	哈、俄、白俄、波兰、德国、荷兰	新开通
兰州—中亚班列	兰州	阿拉山口	哈	新开通
西宁—中亚—欧洲班列	西宁	阿拉山口	哈、俄、白俄、波兰、德国、荷兰	新开通
乌鹿班列	乌鲁木齐	阿拉山口	哈、德国、荷兰	新开通

3. 公路

以 G5、G6、G7、G30、国道 109、国道 312、国道 210、国道 110 等交通干线为主要轴线，以乌鲁木齐、西安等核心城市为点，以线串点、以点带面，加速丝绸之路沿线国内城市群公路建设，打造新丝绸之路经济带交通发展的珠链。依托中国—中亚公路带，串联西安、乌鲁木齐、阿拉山口、巴克图、霍尔果斯等重要城市，加强与中亚城市群的联系。

表 7–35　中国西北地区主要道路列表

编号	线路名称	涉及城市群
G5	京昆高速	陕西关中城市群
G6	京藏高速	青海东部城市群、宁夏沿黄城市群
G7	京新高速	新疆天山北坡城市群
G30	连霍高速	陕西关中城市群、甘肃河西走廊城市群、新疆天山北坡城市群
G40	沪陕高速	陕西关中城市群
G65	包茂高速	陕西关中城市群
G70	福银高速	陕西关中城市群、宁夏沿黄城市群
G2012	定武高速	宁夏沿黄城市群
G3011	柳格高速	新疆天山北坡城市群
G3014	奎阿高速	新疆天山北坡城市群
G3015	奎塔高速	新疆天山北坡城市群
G3016	清伊高速	新疆天山北坡城市群

续表

编号	线路名称	涉及城市群
国道 108	北京—太原—西安—成都—昆明	陕西关中城市群
国道 109	北京—银川—兰州—西宁—拉萨	青海东部城市群、宁夏沿黄城市群
国道 110	北京—呼和浩特—银川	宁夏沿黄城市群
国道 210	包头—绥德—西安—重庆—贵阳—南宁	陕西关中城市群
国道 211	银川—西安	陕西关中城市群、宁夏沿黄城市群
国道 215	红柳园—敦煌—格尔木	甘肃河西走廊城市群
国道 217	阿勒泰—奎屯—和田	新疆天山北坡城市群
国道 218	霍城—库尔勒—若羌	新疆天山北坡城市群
国道 227	西宁—张掖	甘肃河西走廊城市群、青海东部城市群
国道 307	新村—石家庄—太原—绥德—银川	宁夏沿黄城市群
国道 310	连云港—徐州—郑州—西安—天水	陕西关中城市群
国道 312	上海—合肥—西安—兰州—乌鲁木齐—霍尔果斯	陕西关中城市群、甘肃河西走廊城市群、新疆天山北坡城市群
国道 314	乌鲁木齐—喀什—红其拉甫	新疆天山北坡城市群

4. 交通枢纽

表 7–36　丝路沿线城市群主要交通枢纽列表

交通枢纽城市	城市群	类型	等级
西安	关中城市群	铁路公路航空枢纽	国际级
宝鸡		铁路公路枢纽	区域级
咸阳		铁路公路航空枢纽	都市级
渭南		铁路公路枢纽	都市级
兰州	河西走廊城市群	铁路公路航空枢纽	区域级
嘉峪关		铁路公路枢纽	都市级
金昌		铁路枢纽	都市级
西宁	海东城市群	铁路公路航空枢纽	区域级

续表

交通枢纽城市	城市群	类型	等级
银川	沿黄城市群	铁路公路航空枢纽	区域级
中卫		铁路枢纽	都市级
乌鲁木齐	天山北坡城市群	铁路公路航空枢纽	国际级
克拉玛依		铁路公路航空枢纽	区域级
克拉玛依		铁路公路枢纽	区域级
伊宁		铁路公路航空枢纽	区域级
石河子		铁路公路枢纽	都市级
博乐		铁路公路枢纽	都市级
昌吉		铁路公路枢纽	都市级
阿斯塔纳	哈中北城市群	铁路公路航空枢纽	国际级
卡拉干达		铁路公路航空枢纽	区域级
阿拉木图	伊犁河谷—哈东南城市群	铁路公路航空枢纽	国际级
塔什干	费尔干纳城市群	铁路公路航空枢纽	国际级
费尔干纳		铁路公路航空枢纽	区域级
纳曼干		铁路公路枢纽	都市级
安集延		铁路公路枢纽	都市级
巴黎	大巴黎地区城市群	铁路公路航空枢纽	国际级
鲁昂		铁路公路河海枢纽	国际级
勒阿弗尔		铁路公路河海枢纽	区域级
阿姆斯特丹	兰斯塔德城市群	铁路公路河海航空枢纽	国际级
鹿特丹		铁路公路河海枢纽	国际级
多特蒙德	莱茵—鲁尔城市群	铁路公路航空枢纽	区域级
科隆		铁路公路内河枢纽	都市级
杜伊斯堡		铁路公路枢纽	都市级

交通枢纽是一种或多种运输方式的交叉与衔接之处，共同办理客货的中转、发送、到达所需的多种运输设施的综合体。由同种运输方式两条以上干线组成的枢纽为单一交通枢纽，两种以上运输方式的干线组成综合交通枢纽。形成交

通枢纽的条件与因素有：自然条件与地理位置，运输技术进步，经济联系的方向与规模，交通网的原有基础与发展条件，枢纽所在城市的发展条件。大城市、大工业中心及大型河、海港口往往形成交通枢纽。丝路沿线城市群交通枢纽主要分为国际级、区域级、都市级 3 级。

四、文化旅游体系

1. 旅游产业带和产业网

丝路沿线城市群旅游联合协作，应遵循“不分大小，互相尊重；不分先后，互相促进；不分彼此，互相支持；不搞分割，互相协作”的原则，同走一步棋，积极加强丝路沿线各旅游城市、旅游企业之间的协作与沟通，对提升丝路沿线国内城市群中心城市旅游整体形象和影响力，推动丝路沿线旅游业发展发挥着重要作用。丝路沿线城市群旅游合作应注重总体布局，推出更具吸引力的跨区域旅游精品线路。沿线城市要在旅游规划编制、服务设施建设、旅游产品开发等方面，做好相互衔接，注重突出丝绸之路旅游的整体风格，保持一定的脉络联系。通过制定实施整体旅游形象宣传计划，实行统一策划形象、统一对外宣传、统一包装线路、统一制作标识、统一印制图册的“五统一”，大力开展联合促销推介活动，形成整体合力。

区域未来旅游发展的总体布局态势应当是中心城市突出，点轴辐射，轴线拓展，形成以中心城市为依托，以综合运输通道为轴线、以区内区际经济联合为纽带、以交通节点城市为增长极，逐步形成一个城市特色鲜明、基础设施配套、生态环境良好的城镇网络化发展体系。加快国际、省际、省内城市间的区域旅游合作，形成一种立体网状的总体开发模式。紧紧围绕区域旅游合作与开发这个主题，各城市加强联系和协作，实现优势互补和城市互动，整合旅游资源，提升旅游整体水平和影响力，最终形成以旅游中心城市为核心、旅游集散地为节点、精品旅游品牌为支点、专题和特色旅游热线为纽带，联合开发、协同发展的旅游产业带和产业网，丝路沿线城市群架构相互连通的“大丝路”格局，构建国际距离最长、辐射广、形象突出、吸引力强的丝路黄金旅游带。

2. 旅游中心城市网络布局

以中心城市为依托，建立城市旅游中心区，再从点到线，从线到面逐步展开整个区域文化旅游合作进程，形成“点＋圈＋带”的丝绸之路沿线城市群文化旅游体系。

（1）一级旅游中心、副中心城市

旅游中心城市具有极强的吸引、辐射和综合服务功能，西北区的工业化和城市化发展都必须依托这些中心城市。区域中心城市作为西北经济的“增长极”，成为区域经济发展格局中最具活力和潜力的核心地区，在区域生产力格局中起着战略支撑点、增长极点和核心节点的作用。旅游中心城市是区域的客源集散中心、宣传促销中心、旅游供给中心、旅游服务中心、人才培训中心、信息交流中心，将各旅游中心城市组合，培育成为系统的旅游中心城市层级体系。逐步构建规模等级完整、职能类型互补、空间结构合理的城市体系，对推动西北区经济社会的协调发展十分必要和迫切。

丝路沿线城市群文化旅游体系要突出重点开发一级旅游中心城市，重视开发二级旅游中心城市，兼顾开发三四级旅游中心城市。发展梯度链体系，要在增强中心城市的聚集、辐射能力的同时，发展建设次一级的区域经济增长中心，围绕这些中心城市逐渐建设“大都市旅游圈（带）”。

关中城市群的中心城市——西安是丝绸之路国内段的起点，西安应发挥其作为旅游热点的优势，成为丝绸之路沿线旅游业的东大门。

乌鲁木齐作为丝绸之路西部旅游带的中心城市，应充分利用向西开放的契机，发展成为丝绸之路地区旅游业的西大门和向中亚、欧洲市场开放的前哨，起到联东西出、开拓跨国旅游市场的作用。

图 7-9　乌鲁木齐国际大巴扎

兰州作为丝绸之路中部旅游带的中心城市，应充分利用黄河上游沿岸的旅游中心城市和河西走廊在丝绸之路中的核心地位，发挥其丝绸之路黄金段——甘肃段旅游线中心辐射功能作用。

宁夏的银川和青海的西宁要起到南北两翼的作用，以陇海—兰新和青藏铁路及西兰—兰新公路为主轴，从而将丝绸之路沿线主要旅游城市和重要旅游景区连为一体，形成人文旅游资源与自然资源景观相融的资源基础和分布格局。

中亚的阿斯塔纳、阿拉木图、塔什干作为中国与欧洲的桥梁，以新亚欧大陆桥、中国—中亚公路带为轴线，连接中国、中亚、欧洲主要旅游城市和景点，形成民族风情浓郁的丝路沿线旅游节点。

欧洲的巴黎、阿姆斯特丹要依托放射状的交通线，充分发挥旅游辐射带动作用，形成丝路黄金旅游带具有标志性的旅游目的地。

（2）一级城市旅游圈

城市旅游圈主要以西安、兰州、乌鲁木齐、银川、西宁、巴黎、塔什干等省会或首都城市为中心。以陇海、兰新、宝中铁路、费尔干纳 / 安集延—南铁路、大巴黎地区铁路、高速交通干线为轴线，连接天水、敦煌、吐鲁番并向延安、宝鸡、汉中、中卫、克拉玛依、库尔勒、鲁昂、勒阿费尔、费尔干纳、安集延、别卡巴德等地延伸的旅游辐射网络。充分发挥 7 大城市群中心城市的作用，尤其对位居交通干线上的地区性大城市应给予充实和提高，构成相互联系的经济整体，形成 7 大都市旅游圈。空间布局上将以西安大都市旅游经济圈、兰州大都市旅游经济圈、乌鲁木齐大都市旅游经济圈、银川都市旅游经济圈、西宁都市旅游经济圈、费尔干纳旅游城市圈、大巴黎旅游城市圈为中心，最终使丝路沿线城市群文化旅游合作朝立体网络化发展。

（3）二级及以下旅游中心城市

二级旅游中心城市国内有宝鸡、嘉峪关、酒泉、石嘴山、吴忠、昌吉、乌苏、克拉玛依、石河子、奎屯、博乐、伊宁、阜康；国外有费尔干纳、鲁昂、鹿特丹、科隆、多特蒙德。

三级旅游中心城市国内有渭南、铜川、张掖、武威、海东；国外有卡拉干达、纳曼干、别卡巴德、勒阿弗尔、海牙、埃森德、杜伊斯堡。

四级旅游中心城市国内有金昌、中卫、五家渠；国外有安集延、苦盏、乌得勒支、波鸿。

二级及以下旅游中心城市围绕文化旅游合作与开发这个主题，依托一级旅游中心城市和城市旅游圈，点轴辐射，轴线拓展，加强联系和协作，实现优势互补和城市互动，整合旅游资源，提升旅游整体水平和影响力，最终形成以旅游集散地为节点、精品旅游品牌为支点、专题和特色旅游热线为纽带，城市特色鲜明、基础设施配套、生态环境良好，联合开发、协同发展的旅游产业带和产业网。

表 7–37　丝路沿线城市群文化旅游体系

城市群名称	关中城市群	河西走廊城市群	东部城市群	沿黄城市群	天山北坡城市群	哈中北城市群	伊犁河谷—哈东南城市群	费尔干纳城市群	大巴黎地区城市群	兰斯塔德城市群	莱因—鲁尔城市群
一级旅游中心城市	西安				乌鲁木齐	阿斯塔纳	阿拉木图	塔什干	巴黎	阿姆斯特丹	
一级旅游节点城市（副中心）		兰州	西宁	银川							杜塞尔多夫
一级城市旅游圈经济区	西安—咸阳	兰州—白银	西宁—格尔木	银川—吴忠—石嘴山	乌—昌—米—阜			费尔干纳	大巴黎		
二级旅游中心城市	宝鸡	嘉峪关、酒泉		石嘴山、吴忠	昌吉、乌苏、克拉玛依、石河子、奎屯、博乐、伊宁、阜康		费尔干纳		鲁昂	鹿特丹	科隆、多特蒙德
三级旅游中心城市	渭南、铜川	张掖、武威	海东			卡拉干达	纳曼干、别卡巴德		勒阿弗尔	海牙	埃森德、杜伊斯堡

续表

城市群名称	关中城市群	河西走廊城市群	东部城市群	沿黄城市群	天山北坡城市群	哈中北城市群	伊犁河谷—哈东南城市群	费尔干纳城市群	大巴黎地区城市群	兰斯塔德城市群	莱因—鲁尔城市群
四级旅游中心城市	杨凌	金昌		中卫	五家渠		安集延、苦盏			乌得勒支	波鸿

五、沿线国际性城市体系

1. 国际城市确定标准

（1）国家首都

首都作为一个国家的核心城市，是该国政治、经济、文化、交通、金融、国际交往中心，在一个国家的重要作用不言而喻。选取沿线中亚、欧洲等国家首都，重点打造丝绸之路国际城市，成为丝路经济带城市网络的支撑。

（2）省会城市

省会为省行政中心，为国家一级行政区，是该省的政治、经济、科教、文化、决策中心，大部分的权利机构都驻在这里。省会城市交通便利，四通八达，一般为该省铁路、航空、公路综合交通枢纽，与省外、省内各个区域联系密切，辐射范围较广。因此选取西北 5 省（自治区）省会西安、银川、兰州、乌鲁木齐、西宁重点打造国际城市。

（3）口岸所在地

口岸是由国家指定对外往来的门户，是国际货物运输的枢纽。它是一种特殊的国际物流节点。现代口岸不仅是经济贸易往来的商埠，同时还拥有政治、外交、科技、文化、旅游和移民等方面的作用。随着陆、空交通运输的发展，对外贸易的货物、进出境人员及其行李物品、邮件包裹等，通过铁路和航空直达一国腹地。在开展国际联运、国际航空邮包邮件交换业务以及其他有外贸、边贸的地方，国家也设置了口岸。因此选取霍尔果斯、阿拉山口等口岸所在地作为丝路沿线国际城市。

（4）交通枢纽

综合交通枢纽为整合铁路、公路、航空、内河航运、海港和运输管道为一体的海陆空协同枢纽体系。综合交通枢纽是综合交通运输体系的重要组成部分，是衔接多种运输方式、辐射一定区域的客、货转运中心。综合交通枢纽带动和支撑区域经济的发展，为所在地区或城市的经济发展和居民生活提供客货运输服务，是城市对外联系的桥梁和纽带。综合交通枢纽作为运输网络上的节点，集各种运输方式、信息、设备和组织管理于一体，吸引着大量的客货流，是交通运输发展的重要支撑。综合交通枢纽一般地处区域主要中心城市。

（5）总部基地

总部经济发展的区域为总部基地，该区有良好的区位优势和良好的交通运输网络设施，具有便捷的信息获取以及良好地与异地沟通的信息通道，拥有高素质的人力资源和科研教育资源，具备良好高效的法律制度环境，具有多元的文化氛围。同时该区域正逐步形成围绕总部服务的专业化服务支撑体系，专业化服务支撑体系覆盖金融、保险、会展、商贸、航运、物流、旅游、法律、教育培训、中介咨询、公关、电子信息网络等诸多领域。

2. 沿线国际城市建设

（1）国内

《推动共建丝绸之路经济带和21世纪海上丝绸之路的愿景与行动》对西北5省（自治区）进行了准确深刻的定位。发挥新疆独特的区位优势和向西开放重要窗口作用，深化与中亚、南亚、西亚等国家交流合作，形成丝绸之路经济带上重要的交通枢纽、商贸物流和文化科教中心，打造丝绸之路经济带核心区。发挥陕西、甘肃综合经济文化和宁夏、青海民族人文优势，打造西安内陆型改革开放新高地，加快兰州、西宁开发开放，推进宁夏内陆开放型经济试验区建设，形成面向中亚、南亚、西亚国家的通道、商贸物流枢纽、重要产业和人文交流基地。

1）关中城市群核心城市——西安。立足丝绸之路经济带战略的全局视角，充分发挥西安的优势条件，努力建设丝绸之路经济带新起点，打造内陆型改革开放新高地。

建设具有历史文化特色的国际化大都市。充分依托西安的资源优势和发展基础，充分挖掘西安历史文化内涵，进一步提升历史文化创造力、生产力、影响力，深入推进国家服务业综合改革试点和国家现代服务业综合试点工作，促进金融、科技服务、电子商务等现代服务业快速发展。把引资与引技、引智相结合，整合外向型功能平台，吸引跨国公司及全球行业领先企业投资落户，促进开放性服务水平大幅度提升。

建设亚欧合作前沿城市。积极寻找与丝路沿线城市的合作契机，掌握主动权，抢占制高点，打造西安外向型、国际化发展新平台。进一步发挥欧亚经济论坛、丝绸之路国际博览会、“长安号”国际班列、丝绸之路经济带国际采购中心等平台优势，加强西安与亚欧各地在经贸合作、科技创新、金融服务、基础设施、资源环境、文化旅游、教育培训等领域的交流和合作，优化对外开放格局，提升国际化高端生产要素聚集水平，将西安打造成为亚欧合作前沿城市。

2）甘肃河西走廊城市群——兰州。发挥兰州综合经济文化优势，加快对外开放，形成面向中亚、南亚、西亚国家的通道、商贸物流枢纽、重要产业和人文交流基地。借助丝绸之路经济带建设的东风，在做牢做实顶层设计和长远规划的基础上，一手抓基础设施建设，一手抓转型升级，通过互联互通能力的提升，调整优化产业结构，推动经济社会的转型发展。

紧紧围绕建设丝绸之路经济带甘肃黄金段，着力构建兰州新区、敦煌国际文化旅游名城和“中国丝绸之路博览会”三大战略平台，重点推进道路互联互通、经贸技术交流、产业对接合作、经济新增长极、人文交流合作、战略平台建设等六大工程，进一步提升兰（州）白（银）、酒（泉）嘉（峪关）、金（昌）武（威）、平（凉）庆（阳）、天水、定西、张掖、敦煌等重要节点城市的支撑能力，努力把甘肃建设成为丝绸之路的黄金通道、向西开放的战略平台、经贸物流的区域中心、产业合作的示范基地、人文交流的桥梁纽带。

3）青海东部城市群——西宁。西宁应立足于青藏高原交通枢纽的实际，进一步强化承接甘肃、西藏、新疆、四川经济圈的重要桥梁和纽带地位。根据西宁在青藏高原中心城市的地位，统筹国内外资源，加强与丝绸之路沿线城市的合作和优势互补，放大资源环境优势，寻求差异化发展，强化西宁在东部城镇群、海西城镇群和青藏城镇带中核心龙头带动作用。

积极融入丝绸之路经济带战略建设中，以互联互通为基础，以开放合作为主线，以扩大投资为重点，以重大项目为载体，以人文交流为纽带，以互利共赢为目标，着重打造区域组织、区域服务、区域管理的配套服务体系，强化“战略基地、青藏中心、地区枢纽、省域极核、生态夏都、文化名城”功能，充分发挥基础支撑、要素聚集、示范引领、辐射带动四个方面的核心作用，形成产业集聚更加突出、核心地位更加提升、载体功能更加完善、人居环境更加改善的开放型城市。充分发挥区位优势、资源优势和市场优势，找准与沿线城市的利益契合点，着力推动与沿线国家城市的产业合作、货物贸易、能源资源合作、金融合作、人文交流和平台建设，拓展经济发展外部空间，全面提升西宁开放型经济发展水平，促进形成互利共赢、多元平衡、安全高效的对外开放新格局。

4）宁夏沿黄城市群—— 银川。国家重点实施“一带一路”战略，支持宁夏建设面向阿拉伯国家和世界穆斯林地区开展交流合作的内陆开放型经济试验区，打造丝绸之路经济带战略支点。同时，赋予了银川丝绸之路经济带主要节点城市的新定位。

重点建好“三个通道”：即中阿空中、网上、陆上丝绸之路通道。空中丝绸之路通道建设方面，进一步完善银川河东机场基础设施，加快推进机场四期工程规划，用好第五航权，争取向更多阿拉伯国家和世界其他地区开放航权，打造西部复合性航空枢纽；网上丝绸之路通道建设方面，加快西部云基地、国家战略数据安全储备地建设，大力发展云计算、云服务产业，开展跨境电子商务合作，让宁夏的特色产品通过网络走出国门，也为更多丝路沿线国家互联互通搭建平台、提供服务；陆上丝绸之路通道建设方面，加快实施包兰铁路扩能改造、太中银和宝中铁路增建二线，争取建设银郑、包新等快速铁路通道，使宁夏融入全国快速铁路交通网络。

5）新疆天山北坡城市群——乌鲁木齐。发挥乌鲁木齐独特的区位优势，深化与中亚、西亚等国家交流，形成丝绸之路经济带上重要的交通枢纽中心、商贸物流中心、金融服务中心、文化科技中心、医疗服务中心。

积极推动中巴经济走廊及面向中西南亚和欧洲的物流通道、信息通道建设。推动乌鲁木齐国际机场改扩建工程，支持该机场申请 72 小时过境免签政策，争取开通至中亚、西亚、南亚、欧洲等地区航线。

加大推进物流园区的建设，推进建设中欧班列集结编组中心、进出口货物分拨中心以及乌鲁木齐空港陆路港建设，制定物流业发展政策措施，提高物流效率、降低物流成本，大力发展服务贸易和跨境电子商务。

金融服务方面，建设跨境贸易与投资人民币结算中心、外汇交易中心、股权交易中心和大宗特色资源产品期货市场，争取国内外金融、证券和中介服务机构在新疆设立经营、业务代理机构并开展跨境金融业务。

（2）国外

1）中亚、西亚地区。中亚地区重点打造阿斯塔纳、阿拉木图、塔什干、纳曼干、撒马尔罕、杜尚别、阿什哈巴德、比什凯克、贾拉拉巴德、费尔干纳城市成为丝路经济核心城市、重要节点、交通枢纽等。按照不同的国际城市定位，主要建设综合交通枢纽、自贸区、金融服务平台、国际农产品交易中心、物流基地、经贸中心等。

西亚地区国际城市德黑兰是伊朗的首都，也是德黑兰省省会。德黑兰是伊朗最大的城市，且是西亚地区最大的城市之一。德黑兰打造成为丝路经济带核心城市，主要建设金融中心、文博馆、物流基地等。

2）欧洲地区。国际化大都市莫斯科是俄罗斯的政治、经济、文化、金融、交通中心以及最大的综合性城市。莫斯科是俄罗斯乃至欧亚大陆上极其重要的交通枢纽，也是俄罗斯重要的工业制造业中心、科技、教育中心。定位为丝路经济带核心城市，建设国际综合交通枢纽、特色产品展销平台、国际文化博览会、金融服务平台等。

中欧地区丝路经济带国际城市主要包括伊斯坦布尔、安卡拉、布达佩斯、布拉格等城市。重点打造丝路经济带节点城市，主要建设区域性交通枢纽、特色产品展销平台、国际文化博览会、金融服务平台、物流基地等。

西北欧地区丝路经济带国际城市主要包括杜伊斯堡、巴黎、鲁昂、慕尼黑、柏林、鹿特丹等。重点建成丝路经济带交通枢纽、国际商贸物流、金融中心等。主要建设综合交通枢纽、自贸区、金融服务中心、融服务平台、国际文化博览会、国际旅游交流等年会等。

表 7–38　丝绸之路沿线国际性城市体系

序号	城市	定位	建设内容
1	西安	**内陆型改革开放新高地，丝绸之路经济带新起点**	国际性综合交通枢纽、自贸区、欧亚经济综合园区、自主创新示范区等
2	兰州	面向中亚、南亚、西亚国家的通道、商贸物流枢纽、重要产业和人文交流基地	区域性综合交通枢纽、特色产品展销平台、国际文化博览会、新能源国际博览会等
3	西宁	丝路经济带的战略通道、重要支点和人文交流中心	区域性综合交通枢纽、自贸区等
4	银川	丝路经济带主要节点城市	区域性综合交通枢纽、自贸区、西部云基地、中阿金融合作示范区等
5	乌鲁木齐	丝路经济带重要交通枢纽、商贸物流和文化科教中心，打造丝绸之路经济带核心区	国际性综合交通枢纽、自贸区、能源通道、金融服务平台、商贸物流中心等

续表

序号	城市	定位	建设内容
6	喀什	丝路经济带重要通道	综合交通枢纽、商贸物流中心等
7	伊宁	丝路经济带重要通道	综合交通枢纽、商贸物流中心等
8	克拉玛依	丝路经济带节点城市	能源通道、金融服务平台等
9	阿斯塔纳	核心区	国际性综合交通枢纽、自贸区等
10	阿拉木图	丝路经济带核心区	国际性综合交通枢纽、金融服务平台、自贸区等
11	塔什干	丝路经济带交通枢纽	国际性综合交通枢纽、自贸区
12	纳曼干	丝路经济带节点城市	国际农产品交易中心、物流基地等
13	撒马尔罕	丝路上重要枢纽城市	交通枢纽、国际文化交流中心等
14	杜尚别	丝路经济带节点城市	中亚经贸中心、物流基地等
15	阿什哈巴德	丝路经济带交通枢纽	农产品交易中心、物流基地等
16	比什凯克	丝路中亚地区中心城市	交通枢纽、物流基地等
17	贾拉拉巴德	丝路经济带交通重镇	农产品交易中心、物流基地等
18	费尔干纳	丝路经济带铁路枢纽	区域性综合交通枢纽、自贸区
19	德黑兰	丝路经济带核心城市	金融中心、文博馆、物流基地等
20	莫斯科	丝路经济带核心城市	综合交通枢纽、特色产品展销平台、国际文化博览会、金融服务平台等
21	伊斯坦布尔	丝路经济带核心城市	国际文化博览、金融服务平台等
22	安卡拉	丝路经济带节点城市	特色产品展销平台、物流基地等
23	布达佩斯	丝路经济带节点城市	综合交通枢纽、国际文化博览会等
24	布拉格	丝路经济带核心城市	综合交通枢纽
25	杜伊斯堡	丝路经济带交通枢纽	区域性综合交通枢纽、自贸区
26	巴黎	丝路经济带交通枢纽、国际商贸物流、金融中心	国际性综合交通枢纽、自贸区、金融服务中心
27	鲁昂	丝路经济带交通、工业支点	国际性综合交通枢纽、自贸区
28	慕尼黑	丝路经济带重要交通枢纽	国际性综合交通枢纽、经贸中心、金融服务平台、国际文化博览会等
29	柏林	丝路经济带核心城市	国际性综合交通枢纽、金融服务平台、国际旅游交流年会等
30	鹿特丹	丝路经济带重要的交通枢纽、商贸物流中心	国际性综合交通枢纽、自贸区

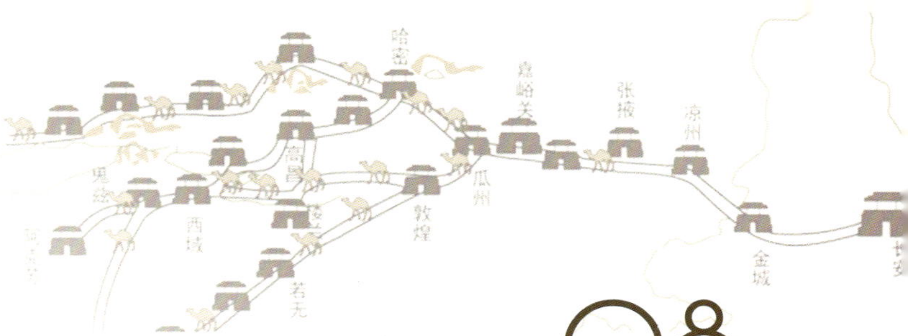

08 第八章　行动策略

随着我国经济发展进入新常态，我们要全面谋划全方位对外开放大战略，以更加积极主动的姿态走向世界。推进丝路经济带建设是中国现阶段的重大战略决策，通过深入贯彻创新、协调、绿色、开放、共享的发展理念，吸引国家和国际组织加入。目前丝路经济带建设从无到有、由点及面，进度和成果超出预期。与沿线国家签署共建合作协议，以亚投行、丝路基金为代表的金融合作不断深入，一批有影响力的标志性项目逐步落地。

第一节　行动策略分析

一、国内行动策略分析

1. 国家层面开展多种形式的国际对话和交流

中国向世界发布了建设丝路经济带的意愿，展示了中国新一轮全方位开放的大格局，表达了中国深度融入世界经济体系的战略决心；同时，也传达了中国倾全国之力，与相关国家共同打造开放、包容、均衡、普惠的区域经济合作架构，探索国际合作以及全球治理新模式的宏大愿景。

寻求丝路沿线城市合作，是国家发展阶段的战略要求，也是新时期沿线地区发展的共同心愿。借助古丝绸之路的辉煌，向西开放，重建亚欧经贸文化通道，探索与亚欧邻国之间的合作发展，开创新的区域经贸合作发展模式，将该区域巨大的资源、能源优势转化为发展动力，开创我国西部经济发展的新领域和新动力，具有非常大的现实可行性和时代意义。

2. 国内省（自治区）制订行动计划同质竞争现象普遍

国内省（自治区）在丝路经济带行动中是抢跑于国家行动之前的，国内省（自治区）在近年政府工作报告中，纷纷提出加快融入到丝路经济带战略的具体措施，争相分享政策红利，抢搭“丝路快车”，加速地方社会经济发展。

我国的内外部经济发展压力不断加大，丝路经济带将是推动国内经济快速发展的新动力，国内省（自治区）尤其是内陆省（自治区）为加强对外联系，在没有经过全面规划的情况下，均致力于国际交通建设，在对欧班列之争后，又纷纷争取设立自贸区，各省（自治区）都在大搞基础设施建设，造成资源的浪费。

二、国际行动策略分析

将丝路经济带作为中国大外交的“抓手”，旨在为周边外交和国内发展需要服务，同时避开“修昔底德陷阱”和“中等收入陷阱”，丝路经济带项目计划与其他国家的项目计划互补性远将大于竞争性。

1. 中亚国家与丝路经济带

中亚是中国丝路经济带的必经要冲，能源和资源获取的重要基地，非传统安全领域的重要合作伙伴，联通西亚的战略通道。

目前来看，中亚国家对丝路经济带这一战略倡议总体态度积极，至少官方表示了积极支持和参与的态度。当然，从更深层次来看，发展程度不同和与华政治关系不同的国家，其心态和认知又较为复杂，它们既渴望搭上中国西进的快车，又担心产生经济上的依赖和国家安全上的威胁，既想与中国共建，又不愿与现存国际合作计划发生冲突。莫斯科国际关系学院东亚与上海合作组织研究中心主任亚历山大·卢金认为：“中亚国家对待涉及自身命运的项目都极其务实。当然，国与国存在不同，但整体而言，中亚国家准备支持任何方面的项目，如果该项目能够促进金融发展、投资并且不会损害国家秩序和安全根基。”

针对目前中亚国家对中国丝路经济带建设的优柔寡断态度，为消除“中国威胁论”和“中国扩张论”的危害，中哈合作模式可以成为其他中亚国家的榜样，中哈产业升级转移的协议应尽快出成果，并在大力宣传的基础上向中亚国家推广复制。哈方对中国丝路经济带战略的态度在中亚也具有相当的典型性，其现实主义而又灵活多样的外交政策，既能平衡中俄的利益，也能打消美欧对中国中亚政策的忧虑。

图 8-1　中哈地方合作论坛

2. 俄罗斯与丝路经济带

俄罗斯是中国海外能源的重要进口地，对冲美国战略围堵的合作伙伴，中亚丝路建设的利益攸关者，新亚欧大陆桥的关键节点，中蒙俄经济合作走廊的终点。长期以来，俄罗斯把中亚地区看作其后院，不想失去对中亚地区的政治、经济和军事控制，也不想看到中国在中亚地区的影响力过快增长。但在俄罗斯与西方国家关系持续僵化的背景下，俄罗斯领导人越来越坚定地尝试在中国这一方开展合作，这就把中国的战略追求与俄罗斯的欧亚一体化追求结合起来了。

俄罗斯主导的欧亚经济联盟，很大程度上保障了俄罗斯与中亚国家之间的经贸往来，但中国货物与产品要想进入这些国家的市场就面临着高额的关税。

俄罗斯是一个能源资源非常丰富的国家，过去出于防范中国的心理，中俄能源合作一直进展缓慢。但现在，中国通过与中亚国家构建丝路经济带反而撬动了中俄能源合作的发展，因为中亚地区也有着非常丰富的油气储量，中国也可以选择从中亚国家进口能源资源。

3. 欧洲国家与丝路经济带

欧洲国家对丝路经济带作出了积极的反响。我国与欧洲的产业链与互补性强，存在进一步加深经济合作与投资的空间，中欧关系正处于历史发展最好时期，面临前所未有的历史机遇。而丝路经济带建设将连通亚太经济圈和欧洲经济圈，有利于挖掘亚欧大陆市场的巨大潜力。

西欧国家具备成熟的市场，全面且结构合理的工业体系，先进的研发与制造业技术，基础设施也较为完善，但迟迟无法摆脱欧债危机的影响，西欧各国迫切需要借助外部力量尤其是外部资本来实现本国经济复苏。中东欧国家处于连接中国—欧洲市场的枢纽，中国已开通多班国际铁路专列，正是以中东欧国家为终点或经由中东欧转运至西欧，中国—中东欧的贸易便利化程度大大提高。此外，打开中国市场也是中东欧各国拉动本国经济发展，提升地缘政治影响力的迫切需求。除农产品外，加工产业、采矿业和环保设备等，具备扩大中国贸易量的潜力。

欧盟高达 3150 亿欧元规模的“容克计划”与丝路经济带探索中欧发展战略对接，中国和中东欧国家“16+1 合作”与丝路经济带实践对接，德国筹划“工业 4.0”与“中国制造 2025”对接……丝路经济带正在重新塑造中国和欧洲的地理经济，创新中欧合作范式。

4. 国际组织与丝路经济带

从国际组织对丝路经济带沿线协商与探讨的主要内容来看，主要集中在建立多层次的区域性经济合作机制，共同促进沿线地区经济、社会全面发展，商讨在交通、能源、投资、旅游、教育、信息和地方政府合作等领域展开合作和研讨，举办高层论坛，开展高层互访，扩大经贸合作，加强文化交流，构建资源共享、联手开发、合作发展的新局面，搭建区域性现代化物流信息平台和旅游资源开发平台，吸引企业积极参与丝路经济带的开发与发展。

国际组织对丝路经济带的协商基本上都是目前全球经济体系发展中具有较

大影响的行业和领域，也是沿线国际合作的关键点，是发展丝路经济带必须解决的核心问题。随着这些问题日渐深入的协商，也必将引领着沿线城市再挑世界经济推进器的重担，促进亚欧文明再次融合形成新的世界格局，带动沿线国家地区经济、文化快速发展。

三、其他国家（组织）“丝绸之路”计划

1. 其他国家（组织）“丝绸之路”计划特点

20世纪80年代以来，有关国际机构和国家纷纷提出“丝绸之路”开发计划（见表8—1），并取得一定进展，这些计划的动机各异，侧重点不同，但客观上也为丝路经济带建设提供了基础。

表8-1 其他国家（组织）的“丝绸之路”计划列表

国家（组织）	名称	提出时间	推行困境
日 本	丝绸之路外交	1997年	带有鲜明的政治色彩，破坏了与其他国家合作的互信基础
联合国	丝绸之路复兴计划	2008年	各国较认可，但仅限于人文和经济方面
美 国	新丝绸之路计划	2011年	资金有限，仅停留在国家和外交层面，几乎无实质进展
伊 朗	钢铁丝绸之路	2011年	项目单一，国力影响有限，前景不被看好
哈萨克斯坦	新丝绸之路项目	2012年	在大国之间，自主发展空间有限
韩 国	丝绸之路快车	2013年	与朝鲜局势紧张，发展前途难料

以上计划除联合国的“丝绸之路复兴计划”比较中性外，其他计划或组织的突出特点是：制订者在很大程度上强调自己的“连”和“通”；对其他竞争者而言，却在某种程度上希望“隔”和“断”，以实现自身利益最大化并使竞争者边缘化。对比各个计划，内容互有交叉。上述各计划及我国的丝路经济带，在内容上交集不少，不同版本的“丝绸之路”都视中亚为连同欧亚的物流、资源、经济乃至政治枢纽，并寄望自己和这个枢纽“无缝对接”，更有效地拓展自身商路与经济辐射圈，扩大本国的经济、能源、安全外延。

2. 丝路经济带与其他“丝绸之路”计划的对比优势

中国的丝路经济带战略与其他国家的丝绸之路战略相比，具有明显的相对优势。

首先，从战略构想来讲，中国的丝路经济带战略遵循的是和平发展、开放合作、平等参与、互利共赢的发展理念，且向外界明确表示不干涉内政，不谋求势力范围，不谋求主导地位，也不搞制衡战略、排斥方案和结盟运动，而是真心实意地求和平、谋发展、促合作、图共赢，共同打造互利共赢的“利益共同体”和共同发展繁荣的“命运共同体”，尤其是道义为先、义利并举、多予少取、先予后取的新型义利观，更加彰显了中国独特鲜明的国际责任。显然，这样的承诺也只有中国能够做到，而且也只有中国的战略构想更加具有战略公约性，更加切合世界各国的发展愿望，更能获得多数国家和人民的认可与支持。

其次，从实践基础来说，中国的丝路经济带战略也更加具有现实可行性和明显的比较优势。例如，在资金支持上，目前，唯有中国具备充足的资金支持力和强大的经济驱动力，而美国等其他国家则更多地需要依赖于世界银行、亚洲发展银行、国外投资者、私人部门的注资与支持；在合作基础上，中国与欧洲、中亚和东盟国家已经积累了许多成功的合作经验，初步构建了全方位、高水平的合作基础和双边与多边的合作机制，能够为各国的合作发展提供有力支撑；在地域位置上，中国不仅本来就是古代丝绸之路的历史起点，而且亦是现代丝绸之路的倡导者和参与者，而其他国家尽管也是现代丝绸之路的倡导者和参与者，但独特作用毕竟不如中国，尤其是美国远离亚洲，地域限制明显，而“丝绸之路将由亚洲建设，而不是西方主导”的国际声音也对其不利。

图 8-2　中国为非洲建设的第一条现代化电气铁路——亚吉铁路

3. 丝路经济带与其他“丝绸之路”计划的对接策略

（1）求同存异，包容发展

为避免因各国丝绸之路战略重叠引发的问题和纷争，对于丝绸之路计划中重叠内容，可以作为共同诉求达成发展共识，通过外交协商、对话讨论和合作机制共同推进，实现合作共赢；对于差异化诉求，可以照顾对方的合理关切与利益诉求，尽量整合到合作项目中，如果无法整合，则尊重对方的发展选择，而不宜进行排挤或抵制。中国在实施丝路经济带战略中应保持开放性和灵活性，欢迎区域外国家在参与合作中发挥建设性作用，尤其是要重点推进经济合作、互联互通和人文交流项目，通过务实合作赢得国际民心和广泛支持，积极通过国际论坛、区域论坛，通过国际途径、外交途径、媒体途径、网络途径，通过政府渠道、民间渠道等，多元化、立体式、全方位地加强对中国丝路经济带建设的宣传力度，正确阐释中国的目的愿望、基本诉求、实施步骤等，突出强调中国不干涉内政、不谋求大国地位、不经营势力范围的“三不政策”，“共商、共建、共享”的原则，道义为先、义利并举、多予少取、先予后取的新型义利观，以及共同打造互利共赢“利益共同体”和共同发展繁荣“命运共同体”的目的观，避免“新殖民论”、“势力范围论”和“中国威胁论”的误解与反弹，以实际行动争得民心，获得支持，赢得胜利。

（2）保障安全，提升能力

中国丝路经济带建设需要保障的安全范围主要包括通道安全、金融安全、项目安全、人员安全、信息安全和战略安全等。安全保障无疑是战略实施的基本条件。因此，面对各种安全挑战和政治风险，推进丝路经济带建设首先在战略思路上必须坚持稳中求进、循序渐进的方针，切忌急躁冒进、盲目上马、急于求成，务必统筹考虑国内安全与国际安全的相互协调，统筹做好通道、金融、项目、人员、信息和战略等多方面的综合安全防范工作，不断增强安保意识，提高防范能力。在外交上需要突出重点，广结善缘，竭力争取和平稳定的外部环境。多与俄罗斯和哈萨克斯坦进行协调沟通，尽量与两国的丝绸之路诉求寻求战略对接，防止外部势力的挑拨离间，并加强与中亚 5 国、上合组织、巴基斯坦、伊朗、土耳其、欧盟的对话与合作，共同维护区域安全与稳定。再次，在具体安保措施方面，需要以提升中国海外安保能力为重点，大力拓展在反恐斗争、情报共享、联合搜救演习等方面的国际合作，加大对航海、航空、航天、网络等高技术安保项目的研发投入，加快海外安全力量的投放与建设，尤其需要针对重点国家与高危地区开展安全评估，健全风险防控预警机制，增强应对危机事件的应急处理能力。

图 8-3　中德联合搜救演习

（3）创新机制，合作共赢

习近平主席在谈及建设丝路经济带时曾提及，这是一种“创新合作模式”。显然，这种创新模式与通过互惠贸易、统一关税、建立超国家机构来实现区域合作的传统模式不同，这是一种复合、共赢、开放的合作模式，各国都可以发挥自身优势，通过单边与多边、双边与多边或以双边促进多边、以多边带动双边的合作方式，共同开辟一条不同社会制度、不同资源禀赋、不同发展水平、不同文化传统国家间平等合作、共商共建、共享发展成果的合作机制。一是在沟通协调上，可以建立一个丝路经济带联合工作小组，负责协商统筹各方利益，监督检查项目实施进程，并向各国高层汇报；二是在合作方式上，应坚决贯彻互利共赢的原则，实践新的义利观，超越单一资源贸易的局限性，让资源所在国感受到实实在在的好处，而不是成为中国落后产能的转移地；三是在合作领域上，遵循先易后难和量力而行的原则，加快基础设施的互联互通，加强能源合作，创新贸易方式，扩大投资领域，增加当地居民就业机会；四是在机制整合上，必须强调合作的开放性、包容性与互利性，注意处理好与区域性国际组织的关系，使之成为增进合作的推动力而不是破坏力；同时，还可以通过沟通协商，整合现有的合作机制与功能性项目，发挥合力优势。

（4）多方融资，多样服务

为支持丝路经济带建设，中国已牵头成立了亚投行和丝路基金，但因所需资金巨大，所涉领域甚广，所遇问题较多，尤其是在投融资和服务方面需要取得突破。为此，在投融资方面，需要通过建立多边金融机构和融资平台，组建“丝路开发银行”、“丝路开发基金”、“丝路投资基金”、“丝路风险基金”等跨国金融机构，解决项目的投融资问题。同时，还需要充分借鉴现有多边金融机构长期积累的理论和实践经验，制定和实施严格的规章制度，提高透明度和包容性，尤其需要做好风险防范和危急处理工作，协同各国规避国际金融风险，共同应对国际资本流动带来的挑战，有效保护投资者的利益。在金融服务方面，需要通过创新金融体系，统筹带动中国金融服务“走出去”，充分发挥开发性金融的主导作用，拓展丝路经济带金融服务布局，尤其是要做好金融服务实体经济的建设目标，推进跨境产业、贸易和投资合作的可及性、便利性和安全性。

表 8–2　我国与丝路经济带沿线国家合作协议统计

国家	协议名称	合作领域
俄罗斯	建设中蒙俄经济走廊规划纲要、关于深化中欧班列合作协议、关于加强标准合作助推“一带一路”建设联合倡议、与莫斯科国立罗蒙诺索夫大学科研教学和文化合作协议	设施联通、产业投资、教育合作
蒙古	建设中蒙俄经济走廊规划纲要、“一带一路”合作谅解备忘录、关于深化中欧班列合作协议、中国—蒙古国自由贸易协定联合可行性研究谅解备忘录、关于加强贸易投资和经济合作谅解备忘录、检验检疫合作协议、关于加强标准合作助推“一带一路”建设联合倡议、中蒙青年科学家交流计划的谅解备忘录、关于恢复相互承认学历学位证书协定及修订备忘录	战略对接、政策沟通、设施联通、产业投资、民心相通、教育合作
匈牙利	中匈合作规划纲要谅解备忘录、关于中小企业合作的谅解备忘录、中匈科研合作项目的谅解备忘录、关于匈中双语学校的合作备忘录、2016—2018 年教育合作执行协议	战略对接、政策沟通、产业投资、教育合作

续表

国家	协议名称	合作领域
希腊	中希重点领域 2017 — 2019 年合作计划、关于加强标准合作助推“一带一路”建设联合倡议	战略对接、政策沟通、产业投资
捷克	“一带一路”倡议框架下合作规划及项目实施谅解备忘录、关于中小企业合作的谅解备忘录、2016 — 2019 教育交流协议	战略对接、政策沟通、产业投资、教育合作
乌兹别克斯坦	国际运输及战略对接协定、检验检疫合作协议、关于在撒马尔罕合作设立孔子学院的协议	设施联通、产业投资、教育合作
土耳其	国际运输及战略对接协定	设施联通
白俄罗斯	国际运输及战略对接协定、关于深化中欧班列合作协议、关于加强标准合作助推“一带一路”建设联合倡议、2015 — 2020 年教育合作协定、关于联合培养人才的备忘录	设施联通、产业投资、教育合作
波兰	水资源领域合作谅解备忘录、关于深化中欧班列合作协议、旅游合作协议、相互承认学历学位协定	项目合作、设施联通、民心相通、教育合作
瑞士	能源合作路线图、关于加强标准合作助推“一带一路”建设联合倡议	项目合作、产业投资
德国	关于深化中欧班列合作协议	设施联通
哈萨克斯坦	关于“丝绸之路经济带”建设与“光明道路”新经济政策对接合作规划、关于深化中欧班列合作协议、检验检疫合作协议、关于加强标准合作助推“一带一路”建设联合倡议、教育合作协议	设施联通、产业投资、教育合作
格鲁吉亚	中国—格鲁吉亚自贸协定	产业投资
斯里兰卡	关于促进投资与经济合作框架协议、投资与经济技术合作发展中长期规划纲要、互相承认学位及其他教育证书相当的议定书	产业投资、教育合作
摩尔多瓦	中国—摩尔多瓦自贸协定联合可行性研究的谅解备忘录、教育合作协议	产业投资、教育合作
吉尔吉斯斯坦	关于促进中小企业发展的合作规划、关于共同推动产能与投资合作重点项目的谅解备忘录、检验检疫合作协议、教育合作协议	产业投资、教育合作
塞尔维亚	关于制定农业经贸投资行动计划的备忘录、检验检疫合作协议、关于加强标准合作助推“一带一路”建设联合倡议、2016 — 2020 年教育合作计划	产业投资、教育合作
挪威	检验检疫合作协议	产业投资

续表

国家	协议名称	合作领域
爱尔兰	检验检疫合作协议	产业投资
荷兰	检验检疫合作协议	产业投资
乌克兰	国家质量技术基础领域合作协议	产业投资
土耳其	关于加强标准合作助推“一带一路”建设联合倡议、中华人民共和国政府和土耳其共和国政府关于互设文化中心的协定	产业投资、民心相通
亚美尼亚	教育合作协议	教育合作
土库曼斯坦	教育合作协议	教育合作
立陶宛	相互承认学历学位协定	教育合作
爱沙尼亚	相互承认学历学位协定	教育合作
罗马尼亚	教育合作协议	教育合作
保加利亚	2016 — 2019 年教育合作计划	教育合作
斯洛伐克	2016 — 2019 年教育合作计划	教育合作
斯洛文尼亚	教育合作谅解备忘录	教育合作
阿塞拜疆	2016 — 2019 年教育合作协议	教育合作

四、建设丝路经济带大国阻力分析

中国与其他国家地区共建丝路经济带，不但面临合作双方的多重考验，还将受到俄罗斯、美国等利益攸关大国的影响以及现存一些地区合作计划的牵引，这些问题的存在都使丝路经济带建设受到不同程序的挑战。

1. 俄罗斯的立场与政策

尽管中俄是全球性战略伙伴，但两国在中亚地区存在一定的竞争关系，从目前俄方对丝路经济带的认知看，消极面不容低估。俄罗斯智库和决策层也不乏重新思考中俄关系，注意欧亚地区挑战的东方要素的呼吁。俄罗斯国家铁路股份公司认为丝路经济带项目建成后，西伯利亚大铁路将出现有力的竞争者，跨西伯利亚大铁路的作用会逐渐消弱。总体看来，俄罗斯各界目前主要是以一种竞争性的视角来看待丝路经济带倡议。

普京对丝路经济带建设持积极立场，但只强调运输方面的协调与合作，公正俄罗斯党主席国际顾问鲍里斯·古期列多夫在接受中国媒体采访时道出：“丝路经济带构想只有在俄罗斯支持下才能成功，俄罗斯不会接受‘小伙伴’的角色，在承认经济实力远不如中国的情况下，希望中国尊重俄罗斯传统势力范围。”由于俄罗斯是欧亚经济联盟的主导国，其势必会对中亚国家的态度产生重大影响。俄罗斯经济学博士奥列格·切尔科维茨在2015年1月29日的《真理报》上发文指出，几年之前，上海合作组织成员国就成立发展银行事宜达成一致，但截至目前仍无实质性进展，原因在于中俄之间存在关于实力及地位的原则性分歧。如今，俄在上合组织发展银行上的立场又可能同样反映在丝路经济带问题上。总之，在涉及中亚的丝路经济带建设问题上，中国如何处理与俄罗斯和中亚的关系，如何找到利益的契合点是需要正视的问题。

2. 美国的干扰分析

近年来，美国的“新丝绸之路”计划推进力度并不大，与中国的丝路经济带倡议比较，中美双方所争取的国家都包括土库曼斯坦、巴基斯坦、阿富汗、土耳其、塔吉克斯坦和哈萨克斯坦等。美国强调中亚与南亚在地域与政策上的关联性，竭力在中亚引进印度势力，平衡中俄，分化中俄战略关系，弱化上合组织的战略功能。

美国已意识到无法阻挡中国的崛起，只是希望这种崛起在美国主导的现行国际体系内和平实现。美国尚处于对丝路经济带战略进行再观察的阶段，并对中国主导的亚投行筹建进行干扰。2015年3月26日，美国总统宣布将在阿富汗继续保持9800名常驻军就是一个警示，表明美国很可能将其中亚政策从“遏俄防中”转变为“双遏中俄”，表明其干扰丝路经济带建设的着眼点可能会从经济领域转向政治与安全领域。如果中国在北面得不到俄罗斯的真诚支持，在南面又得不到印度的支持，加上美国的干扰破坏，丝路经济带的推进阻力将非常大。

3. 其他阻力分析

丝路经济带覆盖几十个国家，它们分属于若干定位并不一致地区性国际组织，如联合国的“丝绸之路复兴计划”、欧亚联盟、美国“新丝绸之路”计划、欧盟等，虽然某些计划已停滞或推行困难，但各国也不能完全违背已经加入的某些国际组织或机制对成员国对外经济合作的规定，而且不排除有些国家会蓄意利用现存多个竞争性国际合作方案与中国讨价还价，谋求更优惠的合作条件、更大的单边利益让渡。因此，中国如何与交叉重叠的已有制度性安排协调将是相当大的挑战，特别是在后期的自贸区建立问题上。

日本对丝路经济带战略搅局，日本是美国的盟国，将中国视为战略竞争者。中国的崛起令日本担心、害怕，日本在丝路经济带沿线经营多年，担心中国争抢其在沿线国家的市场份额，因而反对我国的丝路经济带战略。

除上述阻力外，地区安全问题也是一个重要的影响因素，尤其在脆弱的大中亚地区，宗教和历史原因使得该地区持续动荡，引发相关国家的焦虑。美俄的战略主导权争夺也是丝路经济带建设不得不平衡因素。

五、全球视角下丝路区域合作战略分析

1. 丝路战略体现中国的大国担当

丝路经济带战略构想是在世界经济遭受国际金融危机沉重打击复苏乏力，食利为生的国际垄断资本失去引领世界经济发展的动力，在人类社会何去何从的又一个十字路口，中国肩负由世界大国向世界强国奋力迈进，推动“中国梦”与“亚太梦”、“世界梦”有机衔接，使源远流长的中华优秀文化在当代传承与发展，推动21世纪人类进步和共同发展。

（1）丝路区域合作对国际关系发展影响

当今世界政治经济可以说仍旧是西方主导的政治经济，所谓全球化在很大程度上是美国化、西方化。而丝路经济带是以广大发展中国家为主体，不受西方摆布的世界性新兴大市场，必将促进世界政治生态的健康发展和世界经济版图的重绘。

第一，丝路经济带以经济走廊为依托，以交通基础设施建设为突破，以建设融资平台为抓手，以人文交流为纽带，是世界跨度最大、覆盖面最广的新兴经济带，先后创立亚洲基础设施投资银行、上合组织银行、金砖国家开发银行和丝路基金等新型地区开发银行和基金，不仅给丝路经济带发展战略融资，而且还将逐渐摆脱美国主导的国际金融和货币体系束缚，进一步促进国际金融货币体系改革，创造新的国际金融体系，提高新兴大国在世界金融体系的自主权和话语权。

第二，冷战虽然结束，但以南北对立、东西对抗为基本特征的冷战格局并没有完全改变。而丝路经济带超越意识形态，超越地域差异，以经济合作代替冷战对抗，强调的是各种文明的交流与交融，以自愿为原则，实现中国万里开发走廊与北纬 30 度世界大开发走廊对接，亚太经济圈与欧洲经济圈 2 大经济圈对接。它体现的是各国政治上的相互平等与相互尊重，是各种经济体之间的互补互利互惠，是全球视野的大格局、大气度、大胸襟，这里没有势力范围之争，没有主导权之争，没有凌驾他人之上的特殊利益，是符合人类共同利益，符合社会进步要求的全新的战略思维，是终结冷战格局的希望所在。

第三，旧的国际政治经济秩序的核心就是它的不平等性和强制性，以及垄断集团利益的独占性和排他性。与此相反，丝路经济带战略构想秉承的是开放包容的丝路精神，国不分大小、强弱、贫富，以共商、共建、共享的平等互利方式推动沿带互联互通，建设深度交融的互利合作网络。不只是中国自身的战略构想，更是沿线各国的共同事业，它是一种融合思维，共富思维，平等思维，是共享机遇、共迎挑战、共同发展、共同繁荣、共享和平发展红利和共同进步的思维。

第四，丝路经济带战略构建联通世界、惠及全球的全方位、立体化、网络化战略大通道，有助于打破长期以来陆海割裂、区域阻隔、以海制陆、分而治之的地缘战略态势，推动贸易和投资便利化，推动区域经济一体化和欧亚经济融合，是各国利益共享地带，是一条合作共赢、惠及各方之路。

（2）我国对国际社会发展的责任与担当

丝路经济带是我国根据区域经济一体化和经济全球化的新形势提出的跨区域合作的创新模式，是新时代对古丝绸之路的复兴计划，这一构想符合区域内各国发展需求，体现了我国作为一个负责任的大国对国际社会发展的责任与担当。

第一，我国正处在最佳的历史建设机遇期。当前，东西方之间存在通联的巨大战略需求，中国处在绝佳的地缘位置上，中国在过去几十年经济高速发展取得的成就对中亚各国产生了巨大的向心力。中国推动丝路经济带建设，既满足我国自身发展的需求，又为世界经济发展、文明融合作出巨大贡献。

第二，丝路经济带构想体现了鲜明的独立自主的和平外交思想，通过坚持不干涉别国内政原则，中国与其他国家在长期相处的过程中建立起普遍的政治互信。丝路经济带构想，不针对任何第三方，不搞排他性制度设计，不谋求地区事务的主导权，不经营势力范围，肯定、接纳其他国家在本地区内的存在，有助于充分发挥各方力量，强化地区的一体化趋势，充分体现了大国的政治胸襟。

第三，丝路经济带构想在制度设计上更为合理。由点及面、由线到片的布局规划符合扩散效应原理。在构想中，软件（政策沟通）建设与硬件（道路联通）建设相辅相成，消除贸易壁垒与加强金融制度建设相得益彰，经济交往与民心交流并行不悖。

第四，为各国开展合作提供典范，为全球经济繁荣与和平安全作出重大贡献。丝路经济带构想是建立在文明融合立场上的，不仅强调政治协调、经济交流、促进安全、制度建设，更突出民心相通，人民外交的思想为开展区域合作奠定了坚实的民意基础与社会基础。

2. 美国战略与丝路战略的发展探讨

（1）美国对丝路经济带的影响

丝路经济带战略的推动，不仅需要沿线国家的积极响应，也离不开域外国家尤其是域外关键大国的理解和支持，在众多域外大国中，美国的角色无疑是最为突出和最值得关注。

第一，作为当今世界上唯一的超级大国，美国的触角早已遍及包括丝路经济带辐射地区在内的全球各个角落，美国还是塑造中国周边环境最为重要的外部因素之一。因此，丝路经济带的战略规划及其后续推进，将不可避免受到美国的影响，这凸显了把握美国态度的必要性。

图 8–4 第六轮中美战略与经济对话

第二，美国是现有国际秩序和游戏规则的主要创设者和主导者，是既得利益国家，面对中国丝路经济带倡议所折射出的新理念以及设立的亚投行、丝路基金、金砖国家开发银行等新机制，美国会竭力维护其既得利益。

第三，作为世界上最为复杂的一对大国关系，中美两国任何一方的战略选择都有可能会对彼此产生一定影响，在丝路经济带问题上，如果双方因沟通不畅或误解而引起不必要的纠葛，将是得不偿失的。

第四，美国加入丝路经济带建设，可以发挥其投放能力、国土安全和网络防御优势，并提供建筑等行业高质量和安全标准，为丝路经济带的基础设施建设方面发挥重要作用。

（2）中国对美国的策略选择

随着中国丝路经济带战略的全景呈现，美国对中国的中亚战略目标疑虑日益加深，认为当前中国已经深入欧亚大陆，通过拓展贸易、修建油气管线等方式紧密加强与中亚国家的联系，但是“扩展的范围还远远不够”，中国力量还将继续在陆上向西延伸，欧盟也将成为中国扩大共同利益的工作重点。一种更为激进的观点认为：中国领导人提出一系列外交新理念及举措，意在与美国寻求陆上及海上战略空间的权力分享甚至势力划分。

如上所述，美国虽然不是丝路经济带沿线国家，但其全球影响力以及中美关系的复杂性，都决定了必须考虑美国的角色，顾及美国的利益和反应。事实上，中国的丝路经济带倡议并没有设立国别范围，对包括美国在内的域外国家始终是敞开的，中国欢迎美国以积极、建设性的姿态参与进来。如何破解“美国风险”，推动其扮演积极角色而非充当麻烦制造者，成为首要解决问题，据此，提出以下几点策略选择：

第一，扭转观念，引导美方树立“我们的事业”意识。中国应积极通过各种渠道对美开展公共外交，扭转美国对华丝路经济带倡议认知的误解，阐释倡议的开放性、包容性、合作性和共赢性。倾听美国各界的不同声音，换位思考，有针对性地对美国舆论进行疏导，强调中国方面的相关战略规划，只是丝路经济带整体事业的一部分，而真正起决定作用的是中国与合作国家共同的战略规划。

第二，从易处着手，打造吸引美国合作的示范工程。丝路经济带区域广、建设内容繁多，建议从那些风险最小、最能体现互利共赢和最容易取得成效的国家和项目入手，打造若干个共建共享“丝路经济带示范工程”，让美国在内的域内外国家切实领略到建设的正面价值，从而吸引他们的认可并加入。一旦美国的抵触情绪得到化解，开始发挥“带头”作用，那么其他还处于观望中的国家将会陆续跟进，从而实现战略的整体推进。

第三，争取与美国的“新丝绸之路”计划对接，避免双方的恶性竞争。虽然美国的“新丝绸之路”计划面临着诸多困难和挑战，但美国从未放弃该计划。美国深知中国在“后阿富汗”战争时代所享有的地缘政治和经济优势，因而一再表示中美两国的“丝绸之路”计划并非竞争关系，美国鼓励中国在地区稳定和经济重建等方面发挥独特的作用，这种认知显然为中美两国在丝路经济带沿线创造了巨大的合作空间，我们应积极寻求两国能深度合作的领域和项目，扩展共同利益，避免双方陷入恶性竞争的旋涡。

第四，坚持市场主导，为包括美国在内的域外企业创造平等参与机会。丝路经济带建设走出去的主体是资本、企业，而不是政府，其推进过程需要遵循国际通行规则，充分发挥市场在资源配置中的决定性作用。政府在其中充当引导、创造条件的作用，鼓励企业落实“亲诚惠容”理念，服务于经济外交目标，为包括美国在内域外企业提供公开、平等的参与机会，“美国的政治就是做生意”，如果能够通过市场机制吸引到美国企业广泛参与丝路经济带建设，那么赢得美国政府的支持也就为期不远。

第五，注重与美国主导的国际机构合作，化解多边阻力和政治风险。随着亚投行、丝路基金等融资机构的创建，必然会面临如何与现有的、美国主导的国际金融机构“和平共处”的问题，不可否认，亚投行与亚洲开发银行、世界银行等机构存在竞争的一面，但亚投行不应也无法取代后两者的地位，事实上，双方更多的是一种互补关系，都是为亚洲国家的经济发展发挥作用。亚投行、丝路基金还处于经验摸索阶段，无论是在当前“建章立制”，还是在未来促进自身科学决策和高效运行等方面，都存在着向现有国际同类机构借鉴和学习的空间。

第二节　建设策略

一、优化开放模式路径

1. 完善并遵循政策规划的指导

丝路经济带的实施推动为我国西北省（自治区）带来了前所未有的发展机遇。

有效抓住发展契机，因地制宜地制定区域的发展指导规划，选择与区域实际相适应的开放模式和路径，对于促进地区经济增长、提高对外开放水平和质量尤为重要。推动共建“一带一路”的愿景与行动文件中强调了新疆、陕西、青海、甘肃、宁夏等省（自治区）在丝路经济带建设中的重要地位，并初步指明了这些省（自治区）的发展方向。西北各省（自治区）应在国家总体实施规划相关政策的指导下，根据自身特色和实际，完善地区的开放政策规划。新疆具有连接中亚的重要区位优势，是丝绸之路经济带的核心，其对外开放模式应在构建资源能源大通道的基础上，更好地发挥商贸物流、交通枢纽等区域功能。甘肃、青海和陕西同样需要加强内外连通的通道建设，充分发挥区位优势，形成商贸物流枢纽、内外连通要道、特色产业发展基地。由于建设资源的有限性，各省（自治区）在制定具体实施规划的过程中要加强商议与合作，进而促进资源有效合理配置，实现区域协调发展。

2. 构建和谐稳定的周边环境

稳定的周边环境是实施沿边开放的重要前提，加强与沿线国家的政策沟通同样是丝路经济带建设的重要保障。丝路经济带覆盖国家众多，涉及领域广泛，预期该战略构想的实施将对沿线国家乃至世界经济增长具有重要促进作用。丝路经济带建设需要沿线各国的积极参与及合作，但目前的建设成效及其所携带的政治意图等仍受到多方质疑，同时也与美国、俄罗斯等大国形成战略竞争关系。因此，要积极开展有效的外交工作，加强外部交流尤其是与周边国家的对外交往，阐明并宣传丝路经济带的共建原则，促进西部省（自治区）与沿线国家间的政治互信，达成共建共享的合作共识。秉持“亲、诚、惠、容”的理念，巩固和加强与友好往来国家之间的外交关系，加快缔结“友好城市”步伐，为西部省（自治区）对外开放创造友好稳定的周边及国际环境。

3. 与周边国家次区域合作

丝路经济带涉及的区域面积较大，宏观的区域开发合作难度很大，而相对微观的跨境次区域合作则成了重要的突破口。在跨境次区域合作的框架下，合作各方通过政策支持与企业的积极参与，促进各国经贸往来，激活“次区域”的市场和经济活力，培育共同的经济增长极，进而带动各成员国的经济增长。

前期大力开展实施的大湄公河次区域合作、泛北部湾经济合作、中国—东盟自由贸易区等系列跨境次区域合作已取得了良好的发展效果，推进中蒙俄经济走廊次区域合作是丝路经济带战略实施的重要组成部分。西北省（自治区）应在更为开放包容的区域和次区域合作框架下，积极推进与周边国家的经贸合作，扩大合作范围，在丝路经济带背景下提高合作水平、深化合作层次，进而提升地区开放水平，促进区域经济增长。与此同时，可以在跨境次区域合作的基础上，大力建设陕西自由贸易试验区，吸取经验、复制推广，后续在新疆等开放条件相对优越的地区进行自由贸易试验区建设。

4. 深入推进供给侧改革

丝路经济带战略布局的重大意义是深刻而广泛的，其中一个最现实的影响在于可以促使产业升级，供给侧改革能够更有效地促进资源的有效配置、可持续的生产率的提高和技术进步，加大高端产品和服务供给来填补丝路经济带沿线国家的市场需求空间，是促进我国经济转型升级的必然选择。一是加强高端产品的供给，满足多样化、个性化消费需求，加快转型升级、精致生产。二是优化创新环境，加强知识产品保护，加大产权交易平台建设和完善，同时，大力鼓励新技术、新产品、新制度、新模式、新组织和新业态的发展。三是实施负面清单制度，在减税增效、放松管制、鼓励竞争中提升中资企业的全球竞争能力和市场活力。

5. 促进区域产业结构优化升级

目前西北省（自治区）沿边地区的产业发展相对粗放，产业层次偏低，高附加值的产业比较缺乏，产业结构升级需求强烈。在全球产业链加速转移的当下，中国国内的产业也在转移发展，但因西北地区的生态环境和发展基础特殊，其产业的发展就不能仅仅是简单的承接东部沿海地区的产业转移，而是注重发展培育具有区域特色的优势产业和生态环境可持续的新兴产业。加快生产性服务、旅游服务和其他配套服务业发展，扩大区域服务业的开放力度。通过聚集人才、技术和资金等要素，培育发展区域的高附加值产业，进而构建西北省（自治区）产业发展的动态比较优势，在推动产业结构优化发展的同时，推进贸易结构转型升级，有效支撑地区的开放经济发展。

6. 加强与周边的基础设施建设

基础设施建设是经济发展的基础，完善的基础设施能够降低区际产品交易成本，促进区际贸易增长和地区产业聚集，进而对区域经济社会发展形成有力支撑。交通阻塞曾一度是古代陆上丝绸之路没落的主要原因，相对落后的基础设施建设同样是现今西北省（自治区）经济社会发展和对外开放的重要制约因素。丝路经济带建设将优先推进中国同沿线国家间的基础设施互通互联建设，打通亚欧之间的往来通道，逐步建成区际基础设施网络。

图 8-5　基础设施投资的银行——亚投行

7. 实现沿边开放与新型城镇化协调发展

城市是经济发展的重要主体和载体，新型城镇化是新时期扩大内需、促进经济增长的重要举措之一。新型城镇化进程的推进同样需要加大基础设施建设、优化产业发展结构、发展地区经济。城市及城市群是丝路经济带的重要节点和增长极，将西北省（自治区）的新型城镇化与丝路经济带建设推动下的开放进行有效结合，能够更合理有效地配置建设资源。随着西北省（自治区）基础设施建设，与沿线国家的贸易也会更自由便捷，为城镇建设注入活力，而城镇建设亦能够为沿线开放提供基础支撑。因此，实现沿边开放与新型城镇化协调发展，构建“点—轴型”的区域发展模式，能够更好地推进西北省（自治区）的城镇建设、对外开放和经济增长。

二、西部省（自治区）丝路经济带法治化建设

1. 整合组织机构

将西北省（自治区）参与丝路经济带建设纳入法治化轨道的一条重点路径就是设置科学、合理的组织机构。改革开放以来多次出现的东部、中部与西部恶性竞争，充分说明了规范设置区域治理机构的重要性与必要性。结合西北省（自治区）开发开放以及区域治理的实际，中央与西北省（自治区）政府必须高度重视地方政府间协作发展的政策决策体制、管理机制与组织机构的建设，最大限度地消除各自为政、切块管理的侵蚀与损耗。第一步是在全国人大设立“一带一路”建设区域发展委员会。第二步是在“国务院扶贫开发领导小组办公室”、“国家发改委西部开发司”和国务院各部、委机关中与地区开发的有关机构等现有相关区域发展机构的基础上，注意充分吸收西部省（自治区）的代表以反映地方的利益诉求，然后通过整合其管理权限与政策资源，设置一个专门针对西北地区的、独立的部委级丝路经济带建设区域协调治理总署；同时，建立“西北地区丝路经济带建设发展基金”，使之成为西北地区丝路经济带建设区域协调治理总署的主要调控工具。该执行机构的基本职能包括：提出有关西部地区丝路经济带建设的区域经济发展、区域经济协调的建议并报请“一带一路”建设区域发展委员会审批；执行经“一带一路”建设区域发展委员会立法程序通过的政策、规划；与西北省（自治区）政府合作，协调治理不同利益主体之间的关系并约束其行为；统一管理西北地区丝路经济带建设发展基金；审查与监督西部省（自治区）政府间合作协议的执行情况等。此外，还应赋予该机构与其职能相匹配的权力与资源，规定其人员编制、决策和预算管理制度，理顺其与全国人大、国务院及其他相关职能部门的关系并使之法律化、制度化。

2. 改进合作机制

目前我国省际政府间合作的法治化程度还不高，要确保西部省（自治区）

参与丝路经济带合作建设的稳定性、连续性、系统性与协调性并取得预期的成效，必须改变过去单纯依靠命令控制的手段，以利益为基点、以法治为保障建立健全西部省（自治区）政府间合作的激励和约束机制。

（1）激励机制

第一，构建利益协调机制。丝路经济带战略的实施在本质上是一个利益调整与利益重组的过程，这就需要参与其中的西北省（自治区）树立大局意识和适用合理的利益分配和协调机制。在建设丝路经济带的问题上，西北省（自治区）政府通过协调、谈判、合作、伙伴关系、确立集体行动的目标等方式，在尊重各地利益的基础上达成共识再付诸实施，厘清各省（自治区）的核心竞争力，从地理区位、文化民族、优势资源等的基础上，选择沿线合作重点国。在此基础上，可采用我国区域合作实践中常见的政府首长联席会议方式，在各方平等自愿的基础上签订政府间的合作协议，通过明确的合约条款来规范各方行为，引导各方按照协议内容相互支持和配合，合理解决彼此之间的利益转移、分配、协调、补偿等问题。

第二，创新利益共享机制。要使参与丝路经济带建设的西北省（自治区）都能共享区域合作的“发展红利”，还要建立相应的利益共沾、共享机制。在各方都关注的投资领域，对于投资主体跨行政区域进行的投资、产业转移或横向经济联合，政府间可约定按照投资比例共享税收收益；对于大型跨行政区域的纯公益性项目和盈利性项目，前者可考虑依据各方受益程度的大小来确定出资的比例和标准，而后者可采用股份化运作、联合共建、利益平衡与分享的方式；对跨行政区域的环境治理问题，可结合较为成熟的排污权交易的基本做法，在排污地区与被排污地区之间建立一个与之相适应的利益分享与补偿机制，以达到各方利益的平衡。

（2）约束机制

第一，对非合作行为的行政约束机制。与激励机制相对应，该机制可包括以下内容：明确有关建设丝路经济带区域合作协议中的行为规则条款，制定合作各方均应遵守的规则，对非合作行为设置应承担的责任；建立一个可反映各方意愿、能获得各方普遍认同的区域协调治理机构，负责裁决区域合作中产生的纠纷和矛盾；由“一带一路”建设区域发展委员会或“一带一路”建设区域协调治理总署制定有关的法律法规引导与规范区域合作关系，同时对区域合作中的非合作行为作出惩罚性的制度安排，如取消某种应得的优惠、减少或暂停西部地区“一带一路”建设发展基金的支持等。

第二，导入多元主体参与评价监督的社会约束机制。强调发挥社会组织和公民参与的重要性是现代区域治理的一个基本特点。与国外相比，我国的非政府组织和公民参与区域治理的广度和深度严重不足。假如缺乏区域内社会组织与公众的有效参与，没有他们给予的评价、监督，有关西北省（自治区）建设丝路经济带的区域治理就难以具备坚实的合法性基础，进而还可能会延缓丝路经济带的进程。在这方面，可以借鉴欧盟及美国的成熟经验，切实构建社会组织和公众参与“一带一路”建设的制度化通道和机制，使其真正“有权可讲、有话可讲、有话能讲”：有权可讲即保护与扩大社会组织和公众参与享有的参与权益，包括知情权、议政权、监督权等，设立建设投诉热线、网络平台，面向全社会提供相关的法律、政策及技术咨询服务；有话可讲即政府部门和管理机构应积极拓宽社会组织和公众的参与通道，如利用广播、电视、报刊、网络、宣传栏等媒体让利益相关方及时、充分地表达其意愿，通过实地调查、走访、座谈会、论证会、听证会等方式了解其真实意愿等；有话能讲即保证社会组织和公众的参与能力，使其具有足够的一般性知识储备，能够在准确理解西部省（自治区）丝路经济带建设的内涵与功能、推进步骤等相关知识的基础上正确、完整地表达其意愿与诉求，大力培育代表各利益相关方的协会组织，培养能够在西部地区生态补偿、环境治理等方面进行多方谈判的代理人，在区域协调治理机构中充分吸纳当地居民、社会组织代表以及相关领域的专家等。

3. 健全法律制度

在我国现有的政治体制下，发展经济和治理社会的权力掌握在各级政府的手里。假如缺乏相应法律制度的支撑，有效治理西北省（自治区）丝路经济带建设事务之路必将遇到重重阻碍。为此，只有加快相关立法，将西北省（自治区）建设的体制、机制通过法律的形式固定下来，构建应有的法制基础、执法体系和监督评价体系。

（1）修改宪法

《中共中央关于全面深化改革若干重大问题的决定》，党的十八届三中全会报告和 2014 年、2015 年国务院政府工作报告已写入“一带一路”建设这一宏伟战略，它已经成为我国的重要发展战略，就表明它是一项具有长期性、涉及面广的系统工程。对此，必须修改我国的根本大法即宪法，在其中加入促进西北省（自治区）丝路经济带建设协调发展、调控区域差距的条款，为西北省（自治区）各政府实施的发展规划、方案等提供最根本而又明晰的法律依据，维护区域协作发展和协调治理的权威性与稳定性。

（2）修改《民族区域自治法》

《民族区域自治法》于 1984 年颁布实施。此后，在实施西部大开发战略的新背景下，第九届全国人大常委会第二十次会议于 2001 年 2 月审议通过了《关于修改〈 民族区域自治法〉的决定》。此次修法主要围绕其中与西部大开发不适应的内容作了 39 处修改和补充，并结合民族自治地方经济和社会发展中的实际问题，规定了必要的特殊政策，加大了对民族自治地方的投入。这旗帜鲜明地体现了国家帮助民族自治地方加快经济和社会发展、促进各民族共同繁荣的一贯政策。时至今日，在实施丝路经济带战略这一新形势及其所出现的新常态下，有必要再度修改《民族区域自治法》，进一步明确中央政府与民族地方政府在丝路经济带建设中各自的事权和财权关系划分，将民族自治机关在财政、经济和文化教育方面享有的自治权具体化、精细化，避免政府间关系紊乱和随意的权力侵蚀现象，以建立更加完善的法治保障，不断巩固和发展民族区域自治制度。

在《民族区域自治法》中增加以下条款：组织协调实施跨行政区域的生态环境保护与建设、生产要素的流动、重大战略资源开发利用、重大基础设施建设等问题；统一制定符合丝路经济带战略长远发展的经济发展规划与产业结构；制定统一的市场竞争规则、政策措施等。

（3）稳妥行使地方立法权

根据 2015 年实施的新《立法法》，全国所有设区的市在城乡建设与管理、环境保护、历史文化保护等方面享有地方立法权。西北省（自治区）应当利用这一契机，结合区域特色与本民族经济发展状况，为参与丝路经济带的发展营造良好的法制环境。即在协调立法规划、计划的前提下，充分运用民族自治地方立法权，通过积极立法的形式明确消除产品流动障碍与市场壁垒，注重发挥各地区比较优势，在外贸出口、招商引资、技术研发、信息共享、人才流动等领域营造良好的法治环境，在户籍、就业、教育、医疗、住房、社会保障等方面加强协调和管理，共同建设统一的法律制度架构和制定相关的实施细则，以克服内耗、优化组合，确保区域制度架构的融合，有效推动西北省（自治区）参与丝路经济带的进程。

三、近期重点项目建设

“十三五”期间是沿线省（自治区）深度融入丝路经济带建设的重要时期，各省（自治区）要在《推动共建丝绸之路经济带和21世纪海上丝绸之路的愿景与行动》的指导下，把自身的发展放在国内外发展大局中进行思考，从世界和未来的角度推动重点项目落地，促进省（自治区）更高层次的开放开发。

1. 强化组织领导，健全服务体系

愿景中指出，要充分发挥政府的主导作用，加强政府间交流，促进政治互信，与沿线各国就经济发展进行充分交流对接，积极构建多层次的宏观政策沟通交流机制，建立完善双边联合工作机制，共同为务实合作及大型项目实施提供政策支持。

沿线省（自治区）要进一步完善参与建设丝路经济带领导小组办公室及其下设机构工作职能，深入沟通、及时介入、积极对接，争取国家的政策和资金倾斜，加强与上海合作组织、亚太经合组织、中阿合作论坛等现有和将成立的多边合作机制的沟通协调，借助欧亚经济论坛、中国国际投资贸易洽谈会、中国西部国际博览会等平台，加强国际宣传和推介力度，深化与沿线国家和地区的交流合作，积极发展多远化贸易，建立与相关国家和地区的联席会议制度，统筹协调推进重大项目和重大政策的落实，指导各地区各部门服务和服从大局，定期研究重大事项，解决重大问题，有序开展工作。

沿线各省（自治区）也要高度重视与周边省（自治区）的沟通磋商，密切配合，在主要出口市场和重要目标市场设立相应的贸易促进机构，“十三五”期间，重点推进合作产业园、境外贸易合作区等项目。

整合科研机构，对我国及沿线各国政策与实施情况进行跟踪研究，为重大项目的实施提供理论参考及政策支持，同时研究沿线各国的政治、经济、文化等情况，编制国别投资指南，提供智库服务，加强对企业的指导和服务工作。

图 8-6　"一带一路"国际智库峰会

2. 加快通道建设，构建联运体系

基础设施互联互通是丝路经济带建设的优先领域，打造丝路经济带重要交通枢纽，加快沿线城市开放。沿线省（自治区）要立足区域特点，发挥高速铁路、高速公路和航空立体交通优势，积极对接新亚欧大陆桥，加快推进公铁、铁海、陆空联运等多式联运。

首先实现国内各省（自治区）互联互通，实现枢纽功能，其次与国外枢纽城市进行互通。向东巩固与韩国等东北亚传统贸易通道，向西依托中欧班列，打造阿拉山口—哈萨克斯坦—俄罗斯—白俄罗斯—波兰—德国等欧洲国家、阿拉山口—哈萨克斯坦—土库曼斯坦—伊朗—土耳其等欧洲国家、中吉乌—土库曼斯坦—伊朗—土耳其等欧洲国家的西通道，二连浩特—蒙古—俄罗斯—欧洲各国的中通道，满洲里—俄罗斯—欧洲各国的东通道。

加快在沿线国家设立代表处，充分发挥人文优势，以传统友好国家为突破口，强化合作，通过建立一批合作示范典型项目，开辟经贸合作通道。

3. 建设国际陆港，提高外贸效率

西北省（自治区）的国际通道和口岸建设不足以满足丝路经济带建设要求，

中欧班列常态化开行任务艰巨，因此要加快学习和借鉴郑州、重庆、成都等城市陆港建设、口岸运营管理、现代物流等方面的技术和经验，推进沿线各省会城市的铁路口岸、电子口岸及其相关配套基础设施建设和人才队伍建设。

依托“六纵六横”交通格局承东启西、联通南北，发挥西北省会城市交通枢纽、物流集成和口岸服务功能，与郑州、重庆、成都等城市中欧班列开展线路合作，通过加挂和分拨联运方式，在“十三五”期间打造“少而精、专而强”的中欧精品班列，缩短商品出口周期，提升贸易效率，避免因线路重叠而导致的铁路运力浪费问题。

4. 做强优势产业，注重产业对接

沿线国家和地区要拓展相互投资领域，开展农产品生产加工等领域深度合作，加大煤炭、油气、金属矿产等传统能源资源勘探开发合作，积极推动清洁、可再生能源合作，推动新兴产业合作，鼓励合作建设境外经贸合作区、跨境经济合作区等各类产业园，促进产业集群发展。

发挥陕西、青海在油气资源开发、加工等方面的技术优势，与国内外有实力的企业合作，依托中哈石油管道等项目，建立集炼化、仓储与贸易为一体的国家能源储备供应基地；深入挖掘青海、甘肃的高原特色农牧业资源，陕西、新疆、宁夏的水果种植产业，着力培养一批农牧业新型经营主体，提升农牧业科技支撑，通过实施特色农牧业建设工程、标准化示范园区建设和扶持龙头企业，强化品牌培育，借助丝路经济带走向国际市场；发挥壮大战略性新兴产业，发挥新疆、青海的矿产资源和循环经济优势，陕西的装备制造业和科研优势，依托已有重点项目，加大研发经费投入，做大做强新能源、新材料、生物医药、装备制造等战略新兴产业，通过共建境外经贸合作区、跨境经济合作区等各类产业园区，最大限度地吸收和利用全球生产要素，发展和延长产业链。

5. 挖掘文化内涵，发展高端旅游

要发挥西北省（自治区）的人文优势，传承和弘扬丝绸之路友好合作精神，合作开展广播影视剧精品创作及翻译，联合申请世界文化遗产，共同开展世界遗产的联合保护工作，加强旅游合作，打造具有丝绸之路特色的国际精品旅游线路和旅游产品。

要充分挖掘西北省（自治区）的丝绸之路遗迹和人文资源，借鉴和借助先

进的发展理念和科技、人才资源，研究、策划、推出一批文化精品项目，打造具有汉、藏、回、维等民族风情和丝路文化内涵的特色文化产品，推动文化产业“走出去”；西北省（自治区）加强合作，联合推进唐蕃古道世界文化遗产申遗工作，以全域旅游建设为抓手，以文化旅游产业研发平台建设为支撑，以世界自然文化遗产、重点文物保护点、历史文化名城、国家公园、国家重点风景名胜区等建设为重点，大力发展民族文化体验、生态观光、户外探险、科普、研学等中高端旅游，加快旅游业提档升级，打造丝绸之路优质旅游目的地。

6. 加强人才队伍建设，丰富交流培养项目

扩大沿线各国相互间留学生规模，开展合作办学，深化沿线国家间人才交流合作。

依托国家每年向沿线国家提供1万个政府奖学金名额的机遇，以西安为重要基地，发挥高校优势，开展丝路经济带小语种专业和国际贸易、现代物流等专业，采取共同办学模式，加快培养一批既掌握丝路经济带沿线国家语言、民风民俗，又懂国际商贸知识的跨国经营管理人才和高技能人才；组织商务、口岸、经信、海关、检验检疫、科研等部门及外贸企业、物流业等行业的管理干部和经营人员赴沿海省市挂职学习开放型经济的相关知识，培养一批当前急需人才，并欢迎沿海的专业技术人才到西部省（自治区）任职，指导产业发展、口岸管理、物流配送、外贸服务等工作，推进西部省（自治区）开放型经济上新台阶。

7. 提升基础设施水平，构建开放城市体系

丝路经济带建设要以沿线中心城市为支撑，以重点经贸产业园区为合作平台，打造国际经济合作走廊。

西北省（自治区）要将省会城市和节点城市作为重点，以城市群建设为抓手，加快关中城市群和新疆天山北坡城市群建设进程，加大基础设施建设力度，加强城市现代高效物流体系建设，完善和提升城市功能，优化城市发展环境，增强城市对外发展活力。

加快西安咸阳、西宁海东、兰西一体化发展进程，复制推广上海自贸区成功经验，将《关于推广中国（上海）自由贸易实验区可复制改革试点经验的通知》中涉及的改革事项落到实处，对体制机制创新部分进行充分学习和研究，结合

各节点城市的实际，加以落实和推广，形成特色鲜明、分工明确、功能互补的开放型城市体系和丝路经济带节点支撑体系。

四、打造丝路经济带战略支点国家

战略支点国家是指在国与国关系中对于实现某个国家重要战略目标具有关键意义、起重要支撑作用的相关国家。丝路经济带建设战略支点国家则是指在推进丝路经济带建设中具有关键意义、起重要支撑作用的相关国家。

打造丝路经济带战略支点国家，有利于提升国家间的利益契合度，加快利益融合、降低战略风险，将有限资源集中用于战略支点国家，提高资源配置效率，集合资源用于与相关战略支点国家进行全方位的战略对接，增强战略对接的吸引力，提升相关国家对接丝路经济带的意愿。加快推进重点领域、重点项目、重要节点、重要枢纽建设，尽速取得成果，发挥示范作用，撬动与其他相关国家战略上的对接。

加速我国全球战略伙伴关系网络建设，提升全球战略伙伴关系水平，并且“以点带面”盘活整个外交全局，改善我国在国际体系中的战略态势，增强我国外部环境的确定性，进而提高我国在国际体系中的影响力。

1. 沿线主要战略支点国家

对丝路经济带沿线主要国家的战略位置、辐射能力、参与意愿、双边关系水平和国内安全系数进行分析。

表 8–3　丝路经济带建设主要战略支点国家分析表

区域	国别	战略位置	辐射能力	参与意愿	双边关系水平	国内稳定度
东亚	韩国	重要	强	强烈	高	高
	蒙古	重要	较强	强烈	高	高
独联体及高加索地区	俄罗斯	重要	强	强烈	高	高
	哈萨克斯坦	重要	强	强烈	高	较高
东欧	波兰	重要	强	强烈	高	高
中欧	德国	重要	强	强烈	高	高
南欧	希腊	重要	强	强烈	高	较高
西欧	英国	重要	强	强烈	高	高

2. 战略支点国家合作重点

优先推进战略支点国家战略合作，应重点围绕“五通”建设，努力推动资金流、技术流、产业流、人才流“四流归一”，寻求合作最大公约数，实现利益高度契合。

（1）优先推进支点国家对接战略

战略上的契合利于长远，也利于稳固利益共同体，规避经济和政治风险，保证中国战略投资的安全。推进与表 8-4 国家（组织）的战略对接计划。

表 8-4　战略支点沿线国家（组织）对接战略列表

国家（组织）	对接战略
韩国	欧亚倡议、丝绸之路铁路快运、东海沿岸海洋共同体
蒙古	草原之路
俄罗斯	欧亚经济联盟
哈萨克斯坦	光明之路
欧洲	容克计划
英国	北方经济引擎

建立沿线支点国家标准合作长效机制，探索形成沿线国家认可的标准互认程序和工作机制，推进标准互认。鼓励各行业实质性参与相关专业性国际、区域组织的标准化活动。发挥骨干企业积极性，推动重点领域、重点行业和重要产品、重要技术等方面标准的国际化。

（2）优先给予战略支点国家金融支持

加强推进与战略支点国家共同筹建国际合作银行、货币交易中心，实现总部级金融机构、功能性金融机构、外资金融机构及新型金融机构加快向战略支点国家集聚。推动研究结算清算、信用担保、风险分担等方面的合作。推动金融资本、产业资本和智力资本 3 种资本联姻。建立人民币债券发行、交易和流通平台，优先支持战略支点国家在我国金融市场发行人民币债券。亚洲基础设施投资银行、金砖国家开发银行、丝路基金要区分功能，各有侧重，给予战略支点国家优先金融支持。

（3）明确重点援助国

对外援助应进一步优化援助结构，突出重点领域，新增对外援助资金应主要向沿线国家和周边国家倾斜，特别要向战略支点国家倾斜，近期将巴基斯坦、哈萨克斯坦作为重点援助国。援助的重点应紧紧围绕“五通”展开。在设施联通上，重点用于公路、铁路、港口、能源、运输线路、电信、网络等领域。贸易畅通上，重点用于利于贸易自由化、便利化，利于国际产能合作，利于重要产业园区建设等方面。民心相通领域，应创新援助方式，提高资金使用效率，重点援助战略支点国家推进民生项目，如扶贫减灾、职业教育、农业发展等能使受援国民众直接受益的领域。

第三节 风险防范

丝路经济带作为一个新的区域合作组织框架，包含经济、人文等多项活动的交流与互通行为，这些行为受内外部环境的影响波动起伏较大，特别是涉及国际间的双边或多边经济活动，更容易受到国际局势、国家关系，以及各国政局、基础设施条件、投资法律环境和社会环境等各种因素的影响和制约。中国作为丝路经济带倡导者，为谋划好这一鸿篇巨制，需要我们未雨绸缪，对在建设过程中对所有可能出现的风险与挑战加以考量，统筹兼顾，提前防范，以使在决策与实施中减少和避免风险。

一、潜在风险

在丝路经济带构建过程中，潜在风险主要聚焦在政治、经济、社会文化及技术 4 大方面：

1. 政治风险

对丝路经济带影响最重要的因素来自于政治方面。丝路经济带内部和周边政治环境对各国经济合作与发展的影响不容忽视。从当前和未来发展趋势看，政治风险主要存在于以下几个方面：

一是一些国家国内政局持续动荡。在丝路经济带沿途及周边国家，政局动荡一直是困扰和影响这一地区经济社会健康发展的一个重要因素。部分国家近年来国内政治和社会骚乱时有发生，政局动荡呈现出一定的持续性，对各项经济活动带来了很多不确定性。这些国家政局的持续不稳定对整个丝路经济带的建设必然会产生长期的负面影响，成为全面推进各国经济领域合作不可逾越的一座“壁垒”。

图 8–7　政局不稳的巴基斯坦

二是极端宗教势力和暴力恐怖势力活动猖獗。丝路经济带覆盖区域是极端宗教势力和恐怖主义势力活动的“大本营”和“训练场”。近年来，来自中亚及南亚弧形地带的极端宗教和暴力恐怖势力活动猖獗，对从中国西部到中亚这一经济带核心区域的安全带来了严重的威胁。阿富汗塔利班基地组织和一些非法、极端组织的暴力恐怖活动一直没有停止，对周边各国安全造成了严重威胁。我国新疆维吾尔自治区周边国家的局势复杂多变，伊斯兰原教旨主义极端势力活动频繁，成为民族分裂和暴力恐怖势力破坏活动的最主要根源之一。以“东伊运”为首的“东突”恐怖势力长期盘踞中亚、南亚和西亚，勾结其他恐怖势力策划实施恐怖破坏活动，已成为我国和周边国家的一大公害。极端宗教势力、暴力恐怖势力和民族分裂势力已成为影响我国和丝路经济带沿途各国顺利实现“五通”的一大“毒瘤”。

三是丝路经济带沿线国际政治环境风云变幻。一直以来，中亚国家凭借其重要的战略地位和丰富的能源资源，持续吸引着大国的关注，也成为大国博弈的重要"战场"。中亚及西亚地区一直是美国的重要利益关切点，尽管美国承诺2014年从阿富汗撤军，但其根本利益不会随撤军而改变。美国提出的"新丝绸之路"计划，其现实目标是以阿富汗为核心，打通中亚和南亚的经济和能源通道，而其长远目标则是要保持并强化美国对该地区的霸权，限制俄罗斯和中国对中亚和南亚等地区地缘经济的影响。此外，欧盟处于自身利益考虑，一直在不断加大对中亚国家的援助力度，试图通过深化能源区域合作与中亚国家建立"伙伴关系"，最终目的则是确保其在能源、经济领域的战略利益。从这一点上来看，打造丝路经济带必将会与欧美国家在中亚和南亚的核心利益产生冲突，因此，在丝路经济带建设过程中必须要充分考虑到欧美的政治影响。可以说，美国和欧盟因素是构建丝路经济带过程中必须面对的一个绕不开的"死结"。

四是沿线国家对中国丝路经济带倡议的误解和猜疑。沿线国家认为这是中国扩大经营势力范围，争夺地区主导权，以及对遭受中国经济负面冲击的担忧，例如担心中国人的大量涌入对当地就业的影响，中国对当地资源的过度开采，中国廉价商品会摧毁当地市场，中国企业向当地官员行贿会破坏经济秩序等等。另有大国为避免自身在丝路沿线地区战略利益受损，不断向相关国家施加政治压力，宣称丝路经济带隐藏着中国强烈的外交野心和地缘政治意图，极力将经济问题政治化。

2. 经济风险

丝路经济带面临的经济风险主要来源于各方在配套法律法规、财政金融政策以及基础设施建设等方面的"不同步、不对称"问题。

一是各方普遍认同的多边经贸合作制度和程序尚未出台。多边经贸合作需要有规范的法律和制度提供保障，良好的国际市场秩序需要有完善的法律法规进行维护。虽然经济带沿途各国都制定有相关的经济政策和法律法规，但是，由于丝路经济带的构想尚处于发展的初始状态，对此各方还未达成完全一致的共识，国家间的经贸协调尚处于初始阶段，需要在经贸活动中进行不断地沟通与磨合。当前，尤其需要尽快细化和完善各领域的多边经济合作协议，作为各方共同认可和普遍遵循的行动准则，为丝绸之路经济带建设打下坚实的法律和制度基础，铺平未来健康发展的道路。

二是个别国家财政、金融和产业政策及法律相对薄弱，政策的连续性和确定性尚存在未知数。现阶段中亚和欧洲大部分国家迫切需要外来投资以刺激经济、带动发展。但同时，上述国家的国内投资法律环境又存在缺失，相关政治经济制度存在较大的完善空间，特别是政策的连续性受未来国内局势的变化尚存在一定变数。随着丝路经济带建设步伐的推进，我国大量具有国际竞争力的企业必将不断“走出去”，进入到投资国的核心经济领域，由此会对丝路经济带沿途国家的经济产生深远影响。在这种背景下，当地政府迫于执政压力有可能会调整经济政策进行利润盘剥，如通过行政或法律手段，进行外汇管制或限制外国投资者的合法收益转出，或者采取价格控制、税收歧视等措施来保护国内企业的利益。

三是部分国家基础设施相对落后。经济带上的很多中亚和南欧国家由于经济基础较为薄弱，再加上战乱影响，基础设施建设滞后严重，部分国家亟需国外的资金投入到基础设施的建设上来。尽管这在一定程度上为我们进行投资提供了良好机遇，但是也必须看到，基础设施的缺位对经贸活动带来了很大的限制。如果基础设施不畅、道路不通、环境不明，那么将会极大地增加经贸往来的成本，很难想象未来的合作会有大的作为。随着中吉乌铁路、中巴铁路项目规划研究和前期工程的启动，未来需要我国在经济带沿途道路交通设施等方面投入大量的人力、物力和财力，而如何确保这些设施在建成后最大限度地发挥应有作用也将考验着我们的政治智慧。

3. 社会与文化风险

随着丝路经济带建设的逐步深化，我国派驻到各国的各种组织和人员不可避免要与当地社会发生融合。这就要求我们必须充分考虑各种社会和文化要素，避免发生不必要的矛盾和冲突。

一是沿途各国有很多伊斯兰国家，在宗教信仰和社会习俗方面与东方文化的差异客观存在。宗教信仰和风俗习惯的差异有时会成为导致族群矛盾的诱因，如果不能及时对族际隔阂加以化解和疏导，日积月累，往往会诱发各种社会冲突。这就要求走出去的中国企业及其员工应当充分尊重当地的宗教信仰和风俗习惯，自觉地融入当地人的生活，分清经济、社会与宗教活动的边界，坚决避免因宗教和习俗差异而导致的对立。

二是要注意兼顾经济效益与社会公益，避免因决策失误或过度逐利而引发的社会风险。中国企业在沿途各国的投资今后将越来越多，经营规模也会越来越大，随着与沿途各国间交往的不断深入，许多新的问题和矛盾将会逐步显现出来，由此可能引发当地社会的不稳定。在未来的海外经营中，必须特别关注当地的就业、民生和社会公益等各项事务，要注意解决好劳工关系，为当地公益事业发展作出必要的贡献，这是确保中国企业在当地站稳脚跟、扩大影响的重要基础。如果策略失当，矛盾累积到一定程度极易引发当地公众的敌意，潜藏的社会风险轻则可能引发罢工游行，重则可能引发大范围的骚乱。同时，在进行丝路经济带沿途基础设施建设、引进合作项目时也要充分考虑到各种可能的潜在社会风险。如对于公路、铁路或其他大型工程项目建设可能导致的征地拆迁、移民补偿等突出问题，必须提前加以考量，积极进行应对。

4. 技术风险

跨区域经济活动的基础是各方能够寻求各自利益的“互利共赢”。在丝路经济带的构建过程中，中国与合作各国要寻求各自的“需求点”和“供给点”。各方只有在“各取所需”的基础上才能“各给所长”，为对方提供自身的优势资源或技术，从而达到一种稳定的“供需平衡”。纵观我国各国在利益供需方面的情况，资金、基础设施建设和高端技术则是现阶段沿途各国的重要利益诉求，因此，双方应在资金、基础设施和技术之间寻求供需的平衡点。高端技术是我国企业的一大薄弱环节，特别是在面对欧洲国家的同台竞争时，劣势更加明显。这就要求我们的企业必须下大力气提高自主创新能力，加大研发力度，提升产品科技含量和竞争力；并不断提高与沿途各国经济社会发展的契合度，找准切入点，全面扩大与对方的合作领域。

对丝路经济带沿线国家的政治、经济、社会等风险使用多元统计分析法进行评估，判别国家风险级别见表 8–5。

表 8–5 丝路经济带沿线国家风险级别判别表

风险等级	国家
低风险	匈牙利、塞尔维亚、克罗地亚、斯洛文尼亚、黑山、波兰、希腊、爱沙尼亚、拉脱维亚、立陶宛、捷克共和国、斯洛伐克、保加利亚、罗马尼亚、马其顿、阿曼、巴林
中风险	阿尔巴尼亚、波黑、土耳其、乌克兰、白俄罗斯、俄罗斯、蒙古国、格鲁吉亚、亚美尼亚、摩尔多瓦、哈萨克斯坦、吉尔吉斯斯坦
高风险	巴基斯坦、塔吉克斯坦、乌兹别克斯坦、土库曼斯坦

二、风险防范

1. 在统一框架下进一步完善和细化多边经济合作协议

丝路经济带的构建前期应以中亚为合作重心，要在《上海合作组织长期睦邻友好合作条约实施纲要》框架的指导下，整合现有的各项双边合作条约或协议，进一步细化在能源合作、经贸合作、投资合作和产业合作等方面的多边协议条款和内容，为开展各项活动提供程序依据、法律保障和成功经验。条件成熟时，考虑吸纳其他国家加入或在欧洲复制成功经验，扩大多边合作条约的覆盖范围，使之成为各国在开展经济带共建活动时普遍遵循的游戏规则，稳步推进经济合作步伐。同时，还要遵循“宏观政策先行，经济活动跟进”的原则，重视前期政府间的政策沟通与协调，以政府间双边或多边经贸投资保护协定等方式对双方的共识加以固化，保护各方利益。以宏观上的“政策沟通”为指引，提前做好谋篇布局，合理引导国内企业稳步参与丝路经济带各项经济活动。

表 8-6　我国与沿线国家合作协议类型分布情况

协议类型	战略和政策对接	经贸合作	科教文卫	标准互认	产能与投资合作	通信与信息技术合作	其他
占比	24	24	16.67	14	12	3.33	6

数据来源：《“一带一路”大数据报告（2017）》

2. 建立打击“三股势力”的安全风险预警机制

丝路经济带核心区域的极端宗教和恐怖主义势力活动猖獗，危害严重，必须动员沿途各国通力合作，提早预防，共同打击，为丝路经济带建设扫清安全障碍。目前，我国已经与俄罗斯和中亚各国签订了共同打击恐怖主义和宗教极端势力的多边协议，如上合组织《打击恐怖主义、分裂主义和极端主义上海公约》等，各方在共同打击暴力恐怖犯罪活动方面已开展了卓有成效的合作。但也应当看到，打击恐怖主义活动不能单靠事后的应对和处置，更应注重加强事前的风险防范。因此，为了维护共同的安全利益，建立起跨国间的安全风险预警机制对于丝路经济带建设势在必行。各国应加强安全信息互通，强化反恐资源共享，加大人员交流协调力度，共同合作将各种潜在安全风险消灭在萌芽状态。在丝路经济带内构建起网络化的反恐风险预警机制，及早发现，联合响应，共同预防。

3. 积极发挥保险风险转移机制的重要作用

保险在深化丝路经济带合作过程中可以发挥独特的风险转移作用，特别是在跨国投资、经贸活动、基础设施建设等方面，均可以起到很好的“止损”作用。一方面，可以通过与投资国联合设立双边担保机构，或者可以依托双方共同认可并参加的国际担保机构（如多边投资担保机构 MIGA），为各方经济活动提供底线保障。另一方面，国内各大保险公司也应积极研究开展丝路经济带风险保险业务的可行性，在目前已有海外保险业务的基础上，加大对中资企业走出国门的支持力度，解除其后顾之忧。

4. 建立重大项目决策的经济和社会风险评估机制

针对“走出去”和“引进来”的大型项目，必须认真开展可行性预研和风险评估。一方面，对于“走出去”的大型项目，既要考察项目主体的技术水准和核心竞争力，更要评估项目落地国家的经营环境和社会风险。对于有可能涉及环境污染、能源安全、基础设施建设等方面的敏感项目，前期必须与所在国政府进行充分地沟通，充分发挥当地政府在公众沟通与协调方面的优势，充分了解和掌握风险状况以后再审慎上马，从源头上避免因项目上马而可能引发的当地公众抵触甚至群体性事件。另一方面，对于“引进来”的大型项目，也要事先进行充分地风险评估。要更加关注国内的实际需求，避免低水平的引资和项目引进，真正形成优势互补。对于基础设施建设或其他大型工程项目建设可能导致的拆迁补偿等，要事先开展充分地社会风险评估，避免盲目上马而导致不可挽回的损失。

5. 提升对当地社会民生和公益事业的关注程度

要增进各国政府和民间互信，各方在经济互动中要求同存异，更多地去探求利益共同点和平衡点。要顾及沿途各国经济社会发展需求，关注民生和文化建设，促进丝路经济带的可持续健康发展。同时，还要加强对当地社会的人文关怀，加大企业“本土化”的力度，吸收当地国有和民间资本共同经营，吸纳更多当地公众参与就业，消除当地民众的抵触情绪，促进“走出去”的企业在当地能够“站住脚”，获得持续发展的本土养分。

6. 建立突发事件的快速响应机制

风险管理可以最大限度地起到超前防范和避免损失的作用，但必须指出，风险在特定环境条件和外力作用下，也有可能会演变成突发事件甚至危机。为此，我们必须做好应急准备，一旦风险管理失效，可以立即启动快速响应机制，作为风险防控的“兜底”之策。各相关政府部门、社会组织和大型企业应当结合自身实际，针对丝路经济带建设中可能存在的突出问题，制定好相应的应急预案。重点从信息共享和资源准备两个方面加强与沿途国家的沟通与交流，并根据预案提前做好演练，确保能够在第一时间立即开展联合行动，将可能造成的损失减至最低，真正做到“有备无患”。

丝路经济带的建设必须充分考虑各种潜在风险，从互通多边政策、共建预警机制、探索保险渠道、兼顾社会民生等多方面提早采取规避策略，为开展各项合作扫清安全障碍，打下坚实基础。

丝路经济带建设不仅是对历史的追忆和中华文明回归世界文明主流国际战略，也是中国对世界治理提出的新模式，丝路经济带建设强调中国国内利益和世界发展在同一系统中共同发展和繁荣，是中国特色大国外交的需要，体现了中国特色、风格和气度。

参考文献

[1] 卫玲，王炳天 . 我国丝绸之路经济带沿线中心城市建设探析：创新发展和产业提质增效的视角 [J]. 兰州大学学报（社会科学版），2016.

[2] 马晶，余笑尘，张新军 . 8 国 24 城相聚乌鲁木齐共商发展之策——丝绸之路经济带城市合作发展论坛在疆召开 [J]. 新疆画报，2013.

[3] 彭翀、顾朝林 . 城市化进程下中国城市群空间运行及其机理 [M]. 南京：东南大学出版社， 2011.

[4] 权衡 . 喀什在构建丝路城市网络体系中的功能定位及其功能转型 [J]. 新疆社科论坛，2016.

[5] 高友才，汤凯 . 丝绸之路经济带节点城市竞争力测评及政策建议 [J]. 经济学家，2016.

[6] 屠启宇，杨传开 . 推动丝路城市网络建设的意义与思路 [J]. 世界地理研究，2016.

[7] 韩卓吾 . 打造“一带一路”沿线国家智库网络 [J]. 中国社会科学报 .

[8] 王海京 . 携手共建新丝绸之路 [J]. 瞭望 ，2004（47）.

[9] 高伟江，徐新荣 . 基于经济合作的丝绸之路开发 [J]. 丝绸，2005（03）.

[10] 张忠敬 . 培育优势产业　重振丝路辉煌 [J]. 中国投资 ，2000（03）.

[11] 曾露玲 . 现代物流和国际多式联运的关系 [J]. 物流科技 ，2005（01）.

12] 朱士光 . 西北地区丝路沿线自然地理环境变迁初步研究 [J]. 西北大学学报，1999.

[13] 周黎明 . 充满商机的“新丝绸之路”[J]. 中国远洋航务公告，2004（04）.

[14] 杨守业，阎衍 . 西北经济开发区的发展开放与丝绸之路的复兴 [J]. 丝绸之路，1995（1）.

[15] 孙壮志 . 中亚区域经济合作与西部的开发 [J]. 西部论丛，2005（3）.

[16] 郑汝俭 . 重振丝绸之路（下）——中亚五国对新亚欧大陆桥的运作 [J]. 中国软科学，1995（1）.

[17] 孙珂 . 中国复兴丝绸之路 [J]. 新西部 ，2004（12）.

[18] 方创琳，步伟娜 . 中国西部生态经济走廊综合开发的战略转变 [J]. 干旱区地理，2004（4）.

[19] 黎开谊 . 新亚欧大陆桥（中国段）经济带发展战略研究 [D]. 西安：长安大学， 2004 .

[20] 史大刚 . 打造中亚经济圈核心区 再创丝路明珠辉煌 [J]. 新疆社会科学，2004（4）.

[21] 何理 . 丝绸之路经济带合作机制与建设思路研究 [J]. 区域经济，2015.

[22] 胡鞍钢 . 丝绸之路经济带战略内涵、定位和实现路径胡鞍钢 [J]. 新疆师范大学学报，2014.

[23] 王亚鹏 ."新丝绸之路经济带" 区域合作创新机制初探 [J]. 市场研究，2015.

[24] 马莉莉 . 丝绸之路经济带：一个文献综述 [J]. 西安财经学院学报，2014.

[25] 任宗哲 . 丝绸之路经济带合作机制的思考和补充性阐释任宗哲 [J]. 福建论坛，2016.

[26] 淮建军 . 新丝绸之路经济带研究综述 [J]. 学术界，2015.

[27] 林应武 . 适应区域合作新要求 [J]. 四川劳动保障 ，2005（10）.

[28] 毛雪卿 . 加强合作对丝绸之路经济带的重要意义分析 [J]. 前沿理论，2016.

[29] 谢镇宇 . 建设丝绸之路经济带的意义、挑战与原则：基于中国与中亚国家合作视角 [J]. 当代经济，2016.

[30] 孟杰 . 论当今世界经济走向对政治格局的影响 [J]. 决策参考，2013.

[31] 马莉莉 . 丝绸之路经济带的发展与合作机制研究 [J]. 人文杂志，2014.

[32] 胡志梅 ，赵艳 . 亚欧十二国交通部长为复兴丝绸之路出谋划策——记第三届国际丝绸之路大会 [J]. 交通世界 ，2004，（12）.

[33] 白永秀 . 丝绸之路经济带的纵深背景与地缘战略 [J]. 区域经济，2014.

[34] 李泽红 . 丝绸之路经济带生态环境格局与生态文明建设模式 [J]. 资源科学，2014.

[35] 冯维江 . 丝绸之路经济带战略的国际政治经济学分析 [J]. 当代亚太，2014.

[36] 李明伟 . 丝绸之路研究百年历史回顾李明伟 [J]. 西北民族研究，2005.

[37] 杨富学 . 丝绸之路与宗教文化的传播交融 [J]. 中原文化研究，2014.

[38] 卫玲，王炳天 . 丝绸之路经济带支点城市建设的顶层设计 [J]. 西北大学学报（哲学社会科学版），2016.

[39] 季羡林 . 文化是“天下为公”的 [J]. 世界知识， 2001（02）.

[40] 苏北海 . 西域历史地理 [M]. 新疆大学出版社，2007（07）.

[41] 吕文利 . 丝绸之路上的文明交流互鉴 [J]. 人民日报（海外版），2016.4（10）.

[42] 乌恩 . 元朝在中国文化史上的地位和影响 [J]. 光明日报，2006.9（16）.

[43] 潘光 . 犹太人在中国 [J]. 五洲传播出版社 . 2005.（07）.

[44] 董国炎 . 丝绸之路研究要强调民族、文学融合 [M]. 中国社会科学报，2013.6（14）.

[45] 习近平 . 从延续民族文化血脉中开拓前进，推进各种文明交流交融互学互鉴 [R]. 新华网，2014.9（24）.

[46] 徐如镜 . 发展信息产业事关国家命运 . 信息论坛论文集 [J]. 计算机世界报社，1995.

[47] 汤林森（英）. 文化帝国主义 [M]. 郭英剑译 . 上海人民出版社，1999.

[48] 柳思思：中国—西亚共建“丝绸之路经济带”的战略构想 [R]. 人民网，2014.4（09）

[49] 杨利军 . “一带一路”战略与航空物流业发展 [J]. 创新科技，2015，（11）:4 — 8.

[50] 戴雅兰，谢泗薪 . “一带一路”背景下物流一体化发展战略研究 [J]. 铁路采购与物流，2015，10（12）:52 — 55.

[51] 李崇蓉 . “一带一路”背景下北部湾港集装箱运输发展策略 [J]. 广西民族大学学报（哲学社会科学版），2015，37（06）:141 — 144.

[52] 苏斌 . 建设国际运输通道面临的问题和对策探讨 [J]. 综合运输，2015，37（S1）:26 — 30.

[53] 钱学文 . “一带一路”视角下的西亚新丝路建设 [J]. 阿拉伯世界研究，2016（01）:83 — 96，119 — 120.

[54] 潘志平 . “一带一路”愿景下设施联通的连接点——以“中国—中亚—西亚”经济走廊为例 [J]. 新疆师范大学学报（哲学社会科学版），2016，37（03）:40 — 46.

[55] 唐梦洁，金鑫 . “一带一路”战略下国际物流通道建设问题研究 [J]. 内蒙古科技与经济，2016，（07）:3 — 8.

[56] 董锁成，程昊，郭鹏，等．“一带一路”交通运输业格局及对策 [J]. 中国科学院院刊，2016，31（06）:663 — 670.

[57] 王颂吉，白永秀．中国—中亚—西亚经济走廊建设：进展、问题与对策 [J]. 贵州社会科学，2016，（08）:126 — 133.

[58] 赵光辉．“一带一路”背景下我国交通物流通道布局战略研究 [J]. 当代经济管理，2016，38（08）:55 — 64.

[59] 张志尧．中蒙俄经济走廊西段的“环阿尔泰四国六方”[J]. 新疆师范大学学报（哲学社会科学版），2016，37（06）:110 — 119.

[60] 牟艳军．“一带一路”战略下中蒙俄物流一体化建设研究 [J]. 物流科技，2016，39（09）:96 — 98，102.

[61] 何伦志，王岩．丝绸之路经济带中国—哈萨克斯坦国际合作示范区建设的战略思路与重点 [J]. 干旱区地理，2016，39（05）:925 — 934.

[62] 王海运，赵常庆，李建民，等．“丝绸之路经济带”构想的背景、潜在挑战和未来走势 [J]. 欧亚经济，2014，（04）:5 — 58，126.

[63] 陈安娜．中国高铁对实现国家“一带一路”战略构想的作用 [J]. 商业经济研究，2015，（09）:4 — 6.

[64] 刘国斌．“一带一路”基点之东北亚桥头堡群构建的战略研究 [J]. 东北亚论坛，2015，24（02）:93 — 102，128.

[65] 林略，王小微．“一带一路”下内陆保税港区产业聚集发展的思考——以重庆为例 [J]. 特区经济，2015（04）:12 — 16.

[66] 师晓华．丝绸之路经济带物流发展研究 [J]. 物流技术，2015，34（12）:55 — 57.

[67] 辛曼玉．“一带一路”战略下国际物流大通道建设研究 [J]. 物流技术，2015，34（16）:90 — 92.

[68] 邵郁．新丝绸之路下西安国际港务区发展探析 [J]. 经营管理者，2015（27）:135.

[69] 唐小明．建设南亚大通道融入丝绸之路经济带格局下的西藏物流发展战略研究 [J]. 西藏科技，2015（10）:17 — 20.

[70] 李振峰．对张骞开辟丝绸之路的认识和思考 [J]. 新西部（理论版），2015（21）:97 — 98.

[71] 汤晓丹，冷雪莉．“一带一路”倡议下中蒙经贸物流发展的机遇与挑战

[J]. 物流科技，2017，40（06）:109 — 111+116.

[72] 刘国斌，杨增 . 东北地区融入“一带一路”战略路径选择 [J]. 黑龙江社会科学，2017（02）:31 — 36.

[73] 张伟 . 中国“一带一路”建设的地缘战略研究 [D]. 吉林大学，2017.

[74] 杨雷 . 中国—中亚—西亚国际运输走廊建设的现状与挑战 [J]. 新疆师范大学学报（哲学社会科学版），2017，38（01）:78 — 87.

[75] 何文彬 . 中国—中亚—西亚经济走廊的战略内涵及推进思路 [J]. 亚太经济，2017（01）:29 — 40，173 — 174.

[76] 钟德才 . “一带一路”战略下国际物流通道建设问题研究 [J]. 中国商论，2017（07）:96 — 97.

[77] 冷德熙，马爱平，刘恕 . 贯彻落实创新驱动发展战略和“一带一路”战略 积极推进轨道交通行业科技进步 引领中国企业“全产业链”走出去 [N]. 科技日报，2016 — 10 — 26006.

[78] 袁玉青 . “一带一路”战略背景下的中国高铁外交探析 [D]. 南京大学，2016.

[79] 冯浩 . 一路一带战略下国际通道建设问题的思考 [J]. 综合运输，2014（10）:29 — 34.

[80] 王乐乐 . 基于丝绸之路经济带发展的西安国际港务区运输通道构建分析 [J]. 物流技术，2014，33（17）:64 — 67.

[81] 陆成云，冯浩 . 国际通道建设的相关问题研究 [J]. 综合运输，2011（03）:23 — 25.

[82] 许海，蒋明明 . 论构架中国第四条亚欧大陆桥 [J]. 地域研究与开发，1995（03）:33 — 36.

[83] 郭艳 . 新亚欧大陆桥西部沿桥陆港物流发展模式研究 [D]. 长安大学，2015.

[84] 宗岩 . 中国高铁向境外延伸的地缘战略考量 [D]. 山西师范大学，2012.

[85] 方光华 . 丝绸之路遗产及其现代价值 [J]. 太原：五台山研究，2014.

[86] 李泽红，王卷乐，赵中平，等 . 丝绸之路经济带生态环境格局与生态文明建设模式 [J]. 资源科学，2014.

[87] 徐新良，王靓，蔡红艳 . “丝绸之路经济带”沿线主要国家气候变化特征 [J]. 资源科学，2016.

[88] 何国琦 . 人与自然百科（人与土地）[M]. 沈阳：辽宁人民出版社 .

[89] 段景春 . 内蒙古生态环境问题及其对策 [J]. 赤峰学院学报(自然科学版), 2010，02:79 — 80.

[90] 龙瑞军，董世魁，胡自治 . 西部草地退化的原因分析与生态恢复措施探讨 [J]. 草原与草坪，2005（06）.

[91] 边多，李春，杨秀海，等 . 藏西北高寒牧区草地退化现状与机理分析 [J]. 自然资源学报，2008（02）:254 — 262.

[92] 国家林业局 . 第五次中国荒漠化和沙化状况公报 [N]. 中国绿色时报，2015.

[93] 杨新民，张勇 . 我国西北地区的生态环境问题与生态修复的思路及对策 [A]. 全国水土保持生态修复研讨会论文汇编 [C].2004.

[94] 彭拜新闻网 .NASA 卫星图片：世界第四大湖“咸海”如何一步步走向“死亡”[N].2015，10.

[95] 蒲开夫 . 中亚五国简介 [M]. 乌鲁木齐 : 新疆人民出版社，2006:1 — 2.

[96] 释冰 . 浅析中亚水资源危机与合作——从新现实主义到新自由主义视角的转换 [J]. 俄罗斯中亚东欧市场，2009（1）.

[97] 周可法，张清，陈曦，等 . 中亚干旱区生态环境变化的特点和趋势 [J]. 中国科学 D 辑 地球科学，2006，36（增刊Ⅱ）:133 — 139.

[98] 热娜·阿布都克力木，李学森，阿依丁，等 . 中亚地区主要生态环境问题及治理 [J]. 当代畜牧，2013（20）:18 — 21.

[99] 关中城市群发展现状分析及未来发展规划分析 [R]. 中商情报网，2015，1，15.

[100] 姚士谋 . 中国城市群 [M]. 合肥：中国科技大学出版社，2001.

[101] 顾朝林 . 中国城镇体系 [M]. 北京：商务印书馆，1995.

[102] 林森 . 城市群一体化发展研究 [M]. 东北财经大学出版社，2012.

[103] 代合治 . 中国城市群界定及其分布研究 [J]. 地域研究与开发，1998（6）.

[104] 赵梅，姚士谋，彭丽华 . 中国城市群规划的创新理念 [J]. 上海城市管理职业技术学院学报，2007（1）.

[105] 高超，雷军 . 新疆天山北坡城市群经济联系分析 [J]. Joumal of Arid Lang Resources and Environmeng，2011（06）.

[106] 支小军，丁伟 .“丝绸之路经济带”战略背景下天山北坡城市群的功能定位与布局 [J]. 新疆农垦经济，2014（03）.

[107] 李敬 . 宁夏沿黄城市群空间结构探析 [J]. 中共银川市委党校学报，2008（10）.

[108] 李俊鹏，王利伟，王振涛 . 构建丝绸之路经济带核心城市群研究 [J]. 河南科学，2016（03）.

[109] 冉淑青 . 丝绸之路经济带城市群经济联系强度空间分异 [J]. 淮阴工学院学报，2015（02）.

[110] 牛宗斌 . 丝绸之路经济带沿线城市群空间相互作用研究 [D]. 西北师范大学硕士学位论文，2015.

[111] 郭爱君，毛锦凰 . 丝绸之路经济带与西北城市群协同发展研究 [J]. 甘肃社会科学，2016（01）.

[112] 南宇 . 西北丝绸之路区旅游中心城市合作开发网络模式研究 [J]. 经济地理，2010（06）.

[113] 张小宁 . 关中城市群产业协调发展与布局研究 [D]. 西安理工大学硕士学位论文，2006.

[114] 罗晶 . 关中城市群城镇体系时空演变及结构优化研究 [D]. 陕西师范大学硕士学位论文，2012.

[115] 梁治寇 . 陕西关中地区城市群特征的分析与讨论 [J]. 西北师范大学学报，1990（10）.

[116] 王东升 . 河西走廊绿洲城镇发展研究 [D]. 西北师范大学硕士学位论文，2003.

[117] 马丽雅 . 青海东部城市群建设的 SWOT 分析 [J]. 产业与科技论坛，2014（13）.

[118] 米瑞华 . 丝绸之路经济带（境内段）人口空间结构研究 [D]. 陕西师范大学博士学位论文，2015.

[119] 马春 . 宁夏沿黄城市群经济协调发展研究 [D]. 中央民族大学硕士学位论文，2012.

[120] 段庆林 . 以组团式同核城市群构建宁夏的三个大城市——宁夏沿黄城市群基本构想研究 [J]. 宁夏社会科学，2007.

[121] 熊理然 . 中国西部城市群落空间重构及其核心支撑研究 [D]. 西南财经大学，2009

[122] 王乃静 . 国外城市群的发展模式及经验新探 [J]. 技术经济与管理研究，

2005（02）.

[123] 吴传清，李浩 . 国外城市群发展浅说 [J]. 世界经济，2003（05）.

[124] 郁鸿胜 . 欧洲城市群发展的基本特点 [J]. 诚实经营，2008（06）.

[125] 李娣 . 欧洲西北部城市群发展经验与启示 [J]. 全球化，2015（10）.

[126] 燕中州，朱 鹏，王泽敏，穆瑞章 . 欧洲主要城市群发展概况及经验借鉴 [J]. 天津经济，2013（12）.

[127] 吴传清 . 世界城市群概览 [J]. 宁波经济，2004（04）.

[128] 黄金川，陈守强 . 中国城市群等级类型综合划分［J］. 地理科学进展，2015（3）：290 — 301.

[129] 方创琳 . 中国西部地区城市群形成发育现状与建设重点［J］. 干旱区地理，2014（9）：667 — 686.

[130] 路艳丽 . "一带一路" 战略的政策沟通研究［J］. 黄河科技大学学报，2015（09）.

[131] 尹丽英，赵捧未，魏明 . "丝绸之路经济带" 互联互通的区域合作模式与路径 [J]. 中国流通经济， 2015（8）: 75 — 80.

[132] 孙壮志 . "丝绸之路经济带"：打造区域合作新模式 [J]. 新疆师范大学学报， 2014， 35（3）: 36 — 41.

[133] 程贵，丁志杰 . "丝绸之路经济带" 背景下中国与中亚国家的经贸互利合作 [J]. 苏州大学学报， 2015（1）: 119 — 125.

[134] 申建良 . 中国新疆与中亚国家高等教育合作研究 [D]. 乌鲁木齐 : 新疆农业大学， 2014.

[135] 郭立宏，任保平，宋文月 . 新丝绸之路经济带建设：国家意愿与策略选择 [J]. 西北大学学报， 2015， 45（4）: 11 — 17.

[136] 贵浩，张建伦 . 推动丝绸之路经济带产业合作探讨 [J]. 亚太经济，2014（6）: 105 — 108.

[137] 袁胜育，汪伟民 . 丝绸之路经济带与中国的中亚政策 [J]. 世界经济与政治， 2015， （5）: 21 — 41.

[138] 汪应洛，王树斌、郭菊娥 . 丝绸之路经济带能源通道建设的战略思考 [J]. 西安交通大学学报， 2015， 35（3）: 1 — 5.

[139] 惠宁，杨世迪 . 丝绸之路经济带的内涵界定、合作内容及实现路径 [J]. 延安大学学报， 2014， 36（4）: 60 — 66.

[140] 庞昌伟．能源合作："丝绸之路经济带"战略的突破口 [J]. 新疆师范大学学报，2014，35（2）: 11 — 18.

[141] 顾华详．论丝绸之路经济带"五通"的法治建设 [J]. 中国井冈山干部学院学报，2014，8（1）: 131 — 138.

[142] 李泉，张馨予．"丝绸之路经济带"沿线区域文化旅游产业合作发展研究 [J]. 经济学研究，2016（1）: 135 — 139.

[143] 曹海峰．"丝绸之路经济带"构建中的风险考量与规避策略 [J]. 实事求是，2014（1）: 53 — 56.

[144] 王海燕．"一带一路"标准一致化研究—以中国与中亚国家出入境检验检疫领域合作为例 [J]. 新疆师范大学学报，2016，37（4）: 116 — 124.

[145] 郑志来．"一带一路"地方战略实施中的问题与融合发展对策 [J]. 理论探索，2016，（3）: 87 — 92.

[146] 李新、张鑫．"一带一路"视域下区域一体化发展探析 [J]. 新疆师范大学学报，2016，37（4）: 109 — 115.

[147] 谢明华、杨明珠．"一带一路"油气通道建设的地缘政治和安全风险 [J]. 探索，2016（2）: 63 — 69.

[148] 刘惠荣．"一带一路"战略背景下的北极航线开发利用 [J]. 中国工程科学，2016，18（2）: 111 — 118.

[149] 方琳瑜、宋伟．"一带一路"战略下企业海外知识产权风险预警与管理机制研究 [J]. 科技管理研究，2016（8）: 152 — 154.

[150] 康蕊．"一带一路"战略下陕西经济面临的机遇与挑战 [J]. 合作经济与科技，2016（5）: 12 — 13

[151] 王丰龙等．尺度理论视角下的"一带一路"战略解读 [J]. 地理科学，2015（4）: 502 — 511.

[152] 顾华详．共建"一带一路"的中国法治研究 [J]. 湖南财政经济学院学报，2016，32（160）: 92 — 104.

[153] 郭文君．关于将图们江区域合作开发纳入"一带一路"战略的思考 [J]. 东疆学刊，2016，33（2）: 85 — 112.

[154] 葛剑雄．改变世界经济地理的一带一路 [C]. 上海：上海交通大学，2015.